普通高等教育"十三五"规划教材

汽车类高端技能人才实用教材

# 汽车服务企业管理

## （第 2 版）

魏云暖　詹　芸　主　编

王丽娟　李晓燕　副主编

电子工业出版社

Publishing House of Electronics Industry

北京 · BEIJING

## 内 容 简 介

全书分为理论篇与实践篇。理论篇共 11 章,分别为汽车服务企业管理概述、汽车服务企业的经营管理、汽车服务企业人力资源管理、汽车服务企业财务管理、汽车服务企业维修生产与服务质量管理、汽车服务企业物资管理、汽车售后服务与客户关系管理、汽车服务企业信息化管理、汽车服务企业战略管理、汽车服务企业文化与形象管理、管理创新。实践篇对应于理论篇,共分 11 个模块,分别为汽车服务企业设立实训、汽车服务企业模拟经营管理实训、汽车服务企业模拟招聘实训、汽车服务企业薪酬体系设计模拟实训、汽车服务企业物流配送与仓储实训、汽车服务企业财务管理模拟实训、顾客投诉的处理实训、汽车售后服务流程实训、汽车服务企业战略管理模拟实训、汽车服务企业形象设计实训、汽车服务企业信息化管理实训。

本书适合作为大中专汽车类相关专业教材,也可作为汽车服务企业各层次管理人员、基层员工的培训学习参考书。

**图书在版编目(CIP)数据**

汽车服务企业管理 / 魏云暖,詹芸主编. —2 版. —北京:电子工业出版社,2016.2

ISBN 978-7-121-28114-3

I. ①汽…  II. ①魏… ②詹…  III. ①汽车企业-工业企业管理-高等学校-教材  IV. ①F407.471.6

中国版本图书馆 CIP 数据核字(2016)第 022754 号

策划编辑:竺南直
责任编辑:王二华
印　　刷:北京虎彩文化传播有限公司
装　　订:北京虎彩文化传播有限公司
出版发行:电子工业出版社
　　　　　北京市海淀区万寿路 173 信箱　邮编:100036
开　　本:787×1092　1/16　印张:22.75　字数:580 千字
版　　次:2012 年 8 月第 1 版
　　　　　2016 年 2 月第 2 版
印　　次:2020 年 9 月第 9 次印刷
定　　价:45.00 元

凡所购买电子工业出版社图书有缺损问题,请向购买书店调换。若书店售缺,请与本社发行部联系,联系及邮购电话:(010)88254888,88258888。

质量投诉请发邮件至 zlts@phei.com.cn,盗版侵权举报请发邮件至 dbqq@phei.com.cn。

本书咨询联系方式:davidzhu@phei.com.cn。

# 出 版 说 明

自 2002 年起，中国汽车行业开始进入爆发式增长阶段。2009 年，中国取代美国成为世界上最大的汽车销售市场，当年中国的汽车产量超过了日本和美国的总和，成为名副其实的汽车产销量双重世界第一。2011 年，平均每月产销量突破 150 万辆，全年汽车销售超过 1850 万辆，再次刷新全球历史纪录。未来十年自主品牌将完成从"中国制造"到"中国创造"的发展过程。预计未来十年，我国汽车市场年均增长率将达到 7.1%，到 2020 年中国汽车市场的销量有望占据全球汽车总销量的一半以上，中国汽车市场前景非常广阔。汽车行业突飞猛进的发展对汽车专业人才特别是高端技能型人才的培养提出了前所未有的高要求。一个是行业的发展和扩张在人才数量上的要求，全国每年汽车专业高端技能型人才的缺口在数十万人；另一个是技术的进步和发展对于人才培养质量的要求，大量新技术、新工艺的应用对于从业技术人员在学科基础理论和职业技能方面提出了更高的要求。

作为全国最大的汽车类高等职业学校，西安汽车科技职业学院近年来根据汽车行业发展的需要，紧贴职业岗位，引进吸收德国奥迪、瑞典沃尔沃、英国捷豹路虎等世界顶尖企业汽车职业教育的先进理念和思想，深入开展教学改革，形成了一套独特的课程体系和教学模式。《汽车类高端技能人才实用教材》就是我们近年来教学改革成果的总结，是课程改革和新的教学模式的具体体现。

这套系列教材具有以下几个特点：

一是实用性。在编写过程中，从企业岗位需求和学生发展空间两个方面考虑编排内容，既注重专业基础和专业理论的系统性，又重点考虑了职业技能训练的需求，对于学习汽车类专业的学生而言，是一套学习效率很高的教材。

二是通俗性。在编写过程中，充分考虑到高职学生文化基础的现实状况，降低对学生文化基础知识的要求，让大多数学生能够学得懂。

三是系统性。从机械和电子技术基础课程，到汽车的基本理论，汽车的各种技术，再到汽车的最新技术的介绍；从基本的电工、机械实验，到专业实习，再到职业技能实训，形成了一整套较为完备的汽车理论教学和实训教学的体系。

四是适度超前性。除了涉及目前已经应用的各种汽车技术和技能知识之外，还在新能源汽车、先进车载网络技术等方面进行了介绍，为学生开拓了视野，为其将来向行业的深度和广度发展具有一定的引导作用。

五是实践性。力图采用项目教学和任务驱动教学等方法进行编排，强调理论验证实验、基本专业技能实习和职业技能实训的重要性，将实践教学环节贯穿于课程教学的始终。

本套教材紧紧把握高职教育的方向和培养目标，严格按照新的国家职业标准对人才的要求编排内容，贯彻以技能训练为主，着重提高学生操作技能的原则。在技能训练的内容安排上富有弹性，在保证教学的前提下积极培养学生的创新能力。

本套教材内容丰富、图文并茂、体例饱满，选材来源于最新的技术手册；难易适中、应用性强，有利于知识的吸收和技能的迅速提高。可作为高等职业技术院校或应用型本科汽车类各专业的必修课教材，也可作为成人高校汽车类各专业的教材，同时可作为相关从业人员的参考用书。

教材编写过程中，由于各种原因，疏漏和不尽如人意之处在所难免，敬请广大师生提出宝贵意见，以便再版时修订完善。

《汽车类高端技能人才实用教材》编委会

# 第 2 版前言

汽车是改变世界的机器，越来越多的人类活动正在被汽车改变着，而汽车服务行业是保证车行天下的坚强后盾。伴随中国汽车产业的发展，在欧美等国被誉为"黄金产业"的汽车服务业，在我国也正获得越来越重要的地位，成为各汽车厂家竞争的重要手段和获利的主要来源。

目前，我国汽车服务企业大多是民营企业，他们采取的大多是粗放型的管理模式，缺乏统一的、合乎企业未来发展目标的管理手段、规章和制度等。随着企业规模的扩大和市场的逐步成熟，原有的管理模式已不能完全适应业务发展的需要。管理制度、管理方法和管理观念的落后，在一定程度上制约着企业的发展。汽车服务行业急需大量既懂汽车技术又懂管理的高素质技能型人才。如何培养更多的高素质汽车服务人才，缓解目前巨大的人才缺口，成为值得我国汽车行业和教育界高度关注的战略性命题。

随着行业的发展和对人才需求的变化，本书在第 1 版的基础上进行了修订，分为理论篇和实践篇。理论篇增加了生产维修质量管理和售后服务流程管理，对物流管理和物资管理进行了整合，理论体系更加完善。为了增强学生的实践动手能力，本书在介绍理论知识的基础上强化了实训环节，对应于理论篇，在实践篇设计了 11 个实训模块，以提高学生动手实践的能力。

本书理论知识体系完整，实践性强，新增的知识链接栏目拓展了理论知识，有利于读者进行深入学习。本书能够满足汽车服务企业各层次管理人员、员工、大中专院校师生日常工作和学习的需要。

根据每章节内容对现代企业的意义的重要性，我们建议理论篇课时分配如下：第 1 章 6 课时，第 2 章 6 课时，第 3 章 4 课时，第 4 章 4 课时，第 5 章 4 课时，第 6 章 4 课时，第 7 章 6 课时，第 8 章 4 课时，第 9 章 4 课时，第 10 章 4 课时，第 11 章 2 课时。实训课时在实训模块中都有合理的分配。理论和实训总计 72 课时。

本书由魏云暖和詹芸主编，编写任务具体如下。理论篇：魏云暖（第 2、7、10 章）、詹芸（第 1、4、6、8 章）、王丽娟（第 3、5 章）、李晓燕（第 9、11 章）。实训部分：魏云暖（第 2、7、8、10 模块）、詹芸（第 1、5、6、11 模块）、王丽娟（第 3、4 模块）、李晓燕（第 9 模块）。

本书是在西安汽车科技职业学院院长李瑞明及学院各位专家、经济管理系主任彭全海等学院领导的关怀下编写完成的。编写过程中，我们走访了大量的 4S 店、汽车服务企业，以及兄弟院校，在此对他们的帮助表示衷心的感谢！本书参考了大量的资料和文献，由于时间仓促，未能与著作者一一联系，在此表示诚挚的谢意！

由于编者水平有限，书中难免有不当之处，敬请读者批评指正。

编　　者

# 第 1 版前言

随着改革开放的深入，我国的汽车工业和汽车服务业得到了飞跃发展，汽车及其相关产业的人才需求也大幅度增长，其中对汽车服务企业人才的需求更加紧迫。

由于汽车服务企业管理具有服务性工业企业的特征，企业规模越大、人员越多、生产工艺或技术越复杂，就越需要企业管理。企业发展的成败，关键在于企业生产经营管理者的经营理念和管理素质。为此，为了满足培养汽车专业复合型、实用型人才的需要，结合汽车服务企业发展的现状，培养更多"懂管理的技术人员"的同时也培养更多"懂技术的管理人员"，我们编写了这本书。

本书突出职业教育特色，在解决"是什么"的基础上，重点解决"怎么干"的问题，注重培养学生的动手能力和实际操作能力，本教材配有大量案例、图片、补充材料、单据、实训题，注重理论与实践相结合，彰显实践性，参加本教材编写的有多年教学经验的学校老师、多年从事汽车服务企业的高层领导及汽车服务企业人员。

本书体系结构及教学信息的传递更符合高职高专院校学生心理特征和思维发展规律，教学内容更加直观、易懂，易于被学生所掌握。本书知识面广，综合性强，能够满足汽车服务企业各层次管理人员、大中专院校师生、汽车 4S 店、特约服务站经理、员工日常工作和学习的需要。

本书除了每章均配有实训操作题以外，还提供相关电子教案，可登录华信教育资源网（http://www.hxedu.com.cn）免费注册下载。

根据每章节内容对现代企业的意义的重要性，建议课时分配如下：第 1 章 10 课时，第 2 章 12 课时，第 3 章 6 课时，第 4 章 10 课时，第 5 章 10 课时，第 6 章 6 课时，第 7 章 4 课时，第 8 章 6 课时，第 9 章 4 课时，第 10 章 4 课时。实训时间也包括在每章节的课时中。总计 72 课时。

本书由周晓燕和詹芸主编，各章具体编写分工如下：周晓燕（第 2、3 章）、詹芸（第 1、7 章）、韩大六（第 5、6 章）、魏云暖（第 8、9 章）、王丽娟（第 4 章）、李晓燕（第 10 章）。

本书是在西安汽车科技职业学院院长李瑞明、副院长李勇、经济管理系原系主任王忙海等学院领导的关怀下编写完成的。编写过程中，我们走访了大量的 4S 店和汽车服务企业，尤其是庞大汽贸集团股份有限公司、北京现代彤立江 4S 店和北京现代西安浐灞 4S 店的相关领导给我们的调研采访工作提供了极大的便利和帮助，在此一并对他们的热诚表示衷心的感谢！本书在编写过程中参考了大量的资料和文献，由于时间仓促，未能与著作者一一联系，在此表示诚挚的谢意！

由于编者水平有限，书中难免有不当之处，敬请读者批评指正。

编　者

# 目　　录

## 理　论　篇

## 实 践 篇

# 理 论 篇

# 第1章　汽车服务企业管理概述

**学习目标**

1. 掌握企业、管理及汽车服务企业管理的概念；
2. 掌握现代企业制度的主要内容及特征；
3. 掌握现代企业的法律形式；
4. 了解汽车服务企业的类型；
5. 了解汽车服务企业管理的发展现状；
6. 掌握企业组织结构基本类型及其特点。

汽车服务是汽车产业获利的主要来源之一，对汽车服务企业进行有效的管理，是实现企业效益的重要保障，因此，要深入理解汽车服务企业的内涵、类型及特点，为有效进行管理提供理论铺垫。

## 1.1　现代企业

### 1.1.1　概念及基本特征

**1. 企业与汽车服务企业**

企业是以营利为目的，为满足社会需要，依法从事商品生产、流通和服务等经济活动，实行自主经营、自负盈亏、自我发展的法人实体和市场竞争主体。

作为一个企业，必须具备以下基本的条件：

① 拥有一定数量、技术水平的生产设备和资金；
② 具有开展一定生产规模和经营活动的场所；
③ 具有一定技能、一定数量的生产者和经营者；
④ 从事社会商品的生产、流通、服务等经济活动；
⑤ 具有法人地位，进行自主经营、独立核算；
⑥ 生产经营活动的目的是获取利润。

**2. 汽车服务**

汽车服务也被人们称为"汽车后市场服务"，是指汽车产品从出厂进入商品销售环节开始，直至其使用寿命终止后的报废回收所涉及的全部过程中，为汽车使用或消费所提供的各类技术性或非技术性的服务活动，如汽车的分销流通、物流配送、产品咨询、维修检测、美容装饰、配件经营、交通信息提示、回收解体、金融保险、汽车租赁、二手车交易、驾驶培训、

信息资讯、广告会展、证照代理、停车服务、故障救援、汽车运动、汽车文化及汽车俱乐部经营等。

汽车服务还可延伸到汽车生产领域的各种相关服务，如汽车设计、原料供应、工厂保洁、产品外包装设计、新产品的试验测试、产品质量认证及新产品研发前的市场调研和预测等。综上所述，汽车服务所涵盖的内容非常广泛，而从汽车服务工作内容的分类来看，既包括技术性服务工作，也包括非技术性服务工作。技术性服务工作属于机械电子工程范畴。而非技术性服务工作则属于管理工程范畴。汽车服务的各项内容相互联系，组成了一个有机的工程系统。由于汽车服务企业所涉及的工作都是服务性的工作，因此属于第三产业范畴。

### 3．汽车服务企业

汽车服务企业是指为现实和潜在汽车使用者与消费者提供服务的企业，主要是指从事汽车营销的企业和为汽车使用者或消费者提供维修和保障技术服务、配件供应及其他相关服务的企业。

无论是汽车经销企业、汽车维修企业还是其他汽车服务企业，都是随着汽车的发明、使用与普及而发展起来的。100 多年的汽车发展历史给人们的生活带来了翻天覆地的变化。汽车产业作为资金密集、技术密集、人才密集、发展速度快、涉及行业广、对国民经济影响极大的产业，其发展水平已经成为一个国家和地区经济实力及科学技术发展水平的标志。我国改革开放以来，汽车工业得到了高速的发展，特别是进入 20 世纪 90 年代后我国政府鼓励汽车进入家庭以来，汽车的产量和每千人均拥有量均以每年 15%～20%的速度快速增长，这给汽车后市场带来了前所未有的发展机遇。据相关数据统计，2009 年我国汽车产销量分别完成1379．10 万辆和 1364．48 万辆，首次超过美国位居世界第一。汽车产销量的快速增长，带来了汽车服务产业的迅猛发展。而传统的汽车服务企业已跟不上汽车产业的发展，与此相应的汽车服务业从企业经营形式到管理理念也经历了由传统经营管理向现代企业公司制管理，由单一经营形式向复合经营形式的转变。汽车品牌专营、多品种经销、连锁经营、二手车交易、特约汽车维修站、综合汽车维修企业、快捷维修及汽车改装、装饰美容店、汽车金融、汽车保险、汽车租赁及汽车俱乐部等已形成适应汽车消费者多层次需求的服务体系。

据统计测算，在美国 1 美元的汽车工业产值会带来 8 美元的汽车后市场的产值。因此，汽车服务业具有广阔的发展空间。正是因为看到这一点，近年来，汽车服务企业在我国无论是数量还是经营形式种类，都呈现高速增长的趋势。据不完全统计，近年来全国汽车服务企业总数正以每年 10%左右的速度增长。国外汽车服务企业正逐步进入我国内地市场。汽车服务业的市场竞争将会日益激烈。企业经营管理是提高企业市场竞争能力的一个非常重要的要素，改善汽车服务企业的经营管理，无疑是应对激烈竞争的汽车后市场的一件法宝。

### 4．汽车服务企业的特征

#### （1）服务的无形性

服务是产品，但与有形产品不同，是无形的，是不可触摸的。例如，汽车使用者或消费者到汽车维修服务企业，并不是去购买设备，而是去接受汽车检测故障、汽车维修和养护等服务；参加汽车俱乐部的目的，是为了享受由俱乐部提供的汽车救援、保险、牌证代理、专题汽车文化活动等服务。判断一项服务的好坏，主要取决于它的一些不可触摸的特性，如热情、周到、专业、技能等。

（2）服务的即时性

服务的生产过程和消费过程是同时发生的，必须有顾客接受服务才能进行生产，消费过程的结束也就意味着生产过程的结束。因此，服务是无法储存的。由于服务的即时性，服务企业服务能力的设定就非常关键，服务能力的大小，服务的设施、设备，对服务企业的赢利能力具有很大影响。如果服务能力不足，会带来机会损失；而服务能力过大，会浪费固定资产投入。在服务生产过程中，顾客是参与其中的，服务提供者与消费者之间的接触程度较高。因此，服务过程的质量控制对服务企业来说，显得至关重要。为此，服务企业更应加强员工培训，提高其工作责任心和服务技能，这是保证服务质量的关键。

（3）服务的易进入性

从事汽车服务业生产，相对于汽车制造业来讲，不需太多的投资，进入门槛较低，如开一个汽车美容店需要 15 万元左右，门槛很低。这就意味着，该服务行业有较强的吸引力，新的竞争者会不断涌入，竞争者的发展可能相当快，因此，服务企业必须对现实或潜在的竞争行为保持足够的警觉。

（4）服务的外部影响性

技术进步、政策法规等外部因素对服务业的影响很大。这些外部因素往往会改变服务企业的服务内容、服务提供方式及其规模结构。例如，在过去的维修服务中，经验诊断和各种零件修复工艺是主要服务内容；随着汽车技术的电子、结构的精细化，维修服务中计算机诊断、换件修理已成为主要服务内容，专门的检测和拆装工器具就不可或缺了。随着我国服务贸易领域对外开放进程的不断深入，国外汽车服务企业进入我国市场，汽车金融、保险服务将逐渐成为汽车服务业新的竞争热点。所以，汽车服务企业必须保持对技术进步和国家政策法规的高度敏感，不断更新服务内容，以在竞争中立于不败之地。

## 1.1.2　现代汽车服务企业的构成

现代企业具有明显的系统特征，具有整体性、相关性、目的性和动态环境适应性等特征。因此，也可以把企业看成一个"输入→转换→输出"的开放式循环体，而整个过程的前提是企业从事生产经营活动所必需的一切要素资源，只有拥有了这些资源，汽车服务企业才能合理地配置，按照预定的目标向消费者提供新的产品或服务，满足社会需要，获得经济效益。

### 1. 要素

（1）人

人，包括企业的生产操作人员、技术人员、销售人员和经营管理人员，也包括由人组成的组织单位与机构。企业人员是推动企业运营的主体。企业人员数量、素质及各类人员的比例反映了企业运行所需要的知识和技能，也反映了企业的执行力。

（2）财

财，包括支撑企业建立与运营的各类资金。资金是企业拥有或控制的各种经济资源的货币表现。现代企业的生产经营活动过程从价值形态上来看，实际上是资金运动和价值增值的过程。资金运动速度的快慢，是衡量企业经济效益和经营管理水平的重要标志。

（3）物

物，包括企业系统中的各种劳动资料和劳动对象，是企业从事生产经营活动必不可少的物质条件，包括企业的土地资源、厂房、物资、机器设备、仪表工具、天然资源、外购原料等。这些物质条件的水平反映出企业系统的技术能力，也是企业正常运营的条件、手段与保证。

（4）信息

信息对于企业的运营具有重要的作用。企业一切经营活动与外部环境的反馈都是靠信息完成的，企业一切决策与经营活动的实施也是靠信息实现的。

上述构成企业的四个要素相互作用、相互影响，共同形成一个有机整体，缺一不可。

**2．系统**

系统是由相互依赖的若干要素为了实现一个共同的目标而结合在一起的有机整体。企业是一个追求经济目的的社会技术系统，由各种人员、技术设备和其他物质要素构成，是一个不断与其环境进行物资、人员、能量和信息交流的开放系统。对一个开放系统应该用开放的系统观点来看待，企业内部有很多子系统，包括物资采购系统、物资管理系统、生产系统、财务系统、人事系统等。这些子系统之间有很多物资和信息的交流。企业要向外界开放，要受到社会各方面的影响，包括政府政策、社会公众、合作伙伴、供应商、销售商、协作部门的影响。所以，企业是一个闭环的开放系统，如图 1-1 所示。

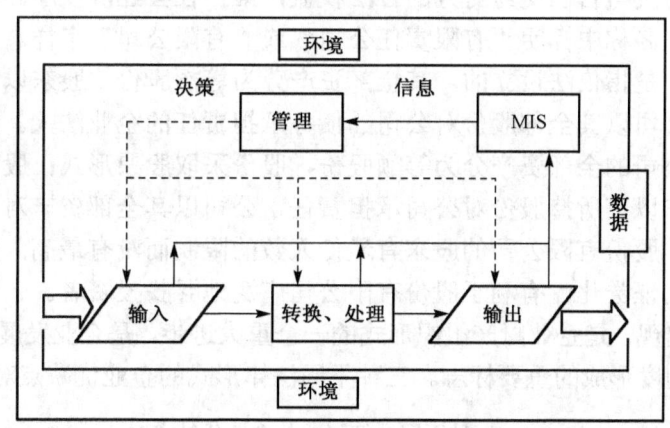

图 1-1  汽车服务企业系统流程图

## 1.1.3  企业的类型

在市场经济条件下，企业作为生产经营的主体，拥有一定法律形式下自主经营和发展所必需的各种权利和义务。由于现代经济社会十分复杂，因此作为基本经济单位的企业有着多重属性与复杂形态，按照划分标准不同企业的类型也多种多样。

**1．按企业的法律形式分类**

按企业组织形式和所负法律责任的不同，企业可以划分为独资企业、合伙企业和公司制企业。前两种属于自然人企业，出资者承担无限责任；后者属于法人企业，出资者承担有限责任。

（1）独资企业

独资企业，又称为个人业主制企业，是指个人出资兴办，完全归个人所有，单独承担无限责任的企业。它是最古老、最简单的一种企业组织形式，主要适用于零售业、服务业、手工业、农业、林业、渔业和家庭作坊等小型企业。个人独资企业由一个自然人投资。企业投资人对本企业的财产依法享有所有权，其有关权利可以依法进行转让或继承。企业的投资人对企业债务承担无限责任。企业的内部机构设置简单，经营管理方式灵活。企业名称应与其责任形式及从事的营业相符合，个人独资企业的名称中可使用"厂"、"店"、"部"、"工作室"等字样。

（2）合伙企业

合伙企业是指合伙人基于合伙协议依法设立的，共同出资、合伙经营、共享收益、共担风险，并对合伙企业债务承担无限连带责任的营利性组织。合伙企业在一定程度上弥补了独资企业业主在资本、知识、能力等方面的缺陷。

（3）公司制企业

公司制企业，又称为公司，是依照较严格要求的法定程序成立、由数人出资兴办、以营利为目的的企业法人。公司制企业又有无限责任公司、有限责任公司、股份有限公司、两合公司、股份两合公司等形式。《中华人民共和国公司法》（以下简称《公司法》）中所规定的公司指的是有限责任公司和股份有限公司。

有限责任公司是由法律规定的一定数量的股东所组成，股东以其出资额为限对公司承担责任、公司以其全部资产为限对公司债务承担责任的企业法人。有限责任公司应当选定自己的名称，以保障公司及与自己交易对方的合法权益，维护社会经济秩序。有限责任公司在选定公司名称时必须在名称中标明"有限责任公司"或"有限公司"字样。

股份有限公司，是指依法设立的，其全部资产分为等额股份，股东以其所持的股份为限对公司承担责任，公司以其全部股份对公司的债务承担责任的企业法人。股份有限公司有以下特征：股份有限公司的全部资产分为等额股份，股份采取股票形式；股份有限公司的股东均负有限责任。股东以其所持股份对公司承担责任，公司以其全部资产对其债权人负责，而股东不负任何责任。股份有限公司的股东有最低人数的限制而没有最高人数的限制。另外，股份有限公司股份的证券化，有利于股份有限公司广泛地寻找投资者。

公司制企业的出现，是企业财产组织形式的一个重大进步，是企业发展史上的一次重大飞跃，更是现代企业制度形成的重要标志。三种不同法律形式的企业优缺点对比如表1-1所示。

表1-1 三种不同法律形式的企业优缺点对比

| 企业法律形式 | 优点 | 缺点 |
| --- | --- | --- |
| 独资企业 | ① 企业的建立与解散程序简单；② 经营管理灵活自由。企业主可以完全根据个人的意志确定经营策略，进行管理决策 | ① 企业主对企业的债务负无限责任。当企业的资产不足以清偿其债务时，企业主以其个人财产偿付企业债务。有利于保护债权人利益，但独资企业不适宜风险大的行业。<br>② 企业的规模有限。独资企业有限的经营所得、企业主有限的个人财产、企业主一人有限的精力和管理水平等都制约着企业经营规模的扩大。<br>③ 企业的存在缺乏可靠性。独资企业的存续完全取决于企业主个人的得失安危，企业的寿命有限 |
| 合伙企业 | ① 合伙企业的资本来源比独资企业广泛，可以充分发挥企业和合伙人个人的力量，这样可以增强企业经营实力，使得其规模相对扩大；<br>② 由于合伙人共同承担合伙企业的经营风险和责任，因此，合伙企业的风险和责任相对于独资企业要分散一些；<br>③ 法律对于合伙企业不作为一个统一的纳税单位征收所得税，因此，合伙人只将将从合伙企业分得的利润与其他个人收入汇总缴纳一次所得税即可 | ① 相对于公司而言，合伙企业的资金来源和企业信用能力有限，不能发行股票和债券，这使得合伙企业的规模不可能太大。<br>② 合伙人的责任比公司股东的责任大得多，合伙人之间的连带责任使合伙人需要对其合伙人的经营行为负责，更加重了合伙人的风险。<br>③ 由于合伙企业具有浓重的人合性，任何一个合伙人破产、死亡或退伙都有可能导致合伙企业解散，因而其存续期限不可能很长 |

| 企业法律形式 | 优点 | 缺点 |
|---|---|---|
| 合伙企业 | ④ 由于法律对合伙关系的干预和限制较少，因此，合伙企业在经营管理上具有较大的自主性和灵活性，每个合伙人都有权参与企业的经营管理工作，这点与股东对公司的管理权利不同 | |
| 公司制企业 | ① 降低了经营风险，承担有限责任。股东以其出资为限对公司承担责任，公司以其全部资产为限对公司债务承担责任；<br>② 可以发行股票，有利于募集资本，扩大生产经营规模；<br>③ 有利于法人资本的稳定（出资人一经出资便不能抽回，只能转让股份和出售股票，从而使公司有数量比较稳定的法人财产）和优化资本组合；<br>④ 所有权与经营权分离，专家管理，提高效率，企业寿命得以延长 | ①组建困难，组建费用较高，政府有较多的限制（审批、注册资本、产业政策）；<br>②税负较重，往往需要交纳双重所得税；<br>③定期公布财务信息，保密性较差 |

### 2. 按照生产资料所有制的性质分类

按照生产资料所有制的性质分类可将企业划分为国有企业、集体所有制企业、个人私营企业、混合所有制企业等。

（1）国有企业

国有企业是国家作为全体人民的代表拥有企业的财产所有权，企业规模较大，技术设备较为先进，技术力量强，是国民经济的主导力量。

（2）集体所有制企业

集体所有制企业简称集体企业。在集体企业里，企业的生产资料归一定范围内的劳动者共同所有。我国集体所有制企业存在着多种具体形式，乡镇企业是集体所有制企业的典型代表。

（3）个人私营企业

个人私营企业是指企业的生产资料属于私人所有，并主要依靠雇员从事生产经营活动的企业。目前，我国私营企业一般有三种形式：独资企业、合伙企业和有限责任公司。

（4）混合所有制企业

混合所有制企业是指具有两种或两种以上所有制经济成分的企业，如中外合资经营企业、中外合作经营企业及多种经济成分的股份制企业。

### 3. 按照企业所属产业行业分类

按照企业所属产业行业分类可将企业划分为农业企业、工业企业、服务类企业。

（1）农业企业

农业企业是指从事农、林、牧、渔业生产的企业，为社会提供农副产品，具体可细分为种植、畜牧、林业和捕捞企业。

（2）工业企业

工业企业是指从事工业品生产的企业，为社会提供工业产品和工业服务，具体可细分为冶金、制造、采矿、建筑、机电、化工、纺织企业。

（3）服务类企业

服务类企业是指为社会提供服务的企业，具体可细分为金融保险、交通运输、住宿餐饮等企业。

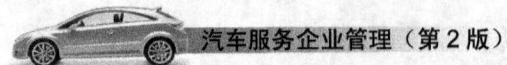

按照产业行业划分企业类型，有利于明确企业的经营范围，使企业按照自己的目标市场选择正确的经营策略，实施具有特色的经营管理战略。

### 4．按照生产力各要素所占比重分类

按生产力各要素所占比重可将企业分为劳动密集型企业、资金密集型企业和技术密集型企业。

**（1）劳动密集型企业**

劳动密集型企业是指技术装备程度较低，用人较多，产品成本中活劳动消耗所占比重较大的企业。换言之，劳动密集型企业是那种单位劳动力占用的固定资产少，活劳动占产品成本比重大，以及资本有机构成较低的企业，如纺织、食品、服装等企业。

**（2）资金密集型企业**

资金密集型企业是指在生产中需要投入较多的资金，工人的技术装备程度较高的企业。通常用资金与劳动力的比率来衡量，比率高的为资金密集型企业。随着社会生产力的发展和科学技术的进步，各个国家的工业在发展过程中都有一个从劳动密集型转变为资金密集型的过程。资金密集型企业具有技术装备先进、工艺过程复杂、原材料消耗量大和劳动生产率高等特点，如钢铁企业、石油化工企业等。

**（3）技术密集型企业**

技术密集型企业又称知识密集型企业，是指综合运用先进科学技术成就的企业。这类企业拥有大量的科技人才，需要花费较多的科研时间和产品开发费用，能生产高、精、尖产品，如宇航工业企业、大规模集成电路工业企业等。

我国是发展中国家，许多企业还以劳动密集型为主，但事实证明只有大力发展技术密集型或知识密集型企业，才能适应信息化、网络化、全球化的经济发展要求。

## 1.1.4　汽车服务企业的类型

由于汽车使用者或消费者在地域、职业、文化层次及可支配收入等方面分布的离散性，决定了其对产品服务需求的多样性特点，这一特点同时决定了汽车服务企业类型的多样性。因此，汽车服务企业按照业务类型大致可分为：整车销售服务企业、配件经销服务企业、汽车维修服务企业、汽车租赁服务企业、汽车金融服务企业、汽车保险服务企业、汽车俱乐部及废旧汽车的回收解体服务企业等。

### 1．整车销售服务企业

整车销售服务企业可分为新车销售企业和二手车交易企业，其中新车销售企业又分为单品种和多品种经营企业。

**（1）汽车品牌专营企业**

这种企业与某一品牌汽车生产商签订特许专营合同，受许可合同的制约，接受生产商的指导、监督、考核，只经营该品牌的汽车，并为该品牌汽车的使用者或消费者提供技术服务。汽车品牌专营企业一般采用统一的店面设计，一般是前店后厂的方式，具有整车销售（Sale）、配件供应（Sparepart）、维修服务（Service）、信息反馈（Survey）这四项主要功能，所以也称为 4S 店，或四维一体店。这种企业主营某一品牌的汽车，集汽车销售与服务于一体，且

能得到汽车生产商在技术和商务上的支持，提供专业化技术支持和服务，有利于为汽车消费者提供优质服务，适合于经营市场保有量较大的汽车品牌和单车价格较高的汽车品牌。

（2）多品牌经销企业

多品牌经销企业是指汽车经销商在同一卖场经销多个品牌汽车。这种形式的优点是建店成本低，消费者在同一店内可以对多种不同品牌汽车进行比较选择。但难以提供专业化的技术服务，增添了消费者的购买顾虑。这种经营形式适合于经销生产厂商技术服务网络比较规范和完善的汽车品牌或社会拥有量较少的汽车品牌。

（3）二手车交易企业

二手车交易企业是指专门为二手车车主和二手车需求者提供二手车交易所需服务的企业，具有中介服务商和商品经营者的双重属性。其主要业务为二手车回收、车辆评估、技术状况鉴定、二手车买卖或撮合交易、拟订合同、代办过户手续、必要的检测和维修等。

**2．配件经销服务企业**

配件经销服务企业可以分为配件批发商（或代理商）和配件零售商两类。配件批发商（或代理商）主要从事配件及精品的批发业务，服务对象是配件零售商、各类汽车维修企业、装饰美容企业；配件零售商主要从事汽车配件及精品的零售业务，服务对象是车主。

**3．汽车维修服务企业**

（1）综合汽车维修服务企业

综合汽车维修服务企业是指可以承担多种品牌汽车的维修技术支持和服务的企业。按照经营技术条件，维修服务企业可分为三个类别：一类维修服务企业，是可以从事汽车大修、总成大修、一级二级维护、车辆小修等的综合维修服务企业；二类维修服务企业，是可以从事汽车一级二级维护、车辆小修等的维修服务企业；三类维修服务企业，只能从事专项修理业务。

（2）汽车特约维修站

汽车特约维修站与汽车生产厂商签署特约维修合同，在某一地域负责某一品牌汽车的技术支持、维护、故障检测诊断和修理等服务业务。这种经营方式可以设在综合修理厂内，也可以独立设置。由于其拥有该品牌汽车专业拆装和维修、检测诊断的设备和工具，能得到生产厂商强有力的技术和配件支持，且规范化作业，保证了维修质量。品牌特约维修站在我国已构成汽车生产厂商售后服务网络体系的主干。

（3）连锁维修服务企业

连锁维修服务企业是指在核心企业或总部的领导和技术支持下，通过统一规范化维修作业，批量化配件供应和销售，实现规模效益的经营形式或组织方式。连锁系统像锁链似的分布在各地，形成强有力的维修服务网络，利用资本雄厚的特点，大批量进货和销售配件，以规范化的维修作业方式、统一低廉的服务价格，赢得消费者信赖，占领市场。

（4）汽车快修店

汽车快修店主要从事汽车生产厂商质量保修范围以外的汽车故障维修工作，一般是汽车低等级维护、换件修理等无需专业诊断与作业设备的小修业务。它们分布在街头巷尾、公路两旁，随时随地为汽车消费者提供应急维修服务，非常贴近消费者。它可以是综合维修服务企业或特约维修站的派出机构，也可以是独立维修业户，是汽车维修服务网络的重要补充。

（5）汽车美容与装饰店

汽车美容与装饰店是在不改变汽车基本使用性能的前提下，根据消费者的个性化要求，对汽车进行内部装饰、外部装饰、局部改装及汽车清洁养护业务的企业。随着汽车进入家庭，消费者的汽车个性化追求的特征体现得越来越明显，促进了这类企业的发展。

### 4．汽车租赁服务企业

汽车租赁服务主要为短期或临时性的汽车使用者提供各类用途的汽车，按使用时间或使用里程收取相应费用。租赁企业应为车辆办理上路行驶手续和证照，缴纳与车辆使用相关的各种税费和保险，承担汽车修理和维护费用，为汽车短期或临时性用户提供便利。车辆使用者除支付必要的租金外，仅承担汽车使用的直接费用，如燃油费、过路过桥费和停车费。这类企业在国外已实现了网络化，可以异地交接车，极大地方便了使用者。国内近年来汽车租赁业发展非常迅速，但有待规范化管理。

### 5．汽车金融服务企业

汽车金融服务企业以资本经营和资本保值、增值为目的，为汽车消费者提供资金融通服务，为客户提供资信调查与评估，提供贷款担保方式和方案，拟定贷款合同和还款计划，发放消费信贷，承担合理的金融风险等服务。汽车金融服务已成为汽车消费市场的助推器，美国贷款买车者占新车销售的比例达70%，德国达到了60%，日本为50%。而在我国，目前汽车消费信贷占购车的比例只在15%左右。

### 6．汽车保险服务企业

汽车保险服务企业主要向汽车使用者或消费者提供汽车保险产品的合理设计，并提供定责、定损、理赔服务等业务。在我国机动车保险是第一大财产保险，保险保费收入中超过60%是机动车的保险保费收入，这类企业一般附属于大型保险公司，如中国人民财产保险公司、中国平安保险（集团）股份有限公司等。近年来还出现了一种新型的汽车保险服务企业——保险公估企业，以第三方的身份为汽车保险企业和汽车使用者或消费者提供客观公正的定责、定损意见。这种形式的企业，有利于汽车保险市场的操作规范化，有利于平衡保险企业与汽车使用者或消费者间的强弱关系，有利于提高汽车保险服务业的服务水平。

### 7．汽车俱乐部

汽车俱乐部主要从事代办汽车年检年审、代理汽车保险理赔、汽车救援、维修、主题汽车文化活动等业务。它是以会员制形式，向加盟会员提供能够满足会员要求的、与汽车相关的各类服务的企业。汽车俱乐部一般分为3种类型：经营型俱乐部，为会员有偿提供所需的与汽车相关的服务；文化娱乐型俱乐部，为会员提供一个文化娱乐、交友谈心、交流信息、切磋技艺的场所和环境；综合型俱乐部，集前述两类俱乐部于一体。

### 8．废旧汽车的回收解体服务企业

废旧汽车的回收解体服务企业指依据国家有关报废汽车管理的规定，对达到报废规定的车辆，从用户手中回收，然后进行解体，并将拆卸下来的旧件进行分门别类处理的服务企业。该项服务属于环保绿色服务，其服务主体是从事上述环节工作的服务机构。

实际上，大型汽车服务企业往往是以上述多种类型的综合经营状态存在。例如：汽车 4S 店，既从事整车销售、配件供应、汽车维修业务，也从事代办保险、汽车救援、二手车置换等业务。大型汽车服务企业集团则由多个汽车销售、维修、配件经销企业构成。本书所讲的汽车服务企业主要是针对汽车后市场的整车销售和售后服务企业。

## 1.2 现代企业制度

在一个群体中，哪怕是再简单的工作，没有制度，不实施管理，也难以做到公平公正，难以实现最初设想的目标。不同的制度，就会有不同的风气。所以对于一个组织来说，管理是非常重要的。机制问题、制度问题，是每个领导需要考虑的问题。

### 1.2.1 企业制度的内涵

企业有它内在的运行机制，而企业制度则是企业运行机制的外在形式。企业制度是指以产权为核心的企业组织、运营和管理制度。企业制度经历了一个发展和变化的过程，大体经历了三个阶段，其基本特征分别如下。

#### 1. 第一个阶段

企业制度发展第一个阶段的基本特征是产权主体单一、两权合一。在企业制度发展的初期，小商品生产者、小业主，既是所有者又是经营者，还是劳动者，所有权与经营权集于一身，前店后厂、独资经营。这个阶段持续了相当长的一段时期，相当于在西方的经济史上的产业革命时期。

#### 2. 第二个阶段

企业制度发展第二个阶段的基本特征是产权主体单一、两权分离。随着社会化大生产的发展、社会分工的细化，企业经营的范围和经营规模发展得相当迅速，与此同时，在不少企业中，所有权与经营权集于一身的经营者们已开始力不从心，老板聘请经理，租赁、承包制有了相当程度的发展。原始的产权所有者通过契约或法律程序有条件地暂时让渡财产的部分经营权。即资产所有者以一定的形式将资产委托他人经营，从而使资产所有权和经营权实现了分离。这个阶段与前一阶段相比时间较短，只有几十年的时间。

#### 3. 第三个阶段

企业制度发展第三个阶段的基本特征是产权主体多元化、两权分离。随着社会生产力的进一步发展，生产社会化程度的提高、市场体系和功能的完善，企业要在激烈的市场环境中生存下来就必须扩大生产规模，要求创办一些需要巨额投资才能兴建的大企业，而这种要求是单一私人资本难以达到的。于是股份制就应运而生了。股份制的产生和发展，导致了原始产权向股权的转化，出现了同一企业内部产权主体的多元化。对于任何一个股份制企业而言，股东都是以自由和分散的状态存在的，以股份制企业形式聚集起来的庞大资产不可能交给为数众多并处于自由和分散状态的股东占有、使用和支配。因此，企业不仅要具备民事主体的资格，还要担负行使民事主体的权利和履行民事主体的义务，也就是说企业要具有独立的法人地位。同时法律还要充分保障企业的这种法律地位。我们称这类企业为企业法人。

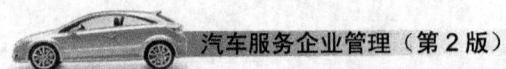

这里把第一、第二阶段的企业制度称为传统企业制度，而把第三阶段的企业制度称为现代企业制度。下面就着重介绍现代企业制度。

### 1.2.2 现代汽车服务企业企业制度的特征

现代企业制度是相对于传统企业制度而言的，并从传统企业制度发展而来，是商品经济或市场经济及社会化大生产发展到一定阶段的产物。简单地说，现代企业制度是指以完善的法人财产权为基础，以有限责任为基本特征，以专家为中心的法人治理结构为保证，以公司制企业为主体的企业制度。

现代企业制度的建立，就是要理顺企业模糊的产权关系，建立健全企业法人制度，按照市场经济的要求，解决和规范企业与投资者、企业与政府、企业与市场、企业与社会公众、企业与企业、企业与职工等一系列基本关系，做到产权清晰、权责明确、政企分开、管理科学，使企业真正成为独立的市场主体，增强企业活力和实力，从而提高企业市场竞争力。

#### 1. 产权清晰

在现代企业制度下，所有者与企业的关系演变成了投资者与企业法人的关系，即股东与公司的关系，这种关系与其他企业制度下所有者与企业的关系的主要区别如下。

① 投资者通过对投入企业资本的注册与股东的其他财产明确区分。投资者将财产投入企业后，便丧失对该财产的直接支配权，出资者所有权表现为出资者拥有的股份，即以股东身份依法享有资产受益、参与重大决策、选择管理者和转让股权等权利。即依法对财产行使占有、使用、收益、处分的权利。② 投资者仅以投入到企业的那部分资产对企业的经营承担有限责任，而企业则以其全部资产对其债权人承担责任。③ 企业的内部存在一定程度的所有权和经营权的分离，所有者将资本交与具有经营管理能力的专家经营，这些专家不一定是企业的股东，但他们受股东的委托负责经营管理企业。

#### 2. 权责明确

权责明确是指在产权关系明晰的基础上，合理区分和确定企业所有者、经营者和劳动者各自应履行的义务和承担的责任。所有者、经营者、劳动者在企业中的地位和作用是不同的，因此他们的权利和责任也是不同的。

权利是指所有者按其出资额，享有资产受益、参与重大决策、选择管理者和转让股权等权利。企业在其存续期间，对由各个投资者投资形成的企业法人财产拥有占有、使用、收益、处分的权利。经营者受所有者的委托在一定时期和范围内拥有经营企业资产及其他生产要素并获取相应收益的权利。劳动者按照与企业的合约拥有就业和获取相应收益的权利。

责任是指依法自主经营，自负盈亏，以企业全部法人财产对其债务承担责任。同时，企业法人行使法人财产权，要受到出资人所有权的约束和限制，必须依法维护出资人的权益，对所有者承担资产保值增值的责任。除了明确界定所有者、经营者、劳动者及其他企业利益相关者各自的权利和责任外，还必须使权利和责任相对应或相平衡。此外，在所有者、经营者、劳动者及其他利益相关者之间，应当建立起相互依赖又相互制衡的机制，使这些利益主体之间关系明确，利益分配合理，既相互制衡又协同一致。

### 3．政企分开

政企分开是指在产权明晰的基础上，实行政府行政管理职能和企业经营管理职能分离，理顺政府和企业的关系。

政企职能分开，政府不直接干预企业的生产经营活动，而是通过宏观调控来影响和引导企业的生产经营活动；企业摆脱了政府行政机构附属物的地位，不再依赖政府，而是根据市场需求组织生产经营，以提高劳动生产率和经济效益为目的。企业在市场竞争中，优胜劣汰，长期亏损、资不抵债的依法破产。实行政企分开后，政府与企业的关系体现为法律关系，政府依法管理企业，企业依法经营，不受政府部门的直接干预。

① 政企分开要求政府将原来与政府职能合一的企业经营职能分还给企业，改革以来进行的"放权让利"、"扩大企业自主权"等就是为了解决这个问题。

② 政企分开还要求企业将原来承担的社会职能分离后交还给政府和社会，如住房、医疗、养老、社区服务等。应注意的是，政府作为国有资本所有者对其拥有股份的企业行使所有者职能是理所当然的，不能因为强调"政企分开"而改变这一点。

### 4．管理科学

企业应设立一套科学完整的管理体系，首先通过规范的组织制度，使企业的权力机构、监督机构、决策机构与执行机构之间互相独立、权责明确；其次建立科学的企业管理制度，包括企业机构的设置、用工制度、工资制度和财务会计制度等，各部门之间相互协作，共同完成企业的目标。最后建立科学的管理体制，包括企业内部健全的产销机制，激励、约束、相互制衡及发展的机制。这样既保证经营者有充分的权力，使企业经营机制具有灵活性、适应性，又保证企业经营者不会损害所有者的利益。使企业的整个生产经营行为通过自律达到合理化。

## 1.2.3　现代汽车服务企业制度的主要内容

现代企业的产权制度、现代企业的组织制度、现代企业的管理制度三者之间是相辅相成的，共同构成了现代企业制度的总体框架。

### 1．现代企业的产权制度

产权制度是对财产权利在经济活动中表现出来的各种权利加以分解和规范的法律制度。产权制度是指以产权为依托，对财产关系进行组合、调节和规范的法律制度。现代企业产权制度将资产所有权分解成出资者所有权和法人财产权两部分，企业的出资者对其投入的资产享有最终所有权，企业则对出资者投入到企业中的资产整体享有法人财产权。企业财产虽然源于投资者投资，但财产一旦投入公司，其投资额就成为企业法人财产，出资者便丧失对该财产的直接支配权，只享有对公司的股权，依法享有资产受益、参与重大决策、选择管理者和转让股权等权利，对财产行使占有、使用、收益、处分的权利。在此制度下，出资者不能对法人财产中属于自己的部分进行支配，不能直接干预企业的经营活动，也不允许在公司成立后又抽逃投资。而只能运用股东权利影响企业行为。出资者所有权和法人财产权经过法律确认，均受法律保护，不可侵犯。

企业的产权制度就是企业的法人财产制度，是以公司的法人财产为基础，以出资者原始

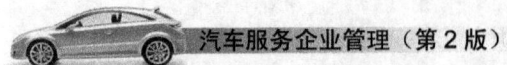

所有权、公司法人财产权与公司经营权相互分离为特征，以股东会、董事会、执行机构为法人治理机构来确定各自权利、责任和利益的企业财产组织制度。

### 2．现代企业的组织制度

组织制度是指企业要建立什么样的内部机构组织形式，即形成何种内部组织机构来支配企业运营。现代企业制度有一套完整的组织制度，基本特征是：所有者、经营者和生产者之间，通过公司的决策机构、执行机构、监督机构，形成各自独立、责权分明、相互制约的关系，并以国家相关的法律法规和公司章程加以确立和实现。

现代企业组织制度有两个相互联系的原则，即企业所有权和经营权相分离的原则，以及由此派生出来的公司决策权、执行权和监督权三权分立的原则。在此原则基础上形成股东大会、董事会、监事会和经理层并存的组织机构框架。公司的组织机构通常包括股东大会、董事会、监事会和经理人员四大部分。按其职能，分别形成权力机构、执行机构、监督机构和管理机构。需要指出的是，公司股东大会和董事会之间是信任托管关系，即股东出于信任推选董事，董事是股东的受托人，承担受托责任。由董事组成董事会，受股东大会的信任委托作为公司的法定代表人（董事长），负责经营公司的法人财产。董事长与公司经理人员之间是委托代理关系，即董事会按照一定标准挑选和聘任合适的经理人员，并把部分经营权（日常经营管理权）委托给他们，经理人员接受董事会的委托，行使公司日常事务的代理权和管理权。但在有限责任公司中，经理不再是必设机构而成为了选设机构，公司章程可以规定不设经理，而设总裁、首席执行官等职务，行使公司的管理职权。

### 3．现代企业的管理制度

现代企业的管理制度是指运用现代的管理思想、管理方法、管理手段和管理人才对企业实行现代化管理。现代企业管理制度包括以下几个方面的内容：改变"以物为中心"的传统管理意识，树立适应现代化生产需要和现代市场环境的现代管理理念；有一套股东大会、董事会、监事会与经理层相互制衡的公司治理结构；具有正确的经营思想和能适应企业内外环境变化、推动企业发展的经营战略；建立适应现代化生产要求的领导制度；拥有熟练地掌握现代管理知识与技能的管理人才和具有良好素质的职工队伍；在生产经营各个主要环节普遍地、有效地使用现代化管理方法和手段；建设以企业精神、企业形象、企业规范等内容为中心的企业文化，培育良好的企业精神和企业集体意识。按照市场经济发展的需要，积极应用现代科学技术成果，在企业内部设置科学合理的治理机制，建立现代企业管理制度是建立现代企业制度的根本保障。

现代企业制度的特征是产权清晰、权责明确、政企分开和科学管理。产权清晰是法人制度所要解决的问题；权责明确是组织制度所要解决的问题；科学管理是管理制度所要解决的问题；政企分开则是这三方面的基础和前提，体现在现代企业制度的各个环节上。因此现代企业制度是统一的整体，三个组成部分相互联系缺一不可。

## 1.3 现代企业治理结构

基于经济学专业立场，企业有两个权：所有权和经营权，二者是分离的。企业管理（Corporate Management）讲究的就是企业所有权人向经营权人授权，经营权人在获得授权的情形下，以实现经营目标而采取一切经营手段的行为。与此相对应的，公司治理（Corporate Governance）讲究的则是科学地向职业经理人授权，科学地对职业经理人进行监管。现代企业所有权与控制权相分离的特点，必然要求在所有者与经营者之间形成一种相互制衡的机制，依靠这套机制对企业进行管理和控制，这套机制被称为法人治理结构，以公司治理的结构形式表现出来。良好的公司治理结构可以激励董事会和经理层通过更有效地利用资源去实现符合公司和股东利益的奋斗目标。

## 1.3.1　公司治理结构

公司治理结构是有关所有者、董事会和高级执行人员即高级经理人员和其他利益相关者之间权利分配和制衡关系的一种制度安排，表现为明确界定股东大会、董事会、监事会和经理人员职责和功能的一种企业组织结构。从本质上讲，公司治理结构是企业所有权安排的具体化，是公司控制权和剩余索取权分配的一整套法律、文化和制度性安排，这些安排决定了公司的目标、行为，决定了在公司的利益相关者中在什么状态下由谁来实施控制、如何控制、风险和收益如何分配等有关公司生存和发展的一系列重大问题。

### 1. 公司治理结构的内涵

全体股东认同一个价值趋向，以现金或其他出资方式为衡量股份权益形成契约而成立有限公司形式之企业，股东（大）会作为公司价值聚焦"顶点"，为了维护和争取公司实现最佳经营业绩，公司价值投向董事会、总经理和监事会三个利益"角位点"，此三个利益"角位点"相互制衡形成"三角形"；"顶点"和"三角形"构成"锥形体"，这是公司治理结构的标准模型，如图 1-2 所示。股东判定公司的安全性和成长性基准是董事会、总经理和监事会三个利益"角位点"不可以重合或处于同一直线，更不得与"顶点"重合或处于同一平面；一旦出现这些状况，表示该公司处于特定时期或危机状态。董事会、总经理和监事会需要根据各自利益趋向争取权利和最大利益，"三角形"版图面积逐渐变大，这也正是企业实力不断增强的体现；否则，结果正好相反。"三角形"和"顶点"构成"锥形"的高度，体现了企业发展战略的高度，"锥形"的体积体现了企业的市场竞争力。

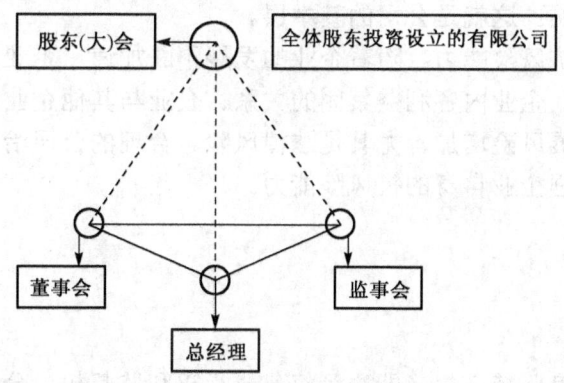

图 1-2　公司治理结构解析图

依照拟人化原则，一个企业如同一个人，全体股东投资成立有限公司形式的企业法人，董事会是企业的"大脑"，总经理是企业的"心脏"，总经理辖制的各部门是企业的"五脏六腑及肢体器官"，监事会是企业的"免疫力系统"，公司治理结构则是企业的"神经系统"，具体表现如图 1-3 所示。

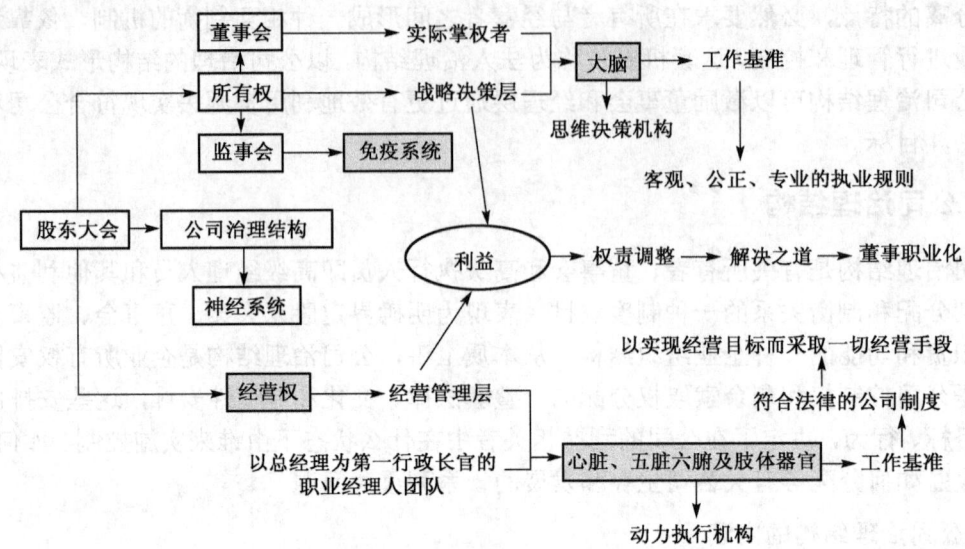

图 1-3  企业治理结构仿人体解析图

### 2. 公司治理结构的作用

一是如何保证投资者（股东）的投资回报，即协调股东与企业的利益关系。在所有权与经营权分离的情况下，由于股权分散，股东有可能失去控制权，企业被内部人（即管理者）所控制。这时控制了企业的内部人有可能做出违背股东利益的决策，侵犯股东的利益。这种情况会引起投资者不愿投资或股东"用脚表决"的后果，会有损于企业的长期发展。公司治理结构正是要从制度上保证所有者（股东）的控制与利益。

二是企业内各利益集团的关系协调。这包括对经理层与其他员工的激励，以及对高层管理者的制约。这个问题的解决有助于处理企业各集团的利益关系，又可以避免因高管决策失误给企业造成的不利影响。这就是公司的基本层。

三是提高企业自身抗风险能力。随着企业的发展不断加速，企业规模不断扩大，企业中股东与企业的利益关系、企业内各利益集团的关系、企业与其他企业的关系及企业与政府的关系将越来越复杂，发展风险增加，尤其是法律风险。合理的公司治理结构，能有效地缓解各利益关系的冲突，增强企业自身的抗风险能力。

## 1.3.2  公司治理形式

### 1. 组织形式

公司治理的组织制度坚持三权（即决策权、执行权和监督权）分离的原则，由此形成了公司股东大会、董事会和监事会并存的组织基本框架，如图 1-4 所示。

公司组织机构通常包括股东大会、董事会、监事会及经理人员 4 大部分。按其职能分别形成决策机构、监督机构和执行机构。

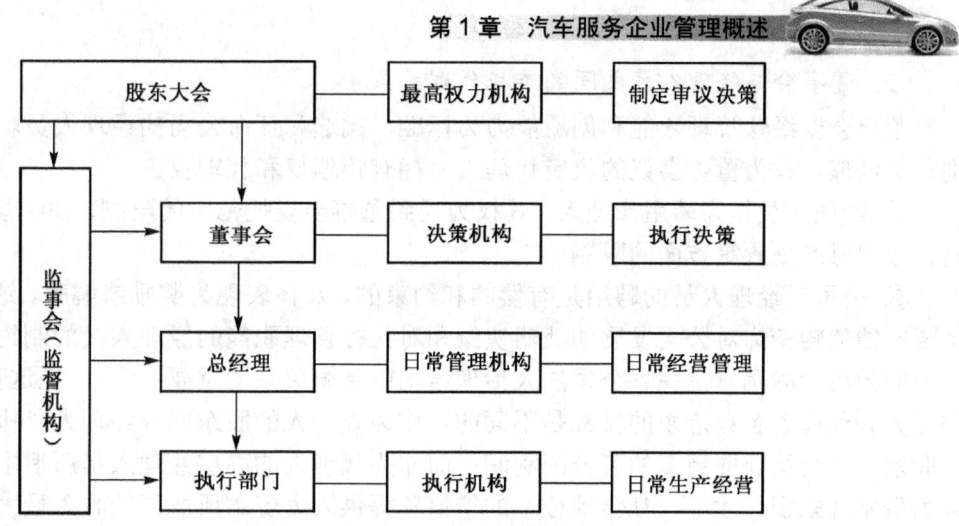

图 1-4　公司制企业的法人治理结构图

（1）决策机构

股东大会及其选出的董事会是公司的决策机构，股东大会是公司的最高权力机构，董事会是股东大会闭会期间的最高权力机构。

（2）监督机构

监事会是由股东大会选举产生的，对董事会及其经理人员的活动进行监督的机构。

（3）执行机构

经理人员是董事会领导下的公司管理和执行机构。这种组织制度既赋予了经营者充分的自主权，又切实保障了所有者的权益，同时又能调动生产者的积极性，因此，是现代企业公司治理制度不可缺少的内容。

**2．治理结构的制衡关系**

在公司的法人治理结构中，只有明确划分股东大会、董事会、经理人员和监事会的权利与责任，才能形成法人治理结构的制衡关系。

（1）股东大会与董事会之间的信任委托关系

董事会受股东大会的信任委托，托管公司的法人财产和负责公司经营，成为公司的经营决策层，是一种信任托管关系。

① 董事会受股东委托来经营公司。董事会成为公司的法定代表，其行为对全体股东负责。股东既然将公司交由董事会托管，则不再直接干预公司的管理事务，也不能以商业经营原因，如正常的经营失败来解聘董事。但当董事会成员玩忽职守、滥用权力，未尽到受托责任时，股东就可以起诉董事，或不再推举他们连任。

② 受托经营的董事不同于受雇的经理人员。董事会只是全体股东的代表，为全体股东的利益行使公司的经营权利。在有限责任公司的情况下，由于股东人数较少，董事会成员大多具有股东身份，意味着大股东直接控制公司；在股份有限公司的情况下，由于股权分散化，董事会主要由经营专家及社会人士组成。

③ 在法人股东占主导地位的情况下，大股东法人一般会派出自己的代表充当持股公司的董事。

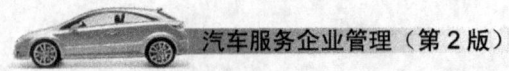

（2）董事会与经理人员之间的委托代理关系

董事会以经营管理才能和创造能力为标准，挑选和任命公司的经理人员。经理人员，特别是总经理，作为董事会议的议定代理人，拥有管理权和代理权。

① 经理人员作为聘用代理人，其权力受到董事会委托范围的限制，如经营方向、经营策略、公司财产处置等方面的限制。

② 公司对经理人员的聘用是有偿的和约束的，具体表现为奖励或解聘。这样，董事会的主要职能就转变为对公司发展的战略决策和对执行管理职能的经理人员的制约。加强对经理人员的约束和激励，是完善公司法人治理结构中制衡关系的重要一环。 在这种委托关系中，委托人和代理人各自追求的目标是不同的。作为委托人的股东要求经理人员执行好经营管理的职能，为公司获取更多的可分配利润；而作为代理人的高层经理人员所追求的是其自身的人力资本（知识、才能、社会地位）的增值和提供人力资本所取得的收入最大化。为实现各自的追求，董事会需要建立一套有效的约束与激励机制，根据经理人员的工作绩效（包括公司的盈利状况、市场占有率等）对他们进行激励和约束。

（3）股东大会、董事会与经理人员、监事会之间的相互制衡关系

① 股东大会作为公司的最高权力机构，掌握着公司最终的控制权，他们可以决定董事会的人选，并有推举或不推举直至起诉某位董事的权利。但是，一旦授权董事会负责公司经营决策后，股东就不能随意干预董事会的决策。而董事会作为公司的经营决策机构，职权也受到一定的约束：第一，董事会作为公司的法定代表机构，不得从事与公司业务无关或有损公司利益的活动，否则将被股东起诉或罢免；第二，董事会不能超越股东大会的授权范围行事；第三，董事会要接受股东大会和监事会的检查与监督。

② 经理人员受聘于董事会，作为公司的代理人统管公司日常经营业务，在董事会授权范围内，代理人有权决策，其他人包括股东、董事不能随意干涉。

③ 作为公司监督机构的监事会，是强化公司法人治理结构制衡关系的重要一环。监事会由股东代表与职工代表组成，负责对董事会成员及经理人员进行监督与检查，防止董事会、总经理等滥用职权，损害公司利益。对发生滥用职权、经营不善的情况，监事会可以提请召开股东大会，改组董事会或更换董事，并提请董事会更换总经理。

**3. 治理结构的基本特征（以英美公司为例）**

公司内部的权力分配是通过公司的基本章程来限定公司不同机构的权力并规范它们之间的关系的。各国现代企业的治理结构虽然都基本遵循决策、执行、监督三权分立的框架，但在具体设置和权力分配上却存在着差别。

（1）股东大会

从理论上讲，股东大会是公司的最高权力机构。但是，英美公司的股东非常分散，而且相当一部分股东是只有少量股份的股东，其实施治理权的成本很高，因此，不可能将股东大会作为公司的常设机构，或经常就公司发展的重大事宜召开股东代表大会，以便做出有关决策。在这种情况下，股东大会就将其决策权委托给一部分大股东或有权威的人来行使，这些人组成了董事会。股东大会与董事会之间的关系实际上是一种委托代理的关系。股东们将公司日常决策的权力委托给了由董事组成的董事会，而董事会则向股东承诺使公司健康经营并获得满意的利润。

（2）董事会

董事会是股东大会的常设机构。董事会的职权是由股东大会授予的。关于董事会人数、职权和作用，各国公司法均有较为明确的规定，英美也不例外。除公司法的有关规定以外，各个公司也都在公司章程中对有关董事会的事宜进行说明。公司性质的不同，董事会的构成也不同。在谈到公司治理问题时，常常要根据不同性质的公司进行分析。为了更好地完成其职权，董事会除了注意人员构成之外还要注意董事会的内部管理。

（3）首席执行官（CEO）

从理论上讲，董事会有权将部分经营管理权力转交给代理人代为执行。这个代理人就是公司政策执行机构的最高负责人。这个人一般被称为首席执行官，即CEO。在多数情况下，首席执行官是由董事长兼任的。即使不是由董事长兼任，担任此职的人也几乎必然是公司的执行董事并且是公司董事长的继承人。但是，由于公司的经营管理日益复杂化，经理职能也日益专业化，大多数公司又在首席执行官之下为其设一助手，负责公司的日常业务，这就是首席营业官，即COO（Chief Operation Officer）。在大多数公司，这一职务一般由公司总裁（President）兼任，而总裁是仅次于首席执行官的公司第二号行政负责人。也有的公司，由董事长同时兼任公司的首席执行官和总裁。此外，常设一名首席营业官协助董事长兼首席执行官的工作。公司还设有其他一些行政职务，如首席财务官等。在英美公司的行政序列中，以首席执行官的地位最高，其次为公司总裁，再次为首席营业官，接下来是首席财务官。在总裁以下，各公司还常常设有多名负责具体业务的副总裁，包括执行副总裁和资深副总裁。这些副总裁一般都负责公司的一个重要业务分部，或者是作为公司董事长和首席执行官的代表担任重要子公司的董事长兼首席执行官。由于首席执行官是作为公司董事会的代理人而产生的，授予他何种权利、多大的权利以及在何种情况下授予，是由各公司董事会决定的。首席执行官的设立，体现了公司经营权的进一步集中。

（4）外部审计制度的导入

需要注意的是，英美公司中没有监事会，而是由公司聘请专门的审计事务所负责有关公司财务状况的年度审计报告。公司董事会内部虽然也设立审计委员会，但它只是起协助董事会或总公司监督子公司财务状况和投资状况等的作用。由于英美等国是股票市场非常发达的国家，股票交易又在很大程度上依赖于公司财务状况的真实披露，而公司自设的审计机构难免在信息发布的及时性和真实性方面有所偏差，所以，英美等国很早便出现了由独立会计师承办的审计事务所，由有关企业聘请他们对公司经营状况进行独立审计并发布审计报告，以示公正。英美等国公司每年的财务报告书都附有审计事务所主管审计师签发的审计报告。政府的审计机构也在每年定期或不定期地对公司经营状况进行审计，并对审计事务所的任职资格进行审查。这种独立审计制度既杜绝了公司的偷税漏税行为，又在很大程度上保证了公司财务状况信息的真实披露，有助于公司的守法经营。

## 1.4  现代企业管理与汽车服务企业管理

纵观历史，一切社会现象都与管理活动密切相关。近百年来的世界发展变化更是表明：有效的管理是一个组织、一个国家走向成功的基础之一。正如彼得·德鲁克所说："在人类历

史上，几乎没有一种制度规范能像管理那样迅速兴起并产生巨大影响。在不到150年的时间里，管理已改变了世界上所有发达国家的社会与经济结构。"

## 1.4.1 现代企业管理管理

### 1．管理的概念

现代企业管理从广义上讲就是针对市场环境的变化，按管理者的意志对企业系统的响应进行控制。因此，它不是孤立、静止的企业内部的自我完善，而是从大系统的角度出发，对企业生产经营行为进行的适应性控制，即以市场为主导，服从于经济发展规律，同时具有科学性、系统性和预见性的一种企业行为管理。

"管理"一词在不同时期和阶段有许多不同的定义，这些定义都是从不同的角度提出来的，也仅仅反映了管理性质的某个侧面。为了对管理进行比较广泛的研究，而不局限于某个侧面，我们采用下面的定义：现代企业管理是对企业生产经营活动进行计划、组织、指挥、协调和控制等一系列活动来协调人力、物力和财力资源，以期更好地达到组织目标的过程。也就是说，企业需要建立企业管理的整体体系，尽可能利用企业的人力、物力、财力、信息等资源，实现"多、快、好、省"的目标，取得最大的投入产出效率。随着生产精细化的发展，分工越来越细，生产专业化程度不断提高，生产经营规模不断扩大，企业管理也就越来越重要。科学化管理成为培育企业核心竞争力、实现企业可持续发展的重要途径。

具体来讲，企业管理定义有如下4层含义。

第一层含义说明了管理采用的措施和手段是计划、组织、领导和控制四项基本活动。这四项基本活动又被称为管理的四项基本职能。

第二层含义指出了第一层含义的对象，即组织中可供支配的各种人力、物力和财力等方面的资源。

第三层含义又是第二层含义的目的。协调人力、物力和财力资源是为使整个组织活动更加富有成效，这也是管理活动的根本目的。

第四层含义是指管理是由管理者开展的，有效的管理必须与所处的环境相适应，并根据环境的特点进行活动。

### 2．管理的作用

任何集体活动都需要管理。在没有管理协调时，集体中每个成员的行动方向并不一定相同，以至于可能互相抵触。即使目标一致，由于没有整体的配合，也达不到总体的目标。管理的作用具体地讲有以下几点。

① 管理是社会化大生产的客观要求，是人类社会活动和生产的必要条件。从理论上讲，人类的活动不但具有目的性，而且具有相互依存性，这一特征说明，只有有效的管理才能协调人们共同的劳动，最大限度地发挥人力资源的作用，促进人类社会和文明的发展，同时也回答了为什么管理实践与人类历史同样悠久的原因。

② 管理水平和社会生产的效益水平直接相关，管理在社会生产过程中实质上是起放大和增效作用：放大组织系统中人、财、物、信息、技术等要素的作用；增强人与人、人与物、物与物之间的组合效果。

第二次世界大战后，日本近乎一片废墟，可在随后的几十年间日本的经济飞速发展，日本的汽车、家电产品等遍布全世界，国民生产总值跃居世界第二位。这一经济奇迹不只是源于技术领先、资源丰富，还有源于管理。在相同的物质条件和技术条件下，由于管理水平的不同而产生的效益、效率或速度的差别，就是管理所产生的作用。

③ 管理是实现企业目标的前提条件。管理和技术是企业发展的两个车轮。美国前国防部部长麦克纳马拉说过，美国经济的领先地位三分靠技术，七分靠管理。美国经济上的强大竞争力在于美国在管理方面做了大量工作。多年来，他们对破产企业进行了大量调查，结果表明，在破产企业中，几乎有 90% 是由于管理不善所致。可见，要想提高我国企业的经济效益，增强市场竞争力，就必须充分认识到管理的重要性，建立适合我国国情的现代管理制度和体系，使管理成为经济发展的有力支持。

④ 管理是实现个人目标的前提条件。人们之所以要加入组织，是因为组织能帮助他们实现自己的目标。但是，一旦人们加入了组织，他们个人目标的实现情况往往取决于组织的管理状况。管理不好，可能使组织成为一个一大群孤立个人的简单集合体，组织无法发挥群体优势，也无法满足组织成员实现个人目标的愿望。

## 1.4.2　现代企业管理的基本原理

企业管理的基本原理是人们在长期的企业管理实践中总结出来的，具有普遍意义的管理工作的基本规律。它是对企业管理工作客观必然性的揭示，对企业管理人员的管理活动具有指导性和规范性。企业管理人员如果违背了管理原理，就会受到客观规律的惩罚，就要承受严重损失，关于企业管理基本原理有多种表述，这里只简单介绍其中主要的观点。

### 1．系统原理

企业管理作为一个系统，是一个多级多目标的大系统，又是国民经济大系统的一个组成部分。因此，企业管理系统应具有以下特点。

① 企业管理系统具有统一的生产经营目标，也就是说生产适应市场需求的产品，才能提高经济效益。

② 企业管理系统的建立要具有层次性，各层次的系统组成部分必须职责明确，其功能应具有相对独立性和有效性。高层次功能必须统率其隶属的下层次功能，下层次功能必须为上层次功能的有效发挥服务。

③ 企业管理系统的总体具有可分性，即可将企业管理工作按照不同的业务需要分解为若干个不同的子系统，使各子系统相互衔接、协调，以产生协同效应。

④ 企业管理系统必须具有相对的独立性，任何企业管理系统都是处在社会经济发展的大系统之中。因此必须适应社会经济发展的大环境，但又要独立于这一环境，才能使企业管理系统处于良好的运行状态，达到管理系统的最终目标——赢利。

### 2．弹性原理

弹性原理是指企业为了达到一定的经营目标，在企业外部环境或内部条件发生变化时，有能力适应这种变化，并在管理上表现出的灵活可调性。现代企业是国民经济这个大系统中的一个极小的子系统，它的投入和产出都离不开国民经济这个大系统。可见，国民经济系统是企业系统的外部环境，是企业不可控制的因素，而企业内部条件则是企业本身可以控制的因素。当企业外部环境发生变化时，可以通过改变内部条件来适应这种变化，以保证达到企业既定的经营目标。

近年来，弹性原理还在价值领域得到了广泛的应用，而且收到了意想不到的效果，称其为产品弹性价值。产品弹性价值又称产品的无形价值或精神价值，来源于产品设计者、制造者、销售者、商标以及企业的声誉和形象，是不同产品的"精神级差"。这种"精神级差"是产品市场价值可调性的重要标准，是企业获得非常超额利润的无形源泉，在商品交易过程中呈弹性状态，是当今企业孜孜追求的目标之一。

### 3. 效益原理

效益原理是指企业通过加强企业管理工作，以尽可能少的劳动消耗和资金占用，生产出尽可能多的符合社会需要的产品，不断提高企业经济效益和社会效益。企业在生产经营管理过程中，一方面努力设法降低消耗、节约成本；另一方面又努力生产适销对路的产品、保证质量、增加附加值，从节约和增产两个方面来提高经济效益，以求得企业的生存与发展。企业在提高经济效益的同时，也要注意提高社会效益。一般情况下，经济效益与社会效益是一致的，但有时会发生矛盾。这种情况下，企业应从大局出发，首先要满足社会效益，在保证社会效益的前提下，最大限度地追求经济效益。

### 4. 激励原理

激励是指通过科学的管理方法激励人的内在潜力，使每个人都能尽其所能，展其所长，为完成规定的目的而自觉、努力、勤奋地工作。人是生产力诸要素中最活跃的因素，创造团结和谐的环境，满足职工不同层次的需求，正确运用奖惩办法，实行合理的按劳分配制度，开展不同形式的劳动竞赛等，都是激励原理的具体应用，都能较好地调动人的劳动热情，激发人的工作积极性，从而达到提高工作效率的目的。

### 5. 动态原理

动态原理是指企业管理系统随着企业内外环境的变化而不断更新自己的经营理念、经营方针和经营目标，为达到这一目的，必须相应地改变管理办法和手段，使其与企业的经营目标相适应。作为企业，既要随着经营环境的变化，适时变更自己的经营策略，又要保持管理业务的适当稳定，没有相对稳定的企业管理秩序，也就失去了高质量企业管理的基础。因此，在企业管理中要运用辩证的方法，正确、恰当地处理矛盾的两个方面，使其朝着有利于实现企业经营目标的方向转化。

### 6. 创新原理

创新原理是指企业为实现总体战略目标，在生产经营过程中，根据内外部环境变化的实际，按照科学态度，不断否定自己，创造出具有自身特色的新思想、新思路、新经验、新技术，并加以组织实施。企业创新一般包括产品创新、技术创新、市场创新、服务创新、组织创新和管理方法创新等。产品创新主要是提高质量、扩大规模、创立名牌；技术创新主要是加强科学技术研究，不断开发新产品，提高设备技术水平和职工队伍素质；市场创新主要是加强市场调查研究，提高产品市场占有率，努力开拓新市场；服务创新主要是服务观念、意识和方法的创新；组织创新主要是企业组织结构改组为符合现代企业要求的组织形式；管理方法创新主要是企业生产经营过程中的具体管理技术和管理方法的创新。

### 7．可持续发展原理

可持续发展原理是指企业在整个生命周期内，随时注意调整自己的经营策略，以适应变化了的外部环境，从而使企业始终处于兴旺发达的发展阶段。现代企业家追求的目标不应该是企业一时的兴盛，而应是长盛不衰。这就需要按可持续发展原理，从历史和未来的高度全盘考虑企业资源的合理安排，既要保证近期利益的获取，又要保证后续事业能得到蓬勃的发展。

## 1.4.3　现代企业管理的手段

管理过程中的诸多不确定性是有效配置资源、履行组织职责、达到组织既定目标与责任的障碍。为此，作为管理主体就必须在管理过程中寻找一些特殊手段或行为来降低这些不确定性，使实际的结果与预期的目标相一致。计划、组织、协调、控制和激励等就是这一类的行为活动。

### 1．计划

计划是指对未来的行动或活动以及未来资源供给与使用的筹划。计划是一种协调过程，给管理者和员工都指明了方向，所以，计划指导着一个组织系统循序渐进地去实现其组织的目标，其目的就是要使系统适应变化中的环境，并使系统占据更有利的环境地位。

从计划的定义、目标和功能来看，计划是降低组织系统在资源配置过程中的不确定性的一种手段。事实上，无论是战略计划，还是职能部门计划，作为对未来行为的一种筹划就是希望通过事先的安排，有准备地迎接未来，或按照设定的目标循序渐进地工作。管理过程中缺乏计划就会走许多弯路，从而使实现目标的过程失去效率。因此，计划是实施有效管理的重要手段。

### 2．组织

组织实质上是协调人或物的集合体，可以定义为人们为了实现一项共同目标而建立的组织机构，是综合发挥人力、物力、财力等有效资源效应的载体。它有两个含义：一是指将组织系统内的各种资源按照配比及程序要求有序地进行配置；二是指一群人为了实现一定的目的，按照一定的规则组成一个团体或实体。如果不能将无序的资源按照配比及程序的要求在整合之初及整合过程中达到有序化，有效配置资源就成为一句空话，而这样的一种有序化行为正是为了降低获取成果或业绩时产生的不确定性。

### 3．协调

协调是指将资源按照一定的规则和配比安排的一种活动，也是将专业化分工条件下各自的工作行为成果有序统一的活动。专业化分工后，由于一个人拥有从事这类活动的专门技能，从而便于加强知识的积累，使工作效率得到提高。然而，专业化分工本身也会带来风险和不确定性。因为这种分工之后的合作不是在一个工作主体之间进行的，而是在多个工作主体中进行的，这就会产生不同工作主体之间的配合问题：如果配合不好，可能使总效率下降，甚至产生负面效应。为了防范这种状况的出现，就需要协调行为。协调得好，就会产生合力，否则，由分工产生的不确定性就无法消除。

**4．控制**

控制是指根据既定目标，不断跟踪和修正所采取的行为，使之朝着既定的目标方向运行，并实现预想的成果或业绩。由于现实行为是在各种不确定性因素作用下发生的，故每一行为都有可能偏离预定要求，从而可能使既定目标或业绩难以实现，显然这是组织所不愿见到的。为了防范这种状况的发生，控制这一类行为就非常有必要。通过控制，可以降低工作行为及其结果与既定目标和要求的不一致性。

**5．激励**

人的有目的的行为都是出于对某种需要的追求，得到需要是产生激励的起点，进而导致某种行为。未满足的需要对人的激励作用的大小，取决于这一行为给这个人带来的满足程度和满足的可能性。在企业管理中，需要把个体和群体的自发行为变成组织的行为。因为管理中经常使用组织的规章制度和规范去约束个体和群体的行为，而这种约束带有明显的强制性，强迫人去遵守。人在行为时并非出自本身的意愿，轻则人们消极、被动地接受，致使效率低下；重则会产生对抗。所以单纯地用组织的规章制度和规范去约束人的行为是不够的，必须把它与激励方式结合起来。激励能产生高效率和凝聚力。

激励可采用多种方式，常用的有以下手段。

① 目标激励：给予一定的目标，以目标为诱因促使人们采取适当的行动去实现。

② 参与激励：让职工参与企业重大问题的决策和管理，使其产生主人翁责任感。

③ 领导者激励：利用领导者的表率作用给职工带来激励。

④ 关心激励：领导的真诚关心，使职工产生强烈的归属感，达到激励的目的。

⑤ 认同激励：职工做出成绩时得到领导的认同，产生的激励，效果更好。

⑥ 奖励激励：利用物质（如工资、奖金、晋级）和精神奖励（评选先进或劳模、当众表扬）手段对职工给予激励。

⑦ 惩罚激励：通过对犯规人员的惩罚，激励其本人或其他人员自觉、积极地去遵守规范。

⑧ 公平激励：利用职工等量劳动成果给予等量待遇，多劳多得产生激励作用。

## 1.4.4　现代企业管理的体系与机制

### 1．现代企业管理体系

所谓管理体系，就是企业系统的具体划分模式，以及子系统与母系统、子系统与子系统之间的关系。就现代管理而言，企业总系统可分为经营决策、计划管理、生产经营、过程监控、经济核算、信息管理和后勤保障等子系统，形成一个围绕企业总目标和宗旨运转的有机体系，如图1-5所示。

对企业管理体系的要求是：对市场信息的反应要迅捷并呈整体状态，体系本身运转效率要高，而且应该具备较强的灵活性和应变能力。以汽车服务企业为例，组成各子系统的各部门与机构，如计划决策、运输生产、机务管理、经济核算、资金管理和后勤保障等，相互之间应该职责分明、相互配合、相互补充、相互监督。这样，就不会因为内部因素不完善使市场信息输入迟滞、混乱甚至错误，从而产生负面影响。企业管理体系就是研究如何完善和健全企业系统，使企业在市场竞争中能把握信息，反应迅捷，极大地提高企业的竞争实力，保证企业目标得以顺利实现。

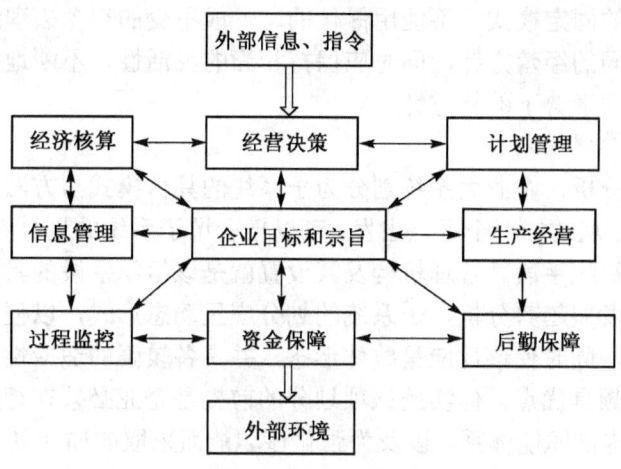

图 1-5　企业管理体系

### 2. 现代企业管理的经营机制

企业生产经营机制，可以理解为各子系统之间贯通存在的、必然的、顺理成章的有机联系。这种联系是按人的意志建立起来的，但可以不在人的干预下运行，人的作用在建立、健全系统的有机体制后，仅限于监控其运行，而不要随意干预其运行。科学的企业经营管理机制，可以使管理者从繁忙的事务性工作中解脱出来，把精力集中到科学管理中去，从而不断地创新、改革与完善现有的管理机制，形成企业管理的良性循环。因此健全完善的企业生产经营机制应该包括以下几方面内容。

（1）经营目标

所谓企业经营目标，就是企业一切行为的总的奋斗方向。企业经营目标可分为远期目标和近期目标。远期目标一般不很具体，是未来若干年内企业应实现的大致规划，但它的方向性一般较明确，用于指导近期目标并作为近期目标的制定依据之一。而近期目标则是短期的具体执行目标，由一系列指标体系组成，较为精确，执行时把握较为严格。在确定企业经营目标时，需把握以下两个原则。①销量原则。企业是商品生产者，商品的生产目的不是使用价值而是交换价值。最终通过商品交换而获取最大利润。这是确立企业经营目标的基本前提。②利润原则。企业要获取最大利润，生产的商品必须能使消费者接受，最大限度地满足消费者的需求。这中间贯穿了一个社会效益与经济效益的问题，二者之间的辩证关系是：不追求经济效益，则无法满足社会需求，从而无法产生社会效益；过分强调经济效益而无视社会效益，将会导致企业社会环境的恶化，最终导致经济效益的丧失。

（2）经营方针

为了实现企业的经营目标，还必须确定指导企业生产经营活动的行为纲领，这个行为纲领就是经营方针，也即达到目标的途径与手段的行为指导纲领。企业采用何种方针，在很大程度上取决于企业本身的实力、在市场竞争中的地位、企业本身的特点及企业的经营目标与方式。企业产品要满足社会需求，必须以市场需求为准则，在该准则前提下确立满足市场需求的、具有企业本身特色的即所谓"需方为主"的准则前提。经营方针从实质上来看，也可以理解为在特定环境条件下企业所采取的具体生产经营策略。显然，在市场经济体制下，该经营策略不存在唯一的固定模式，不能用僵化的、一成不变的观念去理解经营方针。在同一企业中允许存在着不同的经营方针，同时应保持相当的灵活性，不断地根据市场需求做出调整、修正，并探索不同形势下的新方针。

（3）管理机构与管理模式

从系统论的观点分析，企业大系统划分为子系统的具体模式与方法，就是企业的组织体制与结构的具体设置。从这样一个观点出发，可以把所谓子系统的划分看做是提高系统效率、增强系统功能的一种组织手段。管理机构及其设置就是该组织手段的具体体现。根据现代企业管理的成功经验与发展趋势分析，子系统的划分应呈动态形式，以便及时对外部千变万化的信息输入做出反应，同时使该反应呈整体形态，并具备较强的适应性与灵活性。虽然动态形式的子系统的划分颇具优点，但实施该项划分的前提是企业必须在相应的原则基础上建立一系列完整、科学的内部职能体系，以及为强化该职能而采取的如计划、组织、指挥、控制、评价、处理和信息反馈等具体手段。子系统组织体制的设计与设置，以及上述手段的综合形态，即可定义为管理模式。

（4）企业内部经营机制

所谓机制即为有机体制，是一种相互间充满逻辑性和科学性的网络，健全的企业机制应包括如下内容。

1）分配机制

分配机制有两层含义：资源的分配与利益的分配。前者强调资源利用的效果，且对资源利用的责任与目标等原则性问题提出明确的规定，以确保资源的利用效果，并改变资源利用责任模糊和利用效果低下的状态；后者则将资源利用的效果与利用者本身的利益挂钩，且分配中往往包含资源的再分配，二者要相辅相成，不可分离，即资源利用的效果差异导致了利益分配的差异，而利益的来源只能是资源利用的效果，且资源的利用效果直接影响资源的再分配，从而形成资源利用效果不断提高的良性循环，以利于克服平均主义思想和提高劳动生产率。

2）动力机制

资源利用效果必须直接关系到资源利用者本身的利益，由此可形成最主要的动力源泉。按照行为科学的理论，不同的人类行为来源于不同的思维动因。利益的得失是主要动力源（也称第一动力源），并不是说经济利益就是唯一动力源。随着社会和人类行为的不断发展社会形态的动力源（如使命感、荣辱观、责任感和创造欲等）所占的比重日益增大。经济形态和社会形态的动力源是相互关联、相互制约和相互促进的矛盾关系，二者的作用与地位均因时而异、因事而异、因人而异和因地而异，不可随意厚此薄彼。

3）制约机制

人的行为在社会中是要受到制约的。同样，企业的生产经营行为也必须受到制约。这就是创立制约机制的目的。制约机制必须采用对被制约者最具约束力的方法和手段来进行。制约方式包括财产制约和利益制约。前者对生产资料所有者而言，约束其行为，

促使其自觉地寻求确保财产不断增值的行为方法和手段；后者对经营者和劳动者而言，促使其不断地提高资源的利用效果，以确保既得利益。制约手段包括经济手段与社会手段，二者同时运用才能确保制约机制的成效。制约机制的运行结果实际上保证了系统目标的顺利实现。

4）竞争机制

市场竞争实际上就是资源利用的竞争，竞争的过程就是寻求资源利用最佳效果的过程，而资源利用效果又导致了资源的再分配，这就是竞争机制的实质，即不断地寻求资源利用的最佳效果，这本身体现了市场竞争乃至人类社会所有竞争的规律。

从以上论述可以看出，这4个方面的机制构成了企业运行机制的体系，缺一不可。从系统论的角度论述，子系统的运行机制必须健全，即机制的不完善将导致系统运行的中断，或者无法顺利地达到系统目标。

## 1.4.5 汽车服务企业管理

### 1. 汽车服务企业管理的概念

汽车服务企业管理就是按照汽车服务市场的客观规律，对企业的全部生产、销售、服务等经营活动进行计划、组织、指挥、协调和控制，使各汽车服务环节互相衔接，密切配合，使人、财、物各因素得到合理组织、充分利用，以最小的投入，取得满意的产出，完成企业的任务，实现企业的经营目标。

### 2. 汽车服务企业管理内容

企业管理的职能体现在汽车服务企业管理的各个具体内容之中。

（1）经营计划管理

经营计划管理是汽车服务企业通过预测、规划、预算、决策等手段，把企业的经济活动有效地围绕总目标的要求组织起来的各项工作。其主要内容包括通过对企业外部经营环境的调查研究，进行科学预测，搞好企业经营决策、经营计划、市场营销、产品开发、技术创新等管理工作。

（2）运作管理

运作管理是针对不同的汽车服务企业运作过程的特点，对生产运行过程进行的管理。如汽车 4S 店，其主要管理内容包括：①营销过程管理，整车或配件销售所涉及的过程、汽车消费信贷等；②维修生产管理，包括生产计划、作业组织、生产调度、工时定额等；③售后服务管理，包括保险理赔、二手车交易、维护修理、检测诊断、美容装饰等服务过程管理。

（3）技术管理

技术管理是合理、有效地组织、指挥、协调、监督和激励本企业所有生产服务的各项技术工作，利用好企业内部和外部的有关技术资源，组织科学研究和技术开发活动，尽快地把最新的技术成果转化为现实的生产力，实现企业生产的现代化。涉及运营过程的工艺、设备等技术性工作，主要包括：①维修工艺管理，包括工艺编制、检验标准、监督检查等；②设备管理，包括配置选型、检查维护、计量检定等；③标准化管理、计量管理、技术档案管理等。

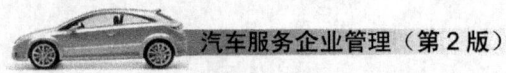

（4）质量管理

质量管理包括质量体系的建立及其监督、考查和检验等。通过建立质量保障体系，设计与推行标准服务流程，完善服务补救程序等提高服务质量，从而提高顾客满意度，使顾客由满意而心生感动，直至成为企业的忠诚顾客。

（5）生产物资管理

生产物资管理包括配件管理及其他生产资料的计划、采购、供应、保管、节约使用和综合利用等。

（6）成本管理

成本管理包括成本预测、计划、控制、核算、分析及考核等。

（7）财务管理

财务管理是企业在生产过程中对资金运作的管理，是对企业在生产过程以价值形态表现的全部活动，包括物质基础配置、产销经营过程、经营活动成果，以及最后处理的全过程在账面上的正确反映和分析。所以现代财务管理的主要内容包括资金的筹集、运用，资产的管理，收入、成本、利润管理，分配管理等。

（8）人力资源管理

人力资源管理是现代企业管理的重要方面。寻找到优秀的雇员，并创造有利条件，充分调动、发挥雇员的主观能动性和每个人的优势，对企业的市场竞争力有着巨大的影响。人力资源管理包括人员的招募与选聘、岗位设计和职能划分、人员薪酬和考核评估设计、人员的培训等。

（9）客户管理

客户管理是通过对客户详细资料的深入分析，来提高客户满意程度，从而提高企业竞争力的一种手段。其主要内容包括企业服务对象及客户的开发、建立、联络、分析与评价等。

（10）信息化管理

现代企业的竞争，在占有信息及充分控制信息价值方面显得非常激烈。因此，信息化管理是汽车服务企业管理的重要内容之一。信息化管理的主要内容包括对汽车消费者服务的信息化、汽车购买的电子化、与整车制造商的信息传递与共享、汽车服务企业内部管理的信息化以及汽车物流控制的信息化等。

### 3. 汽车服务企业管理的任务

① 努力提高企业经济效益，实现利润最大化。企业是经济组织，开展经营活动的目的就是实现价值增值，实现更多的利润。企业的劳动成果能否得到社会的承认，个别劳动能否转化为社会劳动，关键是劳动成本或劳动耗费低于或相当于社会平均水平。企业所生产的产品或提供的服务能够满足社会需要，得到广大消费者的青睐。只有这样，企业的产品才能顺利地销售出去，才能扩大再生产，从而实现良好的经济效益，取得更多的利润，实现良性循环。企业经济性指标主要包括成长性指标、收益性指标和有效性指标等。

② 充分调动员工的积极性，发挥人的聪明和才智。企业管理要以人为本，要重视人的因素，充分调动员工的积极性，不断提高员工素质，为员工创造良好的工作环境和生活环境，让员工的聪明才智得到最大限度的发挥。因为，人是一切社会活动和经济活动的活力源泉，有了高素质的员工队伍，有了强大的凝聚力和向心力，企业才能战胜一切困难，并取得成功。

③ 塑造良好的企业形象，为国家和社会承担责任。企业是社会的一个组成部分，其经营行

为必然会对社会产生影响。企业在经营活动中必须把经济效益与社会效益统一起来，多做有益于社会的事，如向社会提供优质产品、照章纳税、履行合同、防治污染、保护环境等。只有树立良好的企业形象，才能得到政府、社会公众和广大消费者的支持和信赖，企业才能顺利发展。

**4．汽车服务企业管理的发展现状**

尽管经历了汽车服务业的起步与建设、发展、全面形成和发展3个发展阶段，我国汽车服务业管理的水平与国际先进水平仍存在着一定的差距，它们主要体现在以下几个方面。

（1）服务管理理念尚未深入普及

与国外汽车服务业相比，目前我国汽车服务业服务管理理念的落后是最大的差距。"以人为本，顾客至上"和全面实施"用户满意工程"等先进服务理念，在我国汽车服务业内还只是停留在口号上，没有深入员工心中，不能完全体现在实际工作中。尽管大家都在争取"与国际接轨"，都在引进国际先进的服务理念，可实际上都还流于表面。很多厂商只重视生产，轻视服务，对汽车的售后服务投入不足，缺乏主动、及时处理用户意见的态度，经销商只看到眼前利益，注重销售网点和营业厅的建设，忽视了在售后服务等方面的投入，没有真正发掘汽车后市场这个利润增长点。而政府的服务管理部门，在近几年才开始着手如汽车召回体系等的建设，在之前的很长一段时间内，我国在汽车服务领域的法律法规操作性差、强制性差，不能充分保障广大消费者的合法权益。

（2）企业从业人员综合水平较低

针对汽车这种技术密集型产品，对从业人员有着相当高的要求，特别是技术方面。在我国从事汽车维修行业的人员，很多都是以师傅带徒弟的方式传授技艺的。尽管近几年来，很多中高级技术学校开设了相应的汽车维修等专业课程，但是目前社会上汽车服务业的从业人员其技术水平还普遍偏低。在美国，汽车维修企业中诊断工人的比例约占80%，对于现代车辆的电控发动机、自动变速器、ABS系统、自动空调等技术含量高、制造精密的零部件，更多的维修工作是对故障的判断，即所谓"七分诊断，三分修理"。如果不经过诊断就盲目拆卸，不但很难排除故障，反而会增加新的故障。我国真正具备判断汽车故障能力的技术人员不超过30%，大多停留在只会"换件"的水平上的现象急需改观。

另外，汽车配件经营者大量存在缺乏配件基本知识的现象，不能为用户提供专业咨询。对于高素质的专业人员也是极度缺乏，如二手车交易服务业内严重缺乏受过专业培训的具有资质的估价师，很多交易服务者都不能为顾客提供估价等深层次的服务。整个行业的综合素质偏低，是无法提供高水平服务的重要原因。

综上所述，我国汽车行业人才存在的突出问题：一是缺乏领军人才，尤其是既懂现代汽车技术，又懂现代管理的人才；二是缺乏交叉学科的复合型人才；三是汽车研发、汽车营销、售后服务、汽车体育、汽车博览和汽车文化人才远远不能满足汽车行业发展的需求，不能满足经济全球化的要求。

（3）企业技术管理水平有待提高

这里的技术指的是服务企业的硬件设施和技术设备，目前我国汽车服务业的技术管理水平无法完全跟上汽车技术的发展速度，部分企业缺乏各种先进的维修机械设备、电子诊断设备等，不能保证维修服务的质量。尤其在汽车美容装饰行业，"路边摊"还占有相当的数量，它们的主要设备仅是水桶、刷子、高压水枪等简单工具，其服务质量完全得不到保障。

（4）市场秩序混乱

在整车流通领域，尽管很多汽车厂商建立了厂商主导的销售服务体系，如实行特约经销制度，但他们还不能真正做到有效管理、监控经销商的行为，所以在紧俏车型市场需求旺盛的时候，加价销售等行为时有发生。在汽车配件流通领域，质量问题十分突出，假冒伪劣配件充斥市场。价格体系混乱，在我国汽车流通领域，存在如加价销售等现象；在汽车维修服务领域，服务和价格的透明度很低，没有一个统一的行业规范；在服务过程中，常常出现服务欺诈、乱收费、理赔不当等侵害消费者利益的行为，"诚信"的理念还处在宣传教育阶段，要使从业人员真正做到尚需时日。市场竞争机制秩序混乱，特别是在汽车维修、配件经营等行业，由于从业者数量众多，竞争日益激烈，从业者实力相差无几，往往采取低价竞争策略，以求吸引顾客，却导致了一个恶性循环，使得假冒伪劣配件大行其道，服务质量低下，损害了消费者的利益，服务商本身也得不到多大的好处。

（5）相关管理法律法规不健全

相对于法制健全的欧美发达国家，我国在改革开放过程中才提出"依法治国"、"加强社会主义法制建设"，开始逐渐弥补各个领域的法律空白，在汽车服务行业同样如此。前几年影响较大的"丰田刹车"事件就是一个典型的例子，也就是从那以后，"汽车召回"制度受到了广大消费者的关注，最终由国家质检总局、国家发改委、商务部和海关总署共同制定了《缺陷汽车产品召回管理规定》，并于2004年10月1日起开始实施，而国外关于汽车召回的制度早在40年前就已出台。

总之，我国汽车服务业管理还存在着许多不足之处，我们应该借鉴欧美发达国家的成功经验，看清自身的不足，扬长避短，再根据我国国情，来完善我国的汽车服务行业，尽快赶上汽车工业的发展，缩小与国际汽车服务业的差距，更好地服务于广大消费者。

# 1.5  汽车服务企业组织结构设计

## 1.5.1  汽车服务企业组织结构的含义

组织其本质就是研究如何合理有效地进行分工。计划工作，确定组织的具体目标，并对实现目标的途径进行合理的安排，为了使人们更加有效地工作，还必须设计和维持一种组织结构，包括组织机构、职务系统和相互关系。也就是说，组织工作要把为达到组织目标而必须从事的各项工作进行分类组合，划分为若干部门，根据管理幅度的要求，划分出若干层次，把每类工作所必需的职权授予各层次、各部门的主管人员，并规定与上下左右的协调关系。此外，还需要根据组织内外诸要素的变化，不断地对组织的结构进行调整和变革。

组织结构是组织内的全体成员为实现组织目标，在管理工作中进行分工协作，通过职务、职责、职权及相互关系构成的结构体系。组织结构的本质是组织内成员间的分工与协作关系，其内涵是职、权、责的关系。

## 1.5.2  汽车服务企业组织设计的程序

组织设计是执行组织职能的基本工作，组织设计的主要任务是提供组织结构系统图和编制职务说明书。若出现以下三种情况，将进行组织设计：一是原有组织目标发生变化或组织结构出现问题；二是新建组织；三是组织结构需要完善与调整。尽管情况不同，但组织设计的基本程序大体一致，具体工作一般有以下三个步骤。

### 1．职务分析与设计

职务分析与设计，在组织目标活动逐步分解的基础上，设计和确定组织内从事具体管理工作需要的职务类别和数量，分析担任每个职务的人员应负的责任、应具备的素质要求。组织系统图是自上而下绘制的，同时，在研究现有组织的改进时，也往往从自上而下地重新划分各个部门的职责来着手。但是，设计一个合理的组织结构需要从最下层开始，也就是说，设计一个全新的组织结构是自下而上的。

### 2．部门划分

根据各个职务所从事工作内容的性质及职务间的相互关系，依照一定的原则，可以将各个职务组合成被称为"部门"的管理单位。组织可根据自身特点、外界环境的不同对划分依据进行不断调整。

### 3．结构的形成

职务分析与设计和部门划分是根据具体工作的要求进行的。在此基础上还要根据组织内外能够获取的现有人力资源，对初步设计的部门和职务进行调整，并平衡各部门、各职务的工作量，以使组织机构合理。再根据各自工作的性质和内容，规定各管理机构之间的职责、权限及义务关系，使各管理部门和职务形成一个严密的网络。

汽车4S店的岗位设计：同规模、不同品牌的汽车4S店对岗位的设计与安排也不完全一样。图1-6所示为汽车4S店岗位设计的范本，仅供参考。

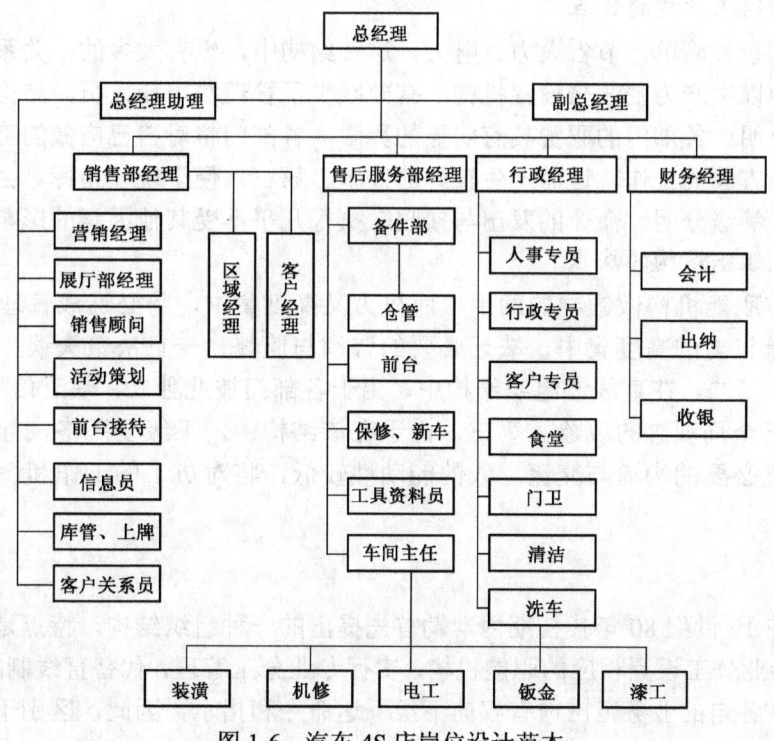

图1-6　汽车4S店岗位设计范本

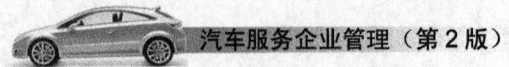

### 1.5.3 现代汽车服务企业组织结构演变类型

组织结构是组织的框架，而框架是否合理完善也在很大程度上决定了组织的目标能否顺利实现。但客观地说，设计一种理想的组织结构形式来适合各种组织几乎是不可能的，因为每个组织所依托的行业环境、经营战略和管理体制等都有各自的特点。组织结构不能解决组织的所有问题。一个组织能否正常运转除了要选择合理的组织形式以外，还要取决于许多其他的因素，如人员配备、行为控制、企业文化等。

组织结构是企业资源和权力分配的载体，在人的能动行为下，通过信息传递，承载着企业的业务流动，推动或阻碍企业使命的进程。由于组织结构在企业中的基础地位和关键作用，企业所有战略意义上的变革，都必须首先在组织结构上开始。

组织结构研究在和管理实践的结合中，出现过各种形式的组织结构，描述如下。

#### 1．直线制

直线制又称为单线制结构，这是早期的企业组织形式，也是最简单的企业组织形式。其特点是组织中各种职位按垂直系统直线排列，其各级主管人员对所属下级拥有直接的指挥和管理职权，包括人事、财务、奖惩等，组织中的每个下属只有一个可以对其发号施令的上级，也只向这一位上级报告自己的工作并受其监督。直线制组织结构如图1-7所示。

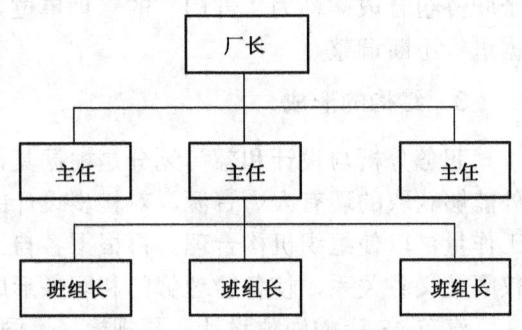

图1-7　直线制组织结构图

（1）直线制组织结构的优点

第一，结构设置简单，节省人力、财力。这种结构中，没有太多的、关系复杂的其他部门，只是简单地以生产为主线来设置机构，有效减少了管理费用和人员，结构分工细密。第二，结构权责分明。各部门的职责具有明显的界限，各部门将对自己应做的工作负有责任，可以专心从事这方面的工作，进而产生较好的效率。第三，便于统一指挥。由于这种组织结构的"指挥链"等级分明，命令的发出与接收、执行几乎不受其他因素的影响。

（2）直线制组织结构的缺点

第一，没有职能机构做领导的助手，而权力又高度集中，势必造成管理者事必躬亲。其次，由于决策权力的高度集中，缺乏必要的咨询与监督，一旦决策失误，将会给该组织带来很大损失。第二，在直线制组织结构中，由于各部门彼此独立，缺乏信息交流与沟通，会因此产生缺乏全局观念的现象。第三，由于在该结构中，下级要严格执行来自上级的命令，员工间缺乏必要的沟通与交流，人的能动性较低，将对员工的工作和满意度产生不利的影响。

#### 2．职能制

职能制是在19世纪80年代初期由泰勒首先提出的一种组织结构，特点是在各级主管负责人之下，按专业分工设置相应的职能机构，实行专业分工管理，代替直线制的全能管理者。这些职能机构在各自的业务范围内有权向下级下达命令和指示，因此，区别于直线制的组织结构，下级的直线主管除了接受上级直线主管的领导外，还必须接受上级各职能机构的领导和指示。职能制组织结构如图 1-8 所示。

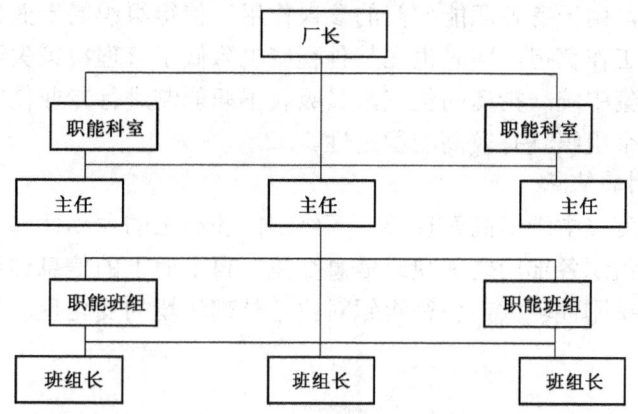

图 1-8　职能制组织结构图

（1）职能制组织结构的优点

职能制组织结构可以适应现代生产技术比较复杂和管理分工较细的企业，使不同的专业人员能够在不同的领域进行专业化的管理，避免了由于"外行领导内行"所造成的效率低下的状况，同时，由于更多专业人员的参与，减轻了各层主管人员的工作负担，在某种程度上避免了由于领导专业能力有限而带来的管理乏力。

（2）职能制结构的缺点

每个职能人员和直线人员都有指挥和发布命令的权力，常常会使下属感到无所适从，这种多头领导妨碍了组织必要的集中领导和统一指挥，违背了组织结构设计的基本原则，极易造成管理上的混乱。

**3．直线-职能制**

直线-职能制是直线制和职能制的结合，特点是以直线为基础，在各级主要负责人之下设置相应的职能部门，担负人事、财务、计划、生产、销售等方面的管理工作，各级领导有相应的职能机构作为助手，从而发挥职能机构的专业管理作用。直线-职能制组织机构如图 1-9 所示。

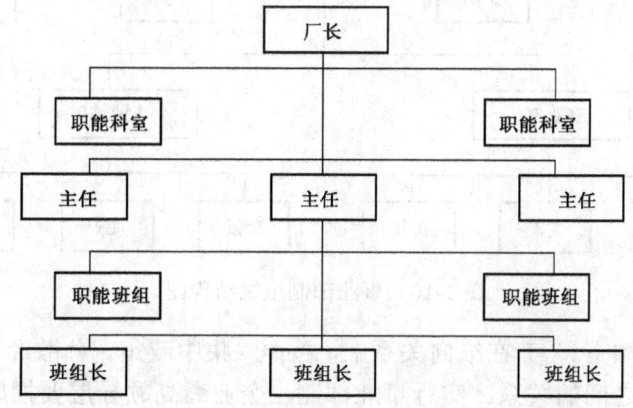

图 1-9　直线-职能制组织结构图

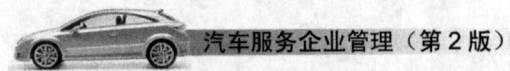

（1）直线-职能制组织结构的优点

第一，该结构有较为明确的"命令链"系统，这样就保证了命令的统一性，便于整个组织的统一指挥。第二，由于有各职能部门的参谋作用，使得组织的专业化管理工作做得更为细致，减轻了领导的工作负担，同时也在某种程度上降低了管理决策失误的可能性。可见，它既保持了直线制的集中统一指挥的优点，又吸收了职能制进行专业化管理的长处。职能集中、职责明确，使整个组织具有较高的稳定性。

（2）直线-职能制的缺点

首先是其权力高度集中于最高管理层，下级部门和员工的主动性和积极性的发挥受到很大限制。其次，整个组织各部门之间缺乏信息交流，自上而下的信息传递路线也较长，反馈较慢。再次，组织系统刚性较大，使得组织对内、外部环境的变化反应较慢，不易迅速适应新的情况。

**4．事业部制**

事业部制最早起源于美国的通用汽车公司。20世纪20年代初，通用汽车公司合并收买了许多小公司，企业规模急剧扩大，产品种类和经营项目增多，而企业内部的高层领导由于陷入日常生产经营活动中，缺乏精力考虑长远的战略发展，且行政机构越来越庞大，各部门协调越来越难，造成信息和管理成本上升。当时担任通用汽车公司常务副总经理的斯隆参考杜邦化学公司的经验，以事业部制的形式于1924年完成了对原有组织的改组，使通用汽车公司的整顿和发展获得了很大的成功，成为实行事业部制的典型，因而事业部制又称"斯隆模型"。

事业部制组织结构，又称M型结构，是按照企业所经营的事业，包括按产品、按地区、按顾客（市场）等来划分部门，设立若干事业部。按"集中决策、分散经营"的原则，事业部是在企业宏观领导下，拥有完全的经营自主权，实行独立经营、独立核算的部门，既是受公司控制的利润中心，具有利润生产和经营管理的职能，同时也是产品责任单位或市场责任单位，对产品设计、生产制造及销售活动负有统一领导的职能。事业部制组织结构如图1-10所示。

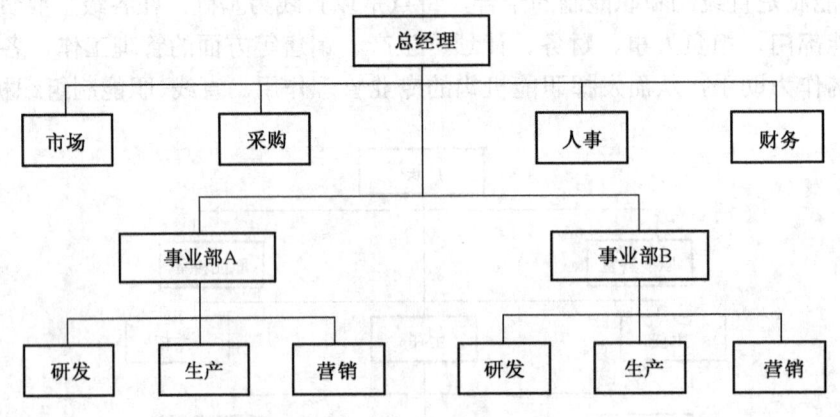

图1-10 事业部制组织结构图

事业部制的特点如下。① 在纵向关系上，按照"集中政策，分散经营"的原则，处理企业高层领导与事业部之间的关系。实行事业部制，企业最高领导层要摆脱日常的行政事务，集中力量研究和制定企业发展的各种经营战略和经营方针，把最大限度的管理权限下放到各

事业部，使他们能够依据企业的经营目标、政策和制度，完全自主经营，充分发挥各自的积极性和主动性。例如，通用汽车公司当初按照斯隆模型改组后，各事业部出售的汽车在公司规定的价格幅度内，除此之外，事业部是完全自治的。② 在横向关系方面，各事业部均为利润中心，实行独立核算。这就是说，实行事业部制，意味着把市场机制引入企业内部，各事业部间的经济往来将遵循等价交换原则，结成商品货币关系。③ 企业高层和事业部内部，仍然按照职能制结构进行组织设计。从企业高层组织来说，为了实现集中控制下的分权，提高整个企业管理工作的经济性，要根据具体情况设置一些职能部门，如资金供应和管理、科研、法律咨询、公共关系、物资采购等部门。从事业部来说，为了经营自己的事业，也要建立管理机构。

（1）事业部制的主要优点

① 提高了管理的灵活性和适应性，每个事业部都有自己的产品和市场，独立核算，自成体系，在生产经营上具有较大的自主性，并且能够规划其未来发展，灵活自主地适应市场出现的新情况，并迅速做出反应。② 有利于最高领导层摆脱日常行政事务和直接管理具体经营工作的繁杂事务，而成为坚强有力的决策机构，同时又能使各事业部发挥经营管理的积极性和创造性，从而提高企业的整体效益。③ 事业部作为利润中心，既便于建立衡量事业部及其经理工作效率的标准，进行严格的考核，又易于评价每种产品对公司总利润的贡献的大小，用以指导企业发展的战略决策。④ 各事业部之间可以有比较、有竞争。由此而增强企业活力，促进企业的全面发展。

（2）事业部制存在的缺点

事业部制容易产生部门本位主义，影响了各部门之间的协作与联合；由于各事业部之间存在竞争，容易造成各事业部之间信息、人员、技术等方面的交流困难；事业部的设置也会使管理机构和管理人员大为增加从而造成管理成本提高。

尽管事业部制有如上所述的不足，但仍然是目前被许多大企业广为采用的组织结构。越是在产业多元化、品种多样化、各有独立的市场，而且市场环境变化较快的大型企业，越能显示出事业部制的优越性。

**5. 矩阵制**

矩阵结构，或称二维矩阵结构，是在直线-职能制垂直指挥链系统的基础上，再增设一种横向指挥链系统，形成具有双重职权关系的二维组织构架。在组织结构上，既有按职能划分的垂直领导系统，又有按产品（项目）划分的横向领导关系的结构，如图1-11所示。矩阵制组织是为了改进直线职能制横向联系差、缺乏弹性的缺点而形成的一种组织形式。它把按职能划分的部门与按项目划分的小组结合起来组成矩阵，使小组成员接受小组和职能部门的双重领导。矩阵制的特点表现在围绕某项专门任务成立跨职能部门的专门机构，例如，组成一个专门的产品（项目）小组去从事新产品开发工作，在研究、设计、试验、制造各个不同阶段，由有关部门派人参加，力图做到条块结合，以协调有关部门的活动，保证任务的完成。这种组织结构形式是固定的，人员却是变动的，需要谁，谁就来，任务完成后就可以离开。项目小组和负责人也是临时组织和委任的。任务完成后就解散，有关人员回原单位工作。因此，这种组织结构非常适用于横向协作和攻关项目。

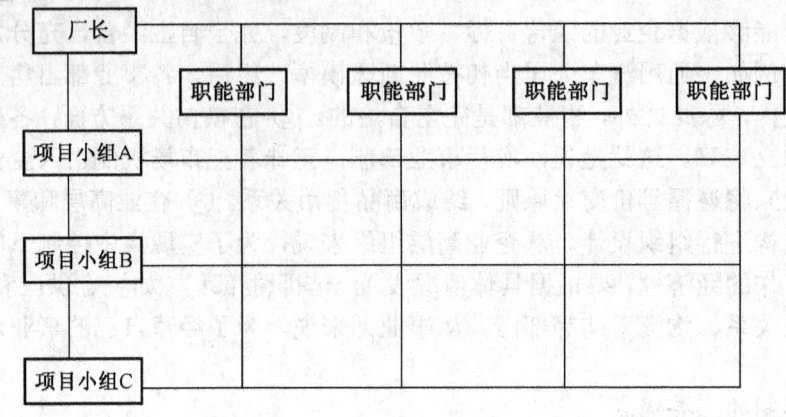

图 1-11　矩阵制组织结构图

（1）矩阵结构的优点

机动、灵活，可随项目的开发与结束进行组织或解散；由于这种结构是根据项目组织的，任务清楚，目的明确，各方面有专长的人都是有备而来。因此，在新的工作小组里，能沟通、融合，能把自己的工作同整体工作联系在一起，为攻克难关，解决问题而献计献策，由于从各方面抽调来的人员有信任感、荣誉感，使他们增加了责任感，激发了工作热情，促进了项目的实现；矩阵制还加强了不同部门之间的配合和信息交流，克服了直线-职能结构中各部门互相脱节的现象。

（2）矩阵结构的缺点

项目负责人的责任大于权力，因为参加项目的人员都来自不同部门，隶属关系仍在原单位，只是为"会战"而来，所以项目负责人对他们管理困难，没有足够的激励手段与惩治手段，这种人员上的双重管理是矩阵结构的先天缺陷；由于项目组成人员来自各个职能部门，当任务完成以后，仍要回原单位，因而容易产生临时观念，对工作有一定影响。

**6．多维制**

多维制结构，又称多维立体组织结构，是在矩阵制结构的基础上建立起来的，由美国道-科宁化学工业公司于 1967 年首先创立，是在矩阵制和事业部制结构的基础上综合发展起来的。在矩阵制结构（即二维平面）基础上构建产品利润中心、地区利润中心和专业成本中心的三维立体结构。若再加时间维可构成四维立体结构。虽然多维制的细分结构比较复杂，但每个结构层面仍然是二维制结构，而且未改变矩阵制结构的基本特征，多重领导和各部门配合，只是增加了组织系统的多重性。因而，其基础结构形式仍然是矩阵制，或者说只是矩阵制结构的扩展形式。多维制组织结构如图 1-12 所示。

多维立体组织结构有如下特点。在这种组织结构形式下，每一系统都不能单独做出决定，而必须由三方代表，通过共同的协调才能采取行动。因此，多维立体型组织能够促使各部门从组织整体的角度来考虑问题，从而减少了产品、职能和地区各部门之间的矛盾。即使三者间有摩擦，也比较容易统一和协调。这种组织结构形式的最大优点是有利于形成群策群力、信息共享、共同决策的协作关系。这种组织结构形式适用于跨国公司或规模巨大的跨地区公司。

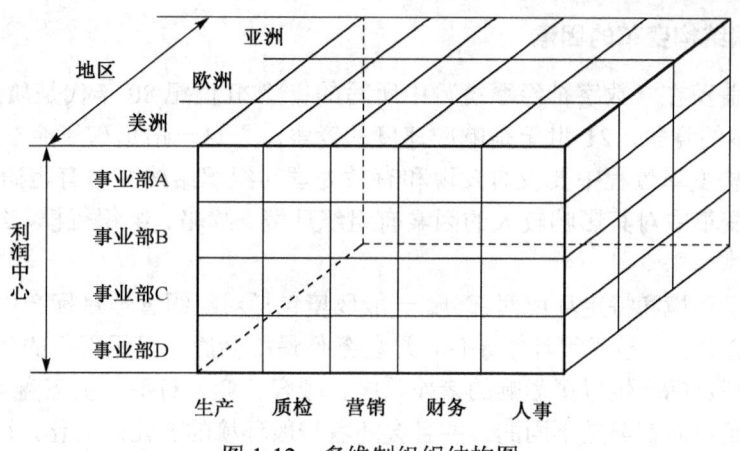

图 1-12 多维制组织结构图

### 1.5.4 汽车服务企业组织结构的变革

现代市场环境变化迅速，以往企业所面临的环境正发生着巨大的变化，传统的组织结构已经渐渐不能满足现代企业制度的需要，必须进行组织结构变革。

**1. 企业组织结构变革驱动因素**

企业的组织结构面临着外部环境和内部因素的双重压力，日益凸显出其效率低下、缺乏创新和灵活性、协调不力、官僚主义盛行等劣势，已经阻碍了企业的可持续发展，因此，必须变革现有的组织结构。这些组织结构变革的驱动因素如下。

（1）外部环境因素

① 全球经济一体化。当今世界，由于贸易壁垒的减少、运输成本和通信成本的进一步降低，跨国投资金额巨大，国际分工进一步深化，整个世界经济逐渐融合成不可分割的一个整体。全球化带来了空前的机遇，同时也包含着巨大的风险，因此，企业在设计组织结构时应具有全球化的战略眼光。② 信息技术的广泛应用。信息技术的飞速发展，正改变着商业社会的诸多运作规则和方式，出现了 B2B、B2C、C2C 等新的商业运作方式；信息技术使管理者与组织环境之间建立了更密切的联系，简化的业务流程提高了公司的效率和效益；控制技术更加先进，有利于组织的分权和组织扁平化。

（2）企业内部因素

① 创新的需要。创新是企业活力的源泉。企业组织结构的创新可以提高企业的管理水平，提高企业的活力和灵活性，增强企业的核心竞争力；同时还可以推动企业其他方面（如过程、制度和政策等）的创新。因此，要使企业组织激发和保持创新精神和活力，就需要企业组织结构的创新和变革，以充分发挥企业组织的创新潜能。② 战略重心的转移。现代企业组织的发展有赖于企业员工的知识和能力，员工的地位正在上升，因此，企业的战略重心正向知识管理转移；当今世界是买方市场，顾客的地位不断上升，企业必须从战略高度对待顾客，建立以顾客为导向的战略；由于全球环境的恶化，企业的社会责任也正被提上议事日程，企业必须在履行经济和法律责任的基础上，关注其肩负的社会责任，统筹兼顾各利益相关者的利益。上述战略重心的变化，无疑将带来企业组织结构的巨大而深刻的变化。

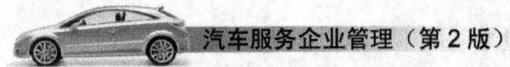

### 2．阻碍组织结构变革的因素

正如比尔·盖茨在《数字神经系统》中所写的："20世纪80年代是质量的竞争，20世纪90年代是成本的竞争，21世纪是响应速度的竞争。"这一语道破了企业竞争的新方向。因此，在组织结构变革过程中要及时发现和有效处理对组织结构变革有阻碍的因素。一般认为，在组织结构变革中对其影响较大的因素有组织环境、战略、组织规模、组织生命周期等。

（1）环境因素

环境包括一般环境和特定环境两部分。一般环境包括对组织管理目标产生间接影响的诸如经济、政治、社会文化、技术等环境条件，这些条件最终会影响组织现行的管理实践。特定环境包括对组织管理目标产生直接影响的诸如政府、顾客、竞争对手、供应商等具体环境条件，这些条件对每个组织而言都是不同的，并且会随着一般环境的变化而变化，两者具有互动性。

（2）战略因素

战略是指决定和影响组织活动性质及根本方向的总目标，以及实现这一总目标的路径和方法。在战略与组织结构的关系中，谁决定谁、谁服从谁是人们一直关注的焦点。企业所拟定的战略决定着组织结构类型的变化。当企业确定战略之后，为了有效地实施战略，必须分析和确定实施战略所需要的组织结构类型。因为战略是通过组织来实现的，要有效地实施一项新的战略，就需要一个新的，或者至少是被改革了的组织结构。如果没有一个健全的、与战略相适应的组织结构，所选择的战略就不可能被有效的实施。战略与组织结构的这种主从关系具有重要意义，指明企业不能从现有的组织结构的角度去考虑企业的战略，而应根据外界环境的要求去制定战略，然后再根据新制定的战略来调整企业原有的组织结构。

（3）规模因素

布劳等人曾对组织规模与组织设计之间的关系做了大量研究，认为组织规模是影响组织结构的重要因素，即大规模会提高组织复杂性程度，并连带提高专业化和规范化程度。可以想象，当组织业务呈现扩张趋势、组织员工增加、管理层次增多、组织专业化程度不断提高时，组织的复杂化程度也会不断提高，这必然给组织的协调管理带来更大的困难，而随着内外环境不确定性因素的增加，管理层也愈难把握实际变化的情况并迅速做出正确的决策，组织进行分权式的变革成为必要。例如，一个小型计算机公司最适宜的组织结构会与IBM这样的大型计算机公司的组织结构不同。因此，随着企业规模（用雇员和产品线的数量来衡量）的扩大，企业就需要不同的组织结构。

（4）企业生命周期

企业的成长如同生物的成长一样要经过诞生、成长和衰退几个阶段。我们把这种企业生命周期分成四个阶段：创业阶段、职能发展阶段、分权阶段、精细阶段。在每个阶段中又由两个时期组成：一个是组织的稳定发展时期，组织在这个时期的结构和活动都比较稳定，内外条件较为吻合；另一个是组织的变革时期，即组织进一步发展时，就会从内部产生一些新的矛盾和问题，使组织结构和活动不相适应，此时必须通过变革才能使组织结构适应内外环境的变化，使组织保持适应性，组织的发展就是这样循环往复不断得以成长的。

### 3．推进企业组织变革

实行企业组织变革，全面系统地解决企业组织结构及其运行中的各种问题，应从以下几个方面着手。

（1）职能结构的变革

战略决定结构，经过分析企业及其管理组织实现战略目标所必须具备的基本职能，并从这些基本职能中寻找确定对实现战略目标起着决定作用的关键职能，然后再进一步设计执行这些职能的机构，战略才能实现。就目前的企业而言，建立科学合理的职能结构必须解决：① 走专业化、社会化、商品化道路，分离由辅助产业、生产与生活服务、附属机构等构成的企业非生产主体；② 适应市场经济的需要，优化基本职能结构，加强生产过程之前的市场研究；③ 突出关键职能，建立富有企业特色的职能结构。

（2）组织机构的变革

组织变革不仅要正确解决企业纵向组织结构问题，还应同时考虑横向上每个层次应管理哪些部门，部门内部应设置哪些职务和岗位，以及怎样处理好它们之间的关系，以保证彼此间的协调配合。长期以来，企业在横向结构上普遍存在的问题是，分工过细、过死，机构臃肿，人浮于事，效率低。对于机构设置，变革的方向之一是贯彻"一贯管理"原则，推行机构综合化，对此要适当强化专业分工，实行连续一贯的管理，实现物流畅通和管理过程一体化。

（3）管理流程的变革

积极探索业务流程再造的成功之路，是当代我国企业组织变革的重要内容之一，为此须解决：①针对企业各个部门只对上级负责，割裂了市场与用户信息传递的问题，建立横向的"市场链"，确保市场与用户需求等信息顺畅地传递到每个管理部门和环节；②不仅规定本部门、本岗位的工作要求，还要明确提出各部门、各岗位之间相互协作的具体要求，形成上下左右相互衔接、流程畅通的管理网络；③针对原有流程环节多、成本高、效益差的问题，真正从用户需求出发，采用一体化、自动化等措施，对管理流程进行彻底改造，给用户带来更多的方便和利益，使企业获得更多的商机和效益。

 ## 本章小结

企业是以营利为目的，为满足社会需要，依法从事商品生产、流通和服务等经济活动，实行自主经营、自负盈亏、自我发展的法人实体和市场竞争主体。汽车服务企业是指为现实和潜在汽车使用者与消费者提供服务的企业，主要是指从事汽车营销的企业和为汽车使用者或消费者提供维修和保障技术服务、配件供应及其他相关服务的企业。汽车服务企业按照业务类型大致可分为：整车销售、配件经销、汽车维修、汽车租赁、汽车金融、汽车保险、汽车俱乐部以及废旧汽车的回收解体等。现代企业的法律形式包括个人独资企业、合伙企业、有限责任公司、股份有限公司。

# 第 2 章　汽车服务企业的经营管理

 **学习目标**

1. 了解企业计划的类型、特征、作用和方法；
2. 掌握目标管理的原则；
3. 掌握企业选址的方法；
4. 掌握市场细分、目标市场选择的方法；
5. 掌握市场定位的策略和步骤；
6. 掌握市场营销组合策略。

　　计划工作是管理工作的基础，目标是计划工作的终点，任何企业的经营管理都离不开明确的目标和清晰的企业计划。要完成企业目标，必须学会细分市场，根据企业实际情况选择目标市场，并准确地进行市场定位。依据消费者心理和外界环境，制定相应的市场营销组合策略，这样才能在竞争日益激烈的环境中处于不败之地。

## 2.1　汽车服务企业的目标管理与企业计划

### 2.1.1　目标管理

 **案例**

### 保险销售员的故事

　　有个同学举手问老师："老师，我的目标是想在一年内赚 100 万元！请问我应该如何计划这个目标呢？"老师问他："你相不相信你能达成？"他说："我相信！"老师又问："那你知不知到要通过哪个行业来达成这个目标？"他说："我现在从事保险行业。"老师接着又问他："你认为保险业能不能帮你达成这个目标？"他说："只要我努力，就一定能达成。"老师说："我们来看看，你要为自己的目标做出多大的努力，根据提成比例，100 万元的佣金大概要做300 万元的业绩。一年 300 万元的业绩，一个月就是 25 万元的业绩，每天是 8300 元的业绩。""每一天 8300 元业绩，大既要拜访多少客户？"老师接着问他。"大概要 50 个人。""那么一天要 50 人，一个月要 1500 人；一年呢？就需要拜访 18000 个客户。"这时老师又问他："请问你现在有没有 18000 个 A 类客户？"他说没有。"如果没有的话，就要靠陌生拜访。你平均一个人要谈上多长时间呢？"他说："至少 20 分钟。"老师说："每个人要谈 20 分钟，一天要谈 50 个人，也就是说你每天要花 16 个多小时在与客户的交谈上，还不算路途时间。请问

你能不能做到？"他说："不能。老师，我懂了。这个目标不是凭空想象的，是需要凭着一个能达成的计划而定的。"

这个故事说明目标不是孤立存在的，是与计划相辅相成的，目标指导计划，计划的有效性影响着目标的达成。所以在执行目标的时候，要考虑清楚自己的行动计划，怎么做才能更有效地完成目标，是每个人都要想清楚的问题，否则，目标定的越高，达成的效果越差。

### 1. 目标管理的含义

目标管理（Management by objectives，MB）是以泰勒的科学管理和行为科学管理理论为基础形成的一套管理制度，其概念是管理专家彼得·德鲁克（Peter Drucker）1954 年在其名著《管理实践》中最先提出的，其后又提出"目标管理和自我控制"的主张。

彼得·德鲁克认为，并不是有了工作才有目标，而是相反，有了目标才能确定每个人的工作。所以"企业的使命和任务，必须转化为目标"，如果一个领域没有目标，这个领域的工作必然被忽视。因此管理者应该通过目标对下级进行管理，当组织最高层管理者确定了组织目标后，必须对其进行有效分解，转变成各个部门及各个人的分目标，管理者根据分目标的完成情况对下级进行考核、评价和奖惩。

目标管理提出以后，便在美国迅速流传。时值第二次世界大战后西方经济由恢复转向迅速发展的时期，企业急需采用新的方法调动员工积极性以提高竞争能力，目标管理的出现可谓应运而生，遂被广泛应用，并很快为日本、西欧国家的企业所仿效，在世界管理界大行其道。

目标管理在具体方法上是泰勒科学管理的进一步发展。它与传统管理方式相比有鲜明的特点，介绍如下。

（1）重视人的因素

目标管理是一种参与的、民主的、自我控制的管理制度，也是一种把个人需求与组织目标结合起来的管理制度。在这一制度下，上级与下级的关系是平等、尊重、依赖、支持，下级在承诺目标和被授权之后是自觉、自主和自治的。

（2）建立目标锁链与目标体系

目标管理通过专门设计的过程，将组织的整体目标逐级分解，转换为各单位、各员工的分目标。从组织目标到经营单位目标，再到部门目标，最后到个人目标。在目标分解过程中，权、责、利三者已经明确，而且相互对称。这些目标方向一致，环环相扣，相互配合，形成协调统一的目标体系。

（3）重视成果

目标管理以制定目标为起点，以目标完成情况的考核为终结。工作成果是评定目标完成程度的标准，也是人事考核和奖评的依据，成为评价管理工作绩效的唯一标志。至于完成目标的具体过程、途径和方法，上级并不过多干预。所以，在目标管理制度下，监督的成分很少，而控制目标实现的能力却很强。

### 2. 制定目标的原则——SMART 原则

制定目标有一个"黄金准则"—— SMART 原则。SMART 是英文 5 个词的第一个字母的汇总。好的目标应该能够符合 SMART 原则。

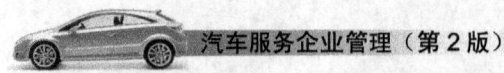

（1）S（Specific）——明确性

所谓明确就是要用具体的语言清楚地说明要达成的行为标准。明确的目标几乎是所有成功团队的一致特点。很多团队不成功的重要原因之一就是目标定的模棱两可，或没有将目标有效地传达给相关成员。

（2）M（Measurable）——衡量性

衡量性就是指目标应该是明确的，而不是模糊的。应该有一组明确的数据，作为衡量是否达成目标的依据。

如果制定的目标没有办法衡量，就无法判断这个目标是否实现。比如，领导有一天问"这个目标离实现大概有多远？"团队成员的回答是"我们早实现了"。这就是领导和下属对团队目标所产生的一种分歧。原因就在于没有给他一个定量的可以衡量的分析数据。

（3）A（Acceptable）——可接受性

目标是要能够被执行人所接受的，如果上司利用一些行政手段，利用权利性的影响力一厢情愿地把自己所制定的目标强压给下属，下属典型的反映是一种心理和行为上的抗拒：我可以接受，但是否完成这个目标，有没有最终的把握，这个可不好说。一旦有一天这个目标真完成不了，下属有一百个理由可以推卸责任：你看我早就说了，这个目标肯定完成不了，但你坚持要压给我。

因此，领导者应该更多地吸纳下属来参与目标制定的过程，即便是团队整体的目标。

（4）R（Realistic）——实际性

目标的实际性是指在现实条件下是否可行、可操作。可能有两种情形，一方面领导者乐观地估计了当前形势，低估了达成目标所需要的条件，这些条件包括人力资源、硬件条件、技术条件、系统信息条件、团队环境因素等，以至于下达了一个高于实际能力的指标。另外，可能花了大量的时间、资源，甚至人力成本，最后确定的目标根本没有多大实际意义。

 案例

## 青年的理想

一位青年满怀烦恼去找一位智者，他大学毕业后，曾雄心勃勃地为自己树立了许多目标，可是几年下来，依然一事无成。他找到智者时，智者正在河边小屋里读书。智者微笑着听完青年的倾诉，对他说："来，你先帮我烧壶开水！"

青年看见墙角放着一把极大的水壶，旁边是一个小火灶，可是没发现柴火，于是便出去找。他在外面拾了一些枯枝回来，装满一壶水，放在灶台上，在灶内放了一些柴火便烧了起来。可是由于壶太大，那捆柴火烧尽了，水也没开。于是他跑出去继续找柴火，可回来时却发现那壶水已经凉得差不多了。这回他学聪明了，没有急于点火，而是再次出去找了些柴火。由于柴火准备的足，水不一会儿就烧开了。

智者这时问他："如果没有足够的柴火，你该怎样把水烧开？"

青年想了一会儿，摇摇头。智者接着说："你一开始踌躇满志，树立了太多的目标，就像这个大水壶装的水太多一样，而你又没有足够的柴火，所以不能把水烧开。要想把水烧开，你或者倒出一些水，或者先去准备柴火。"

青年恍然大悟。回去后，他把计划中所列的目标划掉了许多，只留下最近的几个，同时利用业余时间学习各种专业知识。几年后，他的目标基本上都实现了。

（5）T（Timed）——时限性

目标特性的时限性就是指目标是有时间限制的。例如，我将在2015年5月31日之前完成某事。2015年5月31日就是一个确定的时间限制。没有时间限制的目标没有办法考核，或带来考核的不公。上下级之间对目标轻重缓急的认识程度不同，上司着急，但下面不知道。到头来上司可以暴跳如雷，而下属觉得委屈。这种没有明确的时间限定的方式也会带来考核的不公正，伤害工作关系，伤害下属的工作热情。

**3．目标管理的优点与不足**

目标管理作为一种管理方式与其他管理方式一样有其优点与不足，这是一个组织在运用目标管理方式之前应该认识清楚的。

（1）目标管理的优点

目标管理的优点至少有以下五个方面。

① 形成激励。当目标成为组织的每个层次、每个部门和每个成员自己未来时期内欲达到的一种结果，且实现的可能性相当大时，目标就成为组织成员们的内在激励。特别当这种结果实现时，组织还有相应的报酬时，目标的激励效用就更大。从目标成为激励因素来看，这种目标最好是组织每个层次、每个部门及组织每个成员自己制定的目标。

② 有效管理。目标管理方式的实施可以切切实实地提高组织管理的效率。目标管理方式比计划管理方式在推进组织工作进展，保证组织最终目标完成方面更胜一筹。因为这些目标是组织总目标的分解，故当组织的每个层次、每个部门及每个成员的目标完成时，也就是组织总目标的实现时刻。在目标管理方式中，一旦分解目标确定，且不规定各个层次、各个部门及各个组织成员完成各自目标的方式、手段，反而给了大家在完成目标方面一个创新的空间，这就有效地提高了组织管理的效率。

③ 明确任务。目标管理的另一个优点就是使组织各级主管及成员都明确了组织的总目标、组织的结构体系、组织的分工与合作及各自的任务。这些方面职责的明确，使得主管人员也知道，为了完成目标必须给予下级相应的权力，而不是大权独揽，小权也不分散。另一方面，许多着手实施目标管理方式的公司或其他组织，通常在目标管理实施的过程中会发现组织体系存在的缺陷，从而帮助组织对自己的体系进行改造。

④ 自我管理。在实施目标管理过程中，组织成员不再只是做工作、执行指示、等待指导和决策，组织成员此时已成为有明确规定目标的单位或个人。从这个意义上看，目标管理至少可以算作自我管理的方式，是以人为本的管理的一种过渡性试验。

⑤ 控制有效。目标管理并不是目标分解下去便没有事了，事实上组织高层在目标管理过程中要经常检查，对比目标，进行评比，看谁做得好，如果有偏差就及时纠正。从另一个方面来看，一个组织如果有一套明确的可考核的目标体系，那么其本身就是进行监督控制的最好依据。

（2）目标管理的不足

哈罗德·孔茨教授认为目标管理尽管有许多优点，但也有许多不足，对这样的不足如果认识不清楚，那么可能导致目标管理的不成功。下述几点是目标管理最主要的不足。

① 强调短期目标。大多数的目标管理中的目标通常是一些短期的目标：年度的、季度的、月度的等。短期目标比较具体、易于分解，而长期目标比较抽象、难以分解；另一方面短期目标易迅速见效，长期目标则不然。所以，在目标管理方式的实施中，组织似乎常常强调短期目标的实现而对长期目标不关心。这样一种概念若深入组织的各个方面、组织所有所员的脑海中和行为中，将对组织的发展没有好处。

② 目标设置困难。真正可用于考核的目标很难设定，尤其组织实际上是一个产出联合体，其产出是一种联合的不易分解出谁的贡献大小的产出，即目标的实现是大家共同合作的成果，这种合作中很难确定你已做多少，他应做多少，因此可度量的目标确定也就十分困难。一个组织的目标有时只能定性地描述，尽管我们希望目标可度量，但实际上定量是困难的。

③ 无法权变。在目标管理执行过程中改变目标是不可以的，因为这样做会导致组织的混乱。事实上目标一旦确定就不能轻易改变，也正是如此使得组织运作缺乏弹性，无法通过权变来适应变化多端的外部环境。中国有句俗话叫做"以不变应万变"，许多人认为这是僵化的观点，非权变的观点。实际上所谓不变的不是组织本身，而是客观规律，掌握了客观规律就能应万变，这实际上是真正的更高层次的权变。

**相关链接**

## 海尔的 OEC 管理法

OEC 管理法（Overall Every Control and Clear），意思为全方位优化管理法，是海尔集团创造的企业管理法。该法为海尔集团创造了巨大的经济效益和社会效益，获得了国家企业管理创新"金马奖"、企业改革"风帆杯"，朱镕基总理曾批示在全国推广这种管理经验。海尔提出"日事日毕、日清日高"的管理口号，即：每天的工作每天完成，每天的工作要清理并要有所提高。但海尔没有将这句话停留在这么简单的意义上，而是从这句话出发，开发出了一套称为 OEC 的管理方法，并使之成为海尔文化的一个组成部分。

OEC 是下列英文单词的缩写：

O——Overall 全方位；

E——Everyone 每人、Everything 每件事、Everyday 每天；

C——Control 控制、Clear 清理。

OEC 管理法也可表示为：日事日毕、日清日高。

OEC 管理法由三个体系构成：目标体系→日清体系→激励机制。

**首先确立目标**

"日清"是完成目标的基础工作；"日清"的结果必须与正负激励挂钩才有效。

这实际上是一个目标管理体系，总目标是"日高"，即企业管理水平和企业综合素质水平以及员工个人素质持续提高，而其基础是"日清"，即使得企业日常工作的每件事都达到有序状态和受控状态。达到"日高"的目的和巩固"日清"的基础又是通过在每天的日常工作中，全面控制企业里每个人、每件事的具体行为过程而达到的。

目标有如技术、经济、质量、管理等各方面的目标，不同的部门其核心目标是不同的，有量化的指标，也有不可量化的指标。例如，生产部门，其主要标准就是一些量化指标；而如办公室等职能部门，其主要衡量标准应在于注重工作水平的提高，多数为不可量化指标。

目标的制定既要讲科学又要讲实际，可量化的应使其量化，不可量化表示的，便不要强求使其量化。目标的设定都要围绕着一个中心，即：使企业取得最佳经济效益为总目标。

管理工作的难点在于如何做到持续的实施和改进。坚持是一种美德，也是一种素质的体现，可以通过自身有意识地培养和团体成员之间不断地互相督促以及施以外力强化来得到。

OEC 管理法始终贯穿着 PDCA 循环，通过设定目标、设计达到这些目标的具体措施和方法——付诸实施——检查、纠正和改进计划及修正目标，从而使日常工作中每件事都处于受控状态，并达到持续提高的目的。可以说，海尔 OEC 管理法就是将 PDCA 循环有效地落实到每个人、每件事和每一天的企业管理方法。我们说，一个人做好一件事并不难，难的是使每个人每天都能做好每件事。这里有一个"持续"的概念，也就是说，如何做到持之以恒，海尔 OEC 管理法正是解决了这个问题。

目标体现了企业发展的方向和要达到的目标。目标提出的高度必须依据市场竞争的需要，低于竞争对手就毫无意义。海尔刚开始生产冰箱时，确定争中国第一的目标，1988 年夺得了冰箱行业第一块金牌。随即又确定创国际名牌的目标，从出口策略上坚持先难后易，先进入发达国家，形成高屋建瓴之势，再进入发展中国家。目前产品已出口 102 个国家和地区。

目标的实施首先是将总目标运用目标管理的方法，分解为各部门的子目标，再由子目标分解为每个员工的具体目标值，从而使全公司总目标落实到具体的责任人身上。在"日清日高"管理法中，目标的建立有这样几个重要特征。

（1）指标具体，可以度量。如在质量管理上，海尔把 156 个工序的 545 项责任进行价值量化并汇编成小册子，小到一个门把螺钉上不好都有明确规定。

（2）目标分解时坚持责任到人的原则。各项工作都按标准进行分解，明确规定主管人、责任者、配合者、审核者、工作程序、见证材料、工作频次，从而做到企业内的每件事都有专人负责，使目标考核有据可循。海尔对每一台冰箱的 156 道工序，从第一道工序开始即规定不准出现二等品。

（3）做到管理不漏项。企业中的每件物品（大到一台设备，小到一块玻璃）都规定具体的责任人，并在每件实物旁边明显标示出来，保证物物有人管理。不但车间、办公室的玻璃有人管理，就连材料库的 1964 块玻璃，每块玻璃上也均标有责任人。

这样一个目标系统保证了企业内所有工作、所有事情、所有物品，都处于有序的管理控制状态。企业内的所有人员，上至总经理下到普通工作人员，都十分清楚自己每天应该干什么、干多少、按什么标准干、要获得什么样的结果，从而保证了企业各项工作的目的性和有效性，减少了浪费与损失。

**日清控制系统**

日清控制系统是目标系统得以实现的支持系统。海尔在实践中建立起一个每人、每天对自己所从事的每件事进行清理、检查的日清控制系统。它包括以下两个方面的含义。一是"日事日毕"。即对当天发生的各种问题（异常现象），在当天弄清原因，分清责任，及时采取措施进行处理，防止问题积累，保证目标得以实现。如工人使用的"3E"卡，就是用来记录每个人每天对每件事的"日清"过程和结果的。二是"日清日高"。即对工作中的薄弱环节不断改善、不断提高。要求职工"坚持每天提高 1%"，70 天工作水平就可以提高一倍。

日清控制在具体操作上有两种方式：一是全体员工的自我日清；二是职能管理部门（人员）按规定的管理程序，定时（或不定时）地对自己所承担的管理职能和管理对象进行现场巡回检查，也是对员工自我日清的现场复审。组织体系的日清控制，可以分为生产作业现场（车间）和职能管理部门的日清两条主线。两者结合就形成了一纵、一横交错的"日日清"控制网络体系。无论是组织日清还是个人自我日清，都必须按日清管理程序和日清表进行清理，并将清理结果每天记入日清管理台账。

日清体系的关键环节是复审。没有复审，工作只布置不检查，便不可能形成闭环，也不可能达到预期效果。所以，在日清中重点抓管理层的一级级复审。复审中发现问题，随时纠偏。在现场设立"日清栏"，要求管理人员每两小时巡检一次，将发现的问题及处理措施填在"日清栏"上。如果连续发现不了问题，就必须提高目标值。

### 有效激励机制

激励机制是日清控制系统正常运转的保证条件。海尔在激励政策上坚持以下3个原则。一是公开、公平、公正。通过"3E"卡，每天公布职工每个人的收入，不搞模糊工资，使员工心理上感到相对公平。二是要有合理的计算依据，如海尔实行的是计点工资，从12个方面对每个岗位进行了半年多的测评，并且根据工艺等条件的变化不断调整。所谓"计点工资"，是将一线职工工资的100%与奖金捆在一起，按点数分配，在此基础上，又进一步在一、二、三线对每个岗位实行量化考核，从而使劳动与报酬直接挂钩，报酬与质量直接挂钩，多劳多得。

在激励的方法上，海尔更多地采用及时激励的方式。如在质量管理上利用质量责任价值券，员工们人手一本质量价值券手册，手册中整理汇编了企业以往生产过程中出现的所有问题，并针对每个缺陷，明确规定了自检、互检、专检三个环节应负的责任价值及每个缺陷应扣多少钱，质检员检查发现缺陷后，当场撕价值券，由责任人签收；操作工互检发现的缺陷经质检员确认后，当场予以奖励，同时对漏检的操作工和质检员进行罚款。质量价值券分红、黄两种，红券用于奖励，黄券用于处罚。

## 2.1.2　企业计划

在管理实践中，计划是其他管理职能的前提和基础，并且还渗透到其他管理职能之中，列宁指出过："任何计划都是尺度、准则、灯塔、路标。" 它是管理过程的中心环节，因此，计划在管理活动中具有特殊、重要的地位和作用。

### 1.　计划的含义和内容

在管理学中，计划具有两重含义：其一是计划工作，是指根据对组织外部环境与内部条件的分析，提出在未来一定时期内要达到的组织目标以及实现目标的方案途径；其二是计划形式，是指用文字和指标等形式所表述的组织以及组织内不同部门和不同成员，在未来一定时期内关于行动方向、内容和方式安排的管理事件。

无论是计划工作还是计划形式，计划都是根据社会的需要及组织的自身能力，通过计划的编制、执行和检查，确定组织在一定时期内的奋斗目标，有效地利用组织的人力、物力、财力等资源，协调安排好组织的各项活动，取得最佳的经济效益和社会效益。

一份完整的计划的内容可以概括为5W+1H，即 Why（为什么做此计划，原因是什么）、What（做什么，确定目标）、Where（何地做，在哪实施计划）、When（什么时候做）、Who（谁来做）、How（怎么做？方式、方法）等六个方面。

### 2．计划的类型

（1）按计划的时期界限分

按计划的时期界限分为长期计划、中期计划和短期计划。长期计划通常指 5 年以上的计划，短期计划一般指 1 年以内的计划，中期计划则介于两者之间。长期计划描述了组织在较长时期（通常 5 年以上）的发展方向和方针，绘制了组织长期发展的蓝图。短期计划具体地规定了组织的各个部门在目前到未来的各个较短的时期阶段，特别是最近的时段中，应该从事何种活动，从事该种活动应达到何种要求，因而为各组织成员在近期内的行动提供了依据。

（2）按计划内容的明确性分

根据计划内容的明确性指标，可以将计划分为具体性计划和指导性计划。相对于指导性计划而言，具体性计划虽然更易于执行、考核及控制，但缺少灵活性，它要求的明确性和可预见性条件往往很难满足。

（3）按计划的广度分

计划按广度分，可分为战略性计划、战术性计划和作业计划。战略性计划指着眼于组织整体目标和方向的计划，是组织较长时期内的宏伟蓝图。战术性计划指针对组织内部具体工作问题，在较小范围内和较短时间内实施的计划。作业计划一般来说指较短时间的计划，如月度计划、周计划、日计划。

（4）按企业职能分

按企业的职能将企业的计划分为销售计划、生产计划、采购计划、供应计划、新产品开发计划、财务计划、人事计划、后勤保障计划等。这些职能计划通常就是企业响应的职能部门编制和执行的计划。按职能将计划进行分类，有助于人们更加精确地确定主要作业领域之间的相互依赖和相互影响关系，有助于估计某个职能计划执行过程中可能出现的变化及其对全部计划的影响，并有助于将有限的资源在各职能计划间合理地进行分配。表 2-1 所示为某汽车销售公司的销售计划表。

表 2-1　汽车销售计划表

＿＿年＿＿月

| 进度/项目 | | 第一周 | | | 第二周 | | | 第三周 | | | 第四周 | | | 第五周 | | | 合计 | | |
|---|---|---|---|---|---|---|---|---|---|---|---|---|---|---|---|---|---|---|---|
| | | 目标 | 实际 | 达成率 | 目标 | 实际 | 达成率 | 目标 | 实际 | 达成率 | 目标 | 实际 | 达成率 | 目标 | 实际 | 达成率 | 目标 | 实际 | 达成率 |
| 展厅 | 订单 | | | | | | | | | | | | | | | | | | |
| | 交车 | | | | | | | | | | | | | | | | | | |
| | 装潢 | | | | | | | | | | | | | | | | | | |
| | 保险 | | | | | | | | | | | | | | | | | | |
| 外拓外展 | 集客 | | | | | | | | | | | | | | | | | | |
| | 订单 | | | | | | | | | | | | | | | | | | |
| 大客户 | 订单 | | | | | | | | | | | | | | | | | | |
| 重要提醒： | | | | | | | | | | | | | | | | | | | |

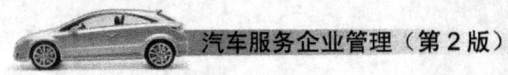

### 3. 计划的特征

**（1）计划的普遍性**

计划的普遍性有两层含义：一是指各部门、各环节、各单位、各岗位，为有效实现管理目标，都必须具有相应的计划；二是指所有管理者，从最高管理人员到第一线的基层管理人员都必须从事计划工作。

**（2）计划的首位性**

把计划放在管理职能的首位，不仅因为从管理过程的角度看，计划先行于其他管理职能，而且因为在某些场合，计划是付诸实施的唯一管理职能。计划的结果可能得出一个决策，即无须进行随后的组织、领导、协调及控制工作等。计划具有首位性的原因，还在于计划影响和贯穿于组织、领导、协调和控制等各项管理职能当中。

**（3）计划的科学性**

无论做什么计划都必须遵循客观要求，符合事物本身发展的规律，不能脱离了现实条件任意杜撰，随意想象。从事计划工作，就是通过管理者的精心规划和主观能动作用的发挥，使那些本来不可能发生的事成为可能，使那些可能发生的事成为现实。因此，从事计划工作，必须要有求实的科学态度，有可靠的科学依据，包括准确的信息、完整的数据资料等；必须有正确的科学方法，这样才能使整体计划建立在科学的基础上，既富有创造性，又具有可行性。

**（4）计划的有效性**

计划不仅要确保组织目标的实现，而且要从众多的方案中选择最优的方案，以求合理利用资源和提高效率。因此，计划要追求效率。计划的效率，可以用计划对组织的目标的贡献来衡量。

### 4. 计划的作用

**（1）计划是组织生存与发展的纲领**

我们正处在一个经济、政治、技术、社会变革与发展的时代。在这个时代里，变革与发展既给人们带来了机遇，也给人们带来了风险，特别是在争夺市场、资源、势力范围的竞争中更是如此。如果管理者在看准机遇和利用机遇的同时，又能最大限度地减少风险，即在朝着目标前进的道路上架设一座便捷而稳固的桥梁，那么，组织就能立于不败之地，在机遇与风险的纵横选择中，得到生存与发展。如果计划不周，或根本没计划，那就会遭遇灾难性的后果。

**（2）计划是组织协调的前提**

现代社会各行各业的组织以及它们内部的各个组成部分之间，分工越来越精细，过程越来越复杂，协调关系更趋严密。要把这些繁杂的有机体科学地组织起来，让各个环节和部门的活动都能在时间、空间和数量上相互衔接，既围绕整体目标，又各行其是，互相协调，就必须要有一个严密的计划。管理中的组织、协调、控制等如果没有计划，那就好比汽车总装厂事先没有流程设计一样不可想象。

**（3）计划是指挥实施的准则**

计划的实质是确定目标以及规定达到目标的途径和方法。因此，如何朝着既定的目标步步逼近，最终实现组织目标，计划无疑是管理活动中人们一切行为的准则。它指导不同空间、

不同时间、不同岗位上的人们，围绕一个总目标，秩序井然地去实现各自的分目标。行为如果没有计划指导，被管理者必然表现为无目的的盲动；管理者则表现为决策朝令夕改，随心所欲，自相矛盾。结果必然是组织秩序混乱，事倍功半，劳民伤财。在现代社会里，可以这样说，几乎每项事业、每个组织，乃至每个人的活动都不能没有计划蓝图。

（4）计划是控制活动的依据

计划不仅是组织、指挥、协调的前提和准则，而且与管理控制活动紧密相连。计划为各种复杂的管理活动确定了数据、尺度和标准，不仅为控制指明了方向，而且还为控制活动提供了依据。经验告诉我们，未经计划的活动是无法控制的，也无所谓控制。因为控制本身是通过纠正偏离计划的偏差，使管理活动与目标的要求保持一致。如果没有计划作为参数，管理者就没有"罗盘"、没有"尺度"，也就无所谓管理活动的偏差，那又何来控制活动呢？

### 5．计划的方法

（1）滚动计划法

滚动计划是一种动态编制计划的方法。它不像静态分析那样，等一项计划全部执行完了之后再重新编制下一时期的计划，而是在每次编制或调整计划时，均将计划按时间顺序向前推进一个计划期，即向前滚动一次，按照制订的项目计划进行施工，对保证项目的顺利完成具有十分重要的意义。其编制方法是：在已编制出的计划的基础上，每经过一段固定的时期（如一年或一个季度，这段固定的时期被称为滚动期）便根据变化了的环境条件和计划的实际执行情况，从确保实现计划目标出发对原计划进行调整。每次调整时，保持原计划期限不变，而将计划期顺序向前推进一个滚动期。需要指出的是，滚动间隔期的选择，要适应企业的具体情况，如果滚动间隔期偏短，则计划调整较频繁，优点是有利于计划符合实际，缺点是降低了计划的严肃性。一般情况是，生产比较稳定的大量、大批企业宜采用较长的滚动间隔期，生产不太稳定的单件、小批生产企业则可考虑采用较短的间隔期。

（2）甘特图法

甘特图（Gantt chart）又称为横道图、条状图（Bar chart），以提出者亨利·L·甘特先生的名字命名。甘特图内在思想简单，即以图示的方式通过活动列表和时间刻度形象地表示出任何特定项目的活动顺序与持续时间。基本是一条线条图，横轴表示时间，纵轴表示活动（项目），线条表示在整个期间上计划和实际的活动完成情况。它直观地表明任务计划在什么时候进行，及实际进展与计划要求的对比。管理者由此可便利地弄清一项任务（项目）还剩下哪些工作要做，并可评估工作进度。图 2-1 所示为某施工单位的任务甘特图。

（3）网络计划技术

网络计划技术是一种科学的计划管理方法，是随着现代科学技术和工业生产的发展而产生的。20 世纪 50 年代，为了适应科学研究和新的生产组织管理的需要，国外陆续出现了一些计划管理的新方法。1956 年，美国杜邦公司研究创立了网络计划技术的关键线路方法（缩写为 CPM），并试用于一个化学工程上，取得了良好的经济效果。1958 年美国海军武器部在研制"北极星"导弹计划时，应用了计划评审方法（缩写为 PERT）进行项目的计划安排、评价、审查和控制，获得了巨大成功。20 世纪 60 年代初期，网络计划技术在美国得到了推广，一切新建工程全面采用这种计划管理新方法，并开始引入到日本和西欧国家。随着现代科学技术的迅猛发展、管理水平的不断提高，网络计划技术也在不断发展和完善。目前，它已广泛地应用于世界各国的工业、国防、建筑、运输和科研等领域，已成为发达国家盛行的一种现代生产管理的科学方法。网络计划技术是以网络图的形式制订计划，求得计划的最优方案，并据以组织和控制生产，达到预定目标的一种科学管理方法。

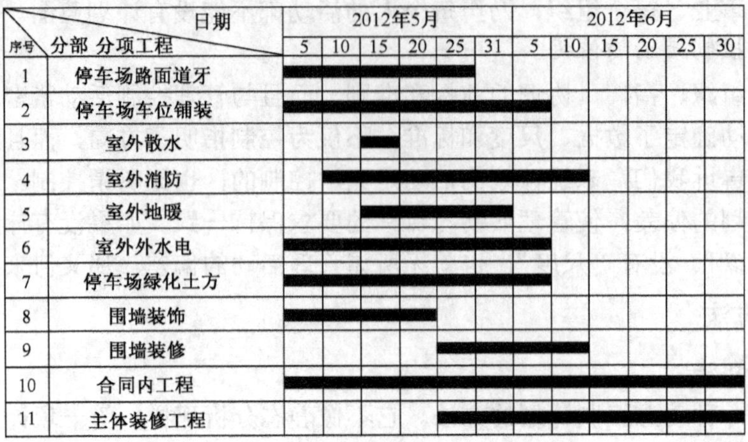

| 序号 | 分部 分项工程 | 2012年5月 |  |  |  |  |  | 2012年6月 |  |  |  |  |  |
|---|---|---|---|---|---|---|---|---|---|---|---|---|---|
|  |  | 5 | 10 | 15 | 20 | 25 | 31 | 5 | 10 | 15 | 20 | 25 | 30 |
| 1 | 停车场路面道牙 |  |  |  |  |  |  |  |  |  |  |  |  |
| 2 | 停车场车位铺装 |  |  |  |  |  |  |  |  |  |  |  |  |
| 3 | 室外散水 |  |  |  |  |  |  |  |  |  |  |  |  |
| 4 | 室外消防 |  |  |  |  |  |  |  |  |  |  |  |  |
| 5 | 室外地暖 |  |  |  |  |  |  |  |  |  |  |  |  |
| 6 | 室外外水电 |  |  |  |  |  |  |  |  |  |  |  |  |
| 7 | 停车场绿化土方 |  |  |  |  |  |  |  |  |  |  |  |  |
| 8 | 围墙装饰 |  |  |  |  |  |  |  |  |  |  |  |  |
| 9 | 围墙装修 |  |  |  |  |  |  |  |  |  |  |  |  |
| 10 | 合同内工程 |  |  |  |  |  |  |  |  |  |  |  |  |
| 11 | 主体装修工程 |  |  |  |  |  |  |  |  |  |  |  |  |

图 2-1　某施工单位的任务甘特图

## 2.2　汽车服务企业的市场调研

市场调研就是指运用科学的方法，有目的地、系统地搜集、记录、整理有关市场营销信息和资料，分析市场情况，了解市场的现状及其发展趋势，为市场预测和营销决策提供客观的、正确的资料的活动。

### 2.2.1　汽车市场调研的内容

① 汽车市场环境调研，包括政策环境、经济环境、社会文化环境的调查。

② 市场基本状况的调研，主要包括市场规范、总体需求量、市场的动向、同行业的市场分布占有率等。

③ 销售可能性调研，包括现有和潜在用户的人数及需求量、市场需求变化趋势、本企业竞争对手的产品在市场上的占有率、扩大销售的可能性和具体途径等。

④ 还可对消费者及消费需求、企业产品、产品价格、影响销售的社会和自然因素、销售渠道等开展调研。

### 2.2.2　汽车市场调研的步骤

#### 1. 确定调研目的

调研第一步，必须认真确定调研目的。在任何一个问题上都存在着许多可以调查的事情，如果对该问题不做出清晰的定义，那收集信息的成本可能会超过调查提出的结果价值。市场调查者应先分析有关资料，然后找出研究问题并进一步做出假设、提出研究目标。做出假设、提出研究目标的主要原因是为了限定调查的范围，并从将来调查所得出的资料来检验所做的假设是否成立，写出调查报告。

## 2．确定资料来源

企业可以利用和主动寻找许多资料来源。资料可分为第一手资料和第二手资料，第一手资料即企业为该调查某问题而收集的原始资料，可以通过观察法、询问法和实验法等调研方法去获得。第二手资料即已存在且为调查某问题而收集的资料。

## 3．抽样设计

在调查设计阶段就应决定抽样对象是谁，这就提出抽样设计的问题。其一，究竟是概率抽样还是非概率抽样，这具体要视该调查所要求的准确程度而定。概率抽样的估计准确性较高，且可估计抽样误差，从统计效率来说，自然以概率抽样为好。不过从经济观点来看，非概率抽样设计简单，可节省时间与费用。其二，一个必须决定的问题是样本数目，而这又需考虑到统计与经济效率的问题。

## 4．收集并分析资料

数据收集必须通过调查员来完成，调查员的素质会影响调查结果的正确性。企业运用市场营销分析系统中的统计方法和模型方法对收集的信息加以编辑、计算、加工、整理。去伪存真，删繁就简，最后用文字、图表、公式将资料中潜在的各种关系、变化趋势表达出来。

## 5．提出调查结论，撰写调研报告

针对市场调研的问题，调研人员运用分析资料，提出客观的调查结论。通常用调研报告的形式将市场调研结果呈送决策者。

（1）调研报告的格式和内容

市场调研报告的格式一般由：标题、目录、概述、正文、结论与建议、附件等部分组成。调研报告的内容主要包括以下八个方面。

第一，说明调查目的及所要解决的问题。

第二，介绍市场背景资料。

第三，介绍分析的方法，如样本的抽取，资料的收集、整理、分析技术等。

第四，调研数据及其分析。

第五，提出论点，即摆出自己的观点和看法。

第六，论证所提观点的基本理由。

第七，提出解决问题可供选择的建议、方案和步骤。

第八，预测可能遇到的风险、对策。

（2）调研报告的撰写技巧

① 突出重点。撰写汽车市场调研报告时必须做到目的明确、有的放矢，围绕主题开展论述。有条理、有系统地集中阐明有关论据和见解，切忌面面俱到、事无巨细地进行分析。

② 多使用图表、对比等形式。市场调研报告应多使用数字说明、分类说明、对比说明等形式，使报告的内容表达更清晰。反映市场发展变化情况的市场调研报告，要运用大量数据，以增强调研报告的精确性和可信度；市场调研中所获得的材料杂乱无章，根据主旨表达的需

要，可将材料按一定标准分为几类，分别说明；市场调研报告中有关的情况、数字说明，往往采用对比形式，以便全面深入地反映市场变化情况。

③ 要有结论和建议。切忌将分析工作简单化或将资料数据罗列堆砌，不可只停留在表面的陈述上，应有结论和相应的建议。

### 2.2.3 汽车市场调研的方法

按资料来源，汽车市场调研的方法如图 2-2 所示。

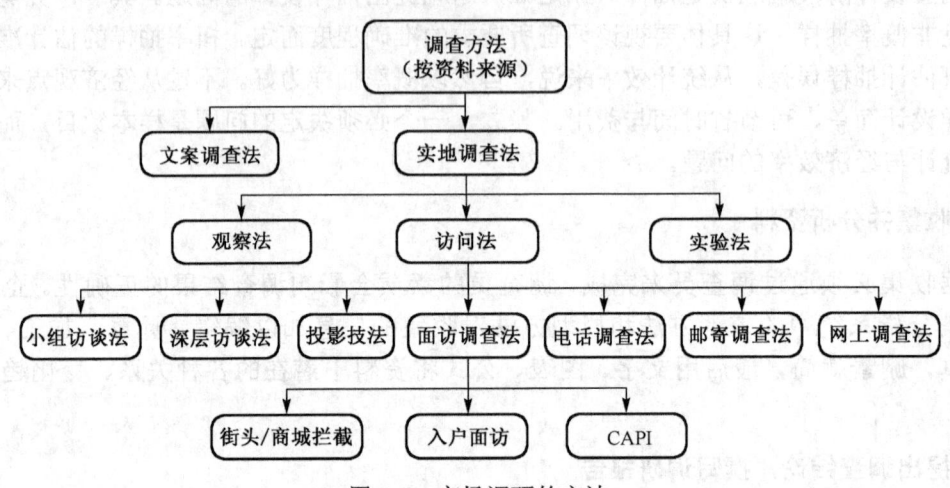

图 2-2　市场调研的方法

#### 1．文案调查法

文案调查法又称资料查阅寻找法、间接调查法、资料分析法或室内研究法。它是利用企业内部和外部现有的各种信息、情报，对调查内容进行分析研究的一种调查方法。第二手资料有：①内部资料，如公司的资产负债表、损益表、销售报告、存货记录等；②政府文件，如统计年鉴、行业资料统计等；③期刊和资料，如专业杂志、消费者杂志的调查资料；④专业信息公司资料，如美国的 A.C.尼尔逊公司、国内的零点调查公司都有各种专项资料出售。

#### 2．实地调查法

实地调查法是应用客观的态度和科学的方法，对某种社会现象，在确定的范围内进行实地考察，并搜集大量资料以统计分析，从而探讨社会现象。实地调查法又分为观察法、访问法和实验法。

（1）观察法

观察法分为直接观察和实际痕迹测量两种方法。

所谓直接观察法，指调查者在调查现场有目的、有计划、有系统地对调查对象的行为、言辞、表情进行观察记录，以取得第一手资料的方法。它最大的特点总在自然条件下进行，所得材料真实生动，但也会因为所观察的对象的特殊性而使观察结果流于片面。

实际痕迹测量是通过某一事件留下的实际痕迹来观察调查，一般用于对用户的流量、广告的效果等的调查。例如，企业在几种报纸、杂志上做广告时，在广告下面附有一张表格或

条子，请读者阅后剪下，分别寄回企业有关部门，企业从回收的表格中可以了解哪种报纸杂志上刊登广告最为有效，为今后选择广告媒介和测定广告效果提出可靠资料。

（2）访问法

访问法，是指将所调查的事项，以当面电话或书面的形式向被调查者提出询问，以获得所需的调查资料的调查方法。访问法包括小组访谈法、深层访谈法、投影技法、面访调查法、电话调查法、邮寄调查法、网上调查法。其中，投影技法是一种无结构的非直接的询问形式，可以鼓励被调查者将他们对所关心问题的潜在动机、信仰、态度或感情投射出来。在投影技法中，并不要求被调查者描述自己的行为，而是要他们解释其他人的行为。在解释他人的行为时，被调查者就间接地将他们自己的动机、信仰、态度或感情投影到了有关的情景之中。

（3）实验法

实验法通常用来调查某种因素对市场销售量的影响，这种方法是在一定条件下进行小规模实验，然后对实际结果做出分析，研究是否值得推广。它的应用范围很广，凡是某一商品在改变品种、品质、包装、设计、价格、广告、陈列方法等因素时都可以应用这种方法，调查用户的反应。

## 2.2.4　市场问卷调查

市场问卷调查法能够突破空间限制，在相当广泛的区域内进行，在众多的被调查者中同时展开调查，节省费用、时间和人力且具有匿名性优点，因此被广泛采用。

调查问卷的形式主要有开放式、封闭式、半开放式等三种形式。

所谓开放式调查问卷，是指对问题的回答不提供任何具体的答案，而由被调查人自由回答的调查问卷。使用开放式调查问卷的优点在于可以使调查得到比较符合被调查者实际的答案，缺点是有时意见比较分散，难以综合。在市场调查中，一份问卷通盘采用开放式问题是非常少见的，一般是在调查问卷的最后，提出几个开放式问题。

所谓封闭式调查问卷，是指答案已经确定，由调查者从中选择答案的调查问卷。封闭式调查问卷的优点是便于综合；缺点是有时答案可能包括不全。因此，使用封闭式调查问卷时，必须要把答案给全。封闭式问题是现代问卷调查中采用的主要问题形式，许多市场现象的问题都可采用封闭式。

所谓半开放式问卷，是指给出部分答案（通常是主要的），而将未给出的答案或用其他一栏表示，或留以空格，由被调查者自行填写。

设计调查问卷时，采用开放式还是封闭式，主要取决于研究市场问题的需要，如仅仅想了解一些基本问题，就采取封闭式；如想了解更具体、更丰富的信息，则应采用开放式。

**范例**

亲爱的女士、先生：

您好！我们是×××学院的学生，正在进行一个关于汽车市场的调研，占用您宝贵的几分钟时间回答一些问题。您所提供的信息对我们这次调查的结果相当重要。非常感谢您的支持与合作！

1. 您是否有汽车？

A. 有公车　　　　　B. 有私车　　　　　C. 无车

如有车，您的车已使用了多少年？

A. 1年　　　　　B. 2年　　　　　C. 3年　　　　　D. 4年

E. 5年　　　　　F. 6年　　　　　G. 6年以上

2. 您的职业是？

A. 在校生　　　　　B. 政府职员　　　　　C. 公司职员

D. 私营业者　　　　　E. 其他

3. 您家庭平均月收入：

A. 2000元以下　　　　　B. 2000~3000元　　　　　C. 3000~4000元

D. 4000~5000元　　　　　E. 5000~6000元　　　　　F. 6000元以上

4. 你想购买车的品牌？

A. 国产　　　　　B. 日系　　　　　C. 欧美系　　　　　D. 其他

5. 您是否有购买汽车或更新汽车的想法？

A. 有　　　　　B. 没有

6. 如有，您准备何时购车或更新汽车？

A. 今年　　　　　B. 两年内　　　　　C. 三年内

D. 五年内　　　　　E. 五年以后

7. 影响您现在马上购车的主要原因是什么？

A. 经济收入　　　　　B. 汽车价格　　　　　C. 使用环境

D. 限制政策　　　　　E. 道路状况

8. 您现在的经济条件购买汽车所能接受的价格是：

A. 5万元~6万元　　　　　B. 7万元~10万元　　　　　C. 11万元~15万元

D. 16万元~20万元　　　　　E. 21万元~30万元　　　　　F. 30万元以上

9. 您购车的主要目的和用途是：

A. 交通工具　　　　　B. 经营工具　　　　　C. 两者兼有

10. 您最需要汽车销售商提供那两个方面的服务？

A. 售前服务　　　　　B. 代办手续　　　　　C. 保养维修

D. 技术咨询　　　　　E. 汽车救援

11. 你通过何种途径了解汽车信息？

A 电视　　　　　B. 展销会　　　　　C. 网络

D. 广播广告　　　　　E. 朋友介绍

12. 您在决定购买汽车是，谁的建议对您的购买决定影响最大？

A. 亲戚、朋友推荐　　　　　　　　　B. 厂家的广告宣传

C. 经销商的介绍、推荐　　　　　　　D. 媒体、网友的评价

对您提供的协助，我们表示衷心的感谢！

资料来源：http://bbs.tianya.cn/post-152-678801-1.shtml

## 2.3　汽车服务企业的选址

　　企业的选址决策，是企业经营过程中需要面对的主要问题。其决策的正确与否，极大地影响着企业经营的成败，因而企业的选址决策需要权衡各方成本收益。

### 2.3.1　厂址选择的步骤

　　汽车服务企业的选址主要包含商圈调查、确定营业点位置类型、选择汽车服务企业位置的备选方案、评价可供选择的店址方案和确定最终位置五个步骤。

**1. 商圈调查**

　　商圈是指经营某种产品或服务的某家或某类企业的顾客分布的地理区域，是汽车服务企业的服务辐射范围。商圈一般由核心商圈、次级商圈和边缘商圈构成。核心商圈容纳经销商55%～70%的顾客，是离经销商最近、顾客密度最大、平均销售额最高的区域；次级商圈包含另外 15%～25%的顾客，位于主要商圈之外，顾客分布较分散；边缘商圈包含剩下的顾客，分布更加分散。商圈的构成如图 2-3 所示。

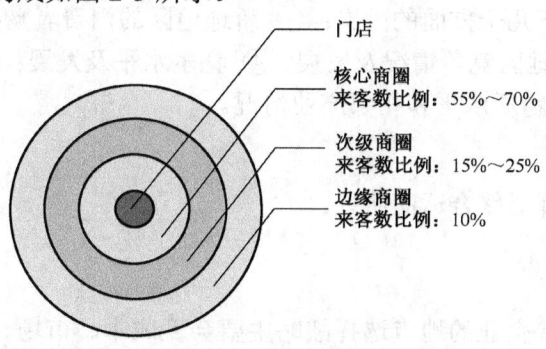

图 2-3　商圈的构成

　　商圈调查主要是了解拟设立汽车服务企业地域的一般经营形式、竞争者的分布、竞争者的经营特点、汽车保有量、行程所需时间和交通状况（如过桥费和路况）等方面的情况，根据这些实际情况描绘汽车服务企业未来客户的分布状况。

**2. 确定营业点的位置类型**

　　汽车服务企业的位置可简单分为三种类型：孤立的汽车销售服务经营区域、无规划的汽车销售服务经营区域和规划的汽车销售服务经营区域。

　　① 孤立的汽车销售服务经营区域，是指该地区只有一家汽车销售服务商。这类经营场所的优点是：无竞争对手；一般情况下经营场所的租金相对较便宜；经营上比较灵活，在地点选择、场地规划、经营规范上相对自由；一般道路和交通的可见度较高；停车较为方便。但其缺点是：难以吸引新顾客；难以与同行形成经营业务的互补，经营品种受限；广告费用可能较高；公共设施的运行费用不能分担，成本较高。故在现实中很少见。

　　② 无规划的汽车销售服务经营区域，是指该地区存在多家汽车销售服务商，但区域的总体布局或商店的组合方式未经长期规划。我国汽车服务市场发展早期形成的汽车销售大市场或汽车维修服务一条街就是这类经营场所的典型代表。这一类经营区域客流量比较大，但相

应的仓储、物流、交通、停车等配套设施由于缺乏统一规划，一般条件有限，整体形象也较差。而且由于较多经营者在一地集中经营，在经营品种、库存数量上相互补充，适合于顾客一站式的购物需求，但同行之间的竞争也相对激烈许多。

③ 规划的汽车销售服务经营区域，是指经由统一规划，统一建设在一起的汽车销售服务经营区域。这类经营场所的优点是：集中经营，统一规划协调；公共设施的运行费用共同分摊，成本较低；在统一规划下，各汽车服务企业能够建立和分享相对良好的共有品牌和形象；各汽车服务企业的客流在集中经营区域中最大；租金和税收通常较低；经销商的经营品种和库存相互补充，更适合从事专业化经营的汽车服务商的发展。缺点是：由于经营场所统一规划，单个汽车服务企业经营的灵活性受到一定的影响；同行之间竞争激烈；同一区域不同地段客流分布对经营绩效影响大；公共设施使用强度大，易于造成设备老化。

**3．选择汽车服务企业位置的备选方案**

投资者根据自身的业务规划，综合考虑了商圈状况，确定汽车服务企业位置后，可初步列出基本满足设立汽车服务企业条件的其他地点，供选择。

**4．评价可供选择的店址方案**

评估时主要考虑以下几个方面的因素：① 所选地区的消费者购买力及发展；② 所选地区人口情况及发展；③ 地区竞争情况及发展；④ 竞争水平及发展；⑤ 企业的独特性及竞争对手的选址；⑥ 设施的物质水平和相邻产业情况。

**5．确定最终位置**

综合以上因素，选择最终合适的店址。

### 2.3.2　选址考虑的因素

迈克尔·波特指出：企业的地点选择战略主要会受成本、市场、政府等因素的影响。

企业的运营成本主要由生产成本、运输成本、交易成本构成，这些成本的综合作用牵动着企业的成本利润率，影响着企业的投资意向。市场需求是确定市场供应量的先决因素，因而产品的销路会指引企业资金投向。而政府的服务效率、透明程度，以及产业政策的导向和限制，又会作用于产业的区域发展环境，进而影响企业的选址决策。

汽车服务企业的选址要考虑以下因素。

**1．交通位置、车流情况**

汽车服务企业的经营范围较广，涉及整车、汽车配件、汽车用品销售、汽车维修保养、汽车装潢美容、改装、汽车金融、保险等服务内容，人流、物流、资金流、信息流均很大，所以选择交通便利的地方尤为关键。此外，还要考察主要商圈范围内社区的情况，如社区车主的年龄构成情况、社区车主的生活方式、社区车主的消费水平等因素。

**相关链接**

### 汽车美容店选址

汽车美容店可以选在以下位置。第一，大型住宅区。车主把车开回家后就可以找到专业人士把爱车打扮一新，不用走多余的冤枉路，这就意味着提供了方便。省时的店自然就是一

个招牌，跟超市进驻各个楼盘是一个道理。第二，加油站和汽修店附近。车主在加油和"大修"的时候，就是车跑了很长一段路的时候，自然也是给车保养的时候。第三，车流量比较大的公路附近。对于投资商而言，汽车维修店选址很多都是选在公路附近，一是因为位置明显车主容易找到；二是因为地段重要，容易吸引"眼球"，形成影响力。

### 2．店铺的地势及朝向

在考虑店铺的时候还要考虑店铺的风向、日照强度和日照程度等自然因素。店面门前最好没有绿化隔离带，车辆可以方便地进出。门口至少 4 个以上的停车位，而且没有明显的障碍物，方便汽车挪动。

### 3．场地租金

店铺的位置直接决定了场地的租金，投资者在做比较的时候要结合自身情况，合理比较，不一定是越高的就越好，要和预期收益相比较，综合得出最合理的店铺。

### 4．店铺发展空间

考虑店铺自身周围的发展环境，特别是相邻店面的客情关系和最大停车容量，不要选在一排门面的中间位置。要选择有广告空间的店面，能做广告的面越多越好，最好在档头的位置，形成立体的广告包装效果。

### 5．竞争对手

选择店面还要考虑周边竞争对手的数量、规模、水平、项目等。

### 6．店多隆市效应

对于汽车服务行业来讲，店铺数量越多，形成一定的专业市场效应，边际商圈的顾客就越多。但店多隆市带来的也是充分的竞争，选在这些地方开店，必须在产品、服务及口碑上多下工夫，要在这些方面领先竞争对手。

**相关链接**

## 集聚效应

集聚效应（Combined Effect）是指各种产业和经济活动在空间上集中产生的经济效果及吸引经济活动向一定地区靠近的向心力，是导致城市形成和不断扩大的基本因素。集聚效应是一种常见的经济现象。例如，产业的集聚效应，最典型的例子当数美国硅谷，聚集了几十家全球 IT 巨头和数不清的中小型高科技公司；国内的例子也不少见，在浙江，如小家电、制鞋、制衣、制扣、打火机等行业都各自聚集在特定的地区，形成一种地区集中化的制造业布局。类似的效应也出现在其他领域，北京、上海这样的大城市就具有多种集聚效应，包括经济、文化、人才、交通乃至政治等。知识管理中也存在着集聚效应，并且通过这种效应，我们可以在某种程度上对组织中知识的传播和共享起到一定的控制作用。

### 7．完善的公用工程体系

一个汽车服务企业每天需要充足的水源和电力的支持，所以周边的供水系统、排水系统、供电系统必须很完善。

## 2.4 汽车服务企业的市场分析

我们经常把市场比作一个"大蛋糕"，每个企业都想吃一大块甚至整个"蛋糕"。然而每个顾客的需求存在差异性，作为一个企业不可能提供所有类型的产品（服务）满足所有顾客的不同需求，吃掉整个"蛋糕"，所以有必要把消费者的需求根据某些变量进行细分，喻为"切蛋糕"。作为一个企业，只需要选择其中一块或几块"蛋糕"作为自己的目标市场，集中精力满足这一细分市场上消费者的需求，并为企业产品塑造与众不同的、给人印象鲜明的形象，并将这种形象生动地传递给顾客，从而使该产品在市场上确定适当的位置。企业进行市场定位的步骤如图 2-4 所示。

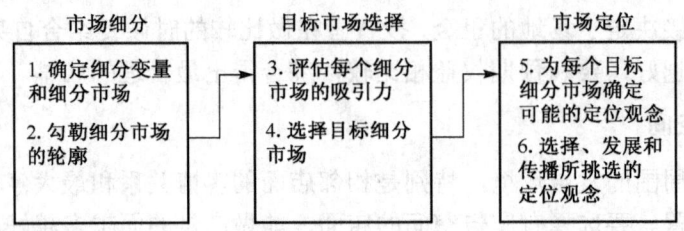

图 2-4 企业进行市场定位的步骤

### 2.4.1 市场细分

 案例

#### "白加黑"的市场细分

"白加黑"公司的老总去国外出差时，买了一种药，一般的药都有副作用，白天吃了不利于工作，而外国的这种药不存在这种现象。他深受启发，回来后以"白天服药不用担心打瞌睡"和"晚上吃了睡得香"为利益点，生产出了"白加黑"这种药。投放市场仅半年，就创下了 1.6 亿元的销售额，分割了全国 15%的感冒药市场。

 案例

#### 斜口杯的市场

有一次，日本的营销人员在一家饭店观察"老外"饮茶。由于欧洲人的鼻子较大，当茶水少于半杯时，鼻子便碰到杯沿儿上。若想喝完茶水，必须仰起脖子，既不方便，也有失欧洲人的绅士风度。日本营销人员回国后，研制生产斜口杯，果然风靡欧洲市场。

斜口杯的畅销，说明不同区域的市场有着各异的消费特点。要想打开区域市场，产品务必要适销对路，要想产品在市场竞争中占有一席之地，关键要研究"市情"，了解消费者的需求。

### 1．市场细分的概念

市场细分是由美国市场营销学家温德尔·史密斯 1956 年提出来的市场营销概念，是市场营销理论的新发展，是企业贯彻市场营销观念的必然产物。

市场细分是企业通过市场调查研究，根据消费者需求的差异性，把某一产品的整体市场划分为若干个在需求上具有某种相似特征的消费者群，从而形成各种不同细分市场的过程。每个消费者群就是一个细分市场，亦称"子市场"或"亚市场"，每个细分市场都是由在需求上具有某种相似特征的消费者构成的消费者群。

市场细分的最终目的是为了选择和确定目标市场，并在此基础上，运用各种可控因素，实现最优化组合，以达到企业市场营销的战略目标。从市场细分的最终目的来看，市场细分是目标市场营销的起点和基础，是企业市场营销战略的平台。企业的一切市场营销战略，都必须从市场细分出发。没有市场细分，就无法确定企业的目标市场，企业也就无法在市场竞争中找到企业的市场定位。

### 2．市场细分的实质

市场细分的实质是细分消费者的需求。企业进行市场细分，就是要发现不同消费者需求的差异性，然后把需求基本相同的消费者归为一类，这样就可以把某种产品的整体市场划分为若干个细分市场，理解这一概念时需注意以下几点。

① 市场细分不是对产品分类，而是对同种产品需求各异的消费者进行分类。消费者的需求、欲望、购买行为及购买习惯的差异性，是市场细分的重要依据。

② 市场细分是一种存大异、求小同的市场分类方法。消费者由于所处的社会、经济、自然条件等因素的不同，以及消费者的性别、年龄、文化、职业、爱好、经济条件、价值观念的不同，他们的需求、欲望、购买行为具有明显差异。但对某种特定的产品而言，各种不同的消费者组成了对其某个特性具有偏好的群体。

③ 市场细分是一个聚集的过程，而不是分解的过程。市场细分在存大异求小同的基础上，把对某种产品的特点最易做出反应的消费者，据多种变量连续进行集合，直至形成企业的某一细分市场。

### 3．市场细分的依据

市场细分要根据一定的细分变量来进行。市场细分的客观依据主要有地理变量、人口变量、心理变量和行为变量 4 类。

（1）按地理变量细分市场

地理细分，就是企业按照消费者所在的地理位置及自然环境等其他地理变量（包括国家、地区、城市规模、人口密度、不同的气候带、不同的地形地貌、城市农村、交通运输等）来细分消费者市场。地理细分之所以可行，主要是由于处在不同地理环境下的消费者对于同一类产品往往会有不同的需要和偏好，他们对企业的产品价格、销售渠道、广告宣传等营销措施的反映也常常存在差别。现在许多公司正使自己的产品、广告、促销和销售活动当地化，用以适应个别地区、城市甚至居民区的不同偏好。

（2）按人口变量细分市场

人口细分，就是企业按照人口变量（包括年龄、性别、收入、职业、教育水平、家庭规模、家庭生命周期阶段、宗教、种族、国籍等）来细分消费者市场。消费者需求、偏好与人口变量有着很密切的关系。

① 性别。由于生理上的差别，男性与女性在产品需求与偏好上有很大不同，如在服饰、发型、生活必需品等方面均有差别。一些汽车制造商，过去一直是迎合男性的要求设计汽车，现在，随着越来越多的女性参加工作和拥有自己的汽车，这些汽车制造商正研究市场机会，设计具有吸引女性消费者特点的汽车。

② 年龄。不同年龄的消费者有不同的需求特点，如青年人对汽车的需求，与老年人的需求差异较大。随着老龄化社会的来临，越来越多的企业开始研发老年代步车。

③ 收入。高收入消费者与低收入消费者在产品选择、休闲时间的安排、社会交际与交往等方面都会有所不同。

④ 职业与教育。消费者职业的不同、所受教育的不同会引起需求差别。

⑤ 家庭生命周期。一个家庭，按年龄、婚姻和子女状况，可划分为七个阶段。在不同阶段，家庭购买力、家庭人员对商品的兴趣与偏好会有较大差别。

单身阶段：年轻，单身，几乎没有经济负担，新消费观念的带头人，娱乐导向型购买。

新婚阶段：年轻夫妻，无子女，经济条件比最近的将来要好。购买力强，对耐用品、大件商品的欲望、要求强烈。

满巢阶段：年轻夫妻，有6岁以下子女，家庭用品购买的高峰期。不满足现有的经济状况，注意储蓄，购买较多的儿童用品。

满巢阶段：年轻夫妻，有6岁以上未成年子女。经济状况较好。购买趋向理智型，受广告及其他市场营销刺激的影响相对减少。注重档次较高的商品及子女的教育投资。

满巢阶段：年长的夫妇与尚未独立的成年子女同住。经济状况仍然较好，妻子或子女皆有工作。注重储蓄，购买冷静、理智。

空巢阶段：年长夫妇，子女离家自立。前期收入较高。购买力达到高峰期，较多购买老年人用品，如医疗保健品。娱乐及服务性消费支出增加。后期退休收入减少。

孤独阶段：单身老人独居，收入锐减。特别注重情感、关注等需要及安全保障。

除了上述方面，经常用于市场细分的人口变数还有家庭规模、国籍、种族、宗教等。实际上，大多数企业通常是采用两个或两个以上人口统计变量来细分市场。

**（3）按心理变量细分市场**

心理细分是根据消费者所处的社会阶层、生活方式及个性特征对市场加以细分，在同一地理细分市场中的人可能显示出迥然不同的心理特征。企业按照消费者的心理特征来细分消费者市场。心理因素十分复杂，包括生活方式、个性、购买动机、价值取向，以及对商品供求局势和销售方式的感应程度等变量。

**1）社会阶层**

由于不同的社会阶层所处的社会环境、成长背景不同，因而兴趣偏好不同，对产品或服务的需求也不尽相同。美国营销专家菲利浦·科特勒将美国划分为七个阶层：上上层，即继承大财产，具有著名家庭背景的社会名流；上下层，即在职业或生意中具有超凡活力而获得较高收入或财富的人；中上层，即对其"事业前途"极为关注，且获得专门职业者，独立企业家和公司经理等职业的人；中间层，即中等收入的白领和蓝领工人；劳动阶层，即中等收入的蓝领工人和那些过着劳动阶层生活方式而不论他们的收入有多高、学校背景及职工怎样

的人；下上层，即工资低，生活水平刚处于贫困线上，追求财富但无技能的人；下下层，即贫困潦倒，常常失业，长期靠公众或慈善机构救济的人。

2）生活方式

人们消费的商品往往反映了他们的生活方式，因此，品牌经营者可以据此进行市场细分。例如：大众汽车公司将消费者划分为"循规蹈矩的公民"和"汽车爱好者"。

3）个性

个性是一个人心理特征的集中反映，个性不同的消费者往往有不同的兴趣偏好。消费者在选择品牌时，不仅在理性上考虑产品的实用功能，同时也会在感性上评估不同品牌表现出的个性。当品牌个性和他们的自身评估相吻合时，他们就会选择该品牌，20 世纪 50 年代，福特汽车公司在促销福特和雪佛莱汽车时就强调个性的差异。

（4）按行为变量细分市场

行为细分是根据消费者对一件产品了解程度、态度、使用情况或反映，将他们划分成不同的群体。行为变量细分市场主要包括以下方面。

① 购买时机。根据消费者提出需要、购买和使用产品的不同时机，将他们划分成不同的群体。例如，生产果珍之类清凉解暑饮料的企业，可以根据消费者在一年四季对果珍饮料口味的不同，将果珍市场消费者划分为不同的子市场。

② 追求利益。消费者购买某种产品总是为了解决某类问题，满足某种需要。然而，产品提供的利益往往并不是单一的，而是多方面的。消费者对这些利益的追求时有侧重，如对购买手表有的追求经济实惠、价格低廉，有的追求耐用可靠和使用维修的方便，还有的则偏向于使用时显示社会地位等不一而足。

③ 使用者状况。根据顾客是否使用和使用程度细分市场。通常可分为：经常购买者、首次购买者、潜在购买者、非购买者。大公司往往注重将潜在使用者变为实际使用者，较小的公司则注重于保持现有使用者，并设法吸引使用竞争产品的顾客转而使用本公司产品。

④ 使用数量。根据消费者使用某一产品的数量大小细分市场。通常可分为大量使用者、中度使用者和轻度使用者。大量使用者人数可能并不很多，但他们的消费量在全部消费量中占很大的比重。

⑤ 品牌忠诚程度。企业还可根据消费者对产品的忠诚程度细分市场。有些消费者经常变换品牌，另外一些消费者则在较长时期内专注于某一或少数几个品牌。通过了解消费者品牌忠诚情况和品牌忠诚者与品牌转换者的各种行为与心理特征，不仅可为企业细分市场提供一个基础，同时也有助于企业了解为什么有些消费者忠诚本企业产品，而另外一些消费者则忠诚于竞争企业的产品，从而为企业选择目标市场提供启示。

⑥ 购买的准备阶段。消费者对各种产品的了解程度往往因人而异。有的消费者可能对某一产品确有需要，但并不知道该产品的存在；还有的消费者虽已知道产品的存在，但对产品的价值、稳定性等还存在疑虑；另外一些消费者则可能正在考虑购买。针对处于不同购买阶段的消费群体，企业可以进行市场细分并采用不同的营销策略。

⑦ 态度。企业还可根据市场上顾客对产品的热心程度来细分市场。不同消费者对同一产品的态度可能有很大差异，如有的很喜欢、持肯定态度，有的持否定态度，还有的则处于既不肯定也不否定的无所谓态度。针对持不同态度的消费群体进行市场细分，并在广告、促销等方面采取不同的措施。

### 案例

## 细分市场　打造汽车后市场的非常路

2011 年 6 月 18 日，杭州快点汽车服务有限公司（简称"快点漆修"）的新网站正式上线。经过一年的运营，"快点漆修"这个年轻的汽车服务企业已经在浙江省内成功发展了 8 家连锁门店，并为顾客提供了超过 10000 次的车漆快修和汽车美容服务。"快点漆修"为何能够在短时间内有较快的发展呢？"快点漆修"何副总经理表示："'快点漆修'的服务承诺是：快修店的速度，4S 店的环境，一般汽修店的价格。这是'快点漆修'在行业内迅速发展的绝对优势。"

### 精准切入车漆快修细分市场

"快点漆修"的核心服务内容是车漆快修，也有些地方叫做漆面快修。汽车快修服务的业务范畴非常广，有机修、保养、轮胎、汽车装潢、汽车美容等，"快点漆修"为什么要选择车漆快修这么窄的一个细分市场进行精准切入呢？何副总经理介绍说："其实漆修市场非常庞大。一台车平均每年小擦碰 2 次，每台车的消费金额为 650 元，那么每一万辆车就可以产生 1300 万元的漆修市场，2011 年中国汽车保有量就将达到 7500 万辆，大家可以算一算，这是一个多么庞大的市场啊！"

据了解，作为汽车快修中的专项修复品牌，"快点漆修"服务的车型涵盖了市面上所有在使用的上千种车型的上万种颜色，远比 4S 店的几种或十几种车型复杂得多。"快点漆修"不但建立了强大的车型色卡数据库，还与世界著名的油漆修复品牌商建立了油漆专项培训中心和远程电脑调色支持系统，以重点解决传统技术经常遇到的色差和附着力差等问题。

### 开发"洗车美容+车漆快修"门店模式

单一的车漆快修服务客户量十分有限，不利于"快点漆修"的品牌推广及门店生存。因此，"快点漆修"在车漆快修服务的基础上，开发了更具新市场生存能力的门店模式——洗车美容+车漆快修模式。"加入洗车美容服务之后，门店每天的到客量是原来的 10 倍，有利于品牌的快速推广；洗车美容业务的高频次接客数有利于我们门店人员的现场营销和介绍，而单项目服务却不具备这样的机会；洗车之后，客户更容易发现自己油漆的问题；油漆修复之后，通过美容项目的处理，也能够更好地保护漆面，使油漆修复的效果更好。"这一模式的成功推出为"快点漆修"带来了更多客户，也使"快点漆修"的专业服务得到了越来越多车主的了解和认可。

资料来源：http://biz.ifeng.com/huanan/detail_2011_06/23/44300_0.shtml

思考："快点漆修"为何发展如此迅速？

## 2.4.2　目标市场选择

市场细分的最终目的是为了选择和确定目标市场。目标市场选择是目标市场营销的第二个步骤。企业的一切市场营销活动，都是围绕目标市场进行的。

### 1．目标市场的概念

目标市场是指在市场细分的基础上，企业要进入的最佳细分市场。在企业市场营销活动

中，企业必须选择和确定目标市场。这是因为：首先，选择和确定目标市场，明确企业的具体服务对象，关系到企业市场营销战略目标的落实，是企业制定市场营销战略的首要内容和基本出发点；其次，对于企业来说，并非所有的细分市场都具有同等吸引力、都有利可图，只有那些和企业资源条件相适应的细分市场才对企业具有较强的吸引力，是企业的最佳细分市场。

目标市场的选择首先要求企业确定目标市场，然后选择目标市场策略。

**2．目标市场的选择**

选择目标市场，就是对企业有吸引力的、有可能成为企业目标市场的细分市场进行分析和评估，然后根据企业的市场营销战略目标和资源条件，选择企业最佳的细分市场。

选择目标市场，应从下列三个方面分析和评估细分市场。

（1）细分市场的规模及成长潜力

企业必须考虑的第一个问题是潜在的细分市场是否具有适度规模和成长潜力。细分市场的规模衡量指标是细分市场上某一时期内现实消费者购买某种产品的数量总额。细分市场成长潜力的衡量指标是细分市场上在某一时期内，全部潜在消费者对某种产品的需求总量。这就要求企业首先要调查细分市场的现实消费者数量及购买力水平，其次要调查细分市场潜在消费者数量及购买力水平。

 **案例**

## 福特汽车公司的市场细分案例

福特汽车公司曾经在 20 世纪 50 年代打算专门为身高 1.2 米以下的消费者生产特制汽车。特殊的产品设计、与大众化汽车生产不同的生产线及工装设备，必然造成成本的大量增加，但是更好地满足了特殊消费者的需求。通过市场调研与细分后，发现这一汽车细分市场的需求极其有限，人口较少，赢利前景暗淡，最终放弃了这一构想。

（2）细分市场的吸引力

细分市场可能具有适度规模和成长潜力，然而从长期赢利的观点来看，细分市场未必具有长期吸引力。细分市场吸引力的衡量指标是成本和利润。

（3）企业的市场营销战略目标和资源

企业必须结合其市场营销战略目标和资源来综合评估细分市场是否具有长期的吸引力。细分市场可能也符合企业长远的市场营销战略目标，企业也必须对企业资源条件进行评估，必须考虑企业是否具备在细分市场所必需的资源条件。

**3．选择目标市场的原则**

企业在选择目标市场时，应遵循以下四个原则。

① 产品、市场和技术三者密切关联。企业所选择的目标市场，应能充分发挥企业的技术特长，生产符合目标市场需求的产品。

② 遵循企业既定的发展方向。即目标市场的选择应根据企业市场营销战略目标的发展方向来确定。

③ 发挥企业的竞争优势。即应选择能够突出和发挥企业特长的细分市场作为目标市场。这样才能利用企业的相对竞争优势，在竞争中处于有利的地位。

④ 取得相乘效果。即新确定的目标市场不能对企业原有的产品带来消极的影响。新、老产品要能互相促进，实现同时扩大销售量和提高市场占有率的目的，从而使企业所拥有的人才、技术、资金等资源都能有效地加以利用，使企业获得更好的经济效益。

### 4. 目标市场的策略

企业通过对不同细分市场的评估，就可确定一个或几个细分市场为其目标市场，即确定企业目标市场策略。有三种不同的目标市场策略供企业选择，分别是无差异市场营销策略、差异性市场营销策略、集中性市场营销策略。

**（1）无差异市场营销策略**

无差异市场营销策略就是企业不考虑细分市场的差异性，把整体市场作为目标市场，对所有的消费者只提供一种产品，采用单一市场营销组合的目标市场策略。

无差异市场营销策略适用于：少数消费者需求同质的产品；消费者需求广泛、能够大量生产、大量销售的产品；以探求消费者购买情况的新产品、某些具有特殊专利的产品。采用无差异市场营销策略的企业一般具有大规模、单一、连续的生产线，拥有广泛或大众化的分销渠道，并能开展强有力的促销活动，投放大量的广告和进行统一的宣传。

无差异市场营销策略的优点是有利于标准化和大规模生产，有利于降低单位产品的成本费用，获得较好的规模效益。缺点是不能满足消费者需求的多样性，不能满足其他较小的细分市场的消费者需求，不能适应多变的市场形势，因此，在现代市场营销实践中，无差异市场营销策略只有少数企业才采用，而且对于一个企业来说，一般也不宜长期采用。

**（2）差异性市场营销策略**

差异性市场营销策略是在市场细分的基础上，企业以两个以上乃至全部细分市场为目标市场，分别为之设计不同产品，采取不同的市场营销组合，满足不同消费者需求的目标市场策略。

差异性市场营销策略适用于大多数异质的产品。采用差异性市场营销策略的企业一般是大企业，有一部分企业，尤其是小企业无力采用，因为采用差异性市场营销策略必然受到企业资源和条件的限制。较为雄厚的财力、较强的技术力量和素质较高的管理人员，是实行差异性市场营销策略的必要条件，而且随着产品品种的增加，分销渠道的多样化，以及市场调研和广告宣传活动的扩大与复杂化，生产成本和各种费用必然大幅度增加，需大量资源作为依托。

差异性市场营销策略优点是能扩大销售，减少经营风险，提高市场占有率。因为多品种的生产能分别满足不同消费者群的需要，扩大产品销售。

差异性市场营销策略基本形式有以下几个。

① 产品差别化。即是从产品质量、产品款式等方面实现差别。寻求产品特征是产品差别化战略经常使用的手段。

② 服务差别化。即是向目标市场提供与竞争者不同的优异服务。企业的竞争力越好地体现在对顾客的服务上，市场差别化就越容易实现。

③ 人员差别化。即通过聘用和培训比竞争者更为优秀的人员以获取差别优势。

④ 形象差异化。即在产品的核心部分与竞争者雷同的情况下塑造不同的产品形象以获取差别优势。

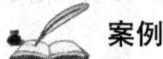 **案例**

## 一嗨汽车的服务

一嗨汽车租赁有限公司主要为个人和企业用户提供短租、长租，以及个性化定制等综合租车服务；支持网上预订、电话预订、手机终端预订、门店预订等多种预订方式，以及刷卡支付、线上支付、储值卡支付等多种支付方式。

接送——机场点对点接送；

商务包车——路线自由的全天候服务；

企业班车——为卖场、企业提供班车接送服务；

企业长包车——高性价比、整合的企业用车方案；

邻近城市专送——跨城、跨省的专车式服务；

定制包车服务——定制独有的专业企业用车服务；

商务会议接送——全程定时、定点接送服务；

节日外出包车——节假日无忧出行方案。

（3）集中性市场营销策略

集中性市场营销策略是企业以一个细分市场为目标市场，集中力量，实行专业化生产和经营的目标市场策略。

集中性市场营销策略主要适用于资源有限的中小企业或是初次进入新市场的大企业。中小企业由于资源有限，无力在整体市场或多个细分市场上与大企业展开竞争，而在大企业未予注意或不愿顾及而自己又力所能及的某个细分市场上全力以赴，则往往容易取得成功。

集中性市场营销策略的优点是目标市场集中，有助于企业更深入地注意、了解目标市场的消费者需求，使产品适销对路，有助于提高企业和产品在市场上的知名度。集中性市场营销策略还有利于企业集中资源，节约生产成本和各种费用，增加赢利，取得良好的经济效益。缺点是企业潜伏着较大的经营风险。由于目标市场集中，一旦市场出现诸如较强大的竞争者加入、消费者需求的突然变化等，企业就有可能因承受不了短时间的竞争压力，而立即陷入困境。因此，采用集中性市场营销策略的企业，要随时密切关注市场动向，充分考虑企业未来意外情况下的各种对策和应急措施。

**5. 影响目标市场策略选择的因素**

三种目标市场策略各有优缺点，企业在确定了目标市场后，究竟采取哪种策略，取决于下列各种因素。

（1）企业实力

如果企业实力较强，可根据产品的不同特性选择采用差异性市场营销策略或无差异市场营销策略；如果企业实力较弱，无力顾及整体市场或多个细分市场，则可选择采用集中性市场营销策略。

（2）产品性质

这里的产品性质是指产品是否同质，即产品在性能、特点等方面差异性的大小。如果企业生产同质产品，可选择采用无差异市场营销策略；如果企业生产异质产品，则可选择采用差异性市场营销策略或集中性市场营销策略。

（3）市场性质

这里的市场性质是指市场是否同质，即市场上消费者需求差异性的大小。如果市场是同质的，即消费者需求差异性不大，消费者购买行为基本相同，企业则可选择采用无差异市场营销策略；反之，企业则可选择采用差异性市场营销策略或集中性市场营销策略。

（4）产品市场生命周期

处在介绍期和成长期初期的新产品，企业可选择采用无差异市场营销策略；当产品进入成长期后期和成熟期时，企业可选择采用差异性市场营销策略或集中性市场营销策略或保持原有市场，延长产品市场生命周期。

（5）企业的市场营销战略目标和资源

企业的目标市场策略应当与竞争对手的目标市场策略不同。如果竞争对手强大并采取无差异市场营销策略，企业则应选择采用差异性市场营销策略或集中性市场营销策略，以提高产品的市场竞争能力；如果竞争对手与自身实力相当或面对实力较弱的竞争对手，企业则可选择采用与之相同的目标市场策略；如果竞争对手都采用差异性市场营销策略，企业则应进一步细分市场，实行更有效、更深入的差异性市场营销策略或集中性市场营销策略。

企业选择目标市场营销策略时，应综合考虑以上影响目标市场策略选择的因素，权衡利弊，综合决策。

## 2.4.3　市场定位

### 1. 市场定位的概念

企业在选定目标市场和目标市场的营销策略以后，还需要制定一个切实可行的市场定位策略，以使自己的产品和服务与竞争对手区别开来。

市场定位是在20世纪70年代由美国营销学家艾·里斯和杰克特劳特提出的，其含义是指企业根据竞争者现有产品在市场上所处的位置，针对顾客对该类产品某些特征或属性的重视程度，为本企业产品塑造与众不同的，给人印象鲜明的形象，并将这种形象生动地传递给顾客，从而使该产品在市场上确定适当的位置。

市场定位也称作"营销定位"，是市场营销工作者用以在目标市场（此处目标市场指该市场上的客户和潜在客户）的心目中塑造产品、品牌或组织的形象或个性（Identity）的营销技术。其主要内容包括以下几点。

① 产品定位：侧重于产品实体，可以从质量、成本、特征、性能、可靠性、可用性、款式等方面定位。

② 企业定位：即企业形象塑造，可以从品牌、员工能力、知识、可信度等方面定位。

③ 竞争定位：确定企业相对于竞争者的市场位置。

④ 消费者定位：确定企业的目标顾客群。

## 2．市场定位的步骤

企业市场定位的全过程可以通过以下三大步骤来完成。

（1）分析目标市场的现状，确认本企业潜在的竞争优势

这一步骤的中心任务是要回答以下三个问题：竞争对手产品定位如何？目标市场上顾客欲望的满足程度如何，以及确实还需要什么？针对竞争者的市场定位和潜在顾客的真正需要的利益要求企业应该及能够做什么？通过回答上述三个问题，企业就可以从中把握和确定自己的潜在竞争优势在哪里。

（2）准确选择竞争优势，对目标市场初步定位

竞争优势表明企业能够胜过竞争对手的能力。这种能力既可以是现有的，也可以是潜在的。选择竞争优势实际上就是一个企业与竞争者各方面实力相比较的过程。通常的方法是分析、比较企业与竞争者在经营管理、技术开发、采购、生产、市场营销、财务和产品等七个方面究竟哪些是强项，哪些是弱项。

（3）显示独特的竞争优势和重新定位

这一步骤的主要任务是企业要通过一系列的宣传促销活动，将其独特的竞争优势准确传播给潜在顾客，并在顾客心目中留下深刻印象。同时，企业应注意目标顾客对其市场定位理解出现的偏差，或者由于企业市场定位宣传上的失误而造成的目标顾客认识模糊、混乱和误会，及时纠正与市场定位不一致的形象。

## 3．市场定位的策略

各个企业经营的产品不同，面对的顾客也不同，所处的竞争环境也不同，因而市场定位所采取的方法也不同。

（1）根据具体的产品特点定位

构成产品内在特色的许多因素都可以作为市场定位所依据的原则，如所含成分、材料、质量、价格等。

（2）根据特定的使用场合及用途定位

为老产品找到一种新用途，是为该产品创造新的市场定位的好方法。

（3）根据顾客得到的利益定位

产品提供给顾客的利益是顾客最能切实体验到的，也可以用作定位的依据。

（4）根据使用者类型定位

企业常常试图将其产品指向某一类特定的使用者，以便根据这些顾客的看法塑造恰当的形象。

（5）根据与竞争者的相对位置定位

企业根据自身的实力，可以采取避强定位或迎头定位。

（6）重新定位

这种定位是指企业通过努力发现最初选择的定位战略不科学、不合理，营销效果不明显，继续实施下去很难成功获得强势市场定位时，及时采取的更换品牌、更换包装、改变广告诉求策略等一系列重新定位方法的总称。企业重新定位的目的在于能够使企业获得新的、更大的市场活力。

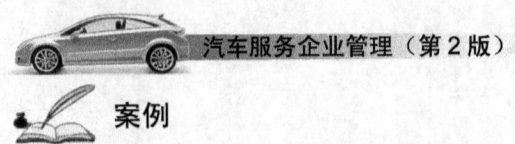

案例

### 万宝路香烟的市场定位

万宝路香烟刚进入市场时，以女性为目标市场，推出的口号是：像5月的天气一样温和。然而，尽管当时美国吸烟人数年年都在上升，万宝路香烟的销路却始终平平。后来，广告大师李奥贝纳为其做广告策划，将万宝路香烟重新定位为男子汉香烟，并将它与最具男子汉气概的西部牛仔形象联系起来，树立了万宝路自由、野性与冒险的形象，从众多的香烟品牌中脱颖而出。自20世纪80年代中期到现在，万宝路香烟一直居世界各品牌香烟销量首位，成为全球香烟市场的领导品牌。

## 2.5 汽车服务企业的营销策略

确定了在市场上的位置后，企业要制定相应的市场营销策略，以满足消费者的需求。杰罗姆·麦卡锡（E.Jerome McCarthy）于1960年在其《基础营销》（Basic Marketing）一书中第一次将企业的营销要素归结四个基本策略的组合，即著名的"4P"理论：产品（Product）、价格（Price）、渠道（Place）、促销（Promotion）。1967年，菲利普·科特勒在其畅销书《营销管理：分析、规划与控制》第一版中进一步确认了以4P为核心的营销组合方法。20世纪80年代后，世界经济的滞胀现象、贸易保护主义抬头、国际市场营销环境的恶化使得企业营销活动不但要适应环境，还要为企业创造良好的市场营销环境，把政治力量（Political Power）与公共关系（Public Relations）也作为企业的可控因素运用，以创造良好的营销环境，是为6P。

1990年，美国学者劳朋特（Lauteborn）教授提出了与传统营销的4P理论相对应的4C理论。即消费者的需求与欲望（Consumer needs and wants），把产品先搁到一边，赶紧研究消费者的需求与欲望，不要再卖你能制造的产品，而要卖某人确定想要买的产品；消费者愿意付出的成本（Cost）暂时忘掉定价策略，赶快去了解消费者要满足其需求与欲望所必须付出的成本；购买商品的便利（Convenience），忘掉通路策略，应当思考如何给消费者方便以购得商品；沟通（Communication），最后请忘掉促销，20世纪90年代以后的正确新词汇应该是沟通。4C理论的提出引起了营销传播界及工商界的极大反响，从而也成为整合营销理论的核心。

现代企业市场营销组合策略，应当是一种大营销的组合策略，即在4P的基础上演变为（6P+S）×C。S是指服务（Service），C是指顾客（Consumer）。

### 2.5.1 产品策略

产品策略主要有产品组合策略、产品品牌策略、产品包装策略、产品生命周期策略。

#### 1. 产品组合策略

产品组合，是指一个企业生产或经营的全部产品线、产品项目的组合方式，包括四个变数，即宽度、长度、深度和相关度。

产品组合的宽度，指一个企业所拥有的产品线的数量。如宝洁公司的产品组合宽度为7，分别为清洁剂、牙膏、条状肥皂、纸尿布、纸巾、漱口剂和卫生纸等产品线。

产品组合的长度，指企业所有产品线内的产品项目的总和。

产品组合的深度，指企业同一产品线中不同规格的产品项目总数。

产品组合的相关度，指不同的产品线在最终用途、生产条件、分销渠道或其他方面某种程度的关联性。

产品组合的四个方面为企业确定产品战略提供了依据。企业可以采用以下方法发展其经营业务。

① 扩展策略。可以增加新的产品线，以扩大产品组合的宽度；增加产品线的产品项目，增加产品的花色、规格等，以此增加产品组合的深度和长度；还可以使产品线具有或多或少的相关度，开拓新领域。

② 缩减策略。企业从原产品组合中剔除那些获利小甚至不获利的产品线或产品项目。

③ 延伸策略。一是向下扩展。许多公司刚开始生产高端产品，随后将产品线向下扩展，通常做法是在其产品线的低端增加一些新品种。二是向上扩展。这指的是原先生产低档产品的公司转而生产高档产品。三是双向扩展。生产中端产品的厂家向上向下两个方面扩展。

### 2．产品品牌策略

品牌是用以识别产品或服务的名称、术语、符号、图案或是它们的组合，包括品牌名称和品牌标志。经过注册的品牌就是商标。常用的品牌策略主要有以下几个。

① 是否使用品牌。使用品牌无疑会对企业产生很多好处，但也要承担相应的责任，如要保持产品质量、进行宣传等，如果企业无力承担，就不必使用品牌。

② 使用谁的品牌，企业可以使用制造商的品牌，也可以使用中间商的品牌或混合使用。一般来说，哪一方的实力强、品牌知名度高，就使用哪一方的品牌。

③ 统一品牌策略，也称家族品牌策略，指同一企业生产的所有产品都使用一个品牌。如海尔的各种产品都使用"Hair"这一品牌。

④ 等级品牌策略，与家族品牌策略正好相反，指同一企业的不同种类、价格、档次及质量不同的产品使用不同的品牌。如保洁公司的洗发水，有潘婷、飘柔、海飞丝等品牌。

### 3．产品包装策略

包装指产品的容器和包装物及其设计装潢。良好的包装可以起到保护商品、促进销售的作用，进而增加企业利润。常用的包装策略有以下几个。

① 统一包装策略。这种策略是指企业对其生产经营的各种产品的包装采用相同或相似的图案、颜色，使消费者一看到包装就会联想到是一家企业的产品。有利于降低包装成本，扩大企业声势，也有利于推出新产品。但是在采用该策略时，各产品的质量档次不能相差太大，不然会影响企业的形象和声誉。如可口可乐的包装。

② 配套包装策略。这种策略是指将相关的不同类型和规格的产品组合在一个包装内，以供配套适用。如筷子和勺子、叉子包装在一起销售。

③ 赠品包装策略。这种策略是指在产品的包装内附赠彩券、物品或玩具等，以此来吸引消费者购买。如儿童食品包装袋内的玩具、图片等。

④ 再使用包装策略。这种策略是指企业采用一种能让消费者得到其他用途的包装。如将饮料瓶设计成茶杯或花瓶状。

⑤ 改进包装策略。当产品原来的包装因落后、陈旧而缺乏吸引力时，企业就应该及时更换新的包装，以维护和提高产品形象。

### 4. 产品生命周期策略

产品生命周期是指产品从试制成功投入市场开始直到产品被市场淘汰，最终退出市场为止所经历的全部时间。一般可分为四个阶段：导入期、成长期、成熟期、衰退期。针对每个阶段不同的特点，企业应采用不同的策略。产品生命周期如图2-5所示。

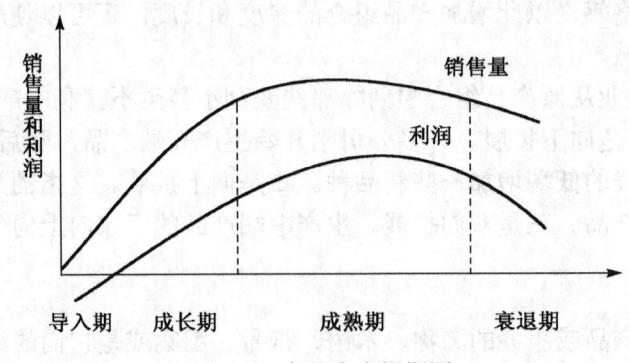

图 2-5　产品生命周期图

（1）导入期

导入期是指新产品首次上市的最初销售阶段。这个阶段由于产品的技术性能不够稳定，不能批量生产，制造成本高；进入市场的广告促销费用很高；竞争对手不多，竞争不激烈；消费者对产品了解甚少，销量很低，利润几乎不存在。此阶段营销的着眼点应是建立产品的知名度，广泛宣传，大力推销，吸引顾客的注意，快速占领市场。在营销策略上突出一个"快"字。

（2）成长期

这个阶段产品性能逐步完善，批量生产使得生产成本降低；经过前期的宣传，消费者对该产品已经熟悉，销量迅速增长，企业利润迅速增加；但大量竞争对手的加入，使得竞争加剧。在这个阶段，企业在营销策略上要突出一个"好"字，即保证产品质量，发展产品品种，切忌急功近利、粗制滥造，否则前功尽弃。

（3）成熟期

成熟期的特点是产品大批量生产，生产成本降到最低限度；竞争处于激烈的阶段；市场需求量趋于饱和，销量增长缓慢，利润开始下降。在这个阶段，企业在营销策略上要突出一个"改"字，包括市场改良，开发新的市场；产品改良，扩大销售；市场营销组合的改良，通过改变营销组合策略，延长产品的成长期和成熟期。

（4）衰退期

当销量迅速下降，利润开始快速下滑时，产品进入衰退期。此时，企业应当当机立断，突出一个"转"字，即在适当的时间退出市场，转向其他产品的开发。

## 2.5.2　价格策略

价格通常是影响交易成败的重要因素，同时又是市场营销组合中最难以确定的因素。企业定价的目标是促进销售，获取利润。这要求企业既要考虑成本的补偿，又要考虑消费者对价格的接受能力，从而使定价策略具有买卖双方双向决策的特征。此外，价格还是市场营销组合中最灵活的因素，它可以对市场做出灵敏的反映。

### 1．影响企业定价的因素

（1）企业的营销目标

与定价直接有关的营销目标主要有：维持企业的生存、争取当期利润最大化、争取最大限度的市场占有率、产品质量领先。

（2）企业的营销组合

由于价格是营销组合的因素之一，所以定价策略必须与产品的整体设计、分销和促销策略相匹配，形成一个协调的营销组合。

（3）产品成本

成本是影响定价决策的一个重要因素，产品成本有两类：一类是固定成本；一类是可变成本。二者之和即产品的总成本，产品的价格要能够弥补其总成本。

（4）市场结构

市场结构不同，即定价的客观环境不同，企业的自由程度也不相同。市场结构可分为 4 种类型：完全竞争，是指一种不受任何障碍和干预的市场；完全垄断，是指整个行业的市场完全为一家卖主所独占，政府的垄断或政府特许的私人垄断；垄断竞争，是指一种既有垄断又有竞争，即介乎完全垄断和完全竞争之间的市场结构；寡头垄断，是介乎垄断竞争与完全垄断之间的一种市场结构，只为数不多的几家大企业供给该行业的大部分产品，因而它们对市场价格和供给量都有决定性的作用。

（5）市场需求的价格弹性

成本决定了产品价格的下限，而产品价格的上限，即最高限度则取决于市场需求。因此，在做定价决策时，必须要了解产品价格与市场和需求之间的关系。需求的价格弹性系数大小影响产品的定价。

（6）市场竞争

影响定价的另一个外部因素是竞争者的产品价格和他们对本企业价格变动的反应。

（7）国家政策

政府的有关政策法令也是影响企业定价的一个重要因素。

（8）其他外部环境因素

企业定价时还需考虑其他环境因素。例如，国内或国际的经济状况、是否通货膨胀、经济繁荣或萧条、股市的波动、利息率的高低等。

### 2．产品定价策略

定价方法是对产品定价的科学依据，在确定其具体价格时还要把科学性和艺术性结合起来，针对不同情况，采用不同定价策略，即定价的谋略和技巧。

（1）新产品定价策略

① 高价策略，也叫撇脂定价策略。这种定价策略因类似于从牛奶中撇取油脂而得名。在新产品上市初期，价格定得很高，以便在较短的时间内获得最大利润。这种策略适合没有竞争对手的新产品，在市场拥有足够的购买者，而且需求缺乏弹性时，企业可以采用撇脂定价策略。

② 低价策略，也叫渗透定价，是指企业把其创新产品的价格定得相对较低，以吸引大量顾客，提高市场占有率。渗透定价的条件：市场需求对价格极为敏感，低价会刺激市场需求迅速增长；企业的生产成本和经营费用会随着生产经营经验的增加而下降；低价不会引起实际和潜在的竞争。

③ 满意定价策略。是一种介于撇脂定价策略和渗透定价策略之间的价格策略。其所定的价格比撇脂价格低，而比渗透价格要高，是一种中间价格。这种定价策略由于能使生产者和顾客都比较满意而得名。有时它又被称为"君子价格"或"温和价格"。

（2）价格调整策略

1）心理定价

心理定价是根据消费者的消费心理定价。常用的心理定价法有整数定价、尾数定价、幸运数字定价、声望定价、招徕定价、习惯性定价等。

2）折扣定价

大多数企业通常都酌情调整其基本价格，以鼓励顾客及早付清货款、大量购买或增加淡季购买。这种价格调整叫做价格折扣或折让。

① 数量折扣，数量折扣指按购买数量的多少，分别给予不同的折扣，购买数量愈多，折扣愈大。数量折扣包括累计数量折扣和一次性数量折扣两种形式。累计数量折扣规定顾客在一定时间内，购买商品若达到一定数量或金额，则按其总量给予一定折扣。一次性数量折扣规定一次购买某种产品达到一定数量或购买多种产品达到一定金额，则给予折扣优惠。数量折扣的促销作用非常明显，企业因单位产品利润减少而产生的损失完全可以从销量的增加中得到补偿。此外，销售速度的加快，使企业资金周转次数增加，流通费用下降，产品成本降低，从而导致企业总盈利水平上升。

② 现金折扣。现金折扣是对在规定的时间内提前付款或用现金付款者所给予的一种价格折扣，其目的是鼓励顾客尽早付款，加速资金周转，降低销售费用，减少财务风险。采用现金折扣一般要考虑三个因素：折扣比例；给予折扣的时间限制；付清全部货款的期限。在西方国家，典型的付款期限折扣表示为"3/20，Net60"。其含义是在成交后 20 天内付款，买者可以得到 3%的折扣，超过 20 天、在 60 天内付款不予折扣，超过 60 天付款要加付利息。

③ 功能折扣。中间商在产品分销过程中所处的环节不同，其所承担的功能、责任和风险也不同，企业据此给予不同的折扣称为功能折扣。功能折扣的比例，主要考虑中间商在分销渠道中的地位、对生产企业产品销售的重要性、购买批量、完成的促销功能、承担的风险、服务水平、履行的商业责任、产品在分销中所经历的层次和在市场上的最终售价等。功能折扣的结果是形成购销差价和批零差价。

④ 季节折扣。有些商品的生产是连续的，而其消费却具有明显的季节性。为了调节供需矛盾，这些商品的生产企业便采用季节折扣的方式，对在淡季购买商品的顾客给予一定的

优惠，使企业的生产和销售在一年四季能保持相对稳定。季节折扣比例的确定，应考虑成本、储存费用、基价和资金利息等因素。

⑤ 回扣和津贴。回扣是间接折扣的一种形式，是指购买者在按价格目录将货款全部付给销售者以后，销售者再按一定比例将货款的一部分返还给购买者。津贴是企业为非凡目的，对非凡顾客以特定形式所给予的价格补贴或其他补贴。

（3）歧视定价（差别）

企业往往根据不同顾客、不同时间和场所来调整产品价格，实行差别定价，即对同一产品或劳务定出两种或多种价格，但这种差别不反映成本的变化。主要有以下几种形式。

① 顾客差别定价：即企业按照不同的价格把同一种产品或劳务卖给不同的顾客。

② 产品形式差别定价：即企业对不同型号或形式的产品分别制定不同的价格，但是，不同型号或形式的产品价格之间的差额和成本费用之间的差额并不成比例。

③ 产品部位差别定价：即企业对于处在不同位置的产品或服务分别制定不同的价格。

④ 销售时间差别定价：即企业对于不同季节、不同时期甚至不同钟点的产品或服务也分别制定不同的价格。

实行歧视定价的前提条件是：市场必须是可细分的且各个细分市场的需求强度是不同的；商品不可能转手倒卖；高价市场上不可能有竞争者削价竞销；不违法；不引起顾客反感。

## 2.5.3 渠道策略

### 1．分销渠道的概念

分销渠道，也叫销售渠道，是指某种产品和服务在从生产者向消费者转移过程中，取得这种产品和服务的所有权或帮助所有权转移的所有企业和个人。因此，分销渠道包括商人中间商（因为他们取得所有权）和代理中间商（因为他们帮助转移所有权），此外，还包括处于渠道起点和终点的生产者和最终消费者或用户。

### 2．分销渠道的构成

（1）按层次划分

商品在从生产者向消费者或用户的转移过程中，每经过一个直接或间接转移商品所有权的营销机构，就叫做一个中间层次。在商品分销过程中，经过的环节或层次越多，渠道越长；反之，渠道越短。零层渠道，也称直接分销渠道，指商品由生产者向消费者或用户转移过程中不经过任何中间环节。

（2）按宽度划分

分销渠道的宽度是指渠道中每一层次使用同类型中间商数目的多少。即同一层次的中间商越多，则分销渠道越宽；反之，越窄。

渠道宽度的选择及策划与企业的营销目标和分销战略有关。通常有三种可供选择的策略。

① 密集型分销。即尽可能通过较多的中间商销售产品，以扩大市场覆盖面或快速进入新市场，使众多的消费者和用户随时随地能够买到这些产品。

② 选择型分销。即在同一目标市场上，依据一定的标准选择少数中间商经销其产品，而不是允许所有有合作意向的中间商都参与经销。这种战略的重心是维护企业、产品的形象和声誉，建立和巩固市场地位。

③ 独家型分销。即企业在一定时间、一定地区，只选择一家批发商或零售商经销其产品。通常双方订有协议，中间商不得经营其他竞争者的产品，企业也不得向其他中间商供应其产品。这一策略的目的是控制市场，彼此得到对方更积极的配合，强化产品形象并获得较高的毛利。

**相关链接**

# 窜货

窜货（Bug Sell），也称为冲货，是经商网络中的公司分支机构或中间商受利益驱动，把所经销的产品跨区域销售，造成市场倾轧、价格混乱，严重影响厂商声誉的恶性营销现象。

造成窜货的原因：

（1）多拿回扣，抢占市场；

（2）供货商给予中间商的优惠政策不同；

（3）供应商对中间商的销货情况把握不准；

（4）辖区销货不畅，造成积压，厂家又不予退货，经销商只好拿到畅销市场销售；

（5）运输成本不同——自己提货，成本较低，有窜货空间；

（6）厂家规定的销售任务过高，迫使经销商去窜货；

（7）市场报复，目的是恶意破坏对方市场。

按照性质分类，可分为以下三类。

（1）恶性窜货：经销商为了牟取非正常利润，蓄意向非辖区倾销货物；

（2）自然性窜货：一般发生在辖区临界处或物流过程中，非供销商恶意所为；

（3）良性窜货：经销商流通性很强，货物经常流向非目标市场。

## 3．分销渠道的职能

分销渠道的职能在于它是连接生产者和消费者或用户的桥梁和纽带。企业使用分销渠道是因为在市场经济条件下，生产者和消费者或用户之间存在空间分离、时间分离、所有权分离、供需数量差异及供需品种差异等方面的矛盾。

分销渠道的主要职能有以下方面。

① 调研。调研是指收集制订计划和进行交换所必需的信息。

② 促销。促销是指进行关于所供产品的说服性沟通。

③ 接洽。接洽是指寻找潜在购买者并进行有效的沟通。

④ 配合。配合是指所供产品符合购买者的需要，包括制造、分等、装配、包装等活动。

⑤ 谈判。谈判是指为了转移所供物货的所有权，而就其价格及有关条件达成最后协议。

⑥ 物流。物流是指从事产品的运输、储存、配送。

⑦ 融资。融资是指为补偿分销成本而取得并支付相关资金。

⑧ 风险承担。风险承担是指承担与渠道工作有关的全部风险。

## 4．分销渠道的方式

企业在选择自身渠道类型时要进行一定的设计和规划，综合考虑市场、产品、企业自身、

中间商、环境等因素，可借鉴行业内标杆企业渠道设计与规划的经验，也应结合自身优势创新渠道模式。目前常见的分销渠道类型有以下几种。

① 直销——厂家直接到消费者。

② 区域代理制——按照地域、区域设置各级代理商，如区域代理（华南、华北）→省级代理→市级代理→县/镇级代理。

③ 特许经营。

④ 连锁经营。

连锁经营是一种商业组织形式和经营制度，是指经营同类商品或服务的若干个企业，以一定的形式组成一个联合体，在整体规划下进行专业化分工，并在分工基础上实施集中化管理，把独立的经营活动组合成整体的规模经营，从而实现规模效益。

连锁经营包括三种形式：直营连锁、特许加盟和自愿加盟。

直营连锁（Regular Chain，RC），是指总公司直接经营的连锁店，即由公司本部直接经营投资管理各个零售点的经营形态，此连锁形态并无加盟店的存在。总部采取纵深式的管理方式，直接下令掌管所有的零售点，零售点也毫无疑问地必须完全接受总部的指挥。直接连锁的主要任务在"渠道经营"，意思指透过经营渠道的拓展从消费者手中获取利润。因此直营连锁实际上是一种"管理产业"。

特许加盟（Franchise Chain，FC），即由拥有技术和管理经验的总部，传授加盟店各项经营的技术经验，并收取一定比例的权利金及指导费，此种契约关系即为特许加盟。特许加盟总部必须拥有一套完整有效的运作技术优势，从而转移、指导，让加盟店能很快地运作，同时从中获取利益，加盟网络才能日益壮大。因此，经营技术如何传承，是特许加盟的关键所在。

 案例

## 联通加盟项目——"联通 3G-沃店"

"联通 3G-沃店"是 2010 年年初中国联通公司与 998 商旅超市合作推出的一个 3G 创新项目。"联通 3G-沃店"集结了联通公司在 3G 领域的所有优势资源，将联通传统领域的移动电话、固话装机、无线固话、400/800 号码、IDC 业务等资源也囊括其中。同时，"联通 3G-沃店"中创新地收录了知名连锁加盟品牌"998 商旅超市"旗下领先的机票、酒店、旅游等资源，成为了 3G 领域唯一的一个商旅项目。

自愿加盟（Voluntary Chain，VC），即自愿加入连锁体系的商店。这种商店由于是原已存在，而非加盟店的开店伊始就由连锁总公司辅导创立，所以在名称上应有别于加盟店。自愿加盟体系中，商品所有权是属于加盟店所有，而运作技术及商店品牌则归总部持有。

**5. 分销渠道选择的影响因素**

（1）顾客特性

企业渠道设计受顾客人数、地理分布、购买频率、购买数量及对不同营销方式的敏感性等因素的影响。当顾客人数多、地理分布广、购买频率高、购买数量少时，生产企业适宜采取长与宽的渠道。

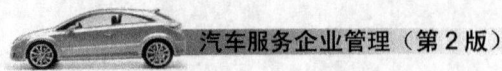

（2）产品特性

鲜活易腐产品、技术性强的产品、单位体积大或重量大的产品、单价比较高或有特色的产品易于采用比较短的分销渠道，尽量不通过中间环节。

（3）中间商的特性

由于中间商在执行运输、储存、促销等方面，以及信用条件、退货特权、人员训练和送货频率等方面都具有不同的特点和要求，也影响着分销渠道的选择。

（4）竞争特性

企业分销渠道的选择与竞争者的策略有一定关系，这和企业在竞争策略上的选择相关。

（5）企业特性

企业本身的总体规模、能力和商誉影响着渠道的选择。这涉及生产者能否控制分销渠道及中间商是否愿意承担分销的职能。企业的产品组合、过去的渠道经验和现行的市场营销政策也会影响渠道的选择。

（6）环境特性

企业分销渠道的选择，会受到宏观环境的影响。国家的政策法律、经济环境的变化都会影响企业的渠道设计。

## 2.5.4 促销策略

促销，又叫销售促进，是指通过人员或非人员的方法将企业的产品或服务信息进行传播，帮助消费者认识产品或服务带给购买者的利益，从而达到引起消费者的兴趣，激发其购买欲望，促使其采取购买行为的活动的总称。

**1．促销方式**

（1）人员推销

人员推销是一种传统的直接促销方式，在现代企业市场营销活动中，人员推销起着十分重要的作用。人员推销，是指生产企业或经营企业的销售人员，运用各种推销技巧和手段面对面地与可能购买商品的人做口头洽谈说明，以推销产品，从而达到促进或扩大销售的目的。

推销人员在人员推销活动中起着关键作用。推销人员素质和能力的高低直接关系着推销业绩的好坏，以及企业的形象。

（2）广告

广告，是指各类企业组织有计划地借助各种媒体传导方式，向消费者传播商品或服务信息的付费促销方式。

广告促销的作用主要有：传递信息、激发需求、介绍商品信息、引导正确消费。

在进行广告媒体选择时，应考虑下面的因素。

1）目标市场的媒体习惯

不同的观众通常会接触特定的媒体。有针对性地选择为广告对象所易于接收的媒体，是增强广告促销效果的有效方法。例如，对于青少年，广播、电视是最有效的广告媒体；而生产或销售玩具的企业，在把学龄前儿童作为目标沟通对象的情况下，绝不会在杂志上做广告，而只能在电视或电台上做广告。

2）产品

选择广告媒体，应当根据企业所推销的产品或服务的性质与特征而定。因为各类媒体在展示、解释、可信度、注意力与吸引力等各方面具有不同的特点。工业品与消费品，技术性能较高的复杂产品与较普通的产品，应采用不同的媒体进行广告宣传。

3）广告内容

广告媒体的选择要受广告信息内容的制约。如果广告内容是宣布明日的销售活动，报纸、电视、广播媒体最及时。而如果广告信息中有大量的技术资料，则宜登载在专业杂志上或邮寄类媒体上。

4）广告传播范围

选择广告媒体，必须将媒体所能触及的影响范围与企业所要求的信息传播范围相适应。如果企业产品是行销全国的，宜在全国性报纸或中央电视台、中央广播电台做广告。而在某一地区或城市销售的产品，则可以选择地方性报纸、电台等传播媒体。

5）成本

不同媒体所需成本也是选择广告媒体的依据因素。依据各类媒体成本选择广告媒体，最重要的不是绝对成本数字的差异，而是媒体成本与广告接收者之间的相对关系，即千人成本。比较千人成本，再考虑媒体的传播速度、传播范围、记忆率等因素之后择优确定广告媒体，可以收到较好的效果。

（3）营业推广

营业推广是为了在一个比较大的目标市场上刺激需求、扩大销售而采取的鼓励购买的各种措施。它能够在短时间内迅速扩大销量，取得显著效果。多用于一定时期、一定任务的短期的特别推销。但是营业推广是短暂的、一次性的。如果频繁使用，会使顾客对产品质量或价格产生怀疑，从而降低企业声誉。营业推广作为一种特别推销策略，有两个优点：一是刺激需求效果明显；二是所花费用较少。也有明显缺点，那就是贬低产品，甚至损害产品形象，故要慎用。方式主要有赠送样品、减价优惠或价格折扣、有奖销售、保值销售、举办展销会或现场示范表演等几种。

（4）公共关系

公共关系是指企业有计划地、持续不懈地运用沟通手段，争取内部和社会公众的信任和支持，树立企业良好形象和信誉，为自身发展创造最佳的社会关系环境所采取的一系列策略和活动。

企业采取的公共关系策略主要有以下几个。

1）宣传报道

通过各种新闻媒体和企业自有媒体传播企业信息，包括记者招待会、新闻发布会、企业年度报告、产品宣传册、人物专访等。

2）参与社会活动

企业积极参加各种社会福利活动和公益活动，如赞助体育活动、文艺活动，参加慈善救济、社会捐赠活动，帮助公共设施建设、教育事业，参与防治环境污染、维护社区安全等活动。

3）举办专题活动

企业举办各种专题活动，如企业庆典、参观访问、知识竞赛、职工联欢会、运动会、展览会、座谈会等，借以扩大企业影响，加强与外界公众的联系。

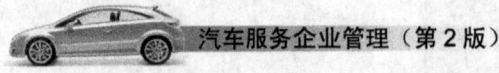

4）公关广告

公关广告不同于产品广告。产品广告是用于推销产品的；公关广告是塑造企业形象的广告，如公益广告、鸣谢广告等。进行公关广告活动有利于增进社会各界对企业的了解，进一步融洽相互关系，扩大企业的社会影响力。

**2. 汽车4S店的促销策略**

（1）选择促销活动的时机

汽车4S店举办促销活动不能盲目跟从，要选择合适的促销时机，一般包括：

① 来店/电客户数量明显下降时；

② 汽车4S店销量明显下降时；

③ 新车上市，导入市场的速度必须加快时；

④ 库存车辆太多时；

⑤ 某一地区或特定时期市场竞争特别激烈时；

⑥ 配合加强推广宣传力度时。

（2）确定促销目标

适当的促销时机一旦确定，促销的目标就显而易见了，促销的目标包括以下内容：

① 提升品牌及汽车4S店的知名度；

② 增加销量；

③ 诱使竞争品牌的客户转向购买公司品牌；

④ 强化巩固保有客户；

⑤ 吸引客户试乘试驾。

（3）选择促销方式

汽车4S店的促销活动可以分为4类，展厅店头活动、厅外展示活动、专项试乘试驾活动、汽车展会。可以根据不同类型促销活动的效果结合实际的促销目标，选择促销方式。

① 展厅店头活动，包括以下几方面。

节庆车展，如新车上市、经销商周年庆、重要节假日等。

特色车展，如儿童汽车拼图绘画展、车辆装饰比赛等。

客户活动，如车主安全、维修讲座、车主家庭联欢活动、竞赛抽奖活动、公益活动等。

② 厅外展示活动，包括以下几方面。

定点展示，如商场展示、小区展示、景点展示、乡镇巡回展示等。

动态展示，如车主自驾游、婚礼车队、厅外试乘试驾活动等。

③ 专项试乘试驾活动。

④ 汽车展会。

（4）制定具体的促销方案

促销方案具体包括以下内容：促销活动的主题、目标客户群、活动时间和地点、活动内容和方式、广宣配合方式、内部人员的合理分工、费用预算及效益评估。

（5）促销活动的前期准备、执行和现场管理工作

（6）促销活动的后续跟踪和评价

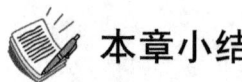 **本章小结**

在管理实践中，计划是其他管理职能的前提和基础。一份完整计划的内容可以概括为 5W+1H。即 Why（为什么做此计划，原因是什么）、What（做什么，确定目标）、Where（何地做，在哪实施计划）、When（什么时候做）、Who（谁来做）、How（怎么做，方式、方法）等六个方面。

目标管理是以泰勒的科学管理和行为科学管理理论为基础形成的一套管理制度，制定目标有一个"黄金准则"—— SMART 原则，明确性、衡量性、可接受性、实际性和时限性。

市场调查就是指运用科学的方法，有目的地、系统地搜集、记录、整理有关市场营销信息和资料，分析市场情况，了解市场的现状及其发展趋势，为市场预测和营销决策提供客观的、正确的资料的活动。

企业的选址决策，是企业经营过程中需要面对的主要问题。汽车服务企业的选址主要包含商圈调查、确定营业点的位置类型、选择汽车服务企业位置的备选方案、评价可供选择的店址方案和确定最终位置五个步骤。

每个顾客的需求存在差异性，作为一个企业不可能提供所有类型的产品（服务）满足所有顾客的不同需求，作为一个企业，只需要选择其中一块或几块"蛋糕"作为自己的目标市场，集中精力满足这一细分市场上消费者的需求。并为企业产品塑造与众不同的、给人印象鲜明的形象，并将这种形象生动地传递给顾客，从而使该产品在市场上确定适当的位置。

确定了在市场上的位置后，企业要制定相应的市场营销策略，以满足消费者的需求。市场营销策略有产品（Product）、价格（Price）、渠道（Place）、促销（Promotion）策略。

# 第3章 汽车服务企业人力资源管理

 **学习目标**

1. 了解人力资源的特征和人力资源管理的作用，以及薪酬制度和考核方法的分类；
2. 理解人力资源管理和工作分析的含义，以及人力资源规划与其他人力资源职能的关系；
3. 掌握工作分析的内容、员工招聘的方法。

人力资源是一切资源中最为宝贵的资源，是第一资源。当今世界，几乎每个企业、组织、地区、国家，都把人力资源战略作为最高战略，人力资源战略是一切战略的制高点。人力资源开发与管理在现代管理中起着重要作用，以人为中心的管理成为现代管理的共同发展趋势。

## 3.1 人力资源管理概述

### 3.1.1 人力资源的含义

人力资源，又称劳动力资源或劳动力，是指能够推动整个经济和社会发展、具有劳动能力的人口总和。人力资源的最基本方面，包括体力和智力。如果从现实的应用形态来看，则包括体质、智力、知识和技能四个方面。具有劳动能力的人，不是泛指一切具有一定的脑力和体力的人，而是指能独立参加社会劳动、推动整个经济和社会发展的人。所以，人力资源既包括劳动年龄内具有劳动能力的人口，也包括劳动年龄外参加社会劳动的人口。具体来说，指在一定区域范围内具有智力劳动和体力劳动的人的总和。对一个组织而言，人力资源是指在生产过程中投入的具有劳动能力的人的总量。人力资源的质量是人力资源所具有的体质、智力、知识和技能的水平及劳动者的劳动态度等。

尽管我国人力资源数量巨大，但总体素质比较低。据初步统计，我国每百万人口中科技人员仅相当于发达国家的 3%，每百万人口中在校大学生数仅是发达国家 20 世纪 70 年代平均水平的 3%～4%。我国人力资源的利用率更低，仅为发达国家的 1%～2%。我国有 1 亿多人是文盲或半文盲；全国人口平均受教育水平刚刚是小学毕业；尽管我国有近 3000 万专业技术人员，但是他们只占全国人口总数的 2.3%，与发达国家的 10%～20%还有很大差距。我国的专业技术人员普遍存在知识老化、缺乏创新意识和思维的情况，高级管理人才和高新技术人才严重短缺，对人力资源的资本投资低于世界平均水平。

### 3.1.2 人力资源的特征

#### 1. 自有性

人力资源属于人自身所有，具有不可剥夺性。虽然在从事雇佣劳动中，人力资源会阶段性地被雇主所使用，但劳动者仍拥有其终极所有权，这是区别于其他任何资源的根本特征。

### 2．再生性

从劳动者个体来说，他的劳动能力在劳动过程中消耗之后，通过适当的休息和补充需要的营养物质，劳动能力又会再生产出来；从劳动者的总体来看，随着人类的不断繁衍，劳动者又会不断地再生产出来。因此，人力资源是取之不尽用之不竭的资源。

### 3．时效性

人力资源的形成、开发、配置、使用和培训均与人的生命周期有关。作为人力资源的劳动能力只存在于劳动者个体的生命周期之中。一般来说，人在 16 岁之前，是其劳动力形成的过程，还不是现实的劳动能力；16 岁之后才能形成现实的劳动能力，并一直保持到 60 岁左右；60 之后，人的劳动能力进入衰退期；一旦死亡，其劳动能力也跟着消亡。因此，开发和利用人力资源要讲究及时性，以免造成浪费。

### 4．创造性

人力资源区别于其他资源的最本质特征在于是"有意识的"。通过其智力活动，具有巨大的创造力，不仅丰富了人们的生产和生活资料，而且不断增强着人自身的能力。人力资源的这种创造性特征，从社会角度，要求给予科学的制度安排和制度创新来调动人的积极性和有效地配置资源；从企业角度，要求给予恰当的激励以提高人力资源的使用效益；从个人角度，要求增加智力投资，选择最适合自己的专业，以使人力资本投资收益最大化。

### 5．能动性

劳动者总是有目的、有计划地运用自己的劳动能力。有目的地活动，是人类劳动与其他动物本能活动的根本区别。劳动者按照在劳动过程开始之前已确定的目的，积极、主动、创造性地进行活动。

### 6．增值性

人力资源的再生产过程是一种增值的过程。从劳动者的数量来看，随着人口的不断增多，劳动者人数会不断增多，从而增大人力资源总量；从劳动者个人来看，随着教育的普及和提高，科技的进步和劳动实践经验的积累，其劳动能力会不断提高，从而增大人力资源存量。

## 3.1.3　人力资源管理

### 1．人力资源管理的定义

人力资源管理是指一个组织为了实现目标、提高效率，运用心理学、社会学、管理学和人类学等相关的科学知识和原理，对组织中的人力资源进行规划、培训、选拔录用、考核激励的计划、组织、控制和协调的活动过程。

人力资源管理的任务即根据企业发展战略的要求，通过有计划地对人力资源进行合理配置，搞好企业员工的培训和人力资源的开发，采取各种措施，激发企业员工的积极性，充分发挥他们的潜能，做到人尽其才，才尽其用，更好地促进生产效率、工作效率和经济效益的提高，进而推动整个企业各项工作的开展，以确保企业战略目标的实现。

### 2．人力资源管理的职能

人力资源管理的职能，如图 3-1 所示。

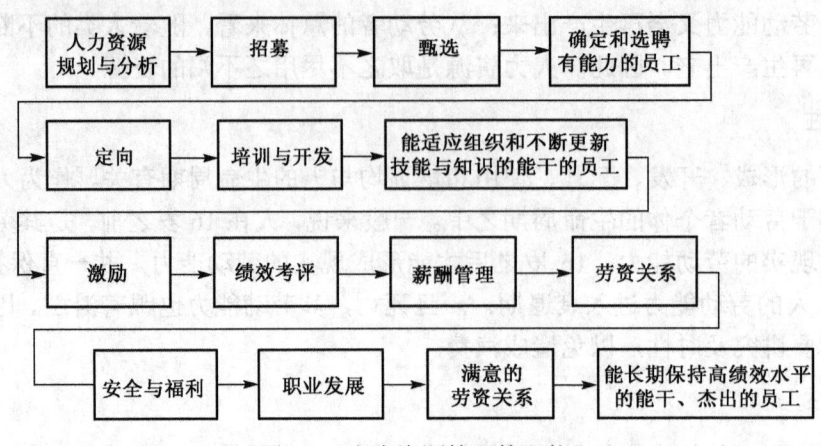

图 3-1　人力资源管理的职能

### 3．现代人力资源管理的意义

在人类所拥有的一切资源中，人力资源是第一宝贵的，自然成了现代管理的核心。不断提高人力资源开发与管理的水平，不仅是当前发展经济、提高市场竞争力的需要，也是一个国家、一个民族、一个地区、一个单位长期兴旺发达的重要保证，更是一个现代人充分开发自身潜能、适应社会、改造社会的重要措施。人力资源管理的主要意义有如下几点。

① 通过合理的管理，实现人力资源的精干和高效，取得最大的使用价值。并且使人的使用价值达到最大，使人的有效技能、才能最大地发挥。

② 通过采取一定措施，充分调动广大员工的积极性和创造性，也就是最大程度地发挥人的主观能动性。调查发现：按时计酬的员工每天只需发挥自己 20%～30%的能力，就足以保住个人的饭碗；但若充分调动其积极性、创造性，其潜力可发挥出 80%～90%。

③ 培养全面发展的人。人类社会的发展，无论是经济的、政治的、军事的、文化的发展，最终目的都要落实到人——一切为了人本身的发展。目前，教育和培训在人力资源开发和管理中的地位越来越高。马克思指出，教育不仅是提高社会生产的一种方法，而且是造就全面发展的人的唯一方法。

## 3.2　人力资源规划与工作分析

### 3.2.1　人力资源规划

#### 1．人力资源规划的含义

人力资源规划，是指一个国家或组织科学地预测、分析自己在变化环境中的人力资源的供给和需求情况，制定必要的政策和措施以确保自身在需要的时间和需要的岗位上获得各种需要的人才（包括数量和质量两个方面），并使组织和个体得到长期利益的过程。即通过合理地分析和预测组织所处的动态环境系统，以及组织自身的优势和不足，实现组织在恰当的时间、恰当的岗位上获得恰当人选的一个动态过程。

人力资源总体规划包括：预测的需求和供给分别是多少，做出这些预测的依据是什么，供给和需求的比较结果是什么，企业平衡供需的指导原则和总体政策是什么，等等。

人力资源业务规划包括人员补充计划、人员配置计划、人员接替和提升计划、人员培训开发计划、工资激励计划、员工关系计划和退休解聘计划等内容。

#### 2．人力资源规划的作用

人力资源规划是人力资源管理工作的一个重要职能，也是人力资源管理工作的基础。人力资源规划的作用体现在以下方面。

① 使组织及时了解由于企业经营活动变化而导致的人力资源管理方面的变化。

② 使组织能够预见未来人力资源不足或过剩的潜在问题。

③ 有助于组织获得并且留住能满足企业需要的具有一定知识、能力和经验的人力资源。

④ 使组织充分有效地利用人力资源。

⑤ 为开发培训提供信息，使员工能够适应不断变化的环境需要。

人力资源规划使组织稳定地拥有一定质量和必要数量的人力资源，并且使得组织的人员需求量和人员拥有量在组织未来的发展过程中相互匹配。

### 3.2.2　工作分析

我们已经知道，人力资源管理是对人进行的管理，在组织内部这种管理并不是抽象的，总是以组织所承担或所从事的活动为基础来进行的，而一个组织所进行的活动最终都要落实在具体的职位上，表现为职位所对应的工作。因此，为了更好地进行人力资源管理，首先必须对组织内部各个职位的工作活动进行充分的了解，而这正是工作分析所要完成的任务。

#### 1．工作分析的含义

工作分析（Job Analysis），也可以叫做职位分析、岗位分析，是指了解组织内的一种职位并以一种格式把与这种职位有关的信息描述出来，从而使其他人能了解这种职位的过程。具体来说，工作分析就是要为管理活动提供与工作有关的各种信息，这些信息可以用 6 个 W 和 1 个 H 加以概括：Who，谁来完成这些工作；What，这一职位具体的工作内容是什么；When，工作的时间安排是什么；Where，这些工作在哪里进行；Why，从事这些工作的目的是什么；for Who，这些工作的服务对象是谁；How，如何来进行这些工作。

通过工作分析，可以解决以下两个主要的问题。

①"某一职位是做什么事情的？"这一问题与职位上的工作活动有关，包括职位的名称、工作的职责、工作的要求、工作的场所、工作的时间及工作的条件等一系列内容。

②"什么样的人来做这些事情最适合？"这一问题则与从事该职位的人的资格有关，包括专业、年龄、必要的知识和能力、必备的证书、工作的经历及心理要求等内容。

#### 2．工作分析的作用和意义

工作分析是人力资源管理的一项基础性工作，在整个人力资源管理系统中占有非常重要的地位，发挥着非常重要的作用。

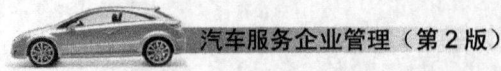 

（1）为其他人力资源管理活动提供依据

工作分析为人力资源管理提供了一个平台，人力资源管理的其他所有职能活动应当说都是在此基础上进行的。

① 工作分析为人力资源规划提供了必要的信息。

② 工作分析为人员的招聘录用提供了明确的标准。

③ 工作分析为人员的培训开发提供了明确的依据。

④ 工作分析为制定公平合理的薪酬政策奠定了基础。

（2）对企业的管理具有一定的溢出效应

工作分析除了对人力资源管理本身具有重要的意义之外，还对企业的整体管理具有一定的帮助。通过工作分析，有助于员工本人反省和审查自己的工作内容和工作行为，以帮助员工自觉主动地寻找工作中存在的问题并且圆满地实现职位对于企业的贡献。在工作分析过程中，企业人力资源管理人员能够充分地了解企业经营的各个重要业务环节和业务流程，从而有助于公司的人力资源管理职能真正上升到战略地位。借助于工作分析，企业的最高经营管理层能够充分了解每个工作岗位上的人目前所做的工作，可以发现职位之间的职责交叉和职责空缺现象。从而通过职位的及时调整，提高企业的协同效应。

3．工作说明书

进行工作岗位分析的最后工作成果就是形成工作说明书。工作说明书是指用书面形式对企业各类岗位在工作性质、任务、责任、权限、工作内容和方法及本岗位人员的资格条件等方面所做的统一要求，包括任职资格描述和工作描述两部分。

（1）任职资格描述

任职资格描述又称岗位规范或工作规范，是指说明从事某项工作的人员必须具备的生理要求和心理要求，具体包括以下内容。

① 一般要求，如年龄、性别、学历、工作经验等。

② 生理要求，如健康状况、力量与体力、运动的灵活性、感觉器官的灵敏度等。

③ 心理要求，包括观察力、记忆力、理解力、学习能力、解决问题的能力、领导能力、创造力、数学计算能力、语言表达能力、决策能力、性格气质兴趣爱好、上进心、合作精神等。

**相关链接**

## 汽车销售顾问任职要求

1．大专以上学历。

2．良好的语言沟通能力，富有亲和力。

3．形象气质好，性情开朗，积极主动。

4．具有良好的团队协作能力和敬业精神。

5．有驾照。

## 汽车 4S 店前台接待岗位要求

1．中文、英语、旅游管理、信息管理、文秘、办公自动化专业毕业。

2．大专学历或以上，女生，身高 162cm 以上。

3. 具有亲和力及服务意识，普通话标准。

4. 端庄大方，细致耐心，热情、积极，熟悉办公软件操作。

（2）工作描述

工作描述，又称岗位说明或描述、职位（务）描述等，是指用书面形式对组织中各类岗位的工作性质、工作任务、工作职责与工作环境等所做的统一要求，包括的内容有以下方面。

① 职务名称，包括职务名称或职务代码，以便对各种工作进行识别、登记、分类和确定组织内外的各种关系。

② 工作活动和程序包括要完成的工作任务、工作责任、使用的原材料和机器设备、工作流程、与其他人的正式工作关系、接受监督和进行监督的性质和任务。

③ 工作环境，包括工作的物理环境（湿度、温度、照明度、噪音、振动、异味、粉尘、油渍等及工作人员每日与之接触的时间）、安全环境和社会环境（所在地生活的方便程度、工作环境的孤独程度、部门间关系、同事间关系）。

④ 聘用条件，包括工作时数、工资结构、支付工资的方法、福利待遇、该职务在组织中的正式位置、晋升机会、工作的季节性、进修机会等。

⑤ 职务联系，说明任职者与组织内外其他人的联系情况。

**相关链接**

## 汽车销售顾问岗位职责

1. 执行汽车的销售流程。

2. 向顾客演示汽车产品和服务，包括试乘、试驾。

3. 消除顾客的疑虑与抗拒，专业地处理顾客投诉。

4. 维持与顾客的良好关系，并及时更新顾客资料。

5. 通过追踪潜在顾客，取得顾客名单，促进销售。

6. 确保展厅和展车整洁，参与制订销售活动计划、市场开发计划、促销计划。

7. 了解竞争产品和价格及汽车市场的信息。

## 汽车 4S 店前台接待岗位职责

1. 负责公司电话的接听、转接。

2. 负责客户接待工作。

3. 负责客户休息室、儿童游园等区域的卫生管理等工作。

4. 负责文件的打印、整理，办公设备的管理。

**4．职务分析的方法**

（1）观察法

观察法是指职位分析人员通过对员工正常工作的状态进行观察，获取工作信息，并通过对信息进行比较、分析、汇总等方式，得出职位分析成果的方法。观察法适用于体力工作者和事务性工作者，如搬运员、操作员、文秘等职位。

由于不同的观察对象的工作周期和工作突发性所有不同。所以观察法具体可分为直接观察法、阶段观察法和工作表演法。

1）直接观察法

职位分析人员直接对员工工作的全过程进行观察。直接观察适用于工作周期很短的职位。如保洁员，他的工作基本上是以一天为一个周期，职位分析人员可以一整天跟随着保洁员进行直接工作观察。

2）阶段观察法

有些员工的工作具有较长的周期性，为了能完整地观察到员工的所有工作，必须分阶段进行观察。比如，行政文员，他需要在每年年终时筹备企业总结表彰大会。职位分析人员就必须在年终时再对该职位进行观察。有时由于阶段跨度太长，职位分析工作无法拖延很长时间，这时采用"工作表演法"更为合适。

3）工作表演法

对于工作周期很长和突发性事件较多的工作比较适合。如保安工作，除了有正常的工作程序以外，还有很多突发事件需要处理，如盘问可疑人员等，职位分析人员可以让保安人员表演盘问的过程，来进行该项工作的观察。

（2）问卷调查法

职位分析人员首先要拟订一套切实可行、内容丰富的问卷，然后由员工进行填写。问卷法适用于脑力工作者、管理工作者或工作不确定因素很大的员工，如软件设计人员、行政经理等。问卷法比观察法更便于统计和分析。要注意的是，调查问卷的设计直接关系着问卷调查的成败，所以问卷一定要设计得完整、科学、合理。

（3）面谈法

面谈法也称采访法，是通过职位分析人员与员工面对面的谈话来收集职位信息资料的方法。在面谈之前，职位分析人员应该准备好面谈问题提纲，一般在面谈时能够按照预定的计划进行。面谈法对职位分析人员的语言表达能力和逻辑思维能力有较高的要求。面谈法适合于脑力职位者，如开发人员、设计人员、高层管理人员等。

（4）参与法

参与法也称职位实践法。顾名思义，就是职位分析人员直接参与到员工的工作中去，扮演员工的工作角色，体会其中的工作信息。参与法适用于专业性不是很强的职位。参与法与观察法、问卷法相比较，获得的信息更加准确。要注意的是，职位分析人员需要真正地参与到工作中去，去体会工作，而不是仅仅模仿一些工作行为。

（5）典型事件法

如果员工太多，或者职位工作内容过于繁杂，应该挑具有代表性的员工和典型的时间进行观察，从而提高职位分析的效率。

（6）工作日志法

工作日志法是由员工本人自行进行的一种职位分析方法。事先应该由职位分析人员设计好详细的工作日志单，让员工按照要求及时地填写职位内容，从而收集工作信息。工作日志法最大的问题是工作日志内容的真实性。

上述这些职位分析方法既可单独使用，也可结合使用。由于每个方法都有自身的优点和缺点，所以每个企业应该根据本企业的具体情况进行选择。最终的目的是一致的，就是为了得到尽可能详尽、真实的职位信息。表 3-1 所示为奇瑞汽车公司工作说明书，请参考。

表 3-1　奇瑞汽车公司工作说明书

| CHERY | 岗 位 说 明 书 | | | 奇瑞汽车公司 |
|---|---|---|---|---|
| 岗位名称 | 维修电工 | 隶属部门 | 设备部/涂装设备科 | |
| 岗位编码 | / | 岗位类型 | 技术工人 | 岗位序列 | 技术工人 |
| 直接上级 | 班组长 | 岗位层级 | / | 生效日期 | / |

目的（岗位存在的理由、限制条件和目标）：
　　为了保障设备正常生产，在班组长的领导下，在动力员的指导下，按计划对责任内电气设备进行检查、检修，解决电气设备的突发故障。

| 工作关系 | 对内 | 上游 | 动力员、工段长、涂装设备科科长、设备管理科科长、设备部部长 |
| | | 下游 | 车间设备操作工 |
| | 对外 | 上游 | / |
| | | 下游 | / |

岗位工作职责：

| 主 要 职 责 | 衡量标准 |
|---|---|
| 1. 设备计划维修<br>　　为了保证设备的正常使用，对责任内生产线电气设备进行检查、维修工作，完成电气设备的巡检计划和检修计划，并按巡检计划和检修计划做好电气部分问题的诊断、维修与记录；协助维修钳工对设备机械故障进行维修 | 计划完成率 |
| 2. 日常巡检<br>　　为了保证设备正常运转，深入生产现场，处理各种电气设备的突发故障，降低责任内停机台时及设备原因造成的报废 | 设备停台指标 |
| 3. 设备质量记录<br>　　为了确保设备部设备维修工作的规范、安全、高效，详细记录设备运行状态，对各种维修过程进行详细记录；根据设备的运行状态提出对设备的维修、改进建议 | 工作改进/改善情况 |
| 4. 设备保养<br>　　为了提高设备的使用寿命，做好责任内电气设备的清洁、润滑等保养工作；保管好相应的工具、附件；配合动力员进行设备改进、改造，符合工艺；指导车间操作工进行设备一级保养工作，配合动力员进行培训 | 设备清洁度 |
| 5. 设备安全管理工作<br>　　为了保证设备的安全运转，对电气设备、电气线路的安全进行检查、测温、拧紧工作，对电气安全隐患及时整改。并根据设备的安全状态提出对设备改进的建议 | 电气安全隐患暴光及一次整改率 |
| 6. 现场 5S 工作<br>　　严格执行现场 "5S" 的各项具体要求 | 现场 "5S" 标准 |
| 7. 指导性文件的执行与落实<br>　　严格遵守各项操作规程和各项规章制度，不违章作业，拒绝违章指挥，指导、检查操作工按照操作规程操作设备 | 及时完成 |
| 8. 其他<br>　　服从领导，完成领导交给的其他工作，遇到问题向上级汇报 | 及时完成 |

| 公司批准/日期： | 人力资源部/日期： |
|---|---|
| 部门审核/日期： | 撰写人/日期： |

# 3.3　汽车服务企业员工招聘与培训

## 3.3.1　员工招聘

### 1. 人员招聘的含义

　　招聘，即人员招聘的简称，也称为招募、招收、招雇。招聘包括招募、选拔、录用、评估等一系列活动。招募是组织为了吸引更多更好的候选人来应聘而进行的若干活动，主要包括招聘计划的制订与审批、招聘信息的发布、应聘者申请等。选拔也称为选择、挑选、筛选、甄选、遴选，是组织从"人-事"两个方面出发，挑选出最合适的人来担当某一职位，包括资格审查、初选、面试、体检、人员甄选等环节。而录用主要涉及员工的初始安置、试用、正式录用。评估则是对招聘活动的效益与录用人员质量的评估。

### 2．人员招聘的方法

传统上，人们会认为招聘都是对外的，但是企业内部人员的调配、擢升，以及储备人才的培育，都属于人员的招聘。并且，越来越多的企业开始重视从内部招聘人员。内部招聘和外部招聘对于企业来说，各有利弊，二者基本上是互补的。内部招聘的优点：员工熟悉企业；招聘和训练成本较低；提高现职员工士气和工作意愿；成功机会率与能否有效地评估员工能力和技术有必然关系。内部招聘的缺点：导致员工为争取晋升尔虞我诈；员工来源狭小；员工不获晋升可能会士气低落。外部招聘的优点：引入新意念和方法；员工在企业新上任，凡事可从头开始；引入企业没有的知识和技术。外部招聘的缺点：新聘员工需要适应企业环境；降低现职员工的士气和投入感；新旧员工之间有相互适应期。

 **案例**

## 内部招聘还是外部招聘

美国通用电气公司的领导人选拔过程于19世纪早期形成，选拔继任者成为通用领导者的一种习惯与责任。杰克·韦尔奇提前9年开始选择接班人，他的前任琼斯提前7年（自1974年始）开始选拔候选人。琼斯和他的高层人力资源小组密切配合，花了两年时间把96个可能人选减少到6人，其中包括杰克·韦尔奇。为了测验这6个人的能力，琼斯任命每个人都担任"部门经理"，直接接受CEO办公室的领导。随后的三年里让每个候选人经历各种严格的挑战，杰克·韦尔奇最终赢得了这场严酷的耐力竞赛。这种严格的、马拉松式的领导人选拔制度是保证通用电气不衰的重要法宝，也是任何外部选拔机制不可比拟的。

菲利浦高层变革开始于20世纪90年代初，在飞利浦公司处于危难之际走马上任的迪默，尽管他本人是通过内部晋升走上CEO位置的，但为了改变当时的组织文化，形成创新、参与的组织气氛，他对高级管理层进行了大幅的人事改革，直接从企业外部进行招聘。到1994年中期，原来的高层管理者只留下4名，而且14名高层管理者只有5名是荷兰人。到1993年年底，飞利浦公司的财务状况得到了根本性好转。

下面具体介绍内部和外部招聘的方法。

（1）内部招聘方法

查阅人事档案资料；发布工作公告，内容包括空缺岗位名称、工作说明、工作时间、支付待遇、所需任职人员的资格条件等；执行晋升规划。

（2）外部招聘方法

① 刊登广告，是企业从外部招聘人员最常用的方法。平时生活中，我们可以看到许多这样的广告，如报纸上的就业版、校园的广告栏、专门的人才招聘网站等。

② 就业服务机构，在国外有三种类型：政府部门经营的职业介绍单位、非营利性组织成

立的职业介绍单位、私人经营的职业介绍所。就业服务机构服务的优点是能提供经过筛选的现成人才给企业，从而减少企业的招募和甄选的时间。但是在实践上，由就业服务机构提供的应征者往往不符合工作岗位的资格要求，继而造成高流动率或效率低下等现象。

③ 猎头公司，是主管招募的顾问公司的俗称。他们具有"挖墙角儿"专长，特别擅长接触那些正在工作而且还没有流动意向的人才，为用人单位节约不少广告征求和筛选大批应征者所花费的费用和时间。但存在猎头公司收费昂贵、猎头公司开展完整的搜寻工作的能力有限、猎头公司的工作人员能力有限等相关问题。

④ 校园招聘，属于现场招聘的一种。校园招聘是面向未来、以人才储备为目的的招聘渠道。现在许多企业越来越重视这种招聘形式。它有许多社会招聘所不具有的优势，如学生的可塑性强、候选人专业多样化、有利于企业的自身宣传等。

⑤ 推荐和自荐，可以节约招募人才的广告费和就业服务机构的费用，而且还可以获得较高水平的应征者，所以企业应鼓励自己的职工推荐人才。自荐一般用于大中专学校的毕业生和计件工人等人员的招募。

⑥ 网络招聘，随着互联网的高速发展，逐渐成为企业招聘的重要手段。几乎每个企业都有自己的网站，同时，社会上也有许多专业的招聘网站，如中华英才网、智联招聘等。通过专业的招聘网站进行网络招聘是一种低成本、高效率的招聘方法，可以将信息以最快的速度传播出去，吸引到众多的求职者的关注。

**3．人员甄选的原则**

（1）因事择人的原则

企业的招聘应根据企业的人力资源规划和工作说明书进行。人力资源规划决定了未来一段时间内需要招聘的部门、职位、数量、时限、类型等；工作说明书为空缺职位提供了详细的人员录用资格标准，同时也为应聘者提供了该工作的详细信息；它们是人员招聘的主要依据。

（2）公开、公正、公平的原则

人员招聘首先必须公开，必须遵守国家有关法律法规和政策，公开招聘信息、招聘方法。一方面将录用工作置于公开监督之下，以防止不正之风，杜绝任何以权谋私、假公济私和任人唯亲的现象；另一方面，可吸引大批应聘者。其次，在人员招聘过程中，要努力做到公平公正，以严格的标准、科学的方法，对候选人进行全面考核，公开考核结果，择优录取。要真正体现公正与公平，还要消除就业歧视的思想和做法。

（3）人事相宜的原则

在选出人员时，要做到人事相宜，必须根据企业的人力资源规划的用人需求及工作分析得出的任职资格要求，运用科学的招聘方法和程序开展员工招聘，并坚持能岗匹配和群体相容的原则。即根据企业中各个职务岗位的性质选聘相关的人员，而且要求工作群体内部保持较高的相容度，形成群体成员之间心理素质、能力、技能的互补关系，产生群体优势。

（4）效率优先的原则

不管组织采用何种方法招聘，都是要支付费用的，这就是雇用成本。雇用成本主要包括招聘广告的费用，对应聘者进行审查、评价和考核的费用等。一个好的招聘系统，表现在效益上就是用最少的雇用成本招聘到适合职位的最佳人选的过程，符合效率优先原则。

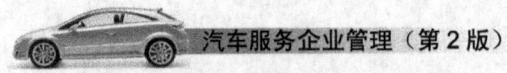

（5）内部优先的原则

当企业中的工作出现空缺时，应当首先考虑提拔或调动原有的内部职工。如果从外部招聘员工担任现有工作，往往会引起很多不满情绪。优先从内部招聘员工，便于他们利用自己的经验迅速适应工作，开拓新局面，这种做法的好处在于既可以降低招聘成本，又调动了内部员工的积极性。同时，当我们注意到外部招聘与内部招聘的缺点时，又需要对一些部门做到内外兼顾。

**4. 人员甄选的方法与程序**

（1）人员甄选的方法

1）心理测验

在员工招聘过程中，心理测验的内容主要有成就测验、倾向测验、智力测验、人格测验和能力测验。

成就测验适用于对专业管理人员、科技人员和熟练工人某一方面实际能力的测验。

倾向测验指测验一个人的潜在能力，即可能的发展前景或可能具有的能量。倾向测验的目的，是测量一个人如果经过适当训练，能否成功地掌握某项工作技能。

智力测验是对一个人受智力水平影响而表现出的外在行为的测验。智力测验主要用来测验一个人的思维能力、学习能力和适应环境的能力。

人格测验主要是对人的体格与生理特质、气质、能力、动机、兴趣、价值观与社会态度等的测验。

能力测验是指企业为了测验求职者某方面的能力，而有针对性地设计和实施的测验方案。

2）知识考试

知识考试简称笔试，主要是用来测试应聘者的基本知识、基本技能等的一种测试方法。通常来说，对知识的测试有两个方面，即一般知识和能力与专业知识和能力。一般知识与能力包括个人的社会文化知识、智商、语言理解能力、数值才能、推理能力、理解速度和记忆能力等；专业知识和能力是与应聘岗位相关的知识和能力，如财务会计知识、管理知识、人际关系能力、观察能力等。

3）情景模拟考试

情景模拟考试是指根据求职者可能进入的职位，编制一套与该职位实际工作相似的测试项目，将求职者安排在模拟的、逼真的工作环境中，要求求职者处理可能出现的各种问题，用多种方法来测评其心理素质、潜在能力的一系列方法。情景模拟主要测试的内容是公文处理、角色扮演和即席发言等。由于情景模拟设计比较复杂，准备工作时间长，费用比较高，正确度比较高，因此往往在招聘高级主管人员或特殊人才时运用。

4）面试

面试又称面试测评或专家面试，是一种要求求职者用口头语言来回答主试者的提问，以便了解应聘者心理素质和潜在能力的测评方法。面试是员工招聘中常用的一种方法。面试的方式包括很多种，按面试者人数分为一对一面试、多对一面试、一对多面试。按考察方式分为结构化面试、非结构化面试、情景面试、无领导小组面试等。

5）背景检验法

通过了解应聘者的过去而推断应聘者未来表现的一种甄选方法。实际上许多企业都要求应聘者在提供申请材料的时候同时附上有关推荐人的信息，包括联系人的姓名、地址等。

6）笔迹学法

笔迹能够显示一个人的潜力和能力，通过字迹的大小、倾斜度、页面安排、字体宽度和书写力度来预测一个人的潜力与能力。

7）申请表信息分析法

申请表通常都是由组织专门设计的，申请表的筛选方法与个人简历的筛选方法基本相同，不同的地方主要有三点。第一，要根据申请表准确判断应聘者的态度。第二，通过申请表重点考查应聘者的工作经历。第三，要标明申请表中的可疑之处，对个人简历或申请表中不明确的地方，应该明确标示出来，在面试时可以进一步核实。

（2）人员甄选的程序

接见应聘者→填写岗位申请表→初步面谈（面试）→测验→深入面谈（面试）→审查背景和资格→有关主管决定录用→体检安置→试用和正式录用。

## 3.3.2　员工培训

### 1. 员工培训的含义

员工培训是指组织为开展业务及培育人才的需要，采用各种方式对员工进行有目的、有计划的培养和训练的管理活动，其目标是使员工不断地更新知识、开拓技能，改进员工的动机、态度和行为，以更好地胜任现职工作或担负更高级别的职务，从而促进组织效率的提高和组织目标的实现。

 案例

#### 丰田公司员工培训的三大主要目标

首先，公司把培养具有独立思考信念作为人才培养的首要目标，并把研究与创造精神贯穿于企业活动的各个方面，提出了"一流的产品，一流的信念"的口号。公司内流传着"思考五次"这样一句话，即某一问题发生时，不仅要着眼于采取表现对策，还要提出"何故如此"的疑问，寻求真正的原因。针对原因采取实质性的对策，有效地防止问题的再发生。

其次，造就有朝气、有作为的人。公司将培训立足于企业的实际需要，并着眼于企业的未来发展，坚持培养和造就充满活力的企业素质。

第三，培养企业人的意识。即注重把培养员工热爱本企业的情感贯穿在培训中。

总之，通过培训提高员工的工作能力，并使这些能力真正得到发挥，是丰田公司最根本的目标。

### 2. 员工培训的意义

有效的企业培训，是提升企业综合竞争力的过程。事实上，培训的效果并不取决于受训者个人，恰恰相反，企业组织本身作为一个有机体的状态，起着非常关键的作用。良好的培训对企业有以下四点好处。

① 培训能增强员工对企业的归属感和主人翁责任感。就企业而言，对员工培训得越充分，对员工越具有吸引力，越能发挥人力资源的高增值性，从而为企业创造更多的效益。

② 培训能促进企业与员工、管理层与员工层的双向沟通，增强企业向心力和凝聚力，塑造优秀的企业文化。

③ 培训能提高员工综合素质，提高生产效率和服务水平，树立企业良好形象，增强企业的赢利能力。在对美国大型制造业公司的分析中，摩托罗拉公司每1美元培训费可以在3年以内实现40美元的生产效益。摩托罗拉公司认为，素质良好的公司雇员们已通过技术革新和节约操作为公司创造了40亿美元的财富。

④ 适应市场变化、增强竞争优势，培养企业的后备力量，保持企业永继经营的生命力。美国的一项研究资料表明，企业技术创新的最佳投资比例是5:5，即"人本投资"和硬件投资各占50%。

### 3. 培训与开发的原则

为了保证培训与开发的方向不偏离组织预定的目标，企业必须制定培训与开发的基本原则，并以此为指导，具体包括以下几个方面。

**（1）战略原则**

企业必须将员工的培训与开发放在战略的高度来认识。员工培训有的能立竿见影，很快会反映到员工工作绩效上；有的可能在若干年后才能收到明显的效果，尤其是对管理人员的培训。因此企业必须树立战略观念，根据企业发展目标及战略制订培训规划，使培训与企业的长远发展紧密结合。

**（2）学以致用原则**

员工培训应当有明确的针对性，从实际工作的需要出发与职位特点紧密结合，与培训对象的年龄、知识结构、能力结构、思想状况紧密结合，目的在于通过培训让员工掌握必要的技能以完成规定的工作，最终为提高企业的经济效益服务。只有这样培训才能收到实效，才能提高工作效率。

**（3）知识技能培训与企业文化培训兼顾的原则**

培训与开发的内容，除了文化知识、专业知识、专业技能的培训内容外，还应包括理想、信念、价值观、道德观等方面的培训内容。而后者又要与企业目标、企业文化、企业制度、企业优良传统等结合起来，使员工在各方面都能够符合企业的要求。

**（4）全员培训与重点提高相结合的原则**

全员培训就是有计划、有步骤地对在职的所有员工进行培训，这是提高全体员工素质的必经之路。为了提高培训投入的回报率，培训必须有重点，即对企业兴衰有着重大影响的管理和技术骨干，特别是中高层管理人员，再者就是有培养前途的梯队人员，更应该有计划地进行培训与开发。

**（5）培训效果的反馈与强化原则**

培训效果的反馈与强化是不可缺少的重要环节。培训效果的反馈指的是在培训后对员工进行检验，其作用在于巩固员工学习的技能、及时纠正错误和偏差，反馈的信息越及时、准确，培训的效果就越好。强化则是指由于反馈而对接受培训人员进行的奖励或惩罚。

### 4．员工培训的形式

（1）讲授法

讲授法属于传统的培训方式，优点是运用起来方便，便于培训者控制整个过程。缺点是单向信息传递，反馈效果差。常被用于一些理念性知识的培训。

（2）视听技术法

视听技术法是通过现代视听技术（如投影仪、DVD、录像机等工具）对员工进行培训。优点是运用视觉与听觉的感知方式，直观鲜明。但学员的反馈与实践较差，且制作和购买的成本高，内容易过时。这种方法多用于企业概况、传授技能等培训内容，也可用于概念性知识的培训。

（3）讨论法

按照费用与操作的复杂程序又可分成一般小组讨论与研讨会两种方式。研讨会多以专题演讲为主，中途或会后允许学员与演讲者进行交流沟通。优点是信息可以多向传递，与讲授法相比反馈效果较好，但费用较高。而小组讨论的特点是信息交流时方式为多向传递，学员的参与性高，费用较低。多用于巩固知识，训练学员分析、解决问题的能力与人际交往的能力，但运用时对培训教师的要求较高。

（4）角色扮演法

受训者在培训教师设计的工作情况中扮演其中角色，其他学员与培训教师在学员表演后做适当的点评。由于信息传递多向化、反馈效果好、实践性强、费用低，因而多用于人际关系能力的训练。

（5）自学法

这一方式较适合于一般理念性知识的学习，由于成人学习具有偏重经验与理解的特性，让具有一定学习能力与自觉的学员自学是既经济又实用的方法，但此方法也存在监督性差的缺陷。

（6）互动小组法

互动小组法，也称敏感训练法。此法主要适用于管理人员的人际关系与沟通训练。让学员在培训活动中的亲身体验来提高他们处理人际关系的能力。其优点是可明显提高人际关系与沟通的能力，但其效果在很大程度上依赖于培训教师的水平。

（7）网络培训法

网络培训法，是一种新型的计算机网络信息培训方式，投入较大。但由于使用灵活，符合分散式学习的新趋势，节省学员集中培训的时间与费用。这种方式信息量大，新知识、新观念传递优势明显，更适合成人学习。因此，特别为实力雄厚的企业所青睐，也是培训发展的一个必然趋势。

## 3.4　薪酬体系设计

薪酬不再仅仅是金钱。薪酬分为外在薪酬和内在薪酬。现代薪酬设计除了基本薪资、津贴、加班补贴、奖金、利润分享、股票认购等直接薪酬外，还包括保健计划、非工作时间的付给，以及较为宽裕的午餐时间、特定的停车位，甚至动听的头衔等外在薪酬。内在薪酬则包括参与决策，承担较大的责任，个人成长的机会及较大的工作自由，活动的多元化、丰富化，等等。

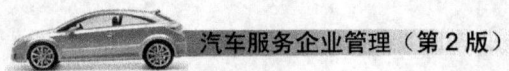

### 3.4.1 薪酬与薪酬管理

案例

## 弹性工作时间

惠普对员工的上班时间实行弹性管理，如果员工有私事，一般可以优先处理。员工可以家中暖气试水为由晚到半天，甚至一天不上班。如果加班乘坐出租车回家，费用由公司报销，还可享用免费晚餐。

点评：把办公室当做在家生活一样，给予员工充分的信任，施以绝对的人性化管理，惠普通过这样的管理模式，留住了人才，也把自己推向了世界名企的行列。

**1. 薪酬的含义**

薪酬（Compensation），即报酬体系中的经济性报酬，涵盖了员工由于为某一组织工作而获得的所有的直接和间接的经济收入，其中包括薪资、奖金、津贴、养老金及从雇主那里获得的所有各种形式的经济收入及有形服务和福利。换言之，所谓薪酬，就是指员工因为雇用关系的存在而从雇主那里获得的所有各种形式的经济收入及有形服务和福利。

**2. 薪酬的构成**

在企业中，员工的薪酬一般由三个部分组成：基本薪酬、激励薪酬、间接薪酬。

基本薪酬指企业根据员工所承担的工作或所具备的技能而支付给他们的较为稳定的经济收入；激励薪酬则是指企业根据员工、团队或企业自身的绩效而支付给他们的具有变动性质的经济收入，这两个部分和起来就相当于货币报酬中的直接报酬部分，这也构成了薪酬的主体；间接薪酬就是给员工提供的各种福利，与基本薪酬和激励薪酬不同，间接薪酬的支付与员工个人的工作绩效并没有直接的关系，往往具有普遍性，通俗地讲就是"人人都有份"。

**3. 薪酬管理含义及目标**

（1）薪酬管理的含义

薪酬管理是指企业在经营战略和发展规划的指导下，综合考虑内外部各种因素的影响，确定自身的薪酬水平、薪酬结构和薪酬形式，并进行薪酬调整和薪酬控制的整个过程。

（2）薪酬管理的意义

薪酬管理作为人力资源管理的一项主要职能活动，具有非常重要的意义，主要表现在以下几个方面。

1）有效的薪酬管理有助于吸引和保留优秀的员工

一项调查的结果显示，在企业各类人员所关注的问题中，薪酬问题排在了最重要或次重要的位置。薪酬管理的有效实施，能够给员工提供可靠的经济保障，从而有助于吸引和保留优秀的员工。

2）有效的薪酬管理有助于实现对员工的激励

按照心理学的解释，人们的行为都是在需要的基础上产生的，对员工进行激励就是要满足他们没有实现的需要。

3）有效的薪酬管理有助于改善企业的绩效

薪酬管理的有效实施，能够对员工产生较强的激励作用，而每个员工个人绩效的改善将使企业整体的绩效得到提升。此外，通过有效的薪酬管理，企业能够将自己的总成本降低4%～60%，这就可以扩大产品和利润空间，从而提升企业的经营绩效。

4）有效的薪酬管理有助于塑造良好的企业文化

良好的企业文化对于企业的正常运转具有重要作用，而有效的薪酬管理则有助于企业文化的塑造。首先，薪酬是企业文化建设的物质基础，员工的生活如果不能得到保障，企业文化的建设就是一纸空文。其次，企业的薪酬政策本身就是企业文化的一部分内容，如奖励的导向、公平的观念等。最后，企业的薪酬政策能够对员工的行为和态度产生引导作用，从而有助于企业文化的建设。

## 3.4.2  企业薪酬制度

企业薪酬制度，又称为企业工资制度，是一种微观形式的工资制度，主要指企业根据国家法律、政策，结合企业薪酬管理目标和战略而制定的一系列规定、准则、标准和方法的总和。

一般而言，一项完整的工资制度通常包括总则、指导原则、适用范围、工资结构、调整机制等主要内容。

### 1. 基本工资制度的主要类型

基本工资制度的主要类型有计时工资制、计件工资制、岗位工资制、技能工资制、业绩工资制、契约工资制、结构工资制等。结合汽车服务企业的实际情况，常见的工资制度包括以下几种。

（1）岗位工资制

岗位工资制，是按照员工在组织中的工作岗位性质来决定员工的工资等级和工资水平的薪酬制度。岗位不同，劳动付出不同，对组织的贡献不同，报酬水平也不同。适宜于专业化程度高、分工细、岗位设置固定、岗位职责明确的企业，如制造企业等。

岗位工资制的主要优点是，便于公正地评价企业员工的劳动贡献，容易实现薪酬管理的公正性目标；主要缺点就是，员工工资缺乏激励和竞争性。一旦员工的岗位确定，就决定了工资标准和工资水平。一些具有创造力的员工，难以充分发挥出潜力。所以许多企业在推行岗位工资制度的同时，也同时设立了系列激励制度，来鼓励和激发员工的工作主动性和积极性。

（2）技能工资制

技能工资制，是依据员工技能等级确定员工的工资标准和工资水平的薪酬制度。技能水平不同，在相同时间段内的劳动付出不同，对组织的贡献不同，工资水平不同。适宜于规模小、技术人才集中的企业，如高科技企业等。

实施技能工资制的主要难点在于技能等级的评价标准和相应的工资水平。在一个企业中，各种技能人才的技能类型差异很大，相互之间难以比较。所以，开发一种统一的技能评价标准是成功实施这种工资制度的关键所在。

技能工资制在实施过程中具有灵活性，既可以在整个企业实施，又可以在企业内部的某些员工上实施。

（3）业绩工资制

业绩工资制，又称为绩效工资制，是一种根据员工工作业绩来确定员工工资水平的薪酬制度。员工的业绩越大，企业支付给员工的工资就应该更高。适用于工作流动性大、难以监控的企业或部门。

在企业管理实践中，业绩工资在不同企业表现出不同形式，归结起来大致有如下两种类型：一种是纯粹的业绩工资，即员工的所有收入都与其工作业绩挂钩；另一种形式是业绩工资制度与其他类型的工资制度结合使用，形成"固定工资+业绩工资"的工资结构。

绩效工资制优点：员工工资与绩效直接挂钩，能调动员工特别是优良员工的劳动积极性；由于工资成本随销售额、利润等指标的变动而变动，因此能防止工资成本过分膨胀；直观透明，简便易行，开发成本和执行成本均较低。

绩效工资制缺点：导致员工过分注重短期绩效而忽视长期绩效；容易导致员工之间的收入差距过大，影响员工之间的和睦关系；导致员工忽视售后服务等非销售任务；员工收入稳定性差。

（4）契约工资制

契约工资制，又称为谈判工资制，指员工的工资由企业和员工之间根据市场工资水平和员工的能力、贡献等进行磋商决定的工资制度。工资由劳动力市场或人才市场的价格决定。适用于一些小型企业或大中型企业中的部分特殊人才。

这种工资制度并不多见，也不是一种规范的工资制度，但是，在管理实践中，它能够发挥独特作用，能够便于企业留住人才，也有利于员工自由流动，是一种公正的薪酬制度。

（5）结构工资制

结构工资制也被称为分解工资、组合工资或多元化工资。它根据决定工资的不同因素和工资的不同作用，而将工资分为几大部分，通过对各部分工资数额的合理确定，构成劳动者的全部报酬。结构工资由四部分组成：基础工资、职务（岗位）工资、工龄工资和浮动工资（奖励工资）。

结构工资制的优点：较好地体现了工资的几种不同功能；有利于调动各方面员工的劳动积极性；有利于实行工资的分级管理。

 案例

## 上海××4S店薪酬制度

以调动公司各岗位员工的积极性为最终目的，并结合上海地区汽车行业的现有水平，做到准确、客观地评价员工履行岗位职责的效率、效果和发展潜力，特制定本方案。

薪酬水平：员工的年薪水平根据上海行业类似职位平均薪酬、承担的工作责任及能力确认。

薪酬结构：岗位工资+工龄工资+绩效工资+福利。

（1）岗位工资包括基本工资（劳动法规定的最低保障收入）和职级工资。

岗位工资分成五级，根据岗位的不同而不同。岗位工资根据年终考核结果，每年动态晋升或下降，考核每年进行一次，一般在次年初进行。

（2）工龄工资：在公司工作一年以上的员工可享受工龄工资，按50元/月计算，逐年增加。

（3）绩效工资与实际的经营业绩或工资考核挂钩。

（4）福利：按劳动法规定。

（5）岗位工资和工龄工资与考勤挂钩，按月发放。

（6）试用期人员只有岗位工资。

一、销售顾问/销售助理

（1）岗位工资如下表所示。

| 级别 | 一级 | 二级 | 三级 | 四级 | 五级 |
|---|---|---|---|---|---|
| 岗位工资 | 1000 | 1100 | 1200 | 1300 | 1400 |

（2）绩效工资＝（整车提成＋装潢提成＋保险提成＋上牌提成＋二手车提成）×月度绩效考核得分/100。

二、销售主管

岗位工资如下表所示。

| 级别 | 一级 | 二级 | 三级 | 四级 | 五级 |
|---|---|---|---|---|---|
| 岗位工资 | 1200 | 1300 | 1400 | 1500 | 1600 |

绩效工资＝（整组销售台数×40元＋个人销售绩效工资（参见销售顾问绩效工资）×整组指标达成率。

销售主管的绩效考核方案有多种，如A权重型（毛利权重占20%，库存管理权重占10%，厂家考核权重占30%，日常管理权重占40%）、B整组提成型、C相对固定型（销售经理工资的70%外加绩效考核）。

最终的方案应由厂家的商务政策和公司实际情况量化制定。

三、薪金发放

（1）销售部员工薪酬实行月考月发。

（2）每月绩效工作按考核结果发放80%，其余20%年终一次结清，如中途离职，按实际发生月份在办理离职手续后结清。

（3）员工离职手续办理不全或存在劳动争议的，剩余薪资暂停发放。

（4）有关休假、缺勤、旷工等薪资的给付，按公司考勤制度的有关规定执行。

来源：百度文库

**2. 激励工资制度**

（1）奖金制度

奖金制度是企业对员工所创造的超额劳动成果的货币补偿形式。它对企业激发员工积极性和创造性，实现薪酬制度的激励、竞争功能具有重要作用。

奖金制度的主要特征：较强的针对性和灵活性；可以弥补基本工资的不足；具有明显的激励功能；便于实现员工贡献、收入和企业效益三者之间的有机结合。奖金制度的灵活性和针对性主要体现在企业可以根据实际情况掌握奖励的标准、范围和时间，可以有效地调节和引导员工的行为。

虽然工资制度本身具有一定的激励功能，但是，单靠工资制度无法发挥激励作用。而奖金制度恰恰弥补了这一不足之处，可以有针对性地补偿员工在特定时期所做出的特殊贡献。

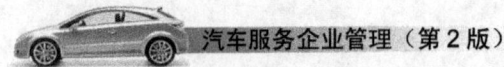

（2）利润分享制度

利润分享制度又称劳动分红制度，指企业在年终时，按照预定比例从利润总额中提取部分作为员工分红基金，然后按照员工业绩状况进行分配的激励工资制度。

利润分享制度同奖金制度比较，还具有一定的长期激励效果，可以鼓励员工为了企业的长期业绩而努力工作。

在实践中，利润分享制度可以演化成多种形式。一种是企业直接拿出一部分利润作为分红基金，按照业绩大小进行分配。这种形式适用于企业的每位员工。另一种形式是企业根据员工所占有的企业股权大小进行利润分配。这种形式本质上不是一种劳动分红，而是一种资本分红。从国内外企业实践看，后一种形式更为普遍。

（3）长期激励工资制度

长期激励工资制度，是指企业为了激励经营者和部分关键人才，为了企业长期持续发展而设置的一种激励工资制度，是薪酬制度的一个组成部分，通常适用于企业经营者和关键人才。在经营权与所有权分离的前提下，这种薪酬制度变得越来越重要和普遍，成为企业长期、持续发展的关键之一。其理论基础是，企业经营者、部分关键人才和企业所有者的利益目标不完全相同，前两类人员在企业经营管理中可能追求短期利益，而后者则看重企业的长期发展和资产的长期增值。

在现代企业管理实践中，经营者年薪制度和股权、期权激励制度是两种普遍使用的长期激励工资制度。

### 3. 员工津贴制度

员工津贴制度，指企业对在特殊劳动条件下工作的员工所付出的额外劳动、费用支付及所受到的健康损害而给予的特殊补助。津贴项目可以大致划分为劳动津贴和生活津贴两种类型。

劳动津贴一般只适用于一些在非正常工作时间、地点或环境下工作的人，如夜班津贴、地下作业津贴、有害岗位津贴等；生活津贴一般是企业保障员工实际工资收入水平而设立的津贴项目，如外勤工作津贴、出国人员津贴等。

在有的企业报酬制度中，虽然没有明确的津贴项目，但是，在工资制度中，已经考虑了这一因素。

### 4. 员工福利制度

（1）员工福利制度的含义

员工福利制度是指企业为了满足劳动者的正常生活需要，在工资收入外，向员工本人或家属提供的货币、实物及服务的制度、规定总和。福利制度是企业薪酬制度的重要组成部分。福利制度具有补偿性、均等性等特征。福利有广义和狭义之分。广义的员工福利包括公共福利和公共服务、集体福利及企业福利等；狭义的福利一般只包括企业福利。

（2）福利项目

福利可以吸引优秀员工、提高员工的士气、降低员工辞职率、激励员工、凝聚员工、提高企业经济效益。福利项目概括起来主要有以下几种类型。

1）货币性福利

如受赡养者奖学金；健康组织费用；培训补贴、子女教育补助、托儿托老补助；生日礼金、结婚礼金、直系亲属奠礼金；年终或国庆等特殊节日加薪、分红、物价补贴；商业与服务业单位的小费；超时加班费、节假日值班费；发放住房补贴；市内交通工具补贴或报销，公关饮食报销；报刊订阅补贴，专业书刊购买补贴；药费或滋补营养品报销或补助；意外工伤补偿费，伤残生活补助，死亡抚恤金等；退休金；公积金及长期服务奖金（工龄达规定年限时发给）等；支付额外困难补助金；洗澡、理发津贴，降温、取暖津贴；解雇费；海外津贴等。

2）实物性福利

如免费单身宿舍、夜班宿舍；免费工作餐，工间免费饮料（茶水、咖啡或冷饮，食品免费发放）；企业自建文体设施（如运动场游泳池、健身房、阅览室、书法、棋、牌、台球室等；无费电影、戏曲、表演、球赛票券等）。

3）服务性福利

家庭保健护理；保姆家庭护理；企业接送员工上下班的免费或廉价通勤车服务；食品集体折扣代购；免费提供计算机或其他学习设施服务等；全部公费医疗，免费定期体检及防疫注射，职业病免费防护；无费订票服务；咨询性服务，包括免费的员工个人发展设计的咨询服务（给予分析、指导和建议、提供参考资料与情况等）、员工心理健康咨询（过分的工作负荷与压力导致的高度焦虑或精神崩溃等，心理症状的诊治）及免费的法律咨询等；保护性服务，包括平等就业权利保护（反性别、年龄等歧视），性骚扰保护、隐私保护等，团体汽车保险、团体家庭保险、个人事故险、相互保险及其他各项保险等。

4）优惠性福利

如廉价公房出租或出售给本企业员工，提供购房低息或无息贷款；个人交通工具（摩托车或汽车）低息贷款；低价工作餐；部分公费医疗，优惠疗养等；折扣价电影、戏曲、表演、球赛票券等；优惠车票、船票、机票；信用储金、存款户头特惠利率、低息贷款等；优惠价提供本企业产品或服务；优惠的法律等咨询服务。

5）机会性福利

如企业内在职或短期脱产培训；企业外公费进修（业余、部分脱产或全脱产）；带薪休假；俱乐部成员资格；有组织的集体文体活动（晚会、舞会、郊游、野餐、体育竞赛等）；企业内部提升政策、员工参与的民主化管理等；提供具有挑战性的工作机会等。

6）荣誉性福利

如以本企业员工名义向大学捐助专用奖学金；授予各种引人注目的头衔等。

以上这些福利项目只是现实生活中各种福利项目的简单概括，实际生活中的福利项目比这要广泛、丰富得多，并且随着人们物质文化生活的不断提高和发展，新的福利项目会不断地研究和开发出来。

（3）社会保障制度

按照国际劳工局的定义，社会保障是社会通过一系列公共措施向其成员提供的用以抵御疾病、生育、工伤、失业、年老、死亡而丧失收入或收入锐减引起的经济和社会灾难的保护措施、保险及补贴。中国社会保障体系的构成如表 3-2 所示。

表 3-2  社会保险缴费比例表

| 社会保险缴费比例表 | | | | |
|---|---|---|---|---|
| 险种 | | 总费率 | 其中单位所占费率 | 其中个人所占费率 |
| 城镇养老保险 | | 28% | 20% | 8% |
| 农民工养老保险 | | 28% | 20% | 8% |
| 城镇医疗保险 | 城镇基本医疗保险 | 10% | 8% | 2% |
| | 城镇大额医疗保险 | 1%+2元 | 1% | 2元 |
| 农民工医疗保险 | 农民工基本医疗保险 | 1.40% | 1.40% | 0 |
| | 农民工大额医疗保险 | 0.1%+5元 | 0.10% | 5元 |
| 失业保险（非农业户口） | | 3% | 2% | 1% |
| 失业保险（农业户口） | | 2% | 2% | 0 |
| 工伤保险 | | 0.5%～3.3% | 0.5%～3.3% | 0 |
| 生育保险 | | 0.70% | 0.70% | 0 |
| 此缴费比率从2012年1月起开始施行。（基数：最低1524.7元，最高7623.5元） | | | | |

## 3.5  汽车服务企业绩效管理与绩效考核

### 3.5.1  绩效管理

 案例

### 为什么，怎么办

在一次公司中层干部会议的休息期间，几个人聊起工作难做。生产部经理方志说："我最不痛快的事，就是安排任务和发放奖金。平时安排任务时，每个人都显得高深莫测、深谋远虑，没个痛快劲。可到涨工资和发奖金时，你再看吧，大家都自信得多、也爽快得多：'凭什么他涨我不涨？''凭什么他的奖金比我高？'凭什么？当然是凭你们的工作情况，可每个人都觉得自己不比别人差，我能说得过几十张嘴吗？"

财务处长于海亮深表同情："确实是这样，不仅你，我也有同感。一到涨工资、提职称的时候，我最打憷的是向人们解释'为什么'。为什么？只能说名额少、人数多，上边卡得严。可是，名额再多，也不能全员都上，那还有什么激励先进的意义呢？可他们不这么想，就像都不想努力工作一样，大家都认为自己是涨工资、晋升的必然人选。"

这时人力资源部主管孙国庆插嘴说："你们俩太片面了，这不是员工的错。你们说人家不努力工作，有证据吗？没有。实际上他们没有偷懒。你们也知道，现实工作多么枯燥、多么辛苦。人家在安排工作时的慎重，不过是希望在有限范围内使付出与回报尽量合理一点，其实挑来挑去，还不都是那些事。事情的关键不在这里，而在于考评，我们没有一套科学的考评体系。无法准确地说明究竟谁干得最好，谁干得不太好。"

1. 绩效的含义、特点

（1）绩效的含义

从其字面上来看："绩"是指业绩，即员工的工作结果；"效"是指效率，即员工的工作过程。所谓绩效，就是指员工在工作过程中所表现出来的与组织目标相关的并且能够被评价

的工作业绩、工作能力和工作态度，其中工作业绩就是指工作的结果，工作能力和工作态度则是指工作的行为。

（2）绩效的特点

一般来说，绩效具有以下三个主要的特点。

① 多因性。多因性就是指员工的绩效是受多种因素共同影响的，并不是哪一个单一的因素就可以决定的，绩效和影响绩效的因素之间的关系可以用一个公式加以表示：$P=f(K,A,M,E)$。

在这个关系式中，$P$（Performance），就是绩效；$K$（Knowledge），就是知识，指与工作相关的知识；$A$（Ability），就是能力，指员工自身所具备的能力；$M$（Motivation），就是激励，指员工在工作过程中所受的激励；$E$（Environment），就是环境，指工作的设备、工作的场所等。

② 多维性。多维性就是指员工的绩效往往是体现在多个方面的，工作结果和工作行为都属于绩效的范围。当然，不同的维度在整个绩效中的重要性是不同的。

③ 变动性。变动性就是指员工的绩效并不是固定不变的，在主客观条件发生变化的情况下，绩效是会发生变动的。这种变动性就决定了绩效的时限性，绩效往往是针对某一特定的时期而言的。

**2. 绩效管理**

（1）绩效管理的概念

绩效管理（Performance Management）是指为了达成组织的目标，通过持续开放的沟通过程，形成组织目标所预期的利益和产出，并推动团队和个人做出有利于目标达成的行为的过程。即通过规范化的管理不断提高员工和组织绩效的过程。

（2）绩效管理的内容

对于绩效管理，人们往往把它视同为绩效考核，认为绩效管理就是绩效考核，两者没有什么区别。其实，绩效考核只是绩效管理的一个组成部分，最多只是一个核心的组成部分而已，代表不了绩效管理的全部内容。完整意义上的绩效管理是由绩效计划、绩效沟通、绩效考核和绩效反馈这四个部分组成的一个系统。

（3）绩效管理的目的

① 员工都会希望通过提高自己的工作绩效来提高自己的报酬水平和获得晋升的机会，所以员工们都愿意了解自己目前的工作成绩，也想知道自己如何才能做得更好。

② 绩效评价可以为甄别高效和低效员工提供标准，为组织的奖惩系统提供依据，从而确定奖金和晋升机会在员工个人之间的分配。

③ 便于组织进行人事决策，包括提升优秀员工、清退不合格员工、调整薪酬、调配员工，并确定再招聘员工时应该重点考察的知识、能力、技能和其他品质等。

（4）绩效管理的责任

绩效管理虽然是人力资源管理的一项职能，但这绝不意味着绩效管理就完全是人力资源部门的责任。绩效管理的目的是发现员工工作过程中存在的问题和不足，通过对这些问题和不足的改进来改善员工的工作绩效；而对员工工作情况最为了解的正是员工所在部门的管理者，因此绩效管理是企业所有管理者的责任，只是大家的分工不同而已，在某种程度上甚至可以说绩效管理工作水平的高低反映了企业管理水平的高低。

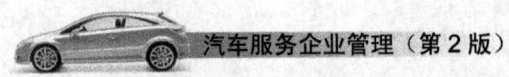

（5）绩效管理与绩效考评的区别与联系

绩效考核是绩效管理的核心环节，绩效管理包含绩效考核。但是绩效管理思想是在绩效考核的基础上发展和完善的，因此两者有很大的区别。

首先，绩效考核强调考核主体对员工的绩效进行考核，管理者与员工相对立；而绩效管理则鼓励管理者和被管理者彼此沟通，激励员工努力提高其自身绩效，管理者与员工是伙伴关系。

其次，绩效考核是事后考核工作结果，不具有前瞻性，而绩效管理是事前计划、事中管理和事后考核所形成的三位一体的系统，具有前瞻性。

再次，从概念上讲，绩效管理是指为了达成组织目标，通过持续开放的沟通过程，形成组织目标所预期的利益和产出，并推动团队和个人做出有利于目标达成的行为；而绩效考核是指一套正式的结构化的制度，用来衡量、评价并影响与员工工作有关的特性、行为和结果，考察员工的实际绩效，了解员工的发展潜力，以期获得员工和组织的共同发展。

## 3.5.2 绩效考核概述

### 1．绩效考核的含义

考核是人力资源开发与管理的重要环节，是其他环节正确实施的基础与依据。建立企业职工考核制度，是提高职工队伍素质的需要，是充分调动职工积极性的手段，是企业劳动管理科学化的重要基础。国家各级政府机关通过对国家公务员的考核，有利于依法对公务员进行管理，优胜劣汰，有利于人民群众对公务员必要的监督。

绩效考核是指对员工工作业绩的考核和评定，即根据工作目标或一定的绩效标准，采用科学的方法，收集、分析、评价和传递有关某一个人在工作岗位上的工作行为表现和工作结果方面的信息，对员工的工作完成情况、职责履行程度等进行定期的评定，并将评定结果反馈给员工的过程。

### 2．绩效考核的目标

绩效考核的目标是改善职工的组织行为，充分发挥职工的潜能和积极性，以求更好地达到组织目标。考核目标的实现需要学习、需要沟通。在绩效考核过程中主要的参考点是未来，要将考核结果作为一种资源去规划某现工作或某个职工未来的新可能性，这就是对职工及工作的开发。

### 3．绩效考核的功能

（1）管理功能

表现在考什么、怎么考及考核结果如何运用上。考核结果是晋升、奖惩、培训等项人力资源开发与管理的基础和依据。

（2）激励功能

绩效考核奖优罚劣，改善调整工作人员的行为，激发其积极性，促使组织成员更加积极主动地去完成组织目标。

（3）学习功能

绩效考核是一个学习过程，使组织成员更好地认识组织目标，改善自身行为，不断提高组织的整体效益和实力。

（4）导向功能

绩效考核标准是组织对其成员行为的期望，是职工努力的方向，有什么样的考核标准就有什么样的行为方式。

（5）监控功能

职工的绩效考核，对组织而言，就是任务在数量、质量和效率等方面的完成情况；对职工个人而言，则是上级对下属工作状况的评价。通过考评，获得反馈信息，便可据此制定相应的人事决策与措施，调整和改进其效能。

**4. 绩效考核的原则**

（1）客观、公正、科学、简便的原则

客观即实事求是，做到考核标准客观、组织评价客观、自我评价客观。公正即不偏不倚，无论对上司还是部下，都要按照规定的考核标准，一视同仁地进行考核。科学、简便即要求考核过程设计要符合客观规律，正确运用现代化科技手段进行正确评价，同时具体操作要简便，以尽可能减少投入。

（2）注重实绩的原则

即要求在对职工做考核结论和决定升降奖励时，以其工作实绩为根本依据。坚持注重实绩的原则，要把考核的着眼点、着力点放在实际贡献上，要着重研究实绩的数量关系和构成实绩的数量因素，还要认真处理好考绩与其他方面尤其是考德方面的关系。

（3）多途径分能级的原则

在绩效考核中对不同类型和不同能级的人员应有不同的考核标准。坚持多途径分能级的原则能实现对不同能力的人员授予不同的职称和职权，对不同贡献的人员给予不同的待遇和奖励，做到"职以能授，勋以功授"。

（4）阶段性和连续性相结合的原则

阶段性的考核是对职员平时的各项评价指标数据的积累。考核的连续性要求对历次积累的数据进行综合分析，以求得出全面和准确的结论。因此，对职工应每年进行一次全面考核，做出年度评定，逐年连续进行。

## 3.5.3　绩效考核的种类和程序

**1. 绩效考核的种类**

（1）根据考核性质划分

定性考核是对工作绩效进行质的鉴别和确定，主要通过评审的方法进行。其标准不易确定，经常受评审者主观因素和其他外部因素的影响和干扰。

定量考核是对人员的工作绩效进行量的确定和鉴别，是在测量的基础上，运用统计和数学的方法，对测量的数据进行分析整理。单纯运用具有片面性，必须与定性考核结合起来。

（2）根据考核人员划分

上级考核一般由被考核者的上级领导者和人力资源管理人员进行，是最常见的考核方式。

自我考核：依据一定的标准，由被考核者对自己进行评价。典型方式有自我申报制度。

同级考核：由同级之间的同事对被考核者的工作绩效进行评价。有利于贯彻民主原则，提高职工的参与感。

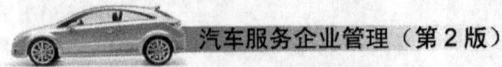

（3）根据考核的时间划分

日常考核：每天进行的考核或每星期进行的考核。也包括日常工作中的单一考核，如日记录、周记录。

定期考核：通常是一个月、一个季度、半年一次的考核，是对人员的绩效较全面的考核。

长期考核：可分为一年一度和数年一度两种。一般是对人员各方面情况的全面、综合性的考核。

不定期考核：根据工作需要，为了抽查人员某方面的情况，或为某一临时性目的而进行的考核。

（4）根据考核的目的和用途划分

根据考核的目的和用途划分，可分为例行考核、晋升考核、转正考核、评定职称考核、转换工作考核等。

### 2．绩效考核的程序

（1）横向程序

横向程序，是指按考核工作先后顺序形成的过程进行，主要环节有以下几点。

首先，制定考核标准。这是考核时为避免主观随意性不可缺少的前提条件。考核标准必须以职务分析中制定的岗位职务、职责要求与职务规范为依据。

其次，实施考核。即对职工的工作绩效进行考核、测定和记录。

再次，考核结果的分析与评定。考核的记录需与既定标准进行对照来做分析与评判，从而获得考核的结论。

最后，结果反馈与实施纠正。考核的结果通常应告知被考核职工，从而发扬优点，克服缺点。

（2）纵向程序

纵向程序，是指按组织层级逐级进行考核的程序。一般是先对基层考核，再对中层考核，最后对高层考核，形成自下而上的过程。

## 3.5.4 绩效考核方法的选择

### 1．分级法

分级法又可称为排序法，即按被考核职工每人绩效相对的优劣程度，通过比较，确定每人的相对等级或名次。按照分级程序的不同，分级法又可分以下几类。

① 简单分级法，是在全体被考核职工中先挑选绩效最出色的一个列于序首，再找出次优的列作第二名，如此排序，直到最差的一个列于序尾。

② 交替分级法，是以最优和最劣两级作为标准等次，采用比较选优和淘劣的方法，交替对人员某绩效特征进行选择性排序。

③ 范例对比法，通常从五个维度进行考核，即品德、智力、领导能力、对职务的贡献和体格。每一维度又分为优、良、中、次、劣五个等级。然后就每一维度的每一等级，先选出一名适当的职工作为范例。实施考核时，将每位被考核的职工与这些范例逐一对照，按近似程度评出等级分。最后各维度分数的总和，便作为被考核职工的绩效考核结果。

④ 对偶比较法，要将全体职工逐一配对比较，按照逐对比较中被评为较优的总次数来确定等级名次，如表 3-3 所示。

表 3-3　对偶比较法

| 比较项目 | 工作业绩 | | | | | 工作态度 | | | | | 工作能力 | | | | | +数 | 排序 |
|---|---|---|---|---|---|---|---|---|---|---|---|---|---|---|---|---|---|
| 比较对象 | A | B | C | D | E | A | B | C | D | E | A | B | C | D | E | | |
| A | | + | + | + | | | + | | | + | | + | + | + | + | 10 | 1 |
| B | - | | - | - | - | - | | - | - | - | - | | - | - | + | 1 | 5 |
| C | - | + | | + | + | + | + | | + | + | + | | + | | + | 8 | 3 |
| D | | + | + | | + | + | + | | | + | + | + | | | + | 9 | 2 |
| E | | + | | | | | + | | | + | | - | | - | | 2 | 4 |

⑤ 强制分配法，是按事物"两头小，中间大"的正态分布规律，先确定好各等级在总数中所占的比例。然后按照每人绩效的相对优劣程度，强制列入其中的一定等级，如表 3-4 所示。

表 3-4　强制分配法

| 考核项目 | 品德言行 | 对现职所具备的知识技能 | 领导才能与团队士气 | 协调沟通 | 任务交付的信任度 | 目标达成 | 实际效果 | 各项分数总计：考核等级分配比率：优10%，良25%，中50%，较差10%，差5% |
|---|---|---|---|---|---|---|---|---|
| 评估标准 | | | | | | | | |
| 考核分数 | | | | | | | | |

### 2. 关键事件法（KPI）

通过对员工在工作中极为成功或极为失败的事件的观察和分析来判断该员工在类似事件或在介于关键事件之间可能的行为和表现。此法需给每一待考核职工设立一本"考核日记"或"绩效记录"，由做考察并知情的人随时记载。事件的记录本身不是评语，只是素材的积累，但有了这些具体事实做根据，便可得出可信的考评结论。弥补其他方法的不足，为其他方法提供依据和参考。

### 3. 行为锚定评分方法（BARS）

该方法把量表评定法和关键事件法结合起来，把从特别好到特别差的绩效按等级量化制成一个评分量表，并将一些典型行为的描述说明与量表上的评分相对应，作为评价员工表现的依据。它为每一职务的各考核维度都设计出一个评分量表，并有一些典型的行为描述性说明词与量表上的一定刻度（评分标准）相对应和联系（即所谓锚定），供操作中为被考核者实际表现评分时做参考依据，如表 3-5 所示。

表 3-5　行为锚定评分方法

| 行为特征（工作表现） | 评分标准 | 得分 |
|---|---|---|
| 尽力协助有困难的同事 | 6 | |
| 乐于接受他人意见并愿意改善 | 5 | |
| 愿意超时工作 | 4 | |
| 工作表现可接受 | 3 | |
| 缺乏责任感 | 2 | |
| 经常缺席和迟到，工作不如期完成 | 1 | |

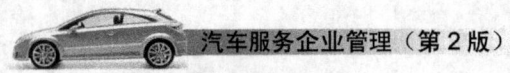

### 4．平衡积分卡（BSC）

关注的是企业组织，以企业竞争战略为出发点，平衡长期目标和短期目标，实现外部衡量和内部衡量之间等的平衡，从财务、顾客、内部业务及创新与学习四个角度进行绩效考核指标设置。

财务方面常用的指标：利润率、现金流量、收入增长、项目收益、毛利率、回款率、税后净利润、净现值。

顾客方面常用的指标：市场份额、用户排名调查、新客户的增加、客户的保有率、客户满意度、品牌形象识别、服务差错率。

内部业务方面常用的指标：产品（服务）质量、产品开发与创新、事故回应速度、安全与环境影响、劳动生产率、设计开发周期、生产周期、生产计划、预测准确率、项目完成指标、关键员工流失率。

创新与学习方面常用的指标：提供新服务收入的比例、员工满意度、改善提高效率指数、关键技能的发展、继任计划、领导能力的发展、员工建议数、新产品上市的时间、新产品收入所占比例。

### 5．因素评定法

这是通过调查分析与实测数据统计分析，提出人员绩效考核的有关因素，形成评价标准量表体系，然后把被测者纳入该体系中进行评价的方法。因素测定法的评定角度主要有以下几点。

① 自我评定，即由评定者依据参照式标准量表，自己对自己的工作绩效进行评价。其特点是参与性、自我发展性、督促性。

② 同级评定，即由同一职务层次的人员依据参照标准量表互相进行评价。它必须满足三个条件：一是同事之间必须是相互高度信任的，彼此之间能够互通信息；二是报酬制度不是彼此竞争的；三是被评价人的绩效应该是评定人能够了解和掌握的。

③ 下级评定，即由管理者的直接下级依照参照标准量表对其上级领导的绩效进行评价。它有利于表达民意，但往往受人际关系影响大。

④ 直接领导评定，即由管理者依据参照标准量表对其直接下属的工作绩效进行评价。

以下附表为4S店岗位绩效考核表。

#### 附表一　销售顾问绩效考核表

| 考核月份 | | 姓名 | | 标准分 | 部门评分 | |
|---|---|---|---|---|---|---|
| 考核项目 | 考核内容 | | | | | |
| 行为规范<br>20分 | 遵守公司关于工作纪律和安全保密的有关规定，否则每次每项扣2分 | | | 4 | | |
| | 遵守公司关于考勤和培训的有关规定，否则每次每项扣2分 | | | 4 | | |
| | 遵守公司关于工作态度的规定，否则每次每项扣1分 | | | 3 | | |
| | 遵守公司关于着装和仪容的有关规定，否则每次每项扣1分 | | | 3 | | |
| | 遵守公司关于行为举止和基本礼仪的规定，否则每次每项扣1分 | | | 3 | | |
| | 遵守公司关于环保、节约的规定，否则每次每项扣1分 | | | 3 | | |
| | 小计得分 | | | 20 | | |

续表

| 考核月份 | | 姓名 | | 标准分 | 部门评分 | |
|---|---|---|---|---|---|---|
| 考核项目 | 考核内容 | | | 标准分 | 部门评分 | |
| 工作质量<br>80 分 | 工作安排有序，报表、凭证、台账准确、及时、完整，每错、漏、迟、乱 1 次，扣 1 分 | | | 10 | | |
| | 客户记录准确、及时、完整，每错、漏、迟 1 次，扣 1 分 | | | 10 | | |
| | 销售工作按照规范流程操作，否则每次扣 1 分 | | | 10 | | |
| | 所负责的展车干净、整洁、内外饰品摆放符合标准，否则每项扣 1 分 | | | 5 | | |
| | 促进业务正常开展，意向客户联系紧密，因个人原因造成业务中断每次扣 5 分 | | | 5 | | |
| | 接待礼仪、行为举止符合规范标准，否则每项扣 1 分 | | | 10 | | |
| | 个人工作区域和卫生责任区干净、整洁、有序、安全、没有多余的物品 | | | 5 | | |
| | 交车 7 天后进行电话回访，通知客户首保和二保，否则，每错、漏、迟、1 次，扣 1 分 | | | 5 | | |
| | 对工作充满激情、锲而不舍 | | | 2 | | |
| | 对工作的失误能够勇于承担责任并改进错误，避免第 2 次发生 | | | 2 | | |
| | 能够并可以回收的物品没有回收 | | | 2 | | |
| | 月度工作计划和总结符合要求 | | | 2 | | |
| | 学习与工作相关的知识和提高自己的技能，并用于工作实际 | | | 2 | | |
| | 上级交办的临时性工作完成的质量、数量 | | | 3 | | |
| | 总经理交办工作完成的质量、数量（总经理评） | | | 5 | | |
| | 小计得分 | | | 80 | | |
| 关键事件<br>±20 分 | 积极参与疑难问题的解决，提出合理化建议，并有效实施，酌情加分 | | | | 特别业绩、<br>表现 | |
| | 非本职工作为公司创造效益或节约成本，酌情加分 | | | | | |
| | 小计得分 | | | | | |
| 总计得分 | | 评分人 | | | | |
| 沟通确认 | | | | | | |

部门经理：_____　人事行政经理：_____　总经理：_____

## 附表二　服务顾问绩效考核表

| 考核月份 | | 姓名 | | 标准分 | 部门评分 | 说明、评价人 |
|---|---|---|---|---|---|---|
| 考核项目 | 考核内容 | | | 标准分 | 部门评分 | 说明、评价人 |
| 行为规范<br>20 分 | 遵守公司关于工作纪律和安全保密的有关规定，否则每次每项扣 2 分 | | | 4 | | |
| | 遵守公司关于考勤和培训的有关规定，否则每次每项扣 2 分 | | | 4 | | |
| | 遵守公司关于工作态度的规定，否则每次每项扣 1 分 | | | 3 | | |
| | 遵守公司关于着装和仪容的有关规定，否则每次每项扣 1 分 | | | 3 | | |
| | 遵守公司关于行为举止和基本礼仪的规定，否则每次每项扣 1 分 | | | 3 | | |
| | 遵守公司关于环保、节约的规定，否则每次每项扣 1 分 | | | 3 | | |
| | 小计得分 | | | 20 | | |
| 工作质量<br>80 分 | 故障诊断准确率或事故定损准确率 95%，低 1%，扣 1 分 | | | 10 | | |
| | 用户合理投诉，因个人原因每投诉 1 项，扣 2 分 | | | 10 | | |
| | 接待按规范操作，单据填写完整、正确、及时，否则，每次每项扣 1 分 | | | 7 | | |
| | 因失职导致客户流失，每台车扣 5 分 | | | 10 | | |
| | 个人入场台数完成率，得分等于 10×入场台数完成率 | | | 10 | | |

续表

| 考核月份 | | 姓名 | | 标准分 | 部门评分 | 说明、评价人 |
|---|---|---|---|---|---|---|
| 考核项目 | 考核内容 | | | 标准分 | 部门评分 | 说明、评价人 |
| 工作质量<br>80分 | 个人服务收入完成率，得分等于10×服务收入完成率 | | | 10 | | |
| | 按照公司及厂家的要求，准确、及时处理相关数据、报表 | | | 3 | | |
| | 对工作充满激情、锲而不舍 | | | 2 | | |
| | 对工作的失误能够勇于承担责任并改进错误，避免第2次发生 | | | 2 | | |
| | 能够并可以回收的物品没有回收 | | | 2 | | |
| | 个人工作区域和卫生责任区干净、整洁、有序、安全、没有多余的物品 | | | 2 | | |
| | 月度工作计划和总结符合要求 | | | 2 | | |
| | 学习与工作相关的知识和提高自己的技能，并用于工作实际 | | | 2 | | |
| | 上级交办的临时性工作完成的质量、数量 | | | 3 | | |
| | 总经理交办工作完成的质量、数量（总经理评） | | | 5 | | |
| | 小计得分 | | | 80 | | |
| 关键事件<br>±20分 | 积极参与疑难问题的解决，提出合理化建议，并有效实施，酌情加分 | | | | | 特别业绩、表现 |
| | 非本职工作为公司创造效益或节约成本，酌情加分 | | | | | |
| | | | | | | |
| | | | | | | |
| | 小计得分 | | | | | |
| 总计得分 | | | | | 评分人 | |
| 沟通确认 | | | | | | |

部门经理：_____     人事行政经理：_____     总经理：_____

## 附表三　索赔员绩效考核表

| 考核月份 | | 姓名 | | 标准分 | 部门评分 | 说明、评价人 |
|---|---|---|---|---|---|---|
| 考核项目 | 考核内容 | | | 标准分 | 部门评分 | 说明、评价人 |
| 行为规范<br>20分 | 遵守公司关于工作纪律和安全保密的有关规定，否则每次每项扣2分 | | | 4 | | |
| | 遵守公司关于考勤和培训的有关规定，否则每次每项扣2分 | | | 4 | | |
| | 遵守公司关于工作态度的规定，否则每次每项扣1分 | | | 3 | | |
| | 遵守公司关于着装和仪容的有关规定，否则每次每项扣1分 | | | 3 | | |
| | 遵守公司关于行为举止和基本礼仪的规定，否则每次每项扣1分 | | | 3 | | |
| | 遵守公司关于环保、节约的规定，否则每次每项扣1分 | | | 3 | | |
| | 小计得分 | | | 20 | | |
| 工作质量<br>80分 | 索赔准确率98%以上，每低0.5%，扣1分 | | | 10 | | |
| | 用户、个人、部门合理投诉，失职导致投诉，每次扣1分 | | | 10 | | |
| | 索赔按规范操作，单据填写完整、正确、及时，否则，每次每项扣1分 | | | 10 | | |
| | 报厂家、公司、集团资料准确、完整、及时，错、漏、迟1次，扣1分 | | | 10 | | |
| | 任务执行的准确、及时，错、漏、迟1次，扣1分 | | | 10 | | |
| | 及时督促厂家返还索赔收入，失职导致错、漏、迟1次，扣1分 | | | 10 | | |
| 工作质量<br>80分 | 对工作充满激情、锲而不舍 | | | 2 | | |
| | 对工作的失误能够勇于承担责任并改进错误，避免第2次发生 | | | 2 | | |
| | 能够并可以回收的物品没有回收 | | | 2 | | |
| | 个人工作区域和卫生责任区干净、整洁、有序、安全、没有多余的物品 | | | 2 | | |

续表

| 考核月份 | | 姓名 | | 标准分 | 部门评分 | 说明、评价人 |
|---|---|---|---|---|---|---|
| 考核项目 | 考核内容 | | | 标准分 | 部门评分 | 说明、评价人 |
| 工作质量 80 分 | 月度工作计划和总结符合要求 | | | 2 | | |
| | 学习与工作相关的知识和提高自己的技能，并用于工作实际 | | | 2 | | |
| | 上级交办的临时性工作完成的质量、数量 | | | 3 | | |
| | 总经理交办工作完成的质量、数量（总经理评） | | | 5 | | |
| | 小计得分 | | | 80 | | |
| 关键事件 ±20 分 | 积极参与疑难问题的解决，提出合理化建议，并有效实施，酌情加分 | | | | | 特别业绩、表现 |
| | 非本职工作为公司创造效益或节约成本，酌情加分 | | | | | |
| | | | | | | |
| | | | | | | |
| | 小计得分 | | | | | |
| 总计得分 | | | 评分人 | | | |
| 沟通确认 | | | | | | |

部门经理：_____　　　人事行政经理：_____　　　总经理：_____

## 附表四　维修技师绩效考核表

| 考核月份 | | 姓名 | | 标准分 | 部门评分 | 说明、评价人 |
|---|---|---|---|---|---|---|
| 考核项目 | 考核内容 | | | 标准分 | 部门评分 | 说明、评价人 |
| 行为规范 20 分 | 遵守公司关于工作纪律和安全保密的有关规定，否则每次每项扣 2 分 | | | 4 | | |
| | 遵守公司关于考勤和培训的有关规定，否则每次每项扣 2 分 | | | 4 | | |
| | 遵守公司关于工作态度的规定，否则每次每项扣 1 分 | | | 3 | | |
| | 遵守公司关于着装和仪容的有关规定，否则每次每项扣 1 分 | | | 3 | | |
| | 遵守公司关于行为举止和基本礼仪的规定，否则每次每项扣 1 分 | | | 3 | | |
| | 遵守公司关于环保、节约的规定，否则每次每项扣 1 分 | | | 3 | | |
| | 小计得分 | | | 20 | | |
| 工作质量 80 分 | 按时交车，一次交车合格率 98%，不能按时合格交车每次扣 2 分 | | | 10 | | |
| | 用户满意率 98%，低 1%，扣 1 分 | | | 10 | | |
| | 相同维修项目，每返工 1 次，扣 1 分 | | | 10 | | |
| | 因失职导致客户、员工或部门合理投诉 1 次，扣 1 分 | | | 10 | | |
| | 责任区域干净、整洁、有序、安全、没有多余的物品，否则每项扣 1 分 | | | 5 | | |
| | 按照作业流程进行维修作业，违反操作规程 1 次扣 1 分 | | | 5 | | |
| | 维护保养好自己领用的设备、工具，损、坏每次扣 1 分 | | | 3 | | |
| | 水、电、辅料等耗材的控制，每发现浪费 1 次，扣 1 分 | | | 3 | | |
| | 根据工作需要主动增加工作时间，并主动承担部门内的其他相关工作 | | | 3 | | |
| | 任务执行的及时、准确，错、漏、迟 1 次，扣 1 分 | | | 3 | | |
| | 对工作充满激情、锲而不舍 | | | 2 | | |
| | 对工作的失误能够勇于承担责任并改进错误，避免第 2 次发生 | | | 2 | | |
| | 能够并可以回收的物品没有回收 | | | 2 | | |

| 考核月份 | | 姓名 | | 标准分 | 部门评分 | 说明、评价人 |
|---|---|---|---|---|---|---|
| 考核项目 | 考核内容 | | | | | |
| 工作质量<br>80分 | 月度工作计划和总结符合要求 | | | 2 | | |
| | 学习与工作相关的知识和提高自己的技能，并用于工作实际 | | | 2 | | |
| | 上级交办的临时性工作完成的质量、数量 | | | 3 | | |
| | 总经理交办工作完成的质量、数量（总经理评） | | | 5 | | 总经理评 |
| | 小计得分 | | | 80 | | |
| 关键事件<br>±20分 | 积极参与疑难问题的解决，提出合理化建议，并有效实施，酌情加分 | | | | | 特别业绩、表现 |
| | 非本职工作为公司创造效益或节约成本，酌情加分 | | | | | |
| | | | | | | |
| | | | | | | |
| | 小计得分 | | | | | |
| 总计得分 | | | 评分人 | | | |
| 沟通确认 | | | | | | |

部门经理：_____ 　　人事行政经理：_____ 　　总经理：_____

 **本章小结**

　　本章主要介绍了人力资源管理的基本概念、内容及其在组织中的作用；人力资源规划的含义、内容及意义；工作分析的含义和成果；员工招聘的程序、方法及意义；员工培训的含义和对组织的重要意义；薪酬体系设计的作用、意义及薪酬制度的制定；绩效考核的含义、功能、种类和程序。

# 第 4 章　汽车服务企业财务管理

 **学习目标**

1. 了解财务管理的概念；
2. 了解汽车服务企业的财务系统；
3. 掌握汽车服务企业基层财务活动；
4. 掌握汽车服务企业财务管理的重要指标。

汽车服务企业有效的财务管理，可以理顺企业资金流转程序和各项分配关系，从而确保企业工作的顺利进行，并使企业的各方面利益要求都得到满足。本章将主要介绍汽车服务企业财务管理的相关知识。

## 4.1　汽车服务企业财务管理概述

### 4.1.1　财务管理的概念和目标

财务管理是有关企业获得和有效使用的管理工作。财务管理的目标取决于企业的总目标，并且受到财务管理自身特点的制约。

#### 1. 企业的目标及其对财务管理的要求

汽车服务企业是营利性组织，其出发点和归宿是获利，企业一旦成立，就会面临竞争，并始终处于生存和倒闭、发展与萎缩的矛盾之中。企业必须生存下来，才能获利，只有不断发展才能求得生存。因此。汽车服务企业管理的目标是生存、发展和获利。

（1）生存

企业生存的基本条件是以收抵支，如果企业长期亏损，扭亏无望，就失去了生存的意义，企业则不能生存。企业生存的另一个条件是，到期偿还，如果企业到期不能偿债，就可能被债权人接管或被法院宣告破产。因此，力求保持以收抵支和到其偿债能力，减少破产风险，使企业能够长期、稳定地生存下去，是对财务管理的第一个要求。

（2）发展

在科技不断发展的今天，在竞争日益激烈的市场中，一个企业如果不能发展，不断地提高企业产品和服务的质量，不能扩大企业的市场份额，就会被其他企业排挤出去甚至被市场淘汰。

汽车服务企业的发展集中表现为扩大收入，扩大收入的根本途径在于提高服务的质量、扩大维修和配件销售的数量，这就要求根据市场的需求，不断地更新设备，不断地提高技术，不断地提高企业服务人员的素质，而这些要求，都必须由企业付出大量的货币资金，企业的发展离不开资金。因此，筹集企业发展所需的资金，是对财务管理的第二个要求。

（3）获利

企业必须能够获利，才有存在的价值。建立汽车服务企业的目的是营利。在市场经济中，每一项资金的来源都是有成本的，每一项资产都是一项投资，都是要求有回报的，企业的财务人员应当使资金得到最大限度的使用。因此，通过合理有效的手段使企业营利，是对财务管理的第三个要求。

综上所述，汽车服务企业的目标是生存、发展和获利，企业的这个目标要求财务管理能完成筹措资金，并有效地加以投放和使用。企业的成功和生存，在很大程度上取决于它过去和现在的财务政策。财务管理不仅与资产的获得及合理使用有关，而且与企业的生产、销售管理发生直接联系。

### 2．企业财务管理的目标

企业财务管理的目标是理财活动所希望实现的结果，是评价理财活动是否合理的基本标准。不同的财务管理目标，应采用不同的财务管理运行机制。

（1）利润最大化目标

利润最大化目标是指通过对企业财务活动的管理，不断增加企业利润，使企业利润达到最大。企业财务管理人员在进行管理的过程中，将以此原则进行决策和管理。以利润最大化作为企业财务管理目标有合理的一面，即有利于企业经济效益的提高，但也存在以下问题：没有考虑利润的取得时间、资金的时间价值，企业在追求利润时容易产生短期行为；没有科学地考虑获取利润和所承担风险的关系；没有考虑所取得的利润与投资额之间的比例关系。

（2）每股盈余最大化目标

这种观点把企业的净利润和股东投入的资本联系起来考察。以每股盈余最大化作为企业财务管理目标，可以避免"利润最大化"的缺点，但也存在如下问题：没有考虑风险因素；没有考虑每股盈余取得的时间。

（3）股东财富最大化目标

股东财富最大化目标是指通过财务上的合理经营，使企业股东的财富达到最大。股东财富最大化，可演化为股票价格最大化，这是因为股东财富是由其所拥有的股票价格决定的，即股票价格达到最高时，股东财富也达到最大。股东财富最大化目标与利润最大化相比，具有以下优点：股东财富最大化目标便于计量、考核和奖惩；股东财富最大化目标能够克服企业在追求利润上的短期行为；股东财富最大化目标能够科学地考虑风险因素。但是股东财富最大化目标仍存在一些问题：适用范围小，只适合上市公司；考虑问题的范围窄，忽视了股东以外的企业其他关系人的利益。

（4）企业价值最大化目标

企业价值最大化目标是指通过企业财务上的合理经营，采用最优的财务政策，充分考虑资金的时间价值和风险与报酬的关系，以谋求企业整体价值达到最大化。以企业价值最大化作为财务管理目标的优点是：扩大了考虑问题的范围，并且注重在企业发展中考虑各方利益关系；科学地考虑了风险和报酬的关系；考虑了取得报酬的时间，并能用时间价值原理进行计量；能够克服企业在追求利润上的短期行为。企业进行财务管理，就是要正确比较报酬与风险之间的得失，努力实现二者之间的最佳平衡，使企业价值达到最大。所以，企业价值最大化目标体现了对经济效益的深层次认识，成为现代财务管理的最优目标。

## 4.1.2　企业财务管理的内容及作用

### 1．企业财务管理的内容

财务管理是对企业财务活动及所涉及的资产负债、所有者权益、收入、费用、利润等进行的管理。它包括了从企业开办到企业终止与清算的全部财务活动。

（1）筹资和投资管理

企业应按照社会主义市场经济的要求，建立企业资本金制度，确保资本金保全和完整。要采用科学的方法进行筹资和投资决策，选择有利的筹资渠道和投资方向，以取得良好的筹资效果和投资收益。

（2）资产管理

资产管理包括流动资产管理、固定资产管理、无形资产管理、递延资产管理和其他资产的管理。资产管理的目标是合理配置各类资产，充分发挥资产的效能，最大限度地加速资产的周转。

（3）成本费用管理

成本费用管理是指对企业生产经营过程中生产经营费用的发生和产品成本的形成所进行的预测、计划、控制、分析和考核等一系列管理工作。加强成本、费用管理是扩大生产、增加利润和提高企业竞争能力的重要手段。

（4）综合管理

综合管理包括财务指标管理体系、销售收入和赢利管理、企业终止与清算的管理、企业内部经济核算的管理和企业资产评估。

### 2．企业财务管理的作用

（1）财务管理是企业经营决策的重要参谋

企业经营决策，是有关企业总体发展和重要经营活动的决策。决策正确与否，关系到企业的生存和发展。在决策过程中，要充分发挥财务管理的作用，运用经济评价方法对备选方案进行经济可行性分析，为企业领导正确决策提供依据，当好参谋，保证所选方案具有良好的经济性。

（2）财务管理是企业聚财、生财的有效工具

企业进行生产经营活动必须具备足够的资金。随着生产经营规模的不断扩大，资金也要相应增加。无论是企业开业前还是在生产经营过程中，筹集资金是保证生产经营活动正常进行的重要前提。企业在财务管理中要依法合理筹集资金，科学、有效地用好资金，提高资金利用效果，创造更多的利润。

（3）财务管理是控制和调节企业生产经营活动的必要手段

企业财务管理主要是通过价值形式对生产经营活动进行综合管理，及时反映供、产、销过程中出现的问题，通过资金、成本、费用控制等手段，对生产经营活动进行有效的控制和调节，使其按预定的目标进行，取得良好的经济效益。

（4）财务管理是企业执行财务法规和财经纪律的有力保证

企业的生产经营活动必须遵守国家政策，执行国家有关财务法规、制度和财经纪律。资

金的筹集必须符合国家有关筹资管理的规定，成本、费用开支必须按规定的开支标准和范围执行，税金的计算和缴纳、利润的分配，都必须严格按税法和财务制度的规定执行。企业财务管理工作在监督企业经营活动，执行财务法规，遵守财经纪律方面有重要的使命，应起到保证作用。

### 4.1.3　影响企业财务管理目标的因素

研究企业财务管理环境的目的，在于使企业财务管理人员懂得，在进行各种财务活动时，应充分考虑各种环境因素的变化，做出相应的财务管理措施，以达到财务管理的预定目标。

**1．外部环境因素**

企业财务管理的外部环境是指存在于企业外部的，对企业财务活动具有影响的客观因素的综合。在市场经济条件下，企业财务管理的外部环境包括以下几个方面。

（1）法律环境

财务管理的法律环境是指企业和外部发生经济关系时，所应遵守的各种法律法规。主要包括以下几个方面。

① 企业组织法律规范。企业必须依法成立，组建不同的企业要按照不同的法律规范，这些法律规范包括《中华人民共和国公司法》、《中华人民共和国全民所有制企业法》等。

② 税务法律规范。任何企业都有法定的纳税义务，任何企业都必须按照税法纳税，包括《中华人民共和国增值税法》等，可分为3类：所得税、流转税及其他地方税法规范。

③ 财务法律规范。财务法律规范指企业进行财务处理时应遵循的法律规范，包括《中华人民共和国会计法》、《企业财务通则》等。

（2）金融环境

金融环境是企业重要的环境因素。金融机构、金融市场和利息率等因素是影响财务管理的主要金融环境因素。金融机构包括银行和非银行金融机构；金融市场主要包括外汇市场、资金市场、黄金市场等，是企业进行筹资和投资的场所。

（3）经济环境

宏观经济环境是指国家各项经济政策、经济发展水平及经济体制对财务管理工作的影响。经济政策包括财政、税收、物价、金融等各个方面的政策。这些政策都将对企业的经营和财务管理工作产生重要影响。企业在制定财务决策时，必须充分考虑有关经济政策对企业本身的影响。经济发展水平越低，财务管理水平也越低。经济体制是指对有限资源进行配置而制定并执行决策的各种机制。在社会主义市场经济体制下，我国企业筹资、投资的权利归企业所有，企业必须根据自身条件和外部环境做出各种各样的财务决策并实施。

**2．内部环境因素**

企业财务管理的内部环境是指企业内部客观存在的，对企业的财务活动能施加影响的所有因素的综合。企业财务管理的内部环境包括许多内容，其中对财务管理有重大影响的有企业管理体制和经营方式、市场环境、采购环境和生产环境等。在不同的企业内部环境约束下，企业应采取不同的财务政策和财务管理办法。

## 4.1.4　财务管理的原则与基础观念

### 1．财务管理的原则

（1）系统原则

财务管理经历了从资金筹集，到资金投放使用、耗费，到资金收回、分配等几个阶段，而这些阶段组成一个相互联系的整体，具有系统的性质。为此，做好财务工作，必须从各组成部分的协调和统一出发，这就是财务管理的系统原则。

（2）平衡原则

这包括两个方面的平衡：一是指资金的收支，在数量上和时间上达到动态的协调平衡，从而保证企业资金的正常周转循环；二是指赢利与风险之间相互保持平衡，即在企业经营活动中必须兼顾和权衡赢利与风险两个方面。承认赢利一般寓于风险之中的客观现实，不能只追求赢利而不顾风险，也不能害怕风险而放弃赢利，应该趋利避险，双方实现平衡。

（3）弹性原则

在财务管理中，必须在准确和节约的同时，留有合理的伸缩余地，以增强企业的应变能力和抵御风险能力。在实际中，常体现为实现收支平衡，略有节余。贯彻该原则的关键是防止弹性的过大或过小，因为弹性过大会造成浪费，而弹性较小会带来较大的风险。

（4）成本效益原则

企业理财目标是企业价值最大化，其内涵是在规避风险的前提下，所得最大，成本最低。因此，无论是在筹资、投资，还是日常的理财活动中，都应进行收益与成本的比较和分析。按成本效益原则进行财务管理时，在效益方面，既要考虑短期效益，又要考虑长期效益；在成本方面，既要考虑有形的直接损耗，又要考虑资金使用的机会成本，更要考虑无形的潜在损失。

（5）利益关系协调原则

企业不仅要管理好财务活动，而且要处理好财务活动中的财务关系，如企业与国家、所有者、债权人、债务人、内部各部门及职工个人之间的财务关系，这些财务关系从根本上讲是经济利益关系。因此，企业要维护各方面的合法权益，合理公平地分配收益，协调好各方面的利益关系，调动各方面的积极性，为同一个理财目标共同努力。

### 2．财务管理的基础观念

资金时间价值和投资风险价值是现代财务管理的两个基础观念，不管是在资金筹集管理、现金投放使用管理，还是在资金分配管理中，都必须加以考虑和应用。

（1）资金时间价值

资金时间价值是指资金在运动中，随着时间的推移而发生的增值，即一定量的货币资金在不同的时间上具有不同的价值，其实质是资金周转使用后的增值额。资金时间价值的大小取决于资金数量的多少、占用时间的长短、收益率的高低等因素。一定量的资金，周转使用时间越长，其增值额越大。

从形式上讲，资金的时间价值是资金所有权与使用权分离后，所有者向使用者索取的一种报酬；从来源上讲，资金时间价值是社会资金使用效益的一种体现。因此，企业的利润是资金时间价值的来源在社会范围内的再分配。

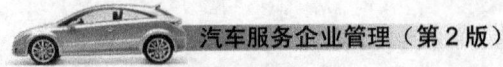

（2）投资风险价值

投资风险价值是指投资者由于冒着风险进行投资而获得的超过资金时间价值的额外收益，又称为投资风险收益、投资风险报酬。投资者所冒的风险越大，其要求的回报率也越高。投资风险价值可用风险收益额和风险收益率表示。

### 4.1.5 汽车服务企业财务管理系统

**1. 财务部门组织结构**

以 4S 店为例，财务管理组织布局中至少包括财务经理、整车销售会计、售后会计和出纳人员。财务经理是整个 4S 店财务管理的主题人物，拟定财务核算流程，对整个财务核算、售后办事实行监控管理，根据前期的销售情况和市场剖析实行下期资金的打算、调度和拟定订车计划工作，还包括融资、部门外部的管理、报表的审核。整车销售会计实行整车销售本钱的核算和整个公司的费用核算，销售景况的统计拟定及订车计划，执行企业薪酬管理制度。报表的编制，协助财务经理实行资金需求的预算。售后会计实行售后维修业务本钱的核算，包括人工、配件和单独配件销售及汽车美容修饰业务的核算。出纳人员每天从收银那里收回现金及时送存银行，校对整车销售清单和劳务结算单及现金情况。收银员登记整车销售表和售后维修结算单，并收存款项。

**2. 汽车服务企业财务核算流程**

（1）整车销售环节的财务核算

4S 店在进货过程中的最大局限是先给厂家汇款后到货。货先到发票同时或后到，为了及时实行资产登记和商品车的管理，应立即实行备查台账赋值和入账。到货的车辆金额可能和后到发票的金额不一致，则应在月末的时候实行调整，不一致的结转下月。每月的月底要随时查看进货增值发票税额和销项税额的均衡统计，防止销大于进，产生进项税额难以抵扣销项税额的情况，使企业利益受损。销售的时候依据销售部门的销售一览表实行单车本钱毛利的计算，在录入凭证时按类型和型号分别录入。销售本钱、毛利、提成和赞助等都要分项记账，属于费用项的进入销售费用计算。月底对库存商品及全月的销售情况和进货情况实行核对，并对下期进货情况实行预算。

（2）汽车售后维修业务的财务核算

汽车售后维修业务核算内容为：工时费、配件款、员工薪酬福利管理。这要借助于详尽的维修结算清单，此单为与客户结算的依据，也是开发票的依据，此项数据已事先设置好本钱和毛利并为计算机自动计算。

① 配件的核算，配件由维修工段根据维修必要填写领用清单从配件部领出，并按配件价值、工时费等记账，日报和月报都要实行结转。所以，每天要有经理日报表、每月月报表。月底对整车、配件、工时、配件库存核对无误后，依据整车销售发票、维修结算清单统计出整车、配件维修所产生的毛利。

② 业务量和工段在维修结算清单中都有记录，并经过计算机自动计算。每单维修业务计算机都不妨计算出毛利，月底再与配件领料单及毛利和人工费实行核对。配件销售业务可与售后维修业务中的配件核算对比核算。

③ 安全收入也是一项通常发生的业务，触及整车销售和售后维修。在整车销售过程中，4S 店一般都会代客户购买保险，保险公司会给必然的代收手续费和返利。4S 店在核算中应该单独列账实行核算，月底将代收手续费和返利转入利润（有业务代表提取局限的，按比例提取）。售后维修时，售后维修部根据安全核赔定损清单实行维修，核算时和一般的维修一样，实行绩效管理制度。

（3）VIP 客户修理费用核算

VIP 客户多为整体客户和恒久的售后维修客户，签了优惠的办事协议或事先取出必然的资金，在实行维修办事时给以必然折扣。在计算折扣时不妨事先在维修经营软件中设置好折扣比例，自动计算或在维修结算单输进去后，财务上再根据 VIP 客户维修费管理规定实行折扣。每日收银员将折扣清单汇总整理后在现金日报表上阐明，交财务核算。

## 4.2　财务基本知识

### 4.2.1　支票的使用

支票是出票人签发的，委托办理支票存款业务的银行在见票时，需无条件支付确定金额给收款人或持票人的票据。支票无金额起点。

**1．支票的种类**

支票按支付方式，可分为现金支票和转账支票。

① 现金支票。支票上印有"现金"字样的支票，只能用于支取现金。

② 转账支票。支票上印有"转账"字样的支票，只能用于转账，不能支取现金。

**2．填写支票的方法**

① 填写要求：为了防止涂改支票，必须做到标准化、规范化、要素齐全、数字正确和字迹清晰。签发支票应使用墨汁或碳素墨水填写。为了防止编造票据的出票日期，必须用中文大写。

② 填写日期。填写日期时，月为"壹"、"贰"和"壹拾"的，日为"壹"至"玖"和"壹拾"、"贰拾"和"叁拾"的，应在其前加"零"。日为"拾壹"至"拾玖"的，应在其前加"壹"。填写日期时填写位置要规范，不得出现错位、挤压现象，否则就是无效支票。

③ 金额。

大写：用正楷或行书填写。大写填写时应紧接"人民币"字样填写，不得留有空白。数字到"元"为止的，在"元"之后必须加"整"；数字到"角"、"分"为止的，"角"、"分"后不可以加"整"。

小写：使用阿拉伯数字填写时，均应在小写数字前填写人民币符号"￥"。

**3．支票的有效期**

自出票日起 10 日内有效，超出有效期的支票为无效支票，银行不予以受理。

#### 4．支票的背书

① 持票人向其开户行提示付款的，不需做委托收款背书（又称主动付款，出票人主动到自己的开户行送交支票，付款给收款人）。

② 委托收款背书。要求：被背书人栏填写收款人开户银行的名称，签章栏填写"委托收款"字样并签章。

③ 支票转让背书，背书应当连续，也就是指在转让中，转让支票的背书人与受让支票的背书人在支票上的签章，依次前后衔接。

#### 5．支票的挂失

丢失支票后，可以依据《中华人民共和国票据法》的规定，及时通知付款人或代理付款人挂失止付。

挂失支票的条件是，支票的各项要素必须齐全。在挂失时应填写挂失止付通知书并签章。填写内容包括：支票丢失的时间和事由；支票的种类、号码、金额、出票日期、付款日期、付款人名称和收款人名称；挂失止付人的名称、营业场所、住所及联系方法；交纳票面金额1%，但不低于5元的手续费；立即到人民法院办理挂失止付。银行暂停止付权限为12日，在这12日内银行没有收到人民法院的止付通知书，自第13日起，挂失止付通知书失效。

在失票人到银行办理挂失止付之前，此支票已经依法向持票人付款的，就不再办理挂失止付了。

#### 6．交存支票

① 收款人交存支票填写二联进账单。

② 出票人交存支票填写三联进账单。

③ 收款人和出票人在同一行开户的，收款和付款都是当时入账。

④ 出票人主动付款的，付款金额当时入账，收款金额提出交换；收款人交存他行支票，在过了退票期没有退票的情况下收入。

#### 7．有效支票

出票日期、收款人名称和出票金额，这三项记载缺一不可，否则就是无效支票，银行不予以受理。

### 4.2.2 银行汇票

#### 1．银行汇票的含义

银行汇票是出票银行签发的，由其在见票时按照实际结算金额无条件支付给收款人或持票人的票据。银行汇票的出票银行为银行汇票的付款人。单位和个人任何款项结算，均采用银行汇票。银行汇票可以用于转账，也可以填写"现金"字样的银行汇票用于取现金。

#### 2．银行汇票的要素

要标明"银行汇票"字样、出票金额、付款人名称、收款人名称、出票日期、出票人签章、无条件支付的承诺等，欠缺诸要素之一的银行汇票无效。

### 3. 银行汇票的有效期

银行汇票的有效期为自出票日起一个月。持票人超过付款期限提示付款的，代理付款人不予以受理。

### 4. 如何办理银行汇票

申请人使用银行汇票，应向出票银行填写"银行汇票申请书"，填明收款人名称、汇票金额、申请人名称、申请日期等项目并签章，而且要预留银行的签章。若申请人和收款人均为个人，需要使用银行汇票向代理付款人（兑付行）支取现金的，申请人在"银行汇票申请书"上注明代理付款人名称，在"汇票金额'栏先填写"现金"字样，后填写汇票金额。

申请人或收款人为单位的，不得办理"现金"汇票。

签发转账银行汇票，不得填写代理付款人（兑付行）名称；签发现金银行汇票，申请人和收款人必须均为个人，在银行汇票"出票金额"栏填写"现金"字样，后填写出票金额，并填写代理付款人名称。

### 5. 解付银行汇票

① 收款人收到银行汇票之后，应在出售金额之内，将实际结算金额和多余金额准确、清晰地填入银行汇票和解讫通知的有关栏内。未填写实际结算金额和多余金额，或者实际结算金额超出票面金额的银行汇票，银行不予受理。

② 银行汇票实际结算金额不得更改，更改实际结算金额的银行汇票无效。

③ 持票人向银行提示付款时，必须同时提交银行汇票和解讫通知，缺少任何一联，银行不予受理。

④ 持票人向银行提示付款时，应在汇票的背面"持票人向银行提示付款签章"处签章，签章须与预留银行签章相同，并将银行汇票、解讫通知和进账单一同送交银行。

⑤ 如果持票人是未在银行开立账户的个人，则可以向选择的任何一家银行提示付款。提示付款时，应在汇票的背面"持票人向银行提示付款签章"处签章，并填写本人身份证名称、号码及发证机关，由其本人向银行提交本人身份证及其复印件。

银行汇票的实际结算金额低于出售金额，即有多余金额的，其多余金额由出票银行退交申请人。

⑥ 申请人因银行汇票超过付款提示期限或因其他原因要求退款时，应将银行汇票和解讫通知同时提交到出票银行，做未用退回处理。申请人为单位的，应出具该单位的证明；申请人为个人的，应出具本人的身份证件。

⑦ 银行汇票的背书和挂失与支票相同。

## 4.2.3 票据

### 1. 发票

发票是单位和个人在购销商品、提供或者接受服务以及从事其他经营活动中，开具、取得的收付款凭证。发票根据其作用、内容及使用范围的不同，可以分为普通发票和增值税专用发票两大类。

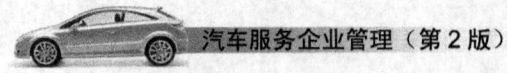

（1）普通发票

普通发票是指在购销商品、提供或接受服务以及从事其他经营活动中，所开具和收取的收付款凭证。它是相对于增值税专用发票而言的，即任何单位和个人在购销商品、提供或接受服务以及从事其他经营活动中，除增值税一般纳税人开具和收取的增值税专用发票之外，所开具和收取的各种收付款凭证均为普通发票。个人发票一般泛指个人开具的发票，多为普通手撕发票。

（2）增值税专用发票

增值税专用发票是为加强增值税的征收管理，根据增值税的特点而设计，专供增值税一般纳税人销售货物或应税劳务使用的一种特殊发票，只限于经税务机关认定的增值税一般纳税人领购使用。

### 2. 税票

税票是税务机关征收税款时所用的各种专用凭证。

① 特点。税票是一种可以无偿收取货币资金的凭证；税票填用后将成为征纳双方会计核算的原始凭证；税票是纳税人履行纳税义务的唯一合法凭证。

② 分类。1994 年国家税务总局制定了全国统一的税收票证式样，共 21 种。按税票的征款方式不同，又可分为以下三类。

税收缴款书类，包括税收缴款书、出口产品税专用缴款书、固定资产投资方向调节税专用缴款书、税收汇总专用缴款书共 4 种。

税收完税证类，包括税收完税证、税收定额完税证、车船使用税定额完税证、代收代扣税款凭证、印花税票共 5 种。

纳税人票证管理的其他票证类。包括税收罚款收据、税收收入退还书、小额税款退税凭证、出口产品完税分割单、固定资产方向调节税零税率项目凭证、税票调换证、纳税保证金收据、印花税票销售凭证、税收票证监制章、征税专用章、印花税收讫专用章、车船使用税完税和免税票共 12 种。

③ 填写税票首先应了解各种票证的内容、用途及填写规定，然后逐项逐栏如实填写。

## 4.2.4　财务结算

### 1. 同城结算与异地结算

根据国内转账结算交易双方所处的地理位置，分为同城结算与异地结算两种。

① 同城结算指同一城镇内各单位之间发生经济往来而要求办理的转账结算。同城结算有支票结算、委托付款结算、托收无承付结算和同城托收承付结算等。其中支票结算是最常用的同城结算。

② 异地结算指异地各单位之间发生经济往来而要求办理的转账结算。异地结算基本方式有异地托收承付结算、信用证结算、委托收款结算、汇兑结算、银行汇票结算、商业汇票结算、银行本票结算和异地限额结算等。其中，异地托收承付结算、银行汇票结算、商业汇票结算、银行本票结算和汇兑结算是最常用的异地结算手段。

### 2．现金结算与转账结算

货币结算按其支付方式的不同，可分为现金结算和转账结算。

① 现金结算是发生经济行为的关系人直接使用现金结清应收、应付款的行为。

② 转账现金是发生经济行为的关系人使用银行规定的票据和结算凭证，通过银行划账方式，将款项从付款单位账户划到收款单位的账户，以结清债权债务的行为。转账结算是货币结算的主要方式。转账结算的主要信用工具有支票、汇兑、委托收款、银行汇票、商业汇票、银行本票和信用卡等 7 种。支票结算是最常用的同城结算方式。

### 3．支票结算流程

① 开立账户办理结算。

② 付款人根据商品交易、劳务供应或其他经济往来向收款人签发支票。

③ 收款人将商品发运给付款人，或向付款人提供劳务服务。有时，根据实际情况，收款人在未接到支票的情况下，也可先提供商品或劳务服务，后收取支票。

④ 收款人将支票送交开户银行入账。

⑤ 收款人开户银行向付款人开户银行提出清算。

⑥ 付款人开户银行根据有关规定计划转货款或劳务服务款。

⑦ 收款人开户银行给收款人收妥款项后，通知收款人入账。

⑧ 付款人与开户银行定期对账。

## 4.3　汽车服务企业基层工作中的财务活动

### 1．汽车购销中的结算方式

结算方式是指用一定的形式和条件来实现企业间或企业与其他单位或个人间货币收付的程序和方法，分现金结算和非现金结算（转账结算）两种。

现金结算是以直接收付现金的方式，结清因商品交易、劳务供应等业务的往来款项。而非现金结算是指收付款双方通过银行以划拨清算的方式，把款项从付款单位存款户转入收款单位存款户。企业除按照规定的现金使用范围可用现金进行结算外，其余都必须通过银行进行转账结算。在十几年前，这些支付手段相对于人们的"现金情结"来说，几乎是难以想象的。

（1）现金结算

汽车销售服务企业以私人客户为主，尤其是近年来，汽车价格大幅度降低，私家车日渐增多，私人购车的比例已占到总销量的 70%以上，因此现金结算仍然是汽车销售的重要结算方式之一。而相对整车销售而言，汽车零配件销售及维修费用的收款等则更是以现金结算为主。

（2）非现金结算

非现金结算，指不使用现金结算，而借助于现代支付工具或以转账结算的方式结算资金的方式。结算工具的使用，对于加快资金周转，提高资金使用效益具有非常重要的作用。在现代经济社会中，非现金支付工具在市场经济发展中越来越重要，已基本形成了以汇票、支票、本票和银行卡为主体，汇兑、定期借记、直接贷记、网上支付等结算方式为补充的非现金支付工具体系。

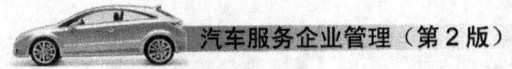

**2. 汽车消费信贷**

汽车消费信贷，即对申请购买轿车的借款人发放的人民币担保贷款；是金融机构向申请购买汽车的用户发放的人民币担保货款，由购车人分期向金融机构归还贷款本息的一种消费信贷业务；是银行与汽车销售商向购车者一次性支付车款所需的资金提供担保贷款，并联合保险、公证机构为购车者提供保险和公证。

我国汽车消费信贷主要分为信用卡分期购车、汽车金融公司贷款和银行个人购车贷款三种。

（1）信用卡分期购车

信用卡分期购车不是一般意义上的刷信用卡买车，其在金额和还款利率手续费上受到了很大的限制，刷卡额度不能超出信用卡的信用额度，适合缺少少量购车资金的消费者。

最近几年兴起的信用卡分期购车服务是由发卡银行和汽车企业合作开展的汽车金融服务，按照产品的不同，其贷款金额最多可以达到20万元，可以分12期、18期、24期等归还，一般都没有利息，只收取占分期金额3.50%～10%的手续费，有些促销产品甚至免收手续费。

只要持卡人信用良好、有稳定收入，一些银行最快几个小时即可审批完成。一般没有户籍和财产方面的限制。

信用卡分期购车的裸车价一般是以市场实际售价为准，不必按照企业指导价来进行。部分零手续费的产品实际上相当于汽车经销商负担手续费，所以购车价格基本没有优惠，必须按厂家指导价购买，消费者购买时应当仔细权衡。

（2）汽车金融公司贷款

汽车金融公司是指经中国银行业监督管理委员会批准设立的，为中国境内的汽车购买者及消费者提供金融服务的非银行金融机构。目前中国市场上主要的汽车金融公司有上汽通用、大众、福特、丰田、戴克和北京现代等公司，各公司所提供的金融产品既相同又各有特色，分别适用于不同的车型。通常情况下，这种公司具有门槛低、首付比例低，贷款时间长、审批灵活、速度快等特点，可以说汽车金融公司贷款逐渐成为许多消费者选择购车贷款的主要渠道之一。

（3）银行个人购车贷款

银行个人购车贷款，即银行对申请购买轿车的借款人发放的人民币担保贷款；是银行与汽车销售商向购车者一次性支付车款所需的资金提供担保贷款，并联合保险、公证机构为购车者提供保险和公证，一般按照基准利率执行。银行个人购车贷款不限车型、不限车商，贷款期限一般为1～5年，首付为20%～40%（各银行略有不同）。

银行个人购车贷款还款方式主要有等额本息还款法和等额本金还款法两种。前者是把按揭贷款的本金总额与利息总额相加，然后平均分摊到还款期限的每个月中，每个月的还款额是固定的，但每月还款额中的本金比重逐月递增、利息比重逐月递减；后者是指贷款人将本金分摊到每个月内，同时付清上一交易日至本次还款日之间的利息。

等额本息还款法每月还款金额＝

$$[贷款本金 \times 月利率 \times (1+月利率)^{还款总期数}] \div [(1+月利率)^{还款期数} - 1]$$

等额本金还款法每月还款金额＝

$$(贷款本金 \div 还款月数) + (本金 - 已归还本金累计额) \times 每月利率$$

## 4.4　汽车服务企业筹资管理

资金是汽车服务企业进行生产经营活动的必要条件。企业筹集资金，是指企业根据生产经营、对外投资和调整资金结构的需要，通过筹资渠道和资金市场，运用筹资方式，经济有效地筹措资金的过程。

### 4.4.1　筹资管理的目标和原则

#### 1．企业筹资的目的和要求

企业进行资金筹措的基本目的是为了自身的生存和发展，通常受一定动机的驱使，主要有业务扩展性动机、偿债动机和混合性动机。

企业筹集资金总的要求是要分析评价影响筹资的各种因素，讲究筹资的综合效果。主要包括确定资金需要量、控制资金投放时间、选择资金来源渠道、确定合理资金结构等。

#### 2．筹资管理的目标

筹资管理的目标，是在满足生产经营需要的情况下，不断降低资金成本和财务风险。汽车服务企业，为了保证服务活动的正常进行或扩大经营服务范围，必须具有一定数量的资金。企业的资金可以从多种渠道、用多种方式来筹集，而不同来源的资金，其可使用时间的长短、附加条款的限制、财务风险的大小、资金成本的高低都不一样。企业应该以筹集企业必需的资金为前提，以较低的筹资成本和较小的筹资风险获取较多的资金，满足企业生产经营的需要。

#### 3．筹资原则

企业筹资是一项重要而复杂的工作，为了有效地筹集企业所需资金，必须遵循以下基本原则。

（1）规模适当原则

企业的资金需求量往往是不断变动的，企业财务人员要认真分析科研、生产、经营状况，采用一定的方法，预测资金的需求数量，确定合理筹资规模，既要避免因筹资不足而影响生产经营的正常进行，又要防止资金筹集过多而造成资金浪费。

（2）筹措及时原则

企业财务人员在筹集资金时必须考虑资金的时间价值。根据资金需求的具体情况，合理安排资金的筹集时间，适时获取所需资金，既要避免过早筹集资金形成资金投放前的闲置，又要防止取得资金的时间滞后，错过资金投放的最佳时间。

（3）来源合理原则

资金的来源渠道和资金市场为企业提供了资金源泉和筹资场所，反映资金的分布状况和供求关系，决定着筹资的难易程度。不同来源的资金，对企业的收益和成本有不同的影响，企业应认真研究资金来源渠道和资金市场，合理选择资金来源。

（4）方式经济原则

企业筹集资金必然要付出一定的代价，不同的渠道、不同的方式下筹集到的资金其筹集成本不同，因此，企业在筹资时应对各种筹资方式进行分析、对比，选择经济、可行的筹资方式，确定合理的资金结构，以便降低成本、减少风险。

（5）风险原则

采取任何方式筹资都会有一定的风险，企业要筹资，就要冒风险，但这种冒险不是盲目的，必须建立在科学分析、严密论证的基础上，根据具体情况做具体分析。在实际工作中，并不一定风险越小越好，但风险太大也不好。

（6）信用原则

企业不论以何种渠道、何种方式筹集资金，都必须恪守信用，这也是财务管理原则在筹资工作中的具体化。

## 4.4.2 企业筹资管理中的相关概念

### 1. 权益资本与负债资本

（1）权益资本

权益资本是企业依法长期拥有、自主调配使用的资金，主要包括资本公积金、盈余公积金、实收资本和未分配利润等。权益资本主要通过吸取直接投资和发行股票等方式筹集，其所有权归投资者所有，又称自有资金。

（2）负债资本

负债资本是企业依法筹集并依约使用，按期偿还的资金，包括银行及其他金融机构的各种贷款、应付债券、应付票据等，又称借入资金或债务资金。负债资本主要通过银行贷款、发行债券、商业信用、融资合作等方式筹集。它体现了企业与债权人之间的债权债务关系。

### 2. 资金成本与资金结构

（1）资金成本

为筹集和使用资金而付出的代价就是资金成本，主要包括筹资费用和资金使用费用两部分。前者，如向银行借款时需要支付的手续费、发行股票债券等而支付的发行费用等；后者，如向股东支付的股利、向银行支付的利息、向债券持有者支付的债息等。

资金成本是比较筹资方式、选择筹资方案的依据，资金成本是评价投资项目、比较投资方案和追加投资决策的主要经济标准，资金成本还可以作为评价企业经营成果的依据。

（2）资金结构

广义的资金结构是指企业各种资金的构成及其比例关系。短期债务资金占用时间短，对企业资金结构影响小，而长期债务资金是企业资金的主要部分，所以通常情况下，企业的资金结构指的是长期债务资金和权益资本的比例关系。

## 4.4.3 筹资渠道与筹资方式

企业资金可以从多种渠道、用多种方式来筹集。筹资渠道是筹措资金来源的方向与通道。筹资方式是指企业筹集资金采用的具体形式。研究筹资渠道与方式就是为了明确企业资金的来源并选择科学的筹资方式，经济有效地筹集到企业所需资金。

**1. 筹资渠道**

**（1）国家财政资金**

国家财政资金进入企业有两种方式：一是国家以所有者的身份直接向企业投入的资金，这部分资金在企业中形成国家的所有者权益；二是国家通过银行以贷款的方式向企业投资，形成企业的负债。国家财政资金虽有利率优惠、期限较长等优点，但国家贷款的申请程序复杂，并且规定了用途。

**（2）银行信贷资金**

银行贷款是指银行以贷款的形式向企业投入资金，形成企业的负债（在特定情况下，银行也可以直接持有企业的股份）。银行贷款是我国目前各类企业最主要的资金来源渠道。

**（3）非银行金融机构资金**

非银行金融机构资金主要是指信托投资公司、保险公司、证券公司、租赁公司、企业集团、财务公司提供的信贷资金及物资融通等。

**（4）其他企业资金**

其他企业资金主要是指企业间的相互投资，以及在企业间的购销业务中通过商业信用方式取得的短期信用资金占用。

**（5）居民个人资金**

居民个人资金是指在银行及非银行金融机构之外的居民个人的闲散资金。

**（6）企业内部形成资金**

企业内部形成资金是指所有者通过资本公积、盈余公积和未分配利润等形式留在企业内部的资金，是所有者对企业追加投资的一种形式，并成为所有者权益的组成部分。

**（7）外商资金**

外商资金是指外国投资者及我国香港、澳门和台湾地区的投资者投入的资金。

**2. 企业资金筹集的方式**

目前，企业在国内筹资方式主要有吸收直接投资、发行股票、发行债券、银行贷款、租赁筹资、商业信用等。

**（1）吸收直接投资**

吸收直接投资是指企业在生产经营过程中，投资者或发起人直接投入企业的资金，包括固定资产、流动资产和无形资产。这部分资金一经投入，便构成企业的权益资本。这种筹资方式是非股份制企业筹集权益资本的最重要的方式。

**（2）发行股票**

发行股票是股份制企业筹集权益资本的最重要的方式。股票是股份制企业为筹集自有资本而发行的有价证券，是股东按其所持股份享有权利和承担义务的书面凭证，代表持股人对股份公司的所有权。根据股东承担风险和享有权利的不同，股票可分为优先股和普通股两大类。

① 发行优先股筹资。优先股是企业为筹集资金而发行的一种混合性证券，兼有股票和债券的双重属性，在企业盈利和剩余财产分配上享有优先权。优先股具有如下特点：第一，优先股的股息率是事先约定而且固定的，不随企业经营状况的变化而波动，并且企业对优先股的付息在普通股付息之前；第二，当企业破产清算时，优先股的索取权位于债券持有者之后和普通股持有者之前；第三，优先股持有者不能参与企业的经营管理，且由于其股息是固定

的，当企业经营景气时，不能像普通股那样获取高额盈利；第四，与普通股一样列入权益资本，股息用税后净值发放，得不到免税优惠；第五，优先股发行费率和资金成本一般比普通股票低。

② 发行普通股筹资。普通股代表着一种剩余财产的所有权，即满足所有权后对企业收入和资产的所有权，普通股股东拥有并控制企业，具有选举董事会、获取股息和红利收入、出售和转让股份等权利。基本特征包括以下几点。第一，风险性。股票一经购买就不能退还本金，而且购买者能否获得预期利益，完全取决于企业的经营状况。第二，流动性。尽管股票持有者不能退股，但可以将股票转让或作为抵押品。正是股票的流动性，促使社会资金有效配置和高效利用。第三，决策性。普通股票的持有者有权参加股东大会，参与企业的经营管理决策。第四，股票交易价格和股票面值的不一致性。股票作为交易对象，也像商品一样，有自己的市场价格。这种不一致性，给企业带来强大的压力，迫使其提高经济效益，同时，也产生了社会公众的资本选择行为。

（3）发行债券筹资

企业债券是指企业按照法定程序发行，约定在一定期限内还本付息的债券凭证。代表持有人与企业的一种债务关系。企业发行债券一般不涉及企业资产所有权、经营权，企业债权人对企业的资产和所有权没有控制权。

债券的种类有不同的划分方法。按照发行区域，可分为国内债券和国际债券；按照有无担保，可分为无担保债券和有担保债券；按照能否转换成公司股票，可分为可转换债券和不可转换债券；按公司是否拥有提前收回债券的权利，可分为可收回债券和不可收回债券。债券的基本特征有以下几点。第一，期限性。各种公众债券在发行时都要明确规定归还期限和条件。第二，偿还性。企业债券到期必须偿还本息。不同的企业债券有不同的偿还级别，如果企业破产清算，则按优先级别先后偿还。第三，风险性。企业经营总有风险，如果企业经营不稳定，风险较大，其债券的可靠性就较低，受损失的可能性也比较大。第四，利息率。发行债券要事先规定好利息率，通常债券的利息率固定，与企业经营效果无关，无论经营效果如何，都要按时、按固定利息率向债权人支付利息。

（4）银行贷款

银行贷款是指银行按一定的利率，在一定的期限内，把货币资金提供给需要者的一种经营活动。银行贷款筹资，是指企业通过向银行借款以筹集所需资金。贷款利率的大小随贷款对象、用途、期限的不同而不同，并且随着金融市场借贷资本的供求关系的变动而变动。流动资金的贷款期限可按流动资金周转期限、物资耗用计划或销售收入来确定；固定资产投资贷款期限一般按投资回收期来确定。

企业向银行贷款，必须提出申请并提供详尽的可行性研究报告及财务报表，获准后在银行设立账户，用于贷款的取得、归还和结存核算。

（5）租赁筹资

租赁是一种以一定费用借贷实物的经济行为，即企业依照契约规定，通过向资产所有者定期支付一定量的费用，从而长期获得某项资产使用权的行为。现代租赁按其形态主要分为两大类：融资性租赁和经营性租赁。融资性租赁是指承租方通过签订租赁合同获得资产的使用权，然后在资产的经济寿命期内按期支付租金。融资租赁是一个典型的企业资金来源，属于完全转让租赁。经营性租赁是不完全转让租赁。它的租赁期较短，出租方负责资产的保养

与维修，费用按合同规定的支付方式由承租方负担。由于出租资产本身的经济寿命大于租赁合同的持续时间，因此，出租方在一次租赁期内获得的租金收入不能完全补偿购买该资产的投资。

（6）商业信用

商业信用是指企业之间的赊销赊购行为。它是企业在资金紧张的情况下，为保证生产经营活动的连续进行，采取延期支付购货款和预收销货款而获得短期资金的一种方式。采用这种方式，企业必须具有较好的商业信誉，同时，国家也应该加强引导和管理，避免引发企业间的三角债务。

企业筹资过程中，究竟通过哪种渠道，采用哪一种方式，都必须根据企业自身情况来确定。

## 4.4.4　企业筹资决策分析

### 1．资本成本的确定

资本成本是指企业为筹措和使用资本而付出的代价，包括筹资过程中发生的费用，如股票、债券的发行费用；在占用资金过程中支付的报酬，如利息、股利等。合理测定各种来源的资本成本是筹资决策的一项重要内容。

企业通常是通过多种渠道、采用多种方式来筹措资金的。不同来源的资金其成本也不同。为了进行筹资决策和投资决策、确定最佳资本结构，需要测算企业各种资金来源的综合资本成本和边际资本成本。综合资本成本是以各种资本占全部资本的比重为权数，对各种来源的资本的成本进行加权平均计算，又称为加权平均资本成本。综合资本成本是由个别资本成本和加权平均权数两个因数所决定的。边际资本成本是企业筹措新资金的成本。边际资本成本是加权平均资本成本的一种形式，其计算方法也按加权平均法计算，是企业追加筹资额时必须考虑的因素。

### 2．财务风险衡量

财务风险是由企业筹资决策所带来的风险，有两层含义：一是指企业普通股东收益的可变性；二是指企业利用财务杠杆而造成的财务困难的可能性。财务杠杆是指利用资本成本固定性的筹资方式，主要是借债、租赁和优先股筹资方式，对普通股每股利润和企业价值会产生影响，同时也会产生财务风险。财务杠杆的基本原理是在长期资金总额不变的条件下，企业从营业利润中支付的债务成本是固定的，当营业利润增多或减少时，每元营业利润所负担的债务成本就会相应地减少或增大，从而给每股普通股带来额外的收益或损失。

财务风险是指由于利用财务杠杆，给企业带来的破产风险或普通股收益发生大幅度变动的风险。因为，在筹资决策分析中，科学衡量财务风险是企业实现预期筹资与投资效益的保证，其常用的分析方法有期望值分析法、标准离差分析法等。

### 3．资本结构优化

资本结构是指企业各种资金的构成及其比例关系，通常是指企业长期负债资本和权益资本的比例关系。资本结构是企业筹资决策的核心问题。企业在筹资决策过程中应确定最佳资本结构，并在以后追加筹资时继续保持最佳资本结构。

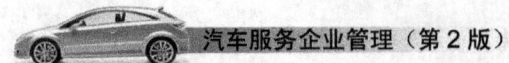

在企业资本结构中，合理地安排负债资金，对企业有重要影响。由于负债资金具有双重作用，即适当利用负债，可以减小企业资金成本，但当企业负债比例太高时，会带来较大的财务风险，因此，企业必须权衡财务风险与资金成本的关系，确定最佳的资本结构。所谓优化资本结构，即促使资本结构最佳组合，在兼顾风险的基础上，达到综合资本成本率最低。

## 4.5　汽车服务企业资产的管理

资产是企业所拥有或控制，能用货币计量，并能为企业提供经济效益的经济资源，包括各种财产、债权和其他权利。资产的计价以货币作为计量单位，反映企业在生产经营的某一个时间点上所实际控制资产存量的真实状况。对企业来说，管好、用好资产是关系到企业兴衰的大事，必须予以高度的重视。

资产按其流动性通常可以分为流动资产、固定资产、长期投资、无形资产、递延资产和其他资产。这里只介绍流动资产和固定资产的管理。

### 4.5.1　流动资产管理

流动资产是指可以在1年内或者超过1年的一个营业周期内变现或运用的资产。流动资产在企业再生产过程中是一个不断投入和回收的循环过程，很难评价其投资报酬率。从这一点上看，对流动资产进行管理的基本任务是：努力以最低的成本满足生产经营周转的需要，提高流动资产的利用效率。

按资产的占用形态，流动资产可分为现金、短期投资、应收及预付款和存货。在汽车服务企业中，流动资产主要指现金及有价证券、应收账款、存货等。这里仅介绍现金、应收账款及存货的管理。

#### 1. 现金管理

现金是企业占用在各种货币形态上的资产，是企业可以立即投入流通的交换媒介，是企业流动性最强的资产。属于现金的项目，包括库存现金、银行存款、各种票据、有价证券，各种形式的银行存款和银行汇票、银行本票等。

作为变现能力最强的资产，现金是满足正常经营开支、清偿债务本息、履行纳税义务的重要保证，同时，现金又是一种非营利性资产，持有量过多，企业承担较大的机会成本，降低资产的获利能力。因此，必须在现金流动性与收益性之间做出合理的选择。

现金管理的目的是在保证企业生产经营所需现金的同时，节约使用资金，并从暂时闲置的现金中获得最多的利息收入。

现金管理的内容主要包括：编制现金收支计划，以便合理地估算未来的现金需求；对日常现金收支进行控制，力求加速收款，延缓付款；用特定的方法确定理想的现金余额，即当企业实际的现金余额与最佳的现金余额不一致时，采用短期融资或归还借款和投资有价证券等策略来达到比较理想的状况。

现金收支计划是预定企业现金的收支状况，并对现金进行平衡的一种打算。它是企业财务管理的一项重要内容。

### 2．应收账款管理

应收及预付款是一个企业对其他单位或个人有关支付货币、销售产品或提供劳务而引起的索款权。它主要包括应收账款、应收票据、其他应收款、预付货款等。汽车服务企业所涉及的有关应收及预付款的业务主要是：企业提供汽车维修的劳务性作业而发生的非商品交易的应收款项、企业在外地购买设备或材料配件等而发生的预付款项、其他业务往来及费用的发生涉及的其他应收款项。

应收账款是企业因销售产品、材料，提供劳务等业务，应向购货单位或接受劳务单位收取的款项。汽车服务企业因销售产品、提供汽车维修劳务等发生的收入，在款项尚未收到时属于应收账款。应收账款的功能在于增加销件、减少存货，同时，也要付出管理成本，甚至发生坏账，近年来，由于市场竞争的日益激烈，汽车服务企业应收账款数额明显增多，已成为流动资产管理中的一个日益重要的问题。为此，要加强对应收账款的日常控制，做好企业的信用调查和信用评价，以确定是否同意顾客赊账。当顾客违反信用条件时，还要做好账款催收工作，确定合理的收账程序和讨债方法，使应收账款政策在企业经营中发挥积极作用。

### 3．存货管理

库存是指企业在生产经营过程中，为销售或耗用而储存的各种物资。对于汽车服务企业来说，库存主要是为耗用而储备的物资，一般是指汽车维修的材料、配件等。由于它们经常处于不断耗用与不断补充之中，具有鲜明的流动性，且通常是企业数额最大的流动资产项目。库存管理的主要目的是控制库存水平，在充分发挥库存功能的基础上，尽可能地减少存货，降低库存成本。常用存货控制的方法是分级归口控制，主要包括以下3项内容。

① 在厂长经理的领导下，财务部门对存货资金实行统一管理，包括制定资金管理的各项制度，编制存货资金计划，并将计划指标分解落实到基层单位和个人，对各单位的资金运用情况进行检查和分析，统一考核资金的使用情况。

② 实行资金的归口管理，按照资金的使用与管理相结合、物资管理与资金管理相结合的原则，每项资金由哪个部门使用，就由哪个部门管理。

③ 实行资金的分级管理，即企业内部各管理部门要根据具体情况将资金计划指标进行分解，分配给所属单位或个人，层层落实，实行分级管理。

## 4.5.2　固定资产管理

固定资产是指使用期限较长、单位价值较高的主要劳动资料和服务资料，并且在使用过程中保持原有实物形态的资产，主要包括房屋及建筑物、机器设备、运输设备和其他与生产经营有关的设备、工具、器具等。固定资产是汽车服务企业中资产的主要种类，是资产管理的重点。

### 1．固定资产的分类及计价

#### （1）固定资产的种类及特征

按经济用途，可将固定资产分为生产用固定资产、销售用固定资产、科研开发用固定资产和生活福利用固定资产4种。汽车服务企业的固定资产主要是生产性固定资产，且多为专用设备。

按使用情况不同，可将固定资产分为使用中的固定资产、未使用的固定资产和不需用的固定资产。

按所属关系不同，可将固定资产分为自有固定资产和融资租入的固定资产。

固定资产的特征：投资时间长，技术含量高；收益能力高，风险较大；价值的双重存在；投资的集中性和回收的分散性。

固定资产是企业资产中很重要的一部分，其数额表示企业的生产能力和扩张情况。因此必须加强对固定资产的管理。固定资产管理的任务是：认真保管，加强维修，控制支出，提高利用率，合理计算折旧。

（2）固定资产的计价

固定资产的价值按货币单位进行计算，称为固定资产的计价。正确对固定资产进行计价，严格按国际标准和惯例，如实反映固定资产的增减变化和占用情况，是加强固定资产管理的重要条件，也是正确计算折旧的重要依据。

为了全面反映固定资产价值的转移和补偿特点，固定资产通常采用以下3种计价形式。

① 原值。即原始价值，是指企业在购置和建造某项固定资产时支出的货币总额。

② 净值。即折余价值，是指固定资产原值减去累计折旧后的余额，反映了固定资产的现有价值。

③ 重置价值。即重置完全价值，是指在当前市场价格水平下，重新购建该项固定资产或与其具有相同生产能力的固定资产所需的全部支出。当企业因故取得无法确定原价的固定资产时，可按重置价值计价入账。

以上3种计价标准，对固定资产的管理有着不同的作用。采用原值和重置价值，可使固定资产在统一计价的基础上，如实地反映企业固定资产的原始投资，并用来计算折旧。采用折余价值，可以反映企业当前实际占用在固定资产上的资金，将折余价值与原始价值比较，可以了解固定资产的新旧程度。

### 2．固定资产的日常管理

为了提高固定资产的使用效率，保护固定资产的安全完整，做好固定资产的日常管理工作至关重要。其主要包括以下几个方面。

（1）实行固定资产归口分级管理

企业的固定资产种类繁多，其使用单位和地点又很分散。为此，要建立各职能部门、各级单位在固定资产管理方面的责任制，实行固定资产的归口分级管理。

归口管理就是把固定资产按不同类别，交相应职能部门负责管理。各归口管理部门要对所分管的固定资产负责，保证固定资产的安全完整。分级管理就是按照固定资产的使用地点，由各级使用单位负责具体管理，并进一步落实到班组和个人，做到层层有人负责，物物有人管理，保证固定资产的安全管理和有效利用。

（2）编制固定资产目录

为了加强固定资产的管理，企业财务部门要会同固定资产的使用和管理部门，按照国家规定的固定资产划分标准，分类详细地编制"固定资产目录"。在编制"固定资产目录"时，要统一固定资产的分类编号。各管理部门和各使用部门的账、卡、物要统一用此编号。

（3）建立固定资产卡片或登记簿

固定资产卡片实际上是以每一独立的固定资产项目为对象开设的明细账。企业在收入固定资产时设立卡片，登记固定资产的名称、类别、编号、预计使用年限、原始价值、建造单位等原始资料，还要登记有关验收、启用、大修、内部转移、调出及报废清理等内容。

实行这种办法有利于保护企业固定资产的完整无缺，促进使用单位关心对设备的保养和维护，提高设备的完好程度，有利于做到账账、账实相符，为提高固定资产的利用效果打下良好的基础。

（4）正确地核算和提取折旧

固定资产的价值是在再生产过程中逐渐地损耗并转移到产品中去的。为了保证固定资产在报废时能够得到更新，在其正常使用过程中，要正确计算固定资产的折旧，以便合理地计入产品成本，并以折旧的形式收回，以保证再生产活动的持续进行。

（5）合理安排固定资产的修理

为了保证固定资产经常处于良好的使用状态和充分发挥工作能力，必须经常对其进行维修和保养。固定资产修理费一般可直接计入有关费用，但若修理费支出不均衡且数额较大时，为了均衡企业的成本、费用负担，可采取待摊或预提的办法。采用预提办法的，实际发生的修理支出冲减预提费用：实际支出大于预提费用的差额，计入有关费用；小于预提费用的差额冲减有关费用。

（6）科学地进行固定资产更新

财务管理的一项重要内容是根据企业折旧基金积累的程度和企业发展的需要，建立起企业固定资产适时更新规划，满足企业周期性固定资产更新改造的要求。

### 3．固定资产的折旧管理

（1）固定资产折旧与折旧费的概念

固定资产在使用过程中，由于机械磨损、自然腐蚀、技术进步及劳动生产率提高而引起的价值损耗，逐渐地、部分地转移到营运成本费用中。这种转移到营运成本费用中的固定资产价值损耗，称为固定资产折旧。

固定资产的损耗分为有形损耗和无形损耗两种。有形损耗是指由于机械磨损、自然力影响及腐蚀而引起使用价值和价值的绝对损失；无形损耗是指由于技术进步和生产率的提高而引起的固定资产价值的相对损失。

固定资产由于损耗而转移到成本费用中的那部分价值，应以折旧费的形式按期计入成本费用，不得冲减资本金。固定资产转移到成本费用中的那部分价值称为折旧费。

（2）固定资产折旧的计算方法

固定资产的价值是随使用而逐渐减少的，以货币形式表示的固定资产自身消耗而减少的价值，就称为固定资金的折旧。

汽车服务企业的折旧计提方法，主要有以下几种。

① 使用年限法。使用年限法是根据固定资产的原值，减去预计残值和清理费用，按预计使用年限平均计算的一种方法，又称为直线法。计算公式如下：

$$固定资产年折旧额=\frac{原始价值-（预计净残值-预计清理费用）}{预计使用年限}$$

$$=\frac{原值价值-预计净残值}{预计使用年限}$$

$$=\frac{原始价值×（1-预计残值率）}{预计使用年限}$$

$$月折旧额=年折旧额÷12$$

预计净残值率是预计净残值与原值的比率，一般应按固定资产原值的 3%～5%确定，低于 3%或高于 5%的，由企业自主确定，并由主管财政机关备案。

② 工作量法。对某些较大型的设备，经常不使用的，维修企业可以采用工作时间法计算折旧。其计算公式为：

$$每一工作量折旧额=\frac{固定资产原值×（1-净残值率）}{预计的总工作量}$$

某项固定资产年（月）折旧额=该项固定资产当年（月）工作量×每一工作量折旧额

### 4. 固定资产投资管理

投资方案评价使用的指标分为 2 类：一类是非贴现指标，即没有考虑货币时间价值因素的指标，主要有回收期法、会计收益率法等；另一类是贴现指标，即考虑货币时间价值因素的指标，主要包括净现值、现值指数、内含报酬率等。这里只介绍计算方法简单的、未考虑货币的时间价值的评价方法。

（1）回收期法

回收期指投资引起的现金流入与投资额相等时所需的时间，代表收回投资所需要的年限。回收期限越短，方案越优。

回收期的计算公式如下：

$$回收期=\frac{原始投资额}{每年现金净流入量}$$

$$每年现金净流入量=每年净收益+年折旧额$$

（2）会计收益率法

这种方法计算简便，应用范围很广。它在计算时使用会计报表上的数据，以及普通会计的收益和成本概念。其计算公式如下：

$$会计收益率=\frac{年平均收益率}{原始投资额}×100\%$$

## 4.6 汽车服务企业财务分析与评价

汽车服务企业财务分析与评价是指以财务报表和其他资料为依据，采用专门的方法，系统地分析和评价企业过去和现在的财务状况、经营成果及其利润的变动情况，从而为企业及各有关方面进行经济决策、提高资产管理水平提供重要依据。

### 4.6.1　企业财务分析与评价的目的与要求

企业财务分析与评价肩负着双重目的：一方面，剖析和洞察自身财务状况与财务实力，分析判断外部利害相关者的财务状况与财务实力，从而为企业的经营决策提供信息支持；另一方面，从价值形态方面为业务部门提供咨询服务。财务分析与评价对于现代企业经营管理者、投资者和债权人都是至关重要的。通过财务分析与评价，可以了解到企业的财务状况、资产管理水平、投资项目获利能力及企业的未来发展趋势。

为使财务分析与评价的结果尽可能准确、有效和及时，满足企业内外各方面对财务分析信息的需要，进行财务分析与评价时需做到以下几点。

① 分析内容应满足多元分析主体的需要。财务分析与评价的主体是指财务分析与评价工作为之服务的对象，包括企业经营者、投资者和债权人等。财务分析与评价不仅要从投资者和经营管理者的角度来分析评价企业的财务状况和经营成果，还应该考虑企业债权人、未来投资者及职工等对财务分析信息的需要，在分析内容上满足他们的相关需要。

② 以公认的会计准则和有关的法规制度为依据。用于财务分析与评价的报表数据必须真实可靠。如果报表数据失真，将直接影响分析结果的客观性和正确性。

③ 及时提供财务分析与评价的结果。财务分析与评价的结果是财务信息使用者用于新时期经营管理或投资决策的参考，企业应在财务报表出来后及时依据报表提供的信息资料进行分析与评价，并及时传递和公布，确保财务信息满足投资决策的需要。

### 4.6.2　企业财务分析与评价的基础

进行财务分析所依据的主要资料是企业的财务报告。企业财务报告是反映企业财务状况和经营成果的书面文献。它包括会计报表主表、附表、会计报表附注和财务情况说明书。会计报表主表有资产负债表、利润表、财务状况变动表（或现金流量表）。会计报表附表是为了帮助理解会计报表的内容而对报表项目等所做的解释，有利润分配表、主营业务收支明细表等。其中资产负债表、损益表、现金流量表应用比较广泛。

#### 1. 透析企业财务状况——资产负债表

（1）资产负债表的含义

资产负债表是反映企业某一特定日期资产、负债、所有者权益等财务状况的会计报表。通俗地说，在资产负债表上，企业有多少资产，是什么资产，有多少负债，是哪些负债，净资产是多少，其构成怎样，都反映得清清楚楚。在对财务报表的学习中，资产负债表是一个很好的开端，因为它体现了企业的财务结构和状况。资产负债表描述了在发布那一时点企业的财务状况，信息具有时效性。

（2）资产负债表的作用

从资产负债表的功能上说，主要有四个方面的作用。

① 反映资产及其分布状况。资产负债表能够反映企业在特定时点拥有的资产及其分布状况的信息。它表明企业在特定时点所拥有的资产总量有多少，资产是什么。例如，流动资产有多少，固定资产有多少，长期投资有多少，无形资产有多少等。

② 表明企业所承担的债务及其偿还时间。资产负债表能够表明企业在特定时点所承担的

债务、偿还时间及偿还对象。如果是流动负债，就必须在 1 年内偿还；如果是长期负债，偿还期限就可以超过 1 年。因此，从负债表可以清楚地知道，在特定时点上企业欠了谁多少钱，该什么时候偿还。

③ 反映净资产及其形成原因。资产负债表能够反映在特定时点投资人所拥有的净资产及其形成的原因。净资产其实是股东权益，或者是所有者权益的另外一种叫法。在某个特定时点，资产应该等于负债加股东权益，因此，净资产就是资产减负债。应该注意的是，可以说资产等于负债加股东权益，但绝不能说资产等于股东权益加负债，它们有着根本性的区别。因为会计规则特别强调先人后己，也就是说，企业的资产首先要用来偿还债务，剩下的不管多少，都归投资人所有。如果先讲所有者权益，就是先己后人，这在会计规则中是不允许的。

④ 反映企业财务发展状况的趋势。资产负债表能够反映企业财务发展状况的趋势。当然，孤立地看一个时点数，也许反映的问题不够明显，但是如果把几个时点的数排列在一起，企业财务发展状况的趋势就很明显了。例如，企业的应收账款第 1 年是 10 万元，第 2 年是 20 万元，第 3 年是 30 万元，第 4 年是 40 万元，如果把这 4 年的时点数字排在一起，就很容易发现，这个企业的应收账款呈逐年上升的趋势。应收账款逐年上升的趋势表明，或者销售环节没有管好应收款，或者说明企业做好了，市场扩大了，相应的应收账款也增加了。例如，拍电影时，摄影师只能一个一个镜头地拍摄，每个镜头仅是一幅静态的画面。但是，如果把每个镜头有机地连起来，就会构成一部生动形象的动态电影。从这个角度来说，如果一个企业的管理者能够关注每一个时点的状况，就会对企业的财务状况有一个比较全面的了解；反之，不注重捕捉时点数，将会给企业的管理造成比较大的失误。

（3）资产负债表的格式

目前世界各国主要有两种资产负债表格式：一是账户式表格；二是报告式表格。

① 账户式表格，如表 4-1 所示。

资产负债表要披露三大数字：一是此时此刻有多少资产；二是此时此刻有多少负债；三是此时此刻拥有多少所有者权益。如果把这三个数字及其内容分左右排列，左边列示企业拥有的资产，右边列示企业的负债及所有者权益，就很像账户，所以人们称其为账户式的资产负债表。我国会计制度规定的参考格式是账户式表格，一般商店里出售的也是账户式表格。

**表 4-1　账户式表格**

| 会企 01 表 | | | | | |
|---|---|---|---|---|---|
| 编制单位：××有限公司 | | | 20××年×月×日 | | 单位：元 |
| 资　产 | 期末余额 | 年初余额 | 负债和所有者权益<br>（或股东权益） | 期末余额 | 年初余额 |
| 流动资产 | | | 流动负债 | | |
| 货币资金 | | | 短期借款 | | |
| 交易性金融资产 | | | 交易性金融负债 | | |
| 应收票据 | | | 应付票据 | | |
| 应收账款 | | | 应付账款 | | |
| 预付款项 | | | 预收款项 | | |
| 应收利息 | | | 应付职工薪酬 | | |
| 应收股利 | | | 应交税费 | | |
| 其他应收款 | | | 应付利息 | | |
| 存货 | | | 应付股利 | | |

| 会企 01 表 | | | | |
|---|---|---|---|---|
| 一年内到期的非流动资产 | | 其他应付款 | | |
| 其他流动资产 | | 一年内到期的非流动负债 | | |
| **流动资产合计** | | 其他流动负债 | | |
| 非流动资产 | | **流动负债合计** | | |
| 可供出售金融资产 | | 非流动负债： | | |
| 持有至到期投资 | | 长期借款 | | |
| 长期应收款 | | 应付债券 | | |
| 长期股权投资 | | 长期应付款 | | |
| 投资性房地产 | | 专项应付款 | | |
| 固定资产 | | 预计负债 | | |
| 在建工程 | | 递延所得税负债 | | |
| 工程物资 | | 其他非流动负债 | | |
| 固定资产清理 | | **非流动负债合计** | | |
| 生产性生物资产 | | **负债合计** | | |
| 油气资产 | | 所有者权益（或股东权益）： | | |
| 无形资产 | | 实收资本（或股本） | | |
| 开发支出 | | 资本公积 | | |
| 商誉 | | 减：库存股 | | |
| 长期待摊费用 | | 盈余公积 | | |
| 递延所得税资产 | | 未分配利润 | | |
| 其他非流动资产 | | **所有者权益（或股东权益）合计** | | |
| 非流动资产合计 | | | | |
| **资产总计** | | **负债和所有者权益（或股东权益）总计** | | |

② 报告式表格，如表 4-2 所示。

报告式的资产负债表，特点是把资产负债和所有者权益改成上下排列，即首先列示企业的所有资产，其次列示企业的所有负债，然后列示企业的股东权益。由于上下排列类似于领导的报告，所以称为报告式的资产负债表。

表 4-2　报告式表格

| 资　产 | | |
|---|---|---|
| 流动资产 | ××× | |
| 长期投资 | ××× | |
| 固定资产 | ××× | |
| 无形资产 | ××× | |
| 递延资产 | ××× | |
| 其他资产 | ××× | |
| 资产合计 | | ××× |
| 负债 | | |
| 流动负债 | ××× | |
| 长期负债 | ××× | |
| 负债总计 | | ××× |
| 所有者权益 | | |
| 实收资本 | ××× | |
| 资本公积 | ××× | |
| 盈余公积 | ××× | |
| 未分配利润 | ××× | |
| 所有者权益合计 | | ××× |

## 2. 洞察企业经营结果——利润表

**（1）利润表的概念**

利润表是总括地反映企业在一定期间内（月度、年度）利润或亏损的实现情况的会计报表，将"收入－费用=利润"的公式用一目了然的表格形式表现出来。利润表实际上是对企业的经营情况所做的一段录像，这段录像有起点和终点，而利润表所要描述的就是从起点到终点的这个过程。在这个过程当中要记录的并不是所有的内容，要记录的是这一期间发生了多少收入和多少费用，这段时间企业是盈利还是亏损，这是利润表所要讲述的基本内容。

**（2）利润表的基本格式**

世界各国目前主要采用的利润表的基本格式有两种：第一种格式是单步骤式利润表；第二种格式是多步骤式利润表。

① 单步骤式利润表。利润表所描述的内容是收入、费用和利润之间的关系，即收入减费用等于利润。单步骤式利润表的第一大项列示企业的所有收入，可以是一个月的，也可以是一个季度的，也可以是年度的；第二大项列示企业在这段期间相对应的所有费用。要注意收入和费用的期间必须是一致的。用收入减费用即得出利润，如果计算出的结果是正数，则企业在这段时间是盈利的；如果算出来的结果是负数，则企业在这段时间是亏损的。由于一步到位算出利润，所以称这种利润表为单步骤式利润表。

② 多步骤式利润表，实际上是运用会计规则中的配比规则，即把收入和为了取得收入所支出的费用，按照管理的要求进行搭配，而不是第一项列示所有的收入，第二项列示所有的费用。由于利润是分步计算出来的，所以称这种利润表为多步骤式利润表。我国会计制度规定，多步骤式利润表一般由四步组成，如表4-3所示。

表4-3　利润表

| 项　　目 | 本　年　数 | 上　年　数 |
|---|---|---|
| 一、主营业务收入 | 10,095,155,587.34 | 11,602,666,517.24 |
| 减：主营业务成本 | 8,472,900,658.38 | 8,398,122,175.83 |
| 主营业务税金及附加 | 50,714,210.58 | 43,207,214.92 |
| 二、主营业务利润 | 1,571,540,718.42 | 3,161,337,126.49 |
| 加：其他业务利润 | 146,001,547.65 | 130,508,315.27 |
| 减：营业费用 | 971,773,564.71 | 774,951,792.40 |
| 管理费用 | 90,342,752.54 | 466,893,203.05 |
| 财务费用 | 19,925,706.71 | 21,349,522.14 |
| 三、营业利润 | 635,500,242.11 | 2,028,650,924.17 |
| 加：投资收益 | -16,110,735.63 | 36,494,363.30 |
| 补贴收入 | 9,960.27 | |
| 营业外收入 | 5,411,154.11 | 6,163,369.65 |
| 减：营业外支出 | 3,868,254.19 | 3,820,556.22 |
| 四、利润总额 | 620,942,366.67 | 2,067,488,100.90 |
| 减：所得税 | 95,624,134.36 | 324,772,348.07 |
| 五、净利润 | 525,318,232.31 | 1,742,715,752.83 |

**（3）利润表的作用**

企业利润表给企业所提供的信息是动态信息，换句话说，利润表给企业做的是一个活生

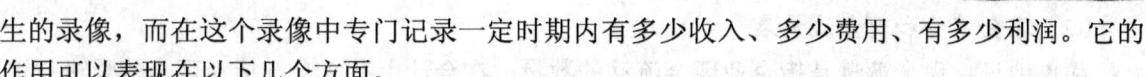

生的录像，而在这个录像中专门记录一定时期内有多少收入、多少费用、有多少利润。它的作用可以表现在以下几个方面。

① 反映企业在一定期间内的经营成果。利润表可以反映企业在一定期间内的经营成果，或者说它可以告诉企业，这段时间是赚钱还是赔钱，可以使企业得到一个结果。

② 有助于评价企业的获利能力。如果一个企业具有持久的盈利能力，主要看主营业务利润或营业利润，如果一个企业主营业务利润多，或营业利润多，则企业具有盈利能力；如果企业的营业外收入很多，可以认为企业能够创造利润，但不能判断企业具有盈利能力。

③ 可以帮助判断企业的价值。对一个企业的价值进行衡量时，企业的获利能力通常是评价其价值的一个重要因素。比如，某企业是一个上市企业，该企业本身的价值与其获利能力是有联系的，所以可以借助它来评价企业的价值。

④ 预测企业未来盈利变化的趋势。借助利润表可以预测企业未来盈利变化的趋势。比如，将第 1 年、第 2 年、第 3 年、第 4 年的利润表排列在一起做比较，如主营收入第 1 年 100 万元、第 2 年 200 万元、第 3 年 300 万元、第 4 年 400 万元，从企业主营收入的变化可以看出该企业的销售收入呈上升趋势，市场越做越大。再如，某企业的管理费第 1 年 100 万元、第 2 年 90 万元、第 3 年 80 万元，企业管理费用的变化说明企业在行政管理开支上的压缩取得了较好的成绩，同时还可以了解该企业盈利发展变化的趋势。

总之，利润表主要告诉企业：企业是赚钱还是赔钱；如果赚钱赚在什么地方，如果赔钱主要赔在什么地方。

### 3．监察企业运营状况——现金流量表

（1）现金

对于一个健康的财务机体来说，现金要具有流动性，现金的流动表明企业有生命力。企业管理者把现金当做一个企业的血液来看待，说明了现金在企业管理中的重要地位。实际生活中的现金由两部分组成：货币资金和现金等价物，如图 4-1 所示。

① 货币资金。资产负债表流动资产的第一项是货币资金，是现金里最重要的部分，主要包括三部分：a. 现金，即企业放在保险柜里的钱；b. 银行存款，即企业存在银行随时可以用于支付的存款；c. 其他货币资金。如果企业到

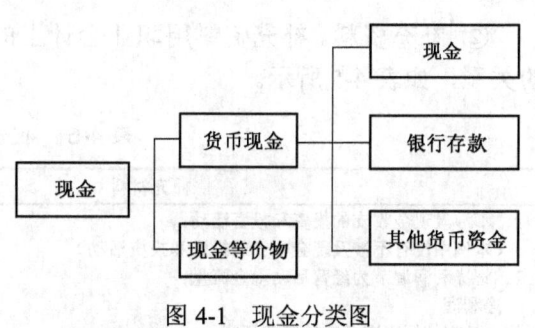

图 4-1　现金分类图

异地采购商品，由于不便随身携带现金，只能采用汇票的形式。把现金汇往异地，这笔钱不在保险柜里，也不在本地存款账户里，但是仍然是货币资金，所有权是企业的。这样的货币资金统称为"其他货币资金"。

② 现金等价物。按照国际惯例，现金等价物特指期限在 3 个月内的短期债券投资。在现实生活中，期限在 3 个月内的债券投资风险比较小。现金等价物虽然不是现金，但其支付能力与现金差别不大，可以视为现金。

如果一个企业没有现金等价物，或者说企业没有机会购买期限在 3 个月内的短期债券投资，那么企业的现金就只有货币资金。

（2）现金流量和现金流量表

简单地说，现金流量是指企业现金流动的数量。在会计上有 3 个指标对现金流量进行追踪，即现金流入量、现金流出量、现金净流量。进入到企业里的现金量叫现金流入量。从企业里支出的现金量叫现金流出量。现金流入量减去现金流出量叫现金净流量，有时也称为现金净额。

（3）现金流量表的基本结构

现金流量表一般由下面两大部分组成。

① 现金流量表主表。用纯粹的业务语言来描述企业曾经流入和流出的现金量，及现金流入、流出的结果或增加、减少的现金量，这就是现金流量表的主表，如表 4-4 所示。

表 4-4　经营活动的现金流量表（部分）

| 项　　目 | 行　　次 | 2001 年度 |
|---|---|---|
| 经营活动产生的现金流量 | | |
| 销售商品、提供劳务收到的现金 | 1 | 15,684,482,509.97 |
| 收到的税费返还 | 3 | |
| 收到的其他与经营活动有关的现金 | 8 | 46,611,678.45 |
| 现金流入小计 | 9 | 15,731,094,188.42 |
| 购买商品、接受劳务支付的现金 | 10 | 10,998,906,462.84 |
| 支付给职工及为职工支付的现金 | 12 | 329,056,167.61 |
| 支付的各项税费 | 13 | 727,088,969.69 |
| 支付的其他与经营活动有关的现金 | 18 | 643,059,850.35 |
| 现金流出小计 | 20 | 12,698,111,450.49 |
| 经营活动产生的现金流量净额 | 21 | 3,032,982,737.93 |

② 补充资料。补充资料用职业会计上的专业语言来具体描述现金流量和有关指标之间的关系，如表 4-5 所示。

表 4-5　补充资料表（部分）

| 补充材料 | 金额（元） |
|---|---|
| 1. 不涉及现金收支的投资和投资活动：<br>　（本例中没有不涉及现金收支的投资和投资活动）<br>2. 将净利润调节为经营活动现金流量： | |
| 净利润 | 773,703.00 |
| 加：计提的坏账准备或转销的坏账 | 2,700.00 |
| 　　固定资产折旧 | 300,000.00 |
| 　　无形资产摊销 | 180,000.00 |
| 　　待摊费用摊销 | 300,000.00 |
| 　　处置固定资产的损失（减：收益） | −150,000.00 |
| 　　固定资产报废损失 | 59,100.00 |
| 　　财务费用 | 64,500.00 |
| 　　投资损失（减：增加） | −154,500.00 |
| 　　经营性应收项目的减少（减：增加） | −147,000.00 |
| 经营性应付项目的增加（减：减少） | −2,503.00 |
| 增值税净增加额（减：减少） | 57,102.00 |

对于企业来说，仅仅知道现金流入量、现金流出量和现金净流量这三个数字是远远不够

的。为了满足管理上的需要，就要对企业的所有活动做一下分类。我国现行会计制度把企业的所有活动分成了三类，即经营活动、投资活动和筹资活动。经营活动是指企业投资活动和筹资活动以外的所有交易和事项。经营活动的范围很广，就工商企业来说，经营活动主要包括销售商品、提供劳务、经营性租赁、购买商品、接受劳务、广告宣传、推销产品、交纳税款等。投资活动是指企业长期资产的购建和不包括现金等价物范围内的投资及其处置活动。按投资的方向，可以把投资分为对内投资和对外投资。资产负债表中的固定资产、在建工程、无形资产等方面的投资是对内投资。对内投资是把资金投放在企业内部，用来购置各种生产经营资产。对外投资是指企业以现金、实物或购买有价证券（如股票、债券等）的形式向其他单位投资。买股票，不管是短期持有，还是长期持有，都是对外投资。企业和其他单位搞联营，把钱投出去了，这种投资也属于对外投资。另外，企业购买债券也属于对外投资。对外投资其实主要是股权投资和债权投资。筹资活动是指企业根据生产经营、对外投资及调整资金结构的需要，通过一定的渠道，采取适当的方式获取所需资金的一种行为。

　　企业的资金主要来自两个方面，因而企业的筹资活动也包括两部分。a.借款和还款。企业借款时，不管是短期借款还是长期借款，或者是发行债券，都是现金流入；到了还本付息时，企业就有现金的流出。这是筹资活动中的第一个组成部分。b.入资和撤资。投资者把现金注入企业里时，就有现金的流入。如果企业的投资者要求依法撤资，就会有现金的流出。这是筹资活动的第二个组成部分。

　　现金流量表明在一定时期内企业曾经进来过多少钱，在一定时期内又曾经花掉了多少钱，到期末时企业增加或减少了多少现金。当把经济活动分成三类后，对企业的财务就可以这样披露：企业的经营活动曾经进来过多少钱，又曾经花掉过多少钱，经营活动增加或减少了多少现金；企业的投资活动曾经进来过多少钱，又曾经花掉了多少钱，投资活动给企业增加或减少了多少现金；筹资活动曾经进来过多少钱，又曾经花掉了多少钱，筹资活动一共给企业增加或减少了多少现金。把企业的所有活动分成三类后，就可以进一步披露企业曾经进来多少钱，出去多少钱，共增加了多少钱。总之，把企业的所有活动分成三类后，对企业信息的了解就更加具体。我国把现金流量表中所反映的活动分成三类，而有的国家分成四类或五类，分的类别越多，编表的难度就越大，我国选择的是分类比较简单的一种。

　　（4）现金流量表的作用

　　具体来讲，现金流量表可以起到五个方面的作用。

　　① 说明企业现金流入流出的原因。现金流量表能够提供企业在一定期间内，现金的来龙去脉及现金余额变动的会计信息。它可以告诉读表人现金曾经从何处来，又曾经用到何处去。

　　② 规划和预测未来产生现金的能力。借助于现金流量表提供的信息，可以规划和预测企业在未来产生现金的能力。

　　③ 分析净利润与现金流量差异的原因。现金流量表最大的功能就是具有透视的功能。借助现金流量表提供的信息，可以分析企业净利润与相关现金流量产生差异的原因。钱是赚回来的，利润是算出来的。对于企业来讲，利润和现金之间到底有多大的差距，可以用现金流量表对它加以透视。

　　④ 分析财务状况和经营成果的可靠性。借助现金流量表提供的信息，可以帮助报表的使用者分析和判断企业财务状况和经营成果的可靠性。

　　例如，某一个企业 1 年增加近 1000 万元现金，投资活动基本上持平，进出保持平衡，而筹资活动假定增加了 100 万元，经营活动增加了 900 万元。企业对增加 1000 万元的现金感到满意，就是对经营活动创造了现金 900 万元感到满意，因为这个财务状况是可靠的。

⑤ 分析和判断企业的偿债能力。借助现金流量表提供的信息，可以分析和判断企业的偿债能力。例如，某个企业一年增加的现金是 1000 万元，而经营活动增加了 900 万元。与其说是企业对 1000 万元的现金量满意，不如说企业感到欣慰的是企业创造现金的能力比较强。靠自身创造的现金来偿还债务的能力强，说明企业自身的免疫力强。

**4．三大财务报表之间的关系**（如图 4-2 所示）

① 资产负债表同损益表（利润表）之间的关系。资产负债表同损益表的表间关系主要是资产负债表中未分配利润的期末数减去期初数，应该等于损益表的未分配利润项，因为，资产负债表是一个时点报表，而损益表是一个时期报表，两个不同时点之间就是一段时期，这两个时点的上未分配利润的差额，应该等于这段时期内未分配利润的增量。未分配利润就是企业支付成本费用，取得收入，然后交了税金，付完利息后，将余下的利润分给股东，最后余下的钱，企业的所有活动产生的经济效果，到最后，都要体现到未分配利润中，做个最后的了结，而其他的项目之间的关系，主要表现在表内的关系上，而不是通过表间关系体现的。

② 资产负债表同现金流量表之间的关系。资产负债表同现金流量表之间的关系，主要是资产负债表的现金、银行存款及其他货币资金等项目的期末数减去期初数，应该等于现金流量表最后的现金及现金等价物净流量。资产负债表是一个时点报表，现金流量表是一个时期报表，表间关系的原理同上。

③ 损益表与现金流量表之间的关系，有相同之处，也有不同之处。所谓相同之处：都是时期报表，就是反映一段时期内的一些活动情况，一个是反映一段时期内的利润情况，一个是反映一段时期内的现金流量情况。所谓不同之处就是，编制的基础不同。在会计上，对经济活动，有两种不同的处理方法：一种叫收付实现制，就是真正收到钱，才叫收入，在会计上才确定收入，真正支付钱时，才叫支出，在会计上才确定为成本费用，而无论这笔钱是不是应该由收付的当时期间负担；另一种处理方法，叫权责发生制，与收付实现制正好对着来，就是在会计上确定收入和成本费用时，不是看是不是真正收到或支出钱，而是看这些收入和支出是不是"应该"由当期负担，不由当期负担的，就不确定，而是等到应该负担的期间再确认。

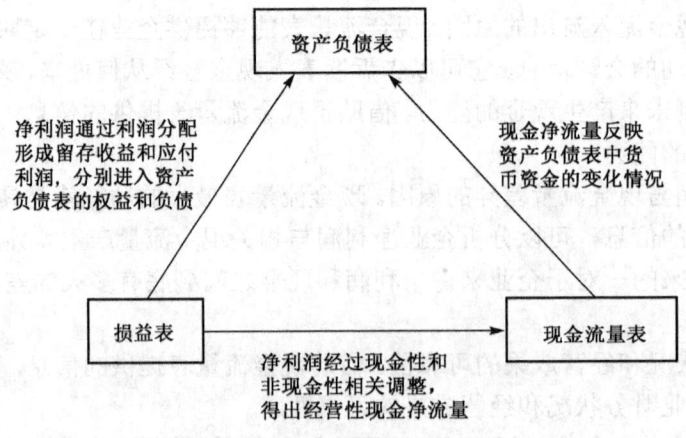

图 4-2　三大财务报表关系图

### 4.6.3　财务报表体系

#### 1．会计报表

对企业家、企业的管理者来讲，会计工作的最终产品，就是财务报告。有的通过记账、算账、报账、载体凭证账簿等，把最终产品——财务会计报告交到管理者的手中。最终产品包括的内容在《中华人民共和国会计法》(以下简称《会计法》)和《企业财务会计报告条例》中，都有明确规定。根据《会计法》的规定，完整的财务会计报告应该由三部分组成，即会计报表、会计报表附注和财务情况说明书，如图 4-3 所示。

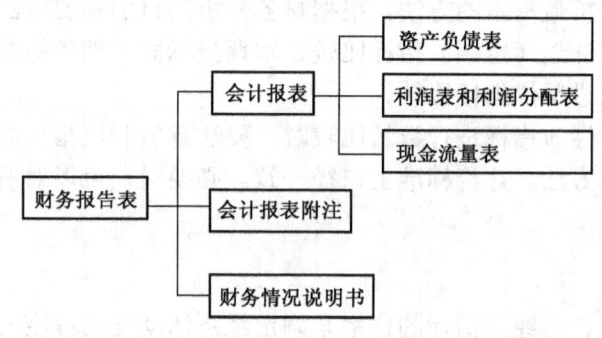

图 4-3　财务报告的组成

#### 2．会计报表附注

报表的数字既有时点数，也有期间数，在这些数字背后，读表人有很多情况不了解。因此，我国《会计法》明确规定，编表人还有一个义务，就是对报表中的内容要做出解释。例如，关于报表的数字计算方法应该解释，对报表数字的构成内容也要解释，报表阅读者需要了解的情况要做出详细的说明，目的是为了帮助报表阅读者进一步了解报表中没有反映清楚的一些信息。

#### 3．财务情况说明书

一个完整的财务会计报告，需要对企业的一些财务状况，如生产经营情况、盈利情况、资金的使用情况等有个概括性的介绍。

完整的财务会计报告书，通常要装订成册。报告书前有目录，目录要告诉使用者：第一部分是财务报表，包括哪些表；第二部分是会计报表附注，包括哪些内容；第三部分是财务情况说明书。

财务会计报告可以分为月度报告、季度报告、半年度报告和年度报告。凡是比一年短的报告，通常称为中期报告，如月报、季报、半年报。一个完整年度的报告，称为年报。不同期间的报告，财务会计报告书所要求的内容是不一样的。作为月报的财务会计报告书编制两张表就可以了，一张是资产负债表，一张是利润表。半年报，即中期报告，通常要求编制资产负债表、利润表、现金流量表和会计报表附注，但并不要求写财务情况说明书。标准的年终结算报告，应该包括三部分，即会计报表、会计报表附注和财务情况说明书。

财务报表是公司根据财务标准或准则（如 GAAP）编制的，向股东（如股票投资者）、高

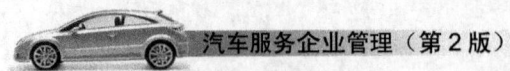

层管理者（CEO）、政府（如税务部门）或债权人（如银行）提供或报告的公司在一段时期以来的有关经营和财务信息的正式文件，主要包括资产负债表、利润表和现金流量表。

### 4.6.4　财务分析的基本方法

常用的财务分析方法有比较法、比率分析法、趋势分析法和因素分析法。

#### 1．比较法

比较法是通过经济指标数量上的变化来揭示它的数量关系和数量差异的一种方法。其主要作用在于揭示财务活动中的数量关系和差距，从中发现问题，为进一步分析原因、挖掘潜力指明方向，是财务分析最基本的方法。根据财务分析的目的和要求的不同，比较法有以下3种形式：实际指标同计划（定额）指标比较、本期指标同上期指标或历史最高水平比较、本单位指标同国内外先进单位指标比较。

应用比较法对同一性质指标进行数量比较时，要注意所利用指标的可比性，双方的指标应在内容、时间、计算方法、计价标准上口径一致。必要时，可以对所用的指标按同一口径进行调整换算。

#### 2．比率分析法

比率分析法是通过计算经济指标的比率来确定经济活动变动程度的分析方法。应用时，把分析对比的数值变成相对数，计算出各种比率指标，然后进行比较，从确定的比率差异中发现问题。因此，能够把在某些条件下的不可比指标变为可比较的指标进行分析比较。常用方法有3种类型：构成比率、效率比率、相关比率。

#### 3．趋势分析法

趋势分析法是将两期或连续数期财务报告中的相同指标或比率进行对比，求出它们增减变动的方向、数额和幅度的一种方法。采用这种方法可以揭示企业财务状况和生产经营情况的变化，分析引起变化的原因、变动的性质，并预测企业未来的发展前景。常用的两种方法为定比趋势分析、环比趋势分析。

#### 4．因素分析法

因素分析法是指从数量上确定一个综合经济指标所包含的各个因素的变化对该综合指标的影响程度的一种分析方法。比较常用的因素分析法有连环替代法和差额计算法。

因素分析法既可以全面分析各因素对某一经济指标的影响，也可以单独分析某个因素对某一经济指标的影响。后者可以用于计算由于流动资金周转天数缩减而对流动资金计划需要量减少的影响，如应收账款收款天数缩短、降低坏账损失率对企业坏账损失减少的影响等。它是财务分析的一种常用方法。

## 4.7　财务效益分析与评价

### 4.7.1　企业财务效益的内涵

企业财务效益是指企业经济活动中产出与投入之间的比例关系，换句话说，财务效益就是要以尽量少的劳动消耗和资源占用，取得更多的符合社会需要的有用成果。其中，劳动消耗包括物化劳动消耗和活劳动消耗。物化劳动消耗是指在企业经济活动中实际消耗的燃料、原材料、机器设备的磨损等。活劳动消耗是指在劳动力使用过程中，脑力劳动和体力劳动消耗的总和。

资源占用是指在企业生产经营过程中所占用的各种人力、物力、财力等各种资源，主要是物化劳动的占用，如使用的房屋、车辆设备及为保证劳动正常进行所需要的其他劳动条件和必要的物资储备。资源占用还包括占用的人力、占用的土地和自然资源等。

有用成果表现为符合社会需求的各种产品和劳务。

财务效益的一般概念，可以用如下公式：

$$财务收益 = \frac{有用成果}{劳动消耗 + 资源占有}$$

## 4.7.2　企业财务效益的评价指标和标准

企业财务效益的评价指标有三类：生产经营成果指标、消耗及消耗效果指标、资金占用及占用效果指标。每一类指标又包括若干具体的绝对指标与相对指标。

生产经营成果指标包括：资产报酬率、所有者权益报酬率、销售收入及其增长率、税前利润及其增长率、税金及其增长率、人均销售收入及其增长率、人均税前利润及其增长率、人均税金及其增长率。

消耗及消耗效果指标包括：销售利润率、成本利润率、单位产品成本、单位产品人工成本率、单位产品材料成本率、单位产品费用成本率等。

资金占用及占用效果指标包括：总资金周转率、固定资产周转率、流动资产周转率、资产报酬率、存货周转率和应收账款周转率等。

企业财务效益评价标准，评价企业财务效益的标准有质和量的规定性，所谓质的规定性是指企业生产的产品要适销对路，满足社会需要。

所谓量的规定性，有以下五种评价标准：

① 企业现实指标与上一年同期实际水平相比较；
② 与本企业历史最高水平相比较；
③ 与同行业的平均水平相比较；
④ 与同行业的先进水平相比较；
⑤ 与国际同行业先进水平相比较。

## 4.7.3　企业财务效益综合分析

### 1. 收益性比率

收益性指标主要是反映企业的获利状况和获利能力的指标，是一个全面反映与评价企业经营状况的综合性指标。其主要指标有以下几个。

（1）销售利润率，是用来衡量企业销售收入的收益水平的。

其计算公式：

$$销售利润率 = \frac{利润总额}{销售净收入} \times 100\%$$

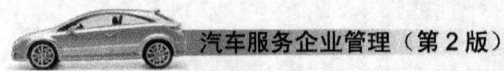 

（2）资产报酬率，又称资产收益率或投资报酬率，是指企业运用全部资产的收益率，反映企业对所有经济资源的运用效率。

其计算公式：

$$资产报酬率 = \frac{净利润}{资产总额} \times 100\%$$

在市场经济比较发达、各行业间竞争比较充分的情况下，各行业的资产报酬率将趋于一致。如果某些企业资产报酬率偏低，说明该企业资产利用效率较低，经营管理存在问题，应调整经营方针，加强经营管理。

（3）所有者权益报酬率，简称权益报酬率，用来反映企业投入资本每一元所赚取的净收益。其计算公式：

$$所有者权益报酬率 = \frac{净利润}{所有者权益} \times 100\%$$

（4）毛利率，是企业的毛利与净销售收入的比率，其计算公式：

$$毛利率 = \frac{毛利}{净销售收入} \times 100\%$$

式中，毛利是企业净销售收入与销售成本的差额，没有扣除期间费用。毛利率越大，说明在净销售收入中销售成本所占比重越小，企业通过销售获取利润的能力越强。

（5）净利润率，也称销售利润率或销售净利率，是净利润与净销售收入的比率，其计算公式：

$$净利润率 = \frac{净利润}{净销售收入} \times 100\%$$

净利润率表明企业每一元销售收入可实现的净利润是多少。净利润率越高，说明企业获利能力越强。

（6）成本费用利润率，是企业利润总额与成本费用总额的比率。其计算公式：

$$成本费用利润率 = \frac{利润总额}{成本费用总额} \times 100\%$$

成本费用是企业为了取得利润而付出的代价。成本费用利润率越高，说明企业为获取收益而付出的代价越小，企业的获利能力越强。因此，通过这个比率不仅可以评价企业获利能力的高低，也可以评价企业对成本费用的控制能力和经营管理水平。

（7）每股利润，也称每股收益，主要是针对普通股股东而言的。每股利润是指股份公司发行在外的普通股每股所取得的利润，反映了股份公司获利能力的大小，其计算公式：

$$普通股每股利润 = \frac{净利润 - 优先股股利}{普通股发行在外股数}$$

（8）市盈率，又称价格盈余率或价格与收益比率，是指普通股每股市价与每股利润的比率。其计算公式：

$$市盈率 = \frac{普通股每股市场价格}{普通股每股利润}$$

## 2．流动性比率

分析企业流动性指标的目的在于观察企业在一定时期内资金周转状况，是对企业资金活动的效率分析，为此要计算出各种资产的周转率或周转期，分别讨论其运用效率。这是企业资金的动态分析，其主要指标如表 4-6 所示。

表 4-6　企业流动性指标表

| 流动性比率 | 计算公式 |
|---|---|
| 存货周转率 | $\dfrac{销货成本}{平均存货}$ |
| 应收账款周转率 | $\dfrac{赊销收入净额}{应收账款平均额}$ |
| 流动资产周转率 | $\dfrac{销售收入}{流动资产平均余额}$ |
| 固定资产周转率 | $\dfrac{销售收入}{固定资产净值}$ |
| 总资产周转率 | $\dfrac{销售收入}{资产总额}$ |

## 3．安全性比率

安全性指的是企业经营的安全程度，或者说是资金调度的安全性。分析企业安全性指标的目的在于观察企业在一定时期内的偿债能力状况。企业收益性好，安全性就高，但在有的情况下，收益性高，资金调度却不顺利。其主要指标如表 4-7 所示。

表 4-7　企业安全性指标

| 安全性比率 | 计算公式 |
|---|---|
| 流动比率 | $\dfrac{流动资产}{流动负债}$ |
| 速动比率 | $\dfrac{速动资产}{流动负债}$ |
| 负债比率 | $\dfrac{负债总额}{资产总额}$ |
| 权益乘数 | $\dfrac{资产总额}{股东权益}$ |
| 负债与股东权益比率 | $\dfrac{负债总额}{股东权益}$ |
| 利息保障倍数 | $\dfrac{税前利润+利息费用}{利息费用}$ |

## 4．成长性比率

分析企业成长性指标的目的，在于观察企业在一定时期内的经营能力发展的状况。一个企业即使收益性高，但如果成长性不好，也不能做出很高的评价。成长性分析就是从量和质的角度评价企业发展情况及将来的发展趋势。其指标是将前期指标作为分母，本期指标作为分子，求得增长率。具体指标如表 4-8 所示。

表 4-8　企业成长性指标表

| 成长性比率 | 计算公式 |
|---|---|
| 销售收入增长率 | $\dfrac{本期销售收入}{前期销售收入}$ |
| 税前利润增长率 | $\dfrac{本期税前利润}{前期税前利润}$ |

续表

| 成长性比率 | 计算公式 |
|---|---|
| 固定资产增长率 | $\dfrac{\text{本期固定资产}}{\text{前期固定资产}}$ |
| 人员增长率 | $\dfrac{\text{本期员工人数}}{\text{前期员工人数}}$ |
| 产品成本降低率 | $\dfrac{\text{本期单位产品成本}}{\text{前期单位产品成本}}$ |

**5. 生产性比率**

分析企业生产性指标的目的，在于查明企业在一定时期内企业人均生产经营能力、生产经营水平和生产成果的分配问题。其主要指标如表 4-9 所示。

表 4-9　企业生产性指标

| 生产性比率 | 计算公式 |
|---|---|
| 人均销售收入 | $\dfrac{\text{销售收入}}{\text{平均员工人数}}$ |
| 人均净利润 | $\dfrac{\text{净利润}}{\text{平均员工人数}}$ |
| 人均资产总额 | $\dfrac{\text{平均总额}}{\text{平均员工人数}}$ |
| 人均工资 | $\dfrac{\text{平均工资}}{\text{平均员工人数}}$ |

 **本章小结**

企业财务管理是通过价值形态对企业资金运动进行决策、计划和控制的综合性管理。财务部门虽本身不能创造什么价值，但由于企业财务管理是直接向管理层提供第一手的信息，所以实际上是一个隐性的管理部门。汽车服务企业财务工作更是贯穿企业所有领域的始终。从基层员工的收费、结算、办理贷款等，到中层经理的部门管理与协调，直至总经理的企业宏观管理，通过财务核算、财务分析、财务预测等财务工作把所有人的工作串联到一起。

# 第 5 章　汽车服务企业维修生产与服务质量管理

 **学习目标**

1. 了解质量管理的发展过程和重要性；
2. 掌握质量的含义和汽车维修全面质量管理的含义及方法；
3. 了解汽车维修质量检验和维修质量管理的定义，掌握维修现场管理技术；
4. 掌握售后服务质量管理五维度；
5. 能将所学质量管理知识应用于生活和实际工作中。

## 5.1　质量管理基础知识

质量问题一直是人们关注的首要问题。离开质量，人们所谈的社会进步、经济发展、人民生活水平的提高等，都成了泡影。世界各个国家和政府都对质量问题给予了高度重视。对质量问题的改进，无论是对中国社会经济的进步，还是对世界经济的发展都会有巨大的贡献。质量是企业的生命，汽车维修质量与服务质量不仅关系到汽车行驶的安全性和经济性，也关系到汽车维修企业的信誉和效益，决定着企业的生存和发展。

### 5.1.1　质量与质量管理

#### 1. 质量与质量管理的含义

（1）质量含义

随着经济的发展和社会的进步，人们对质量的需求不断提高，质量的概念也随之不断深化、发展。国际标准化组织（ISO）对质量的不同概念加以归纳提炼，并逐渐形成人们公认的名词术语解释，即质量是一组固有特性满足要求的程度。因此，"质量"这个概念已被广泛扩展了。不单指产品、服务、过程，而且所有可以单独考虑或描述的事物都包含质量。

含义中"固有的"特性，其含义是"赋予的"特性，是指在事物中存在的特性。含义中特性（Characteristic）指事物可区分的特征。特性可以是固有的或赋予的，可以是定性的或定量的。有各种类别的特性，如：①物理的（如机械的、化学的或生物学的特性）；②感官的（如嗅觉、触觉、味觉、视觉、听觉相关的）；③行为的（如礼貌、诚实、正直）；④时间的（如准时性、可靠性、易用性）；⑤人体工学的（如生理特性或有关人身安全的特性）；⑥功能的（如飞行器的最快速度）。

含义中的"要求"（Requirement）指明示的，通常是隐含的或必须履行的需求和期望。"通常隐含"是指组织和相关方的惯例或一般做法，是所考虑的需求或期望是不言而喻的；规定要求是明示的要求，如在形成文件的信息中阐明；特定类型的要求可使用修饰词表示，如产品要求、质量管理要求、顾客要求和质量要求；要求可由不同的相关方提出；无论是明示、暗含还是强制的要求，他们对于提高顾客满意及满足顾客期待都是必要的。

（2）质量管理含义

质量管理是通过建立职能机构、质量保证体系，制定规章、规范、标准和运用检测仪器、检测工具、检测设备及一系列管理方法，对涉及产品质量各个环节的工作质量进行适时的监控、处理，以确保产品达到相关的质量标准和应具备的使用价值完整性的工作。

ISO9000:2015 族标准中给出质量管理的含义（Quality Management），指有关质量的管理。通常包括建立质量方针和质量目标，以及为实现质量方针和质量目标而开展的质量策划、质量控制、质量保证和质量改进等活动，是组织各项管理的内容之一，是组织管理活动的重要组成部分，是组织管理活动的核心内容。质量管理是企业管理的基础，可以规范企业管理和人们的行为，监督和预防质量事故的发生，对提高企业的经济效益具有重要的意义。

## 2. 质量管理的发展过程

虽然质量管理的起源几乎与企业管理的发展同步，但质量管理学却是随着现代工业生产的发展而逐步形成和发展起来的。质量管理的发展过程经历了质量检验、统计质量控制、全面质量管理三个阶段。

（1）质量检验阶段

20 世纪前，产品质量主要依靠操作者本人的技艺水平和经验来保证，属于"操作者的质量管理"。20 世纪初，以泰勒为代表的科学管理理论的产生，促使产品的质量检验从加工制造中分离出来，质量管理的职能由操作者转移给工长，是"工长的质量管理"。随着企业生产规模的扩大和产品复杂程度的提高，产品有了技术标准（技术条件），公差制度（见公差制）也日趋完善，各种检验工具和检验技术也随之发展，大多数企业开始设置检验部门，有的直属于厂长领导，这时是"检验员的质量管理"。上述几种做法都属于事后检验的质量管理方式。

（2）统计质量控制阶段

1924 年，美国数理统计学家 W.A.休哈特提出控制和预防缺陷的概念。他运用数理统计的原理提出在生产过程中控制产品质量的"6σ"法，绘制出第一张控制图并建立了一套统计卡片。与此同时，美国贝尔研究所提出关于抽样检验的概念及其实施方案，成为运用数理统计理论解决质量问题的先驱，但当时并未被普遍接受。以数理统计理论为基础的统计质量控制的推广应用始自第二次世界大战。由于事后检验无法控制武器弹药的质量，美国国防部决定把数理统计法用于质量管理，并由标准协会制定有关数理统计方法应用于质量管理方面的规划，成立了专门委员会，并于 1941—1942 年先后公布了一批美国战时的质量管理标准。

（3）全面质量管理阶段

20 世纪 50 年代以来，随着生产力的迅速发展和科学技术的日新月异，人们对产品的质量从注重产品的一般性能发展为注重产品的耐用性、可靠性、安全性、维修性和经济性等。在生产技术和企业管理中要求运用系统的观点来研究质量问题。在管理理论上也有新的发展，突出重视人的因素，强调依靠企业全体人员的努力来保证质量。此外，还有"保护消费者利益"运动的兴起，企业之间市场竞争越来越激烈。在这种情况下，美国 A.V.费根鲍姆于 20 世纪 60 年代初提出了全面质量管理的概念。他提出，全面质量管理是"为了能够在最经济的

水平上，并考虑充分满足顾客要求的条件下进行生产和提供服务，并把企业各部门在研制质量、维持质量和提高质量方面的活动构成为一体的一种有效体系"。

### 3．质量管理的重要性

当今市场环境的特点之一是用户对产品质量的要求越来越高。在这种情况下，就更要求企业将提高产品质量作为重要的经营战略和生产运作战略之一。因为，低质量会给企业带来相当大的负面影响：会降低公司在市场中的竞争力；增加生产产品或提供服务的成本；损害企业在公众心目中的形象等。另一方面，以前，价格被认为是争取更多的市场份额的关键因素，现在情况已有了很大变化。很多用户现在更看重的是产品质量，并且宁愿花更多的钱获得更好的产品质量。

 **案例**

### 为什么买香草冰淇淋，汽车就不好发动

有一天美国通用汽车公司的庞帝雅克（Pontiac）部门收到一封客户抱怨信，上面是这样写的：

"这是我为了同一件事第二次写信给你们，我不会怪你们为什么没有给我回信，因为我也觉得这样别人会认为我疯了，但这的确是一个事实。我们家有一个传统的习惯，就是我们每天在吃完晚餐后，都会以冰淇淋来当我们的饭后甜点。由于冰淇淋的口味很多，所以我们家每天在饭后才投票决定要吃哪一种口味，等大家决定后我就会开车去买。但自从我买了一部新的庞帝雅克后，在去买冰淇淋的这段路程上问题就发生了。

你知道吗？每当我买的冰淇淋是香草口味时，我从店里出来时车子就不好发动了。但如果我买的是其他口味的冰淇淋，车子发动就顺得很。我要让你知道，我对这件事情是非常认真的，尽管这个问题听起来很滑稽。为什么这部庞帝雅克当我买了香草冰淇淋时就发动不了，而不管什么时候买其他口味的冰淇淋，就很容易发动呢？为什么？为什么？"

事实上，庞帝雅克的总经理对这封信还真的心存怀疑，但还是派了一位工程师去查看究竟。当工程师去找这位仁兄时，很惊讶地发现这封信是出自一位事业成功、乐观且受了高等教育的人。工程师安排与这位仁兄的见面时间刚好是在用完晚餐的时间，两人于是一个箭步跃上车，往冰淇淋店开去。那个晚上投票结果是香草口味，当买好香草冰淇淋回到车上后，车子又不好发动了。这位工程师之后又依约来了三个晚上。第一晚，巧克力冰淇淋，车子没事。第二晚，草莓冰淇淋，车子也没事。第三晚，香草冰淇淋，车子不好发动。这位有逻辑思考的工程师，到目前还是死不相信这位仁兄的车子对香草过敏。因此，他仍然不放弃，继续安排相同的行程，希望能够将这个问题解决。工程师开始记下从开始到现在所发生的种种详细资料，如时间、车子使用油的种类、车子开出及开回的时间。根据资料显示他有了一个结论，这位仁兄买香草冰淇淋所花的时间比买其他口味冰淇淋的时间要少。

为什么呢？原因出在这家冰淇淋店的内部设置上。因为，香草冰淇淋是所有冰淇淋口味中最畅销的，店家为了让顾客每次都能很快地取拿，将香草口味冰淇淋特别分开陈列在单独的冰柜里，并将冰柜放置在店的前端，至于其他口味冰淇淋则放置在距离收银台较远的后端。

现在，工程师所要知道的疑问是：为什么这部车会因为从熄火到重新激活的时间较短时

就会不好发动呢？原因很清楚，绝对不是因为香草冰淇淋的关系，工程师很快地得出答案，应该是"蒸汽锁"。因为当这位仁兄买其他口味冰淇淋时，由于时间较久，引擎有足够的时间散热，重新发动时就没有太大的问题。但是当买香草口味冰淇淋时，由于花的时间较短，引擎太热以至于还无法让"蒸汽锁"有足够的时间散热。

感想：

即使有些问题看起来很"疯狂"，但是有时候还是真的存在的；如果我们每次在看待问题时秉持着冷静的思考态度去找寻解决的方法，这些问题看起来会比较简单。所以碰到问题时不要直接就说"那是不可能的"，而没有投入真诚的努力。

做质量，首先要相信顾客的投诉，没有谁闲得无聊找人投诉玩儿！

（1）质量是人们生活的保障

人类的生活只有依托质量才能得以提升。只有质量理念全面更新、质量水平显著提高、质量文化不断普及，才能推进质量工作的全面加强和质量成果的极大涌现。

（2）质量是企业生存和发展的根本

在企业发展过程中，产品策略一直是一个企业营销策略中最为核心、最为基础、最为根本的策略。然而，产品策略的核心又在于"产品"的质量。一个产品能够拯救一个企业，而一个产品策略的失误又可使一个企业限于困境甚至消亡。

在企业发展中，工作质量是产品质量的根本保证。在世界500强大企业中，平均寿命不足50年，每10年就有1/3被淘汰，能够保持在世界500强的正是刻意创新的企业，而质量工作的创新是最富有生命活力、对企业具有最关键作用的创新。

（3）质量是一个国家科技水平和经济水平的综合反映

高质量的产品需要设计、制造等一系列的过程。如果技术水平不高，是无法保证生产出优质的产品。在竞争激烈的全球经济中，没有高质量的商品，直接会影响这个国家的经济竞争力。日本工业之所以在第二次世界大战后能很快地从战争的废墟中重新振作，很大的一个原因就是日本企业界非常重视产品的质量，在美国专家的指导下，自己摸索出了一套高效的质量管理方法。

### 5.1.2 常用质量管理工具

在质量管理中，经常要用到一些方法和工具。目前较常用的有七种工具，即分层法、排列图法、因果分析图法、调查表法、直方图法、散布图法、控制图法。下面只介绍前四种方法。

#### 1. 分层法

所谓分层法，就是把收集来的原始质量数据，按照一定的目的和要求加以分类整理，以便分析质量问题及其影响因素的一种方法。分层法又称分类法，是质量管理中常用来分析影响质量因素的重要方法。根据分层的目的，按照一定的标志加以区分，把性质相同、在同一条件下收集的数据归在一起。

#### 2. 排列图法

排列图又称主次因素分析图或帕累托图（Pareto）。它是用来找出影响产品质量主要因素的一种有效工具。

排列图是由两个纵坐标、一个横坐标、几个直方块和一条折线所构成的，如图 5-1 所示。排列图的横坐标表示影响产品质量的因素或项目，按其影响程度的大小，从左到右依次排列。排列图的左纵坐标表示频数（如件数、金额、工时、吨位等），右纵坐标表示频率（以百分比表示），直方块的高度表示某个因素影响的大小，从高到低，从左到右，顺序排列。折线表示每个因素影响大小的累积百分数，是由左到右逐渐上升的，这条折线就称为帕累托曲线。

一般，把因素分成 A、B、C 三类：A 类，累计百分数在 80%以下的诸因素；B 类，累计百分数在 80%～90%的诸因素；C 累，累计百分数在 90%～100%的诸因素。

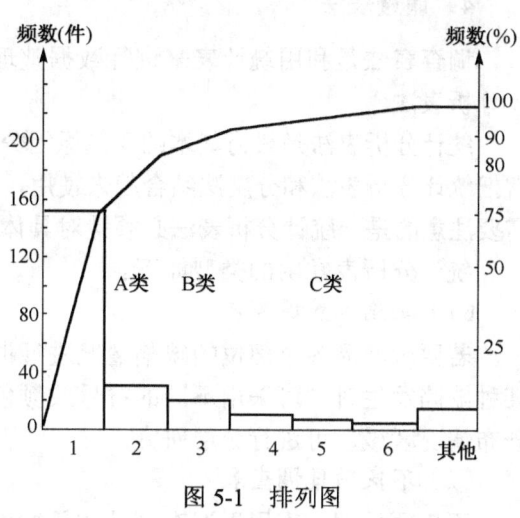

图 5-1　排列图

### 3．因果分析图法

因果分析图也叫特性因素图/鱼刺图/石川图，是整理和分析影响质量（结果）的各因素之间的一种工具。它形象地表示了探讨问题的思维过程，通过有条理地逐层分析，可以清楚地看出"原因-结果""手段-目标"的关系，使问题的脉络完全显示出来。

因果图的基本格式由特性（质量问题）、原因、枝干三部分构成，如图 5-2、图 5-3 所示。

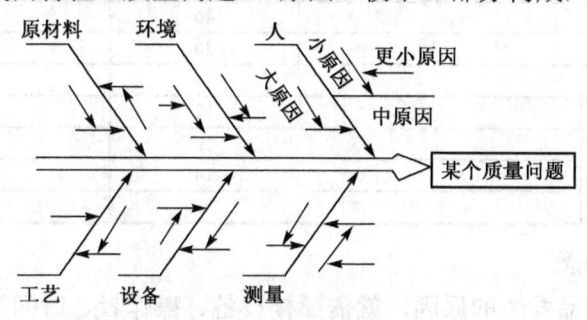

图 5-2　因果分析图

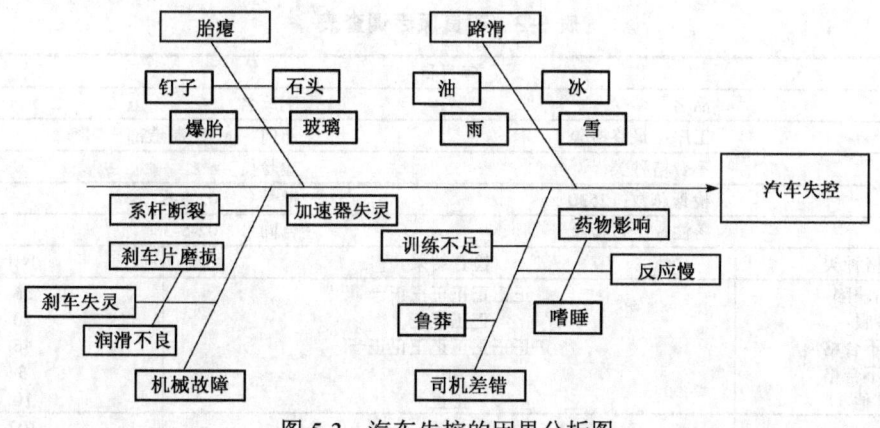

图 5-3　汽车失控的因果分析图

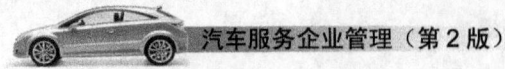

4．调查表法

调查表法是利用统计表来进行数据整理和粗略原因分析的一种方法，也叫检查表法或统计分析表法。

统计分析表法是最为基本的质量原因分析方法，也是最为常用的方法。在实际工作中，经常把统计分析表法和分层法结合起来使用，这样可以把可能影响质量的原因调查得更为清楚。需要注意的是，统计分析表法必须针对具体的产品，设计出专用的调查表进行调查和分析。

统计分析表常用的类型如下。

（1）缺陷位置调查表

若要对产品各个部位的缺陷情况进行调查，可将产品的草图或展开图画在调查表上，当某种缺陷发生时，可采用不同的符号或颜色在发生缺陷的部位上标出。若在草图上划分缺陷分布情况区域，可进行分层研究。

（2）不良项目调查表

不良项目调查表用于调查产品质量发生了哪些不良情况及其各种不良情况的比率大小。以内燃机车修理厂柴油机总装工段一次组装不合格的返修为例，如表5-1所示。

表5-1　不良项目调查表

| 名称 | 柴油机 | 项目数 | 7 | 日 期 | ×××年1—12月 |
|---|---|---|---|---|---|
| 代号 | | 不良件数 | 208台 | 检查人 | |
| 工段名称 | 总装工段 | 检查数 | 310台 | 制表人 | |
| 返修项目名称 | 频数 | | 小计 | 占返修活比率% | |
| 汽缸内径椭圆度超差 | | | 72 | 34.6 | |
| 进水管漏水 | | | 46 | 22.1 | |
| 凸轮轴超差 | | | 30 | 14.5 | |
| 检爆阀座漏水 | | | 24 | 11.5 | |
| 出水管漏水 | | | 12 | 5.8 | |
| 栽丝漏水 | | | 10 | 3.8 | |
| 其他 | | | 14 | 7.7 | |
| 总计 | | | 208 | 100 | |

（3）不良原因调查表

要弄清楚各种不良品发生的原因，就需要按设备、操作者、时间等标志进行分层调查，填写不良原因调查表，如表5-2所示。

表5-2　不良原因调查表

| 年月日 | | |
|---|---|---|
| 品名 | 工厂名 | |
| 工序：最终检验 | 部门　　制造部 | |
| 不合格种类 | 检验员 | |
| 检查总数：2530 | 批号　　02-8-6 | |
| 备注：全数检验 | 合同号　02-5-3 | |
| 不合格种类 | 检查结果 | 小计 |
| 表面缺陷 | 正正正正正正正一 | 36 |
| 砂眼 | 正正正正 | 20 |
| 加工不合格 | 正正正正正正正正一 | 46 |
| 形状不合格 | 正 | 5 |
| 其他 | 正正 | 10 |
| 总计 | | 107 |

## 5.2　汽车服务企业维修生产质量管理

汽车维修业是一个技术性很强的行业，汽车维修质量管理是一项全方位的、经常性的技术管理工作，汽车维修企业必须运用法律的、经济的和行政的手段对汽车维修质量实施综合性管理。

### 5.2.1　汽车维修质量

#### 1．汽车维修质量概述

汽车维修是一项技术服务，因而汽车维修质量是汽车维修服务活动是否满足托修方约定的要求，是否满足汽车维修工艺规范及竣工质量评定标准的一种衡量。

由此可知，汽车维修质量可分解为两个方面：一方面是汽车维修服务全过程的服务质量，指用户对维修服务的态度、水平、及时性、周到性及收费等方面的满意程度；另一方面是汽车维修作业的生产技术质量，具体是指维修竣工汽车满足相应竣工出厂技术条件的一种定量评价。

#### 2．汽车维修质量的评价

汽车维修质量的评价通过修理后汽车性能的量化指标，即质量指标来评价。汽车维修质量不仅取决于修理后汽车和总成的初始指标，而且由汽车在整个使用期内保持这些指标的能力来决定。

汽车在修理过程中，其修理质量取决于汽车修理工艺规程、工艺设备、修理生产的组织和生产技术准备工作的完善程度及修理人员的劳动因素等。

汽车修理质量的好坏，取决于设计、制造、使用等因素和修理生产过程的组织与管理水平，也取决于竣工车辆的使用条件。

汽车维修质量的评价包括汽车装配质量的评价、汽车发动机大修竣工质量评定、车身涂层质量的评价及汽车大修竣工出厂技术条件。

### 5.2.2　汽车维修质量检验

#### 1．汽车维修质量检验的定义

汽车维修质量检验是指采用一定的检验测试手段和检查方法，测定汽车维修过程中和维修后（含整车、总成、零件、工序等）的质量特性，然后将测定的结果同规定的汽车维修质量评定参数标准相比较，从而对汽车维修质量做出合格或不合格的判断。

#### 2．汽车维修质量检验的目的

对于汽车维修企业，进行汽车维修质量检验的目的是为了对汽车维修过程实行全面质量控制，判断汽车维修后是否符合有关质量标准。对竣工车辆检验是代表汽车维修企业和托修方验收维修质量的。对于汽车维修质量管理机构，进行汽车维修质量检验，是为了实施行业质量监督。

### 3．汽车维修质量检验的方法

汽车维修质量检验的方法分为两类：一是传统的经验检视方法；二是借助于各种量具、仪器、设备对其进行参数测试的方法，即仪器仪表测试方法。经验检视方法凭人的感官检查、判断，带有较大的盲目性；仪器仪表测试方法可通过定性或定量的测试和分析，准确地评价和掌握汽车的技术状况。随着现代科学技术的进步，特别是汽车不解体检测技术的发展，人们可以在室内或特定的道路条件下，不解体测试汽车的各种性能，而且安全、迅速、准确。

### 4．汽车维修质量检验的工作步骤

汽车维修质量检验是一个过程，一般包括如下工作步骤。

① 明确汽车维修质量要求：根据汽车维修技术标准和考核汽车技术状态的指标，明确检验的项目和各项质量标准。

② 测试：用一定的方法和手段测试维修汽车或总成有关技术性能参数，得到质量特性值。

③ 比较：将测试得到的反映质量特性值的数据同质量标准要求做比较，确定是否符合汽车维修质量要求。

④ 判定：根据比较的结果判定汽车或总成维修质量是否合格。

⑤ 处理：对维修质量合格的汽车发放《汽车维修竣工出厂合格证》，对不合格的维修汽车，记录所测得的数值和判定的结果，查找原因并进行反馈，以便促使维修工序改进质量。

### 5．汽车维修质量检验内容

（1）进厂检验

进厂检验是对送修汽车进行外部检视和交接（严格地讲，进厂送修车的外检并不属于质量检验的范畴），必要时进行简单的测量和路试以验证报修项目的准确性。

进厂送修车交接检验的目的在于填写双方认可的汽车交接清单，办理交接手续，承修方通过对送修汽车的外观和行驶检查，制订修理计划。送修汽车的进厂检验可由检验部门专职检验员配合生产部门进行，也可由生产部门的调度员兼任。

在现行的汽车维护制度中，要求汽车二级维护前应进行各部分技术性能参数的检测诊断，为确定附加作业项目提供分析依据。这种维护前检测也可归为进厂检验的一种。

汽车或总成送修前应进行修前检验，即送修技术鉴定，根据鉴定结果有针对性地安排维修，以免超前维修或失修。

（2）零件分类检验

大修汽车或总成解体、零部件清洗后，应按技术标准进行检验分类，将原件分为可用的、需修的和报废的三大类。分类的主要依据为：是否超过修理规范中的规定的"大修允许"和"使用极限"。凡零件磨损尺寸和形位误差在大修允许范围内的为可用件；凡零件的磨损或形位误差超过允许值，但仍可修复使用的为需修件；凡零件严重损坏，无法修复或修理成本太高的，为报废件。

（3）汽车维修过程检验

汽车维修过程检验又称工序检验，其目的在于防止不合格的零件装配到总成或部件中，防止不合格的总成或部件装到整车上。

汽车维修过程检验是汽车维修质量管理工作中的重要环节，没有过程的质量控制，就没有整体质量保证。汽车维修过程检验一般由承修人员负责自检，专职过程检验员抽检，维修中的关键零部件、重要工序及总成的性能试验均属专职过程检验员的检验范畴。汽车维修企业应根据自身的实际情况确定必要的维修质量控制点，由专职维修过程检验员进行强制性的检验。汽车维修过程及检验记录表如表 5-3 所示。

表 5-3　汽车维修过程及检验记录表

| 车牌号 | | 车型 | | | 车辆类别 | | | 编号 | |
|---|---|---|---|---|---|---|---|---|---|
| 车主及车属单位 | | | 送修人电话 | | | | 进厂时间 | | |
| 车况介绍及报修内容 | | | | | | | 送修人签名 | | |
| 进厂外检 | | | | | | | 检验人签名 | | |
| 维修过程记录 | | | | | | | 维修人员签名 | | |
| 竣工检验 | | | | | | | 检验人签名 | | |
| 车主意见 | | | | | 签名： | 交车提示 | | | 时间： |
| 填表说明 | 1. 维修过程应记录换件名称、数量、部位，必要时载明配件及供应地。<br>2. 拆解时发现新情况应及时与车主取得联系，征求意见后再做决定。<br>3. 竣工验收只针对保修内容。 | | | | | | | | |

（4）汽车维修竣工出厂检验

汽车维修竣工出厂检验必须由专职汽车维修质量检验员承担。一般在汽车维修竣工后、交车（或送汽车维修质量监督检验站或检测中心检测）前进行。汽车维修质量检验员对照维修质量技术标准，全面检查汽车，测试有关性能参数。汽车检验合格后签发《汽车维修竣工出厂合格证》，并向用户交付有关技术资料。汽车维修竣工出厂后在质量保证期内汽车发生故障或损坏，承修方和托修方按有关规定"划分和承担相应的责任"。

（5）汽车的返修鉴定

返修是对维修质量不合格汽车的补救和纠正措施。汽车返修的检测、判断工作应由质量检验员负责。检验员通过检验和鉴定，分清责任，组织、协调和实施返修，并登记、填写汽车返修记录表。汽车返修记录表如表 5-4 所示。

表 5-4　返修车辆记录表

编号：　　　　　　　□内返　　　　　　□外返　　　年　　月　　日

| 车牌号 | | 车型 | | 原维修日期 | | 年　月　日 | |
|---|---|---|---|---|---|---|---|
| 原操作者 | | 原班组长 | | 原维修接待 | | 本次接待 | |
| 检修项目 | | | | | | | |
| 返修原因 | □配件品质不良　　□工作方法不正确　　□操作者疏忽　　□交修不清　　　　□车辆制造品质不良<br>□管理不良　　□其他　　注明： | | | | | | |
| 采取对策 | 重复操作者 | | | 返修费用 | | | |
| | 返修操作内容 | | | | | | |

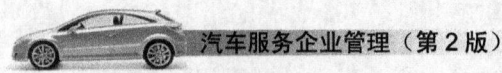 

（6）汽车维修质量评定检验

汽车维修质量评定检验是经道路运政管理机构认定的汽车维修质量监督检验站（或检测中心）对汽车维修企业的维修竣工车辆进行的质量评定的抽检。

## 5.2.3　汽车维修质量管理

### 1. 汽车维修质量管理的概念

汽车维修质量管理是为保证和提高汽车维修质量所进行的调查、计划、组织、协调、控制、检验、处理及信息反馈等各项活动的总称。

汽车维修质量管理应理解为一种经常性的和有计划的工作过程，应贯穿于汽车维修服务的全过程，其目的在于完善工艺方法和维修组织形式，以保证修竣出厂汽车的技术状况及其使用性能的最佳水平。汽车维修质量管理是汽车维修企业管理系统中的一项重要组成部分。

### 2. 汽车维修质量管理职能

（1）制定汽车维修质量方针和目标

汽车维修质量方针即汽车维修质量管理的政策性法规，如交通部发布的第28号令《汽车维修质量管理办法》，明确管理职责和工作要求及必须遵循的规章和标准、质量管理制度等。

汽车维修质量管理目标指经过全面质量管理的汽车维修质量所要达到的质量评价指标，如竣工出厂检测一次合格率、返修率等。

（2）汽车维修质量控制

汽车维修质量控制指为保证和提高汽车维修质量，满足汽车技术状况要求，所采取的维修技术活动。汽车维修质量控制过程包括以下几个步骤。

① 确定汽车维修质量的控制对象，即确定所要控制的汽车技术经济指标，如汽车二级维护竣工，发动机动力性能应满足：发动机功率应不小于额定功率的85%。

② 制定作为汽车维修质量控制依据的标准。

③ 确定评价和衡量汽车维修质量控制对象的方法，一般应以各项标准规定的方法进行。

④ 衡量和评价被控制对象，即衡量和评价维修汽车的各项技术性能指标。

⑤ 说明经维修汽车的实际技术状况与控制标准之间的差异。

⑥ 找出差异的原因，采取纠正措施。

（3）汽车维修质量保证

所谓汽车维修质量保证，指为使车主确信维修竣工出厂汽车能够满足汽车维修质量要求所必需的有计划、有系统的活动。

1）质量担保（外部质量保证）

质量担保是汽车维修企业在汽车维修质量方面对托修方的一种质量许诺（担保），并具有充足而确凿的汽车维修质量证据。如与托修方签订汽车维修合同、汽车维修竣工出厂实行出厂合格证制度、汽车维修企业必须执行汽车出厂质量保证期制度等。

2）汽车维修质量保证工作（内部质量保证）

为了保证汽车维修质量，汽车维修企业必须加强从待修汽车进厂、维修过程、修竣质量总检验到出厂前送检（送汽车维修质量监督检验站上线检测）全过程的质量管理活动。如质

量教育工作、质量信息工作、标准化工作、计量工作及强化汽车维修质量检验（汽车进厂、维修过程及竣工出厂检验）制度，建立汽车维修技术档案等。

质量保证与前面所讲的质量控制是两个完全不同的概念。但是，质量保证与质量控制的某些活动是相互关联的。质量控制是质量保证的重要内容，只有在生产技术活动中，严格质量控制，使汽车维修服务及竣工质量要求全面满足了托修方的要求，质量保证才能提供足够的信任。

### 3. 汽车维修质量管理制度

汽车维修质量管理制度是质量管理部门或企业质量管理机构，为贯彻汽车维修质量管理方针和目标，依据有关法规、标准制定的管理规章，如明确汽车维修质量管理职责和质量管理方针及目标，提出实施汽车维修质量检验制度等。汽车维修质量管理制度是汽车维修质量管理工作的行为准则。目前，汽车维修行业实施的维修质量管理制度主要有以下几方面。

（1）汽车维修质量检验人员的培训、考核及持证上岗制度

汽车维修生产中配备合格的检验人员是汽车维修质量的根本保证。各级道路运政管理机构应做好对各维修企业（或业户）质量检验人员的培训、考核和资格认定工作。只有通过认定的检验人员才有资格签发竣工出厂合格证，否则视为无效。道路运政管理机构要加强对质量检验人员的管理，对责任心不强、弄虚作假者要及时处理，吊扣其质检人员上岗证及质检人员编号章。

（2）汽车维修质量检验制度

汽车维修质量检验以汽车维修企业自检为主，实行专职人员检验与维修工人自检、互检相结合的检验制度；道路运政管理机构以定期或不定期的形式对汽车维修企业的维修质量进行抽查，以加强日常的质量监督管理工作。

（3）汽车维修配件、辅助原材料检验制度

《汽车维修质量纠纷调解办法》明确指出：汽车维修企业作为承修方，在汽车维修质量事故中承担"使用有质量问题的配件、油料或装前未经鉴定"的责任。为加强对汽车维修配件质量控制，避免因使用有质量问题的配件、辅助原材料而造成的汽车维修质量事故，企业应落实对配件、原材料的检验工作。

（4）计量管理制度

计量管理是对汽车维修、检验过程中所用计量器具、检测仪器的管理。严格执行计量器具定期检定、保证量值传递的准确性是计量管理的中心内容。

（5）汽车维修技术档案管理制度

这是质量信息工作的保证。只有做好汽车维修检验原始记录并妥善保存，才能为质量管理提供可靠的质量评定依据和反馈信息，有助于保证和提高汽车维修质量。

（6）汽车维修竣工出厂合格证制度

对进行二级维护以上维修作业的汽车，实行竣工出厂合格证制度是保证汽车维修质量的一项重要措施。汽车修竣后要经专职检验员按验收标准进行严格的检验，经检验合格签发出厂合格证。《汽车维修竣工出厂合格证》由道路运政管理机构统一印制和发放。

（7）汽车维修竣工出厂质量保证期制度

汽车维修质量除要求经维修恢复汽车技术性能外，还要求汽车维修质量稳定，保证有一定的使用期限。因此，实行汽车维修竣工出厂质量保证期制度是提高汽车维修质量、维护用

户合法权益的一项重要措施。质量保证期的长短是根据维修作业的级别、作业的深度来确定的。目前，汽车和危险货物运输车辆整车修理或总成修理质量保证期为车辆行驶 20000 公里或 100 日；二级维护质量保证期为车辆行驶 5000 公里或 30 日；一级维护、小修及专项修理质量保证期为车辆行驶 2000 公里或 10 日。其他机动车整车修理或总成修理质量保证期为机动车行驶 6000 公里或者 60 日；维护、小修及专项修理质量保证期为机动车行驶 700 公里或 7 日。质量保证期中行驶里程和日期指标，以先达到者为准。机动车维修质量保证期，从维修竣工出厂之日起计算。

（8）汽车维修质量返修制度

在质量保证期内，因维修质量造成汽车的故障和损坏，维修企业应优先安排返修，并承担全部返修费用，如因维修质量造成机件事故和经济损失，由承修方负责。

### 4．汽车维修全面质量管理

汽车维修全面质量管理（TQM）是汽车维修企业为了保证和提高产品质量，综合运用一整套质量管理体系、手段和方法所进行的系统管理活动。其重要特点就在于管理的全面性，管理的方法是不断循环进行质量改进的。

（1）汽车维修全面质量管理的内容

作为一种系统化的管理模式和方法，汽车维修全面质量管理的本质内容可以概括为"三全一多"——全过程、全员性、全方位和多样管理方法，即质量管理的执行要贯穿到产品生产的全过程，涉及系统的各个要素，需要组织各个层次员工的共同参与和协作，并且要采用多种多样的管理技术和手段。汽车维修全面质量管理的本质内容可以概括为以下几方面。

1）全过程的质量管理

任何产品或服务的质量，都有一个产生、形成和实现的过程，汽车维修质量管理也是如此。从全过程的角度来看，质量产生、形成和实现的整个过程是由多个相互联系、相互影响的环节所组成的，每个环节都或轻或重地影响着最终的质量状况。为了保证和提高质量就必须把影响质量的所有环节和因素都控制起来。要把质量形成全过程的各个环节或有关因素控制起来，形成一个综合性的质量管理体系，做到以预防为主，防检结合，重在提高。

2）全员的质量管理

产品和服务质量是企业各方面、各部门、各环节工作质量的综合反映。企业中任何一个环节，任何一个人的工作质量都会不同程度地直接或间接地影响着产品质量或服务质量。上至组织最高管理者，下至每一位员工。同时，为了发挥 TQM 的最大效用，除了要加强企业内部各职能部门之间的横向合作，还要将这种合作参与延伸到企业外的用户和供应商。因此，产品质量人人有责，人人关心产品质量和服务质量，人人做好本职工作，全体参加质量管理，才能生产出顾客满意的产品。

3）全企业的质量管理

全企业的质量管理可以从纵横两个方面来加以理解。从纵向的组织管理角度来看，质量目标的实现有赖于企业的上层、中层、基层管理乃至一线员工的通力协作，其中高层管理能否全力以赴起着决定性的作用。从企业职能间的横向配合来看，要保证和提高产品质量必须使企业研制、维持和改进质量的所有活动构成为一个有效的整体。可见，全企业的质量管理就是要"以质量为中心，领导重视、组织落实、体系完善"。

### 4）多方法的质量管理

随着生产规模的不断扩大和生产效率的提高，顾客对产品质量也提出了越来越高的要求。影响产品质量和服务质量的因素也越来越复杂：既有物质的因素，又有人的因素；即有技术的因素，又有管理的因素；既有企业内部的因素，又有随着现代科学技术的发展，对产品质量和服务质量提出了越来越高要求的企业外部的因素。要把这一系列的因素系统地控制起来，全面管好，就必须根据不同情况，区别不同的影响因素，广泛、灵活地运用多种多样的现代化管理办法来解决质量问题。

归根结底，全面质量管理的本质主要是强调一个管理模式的转变，由传统单维度的注重绩效观，转向强调以人为本的、全方位的质量观和顾客观。它的意义不止于质量管理，而是一种以质量为中心的经营战略，最终目的是让顾客、组织成员满意和社会广泛受益，使组织获得成功。

### （2）全面质量管理的方法——PDCA 循环法

按计划（Plan）、实施（Do）、检查（Check）、总结（Action）四个阶段顺序进行的管理工作循环，称为 PDCA 循环，是质量管理活动中应该遵循的科学程序。它不仅适用于整个质量管理过程，也适用于质量管理任何一个方面的活动，如质量管理小组的活动等。

P 阶段，即计划阶段。就是要适应用户要求，以社会经济效益为目标，通过市场研究，制定技术经济指标，研制、设计质量目标，确定达到这些目标的具体措施和方法。这个阶段主要是明确质量管理目标，并提出具体行动方案。

D 阶段，即实施阶段。就是要按照已制定的计划和设计内容，认真扎实地去实施，以实现设计质量。这是很重要的一环，任何有效的质量管理方案如不认真实施，就是"一纸空文"，不可能达到预期的效果。

C 阶段，即检查阶段。就是对照计划和设计内容，检查执行的情况和效果，及时发现实施计划和设计过程中的经验及问题。只有通过检查，才能发现经验和存在问题，否则就不可能提高质量管理的水平。

A 阶段，即总结阶段。就是把成功的经验或失败的教训加以归纳总结，纳入标准，以巩固成绩、克服缺点、吸取教训、进入新的 PDCA 循环。这里，纳入标准很重要。不纳入标准就不可能巩固成果、发扬成绩、防止教训的重复产生，也就可能使下一个 PDCA 循环重复出现，达不到管理效能。全面质量管理在 PDCA 循环的规范下，形成了四个阶段和八个步骤，如图 5-4 所示。

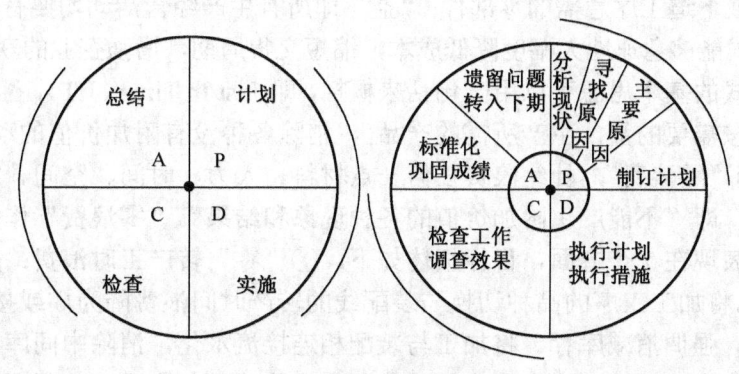

图 5-4　PDCA 循环图

PDCA 循环有如下三个特点。

① 大环带小环。如果把整个企业的工作作为一个大的 PDCA 循环，那么各个部门、小组还有各自小的 PDCA 循环，就像一个行星轮系一样，大环带动小环，一级带一级，有机地构成一个运转的体系。

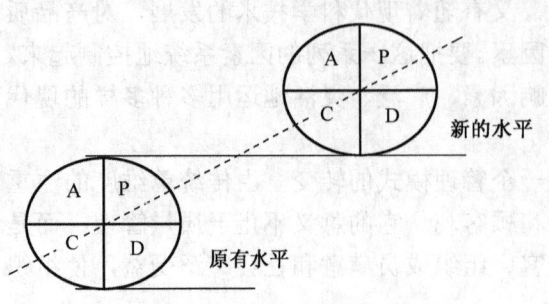

② 阶梯式上升。PDCA 循环不是在同一水平上循环，每循环一次，就解决一部分问题，取得一部分成果，工作就前进一步，水平就提高一步。到了下一次循环，又有了新的目标和内容，更上一层楼。图 5-5 表示了这个阶梯式上升的过程。

图 5-5　PDCA 阶梯式上升图

③ 在 PDCA 循环中，关键循环是 A 循环。

（3）质量管理小组活动

质量管理小组是企业职工组织起来，运用科学管理思想的方法，开展现场质量管理活动的有效方法。

质量管理小组，又称 QC 小组和自主管理小组。凡在生产或工作岗位上从事各种劳动的职工，围绕质量方针目标和现场存在的问题，运用质量管理的理论和方法，以改进质量、降低消耗、提高经济效益和人的素质为目的组织起来，并开展活动的小组可统称为质量管理小组。

质量管理小组的组建要从实际出发，采取自愿或行政组织等多种形式，人数一般以 3～10 人为宜。质量管理小组登记注册后，选定课题，按 PDCA 循环进行活动，活动成果以成果报告书的形式口头或书面发表。

实践证明，组建质量管理小组是组织职工参加质量管理的主要形式，通过质量管理小组活动，不仅使职工学习到质量管理知识和有关专业技术，提高职工素质，而且能提高产品质量，降低消耗，提高经济效益，推动技术进步。有助于质量方针的早日全面实现。

### 5. 汽车维修企业现场管理技术

（1）适时生产

适时生产又称为精益生产（Lean Production），缘于丰田生产系统（Toyota Production System），还可以叫做无库存生产方式（Stockless Production）、零库存（Zero Inventories）或一个流（One-piece Flow）。"精"即少而精，不投入多余的生产要素，只在适当时生产必要数量的市场急需产品或下道工序急需的零部件；"益"即所有生产经营活动均要有效益，具有经济性。适时生产方式能够急速地大幅度降低成本，缩短交货周期，增强企业的获利能力。

精益生产方式的基本思想可以用一句话来概括，即 Just In Time（JIT），翻译为中文是"旨在需要的时候，按需要的量，生产所需的产品"，消除各种没有附加价值的动作和程序，"彻底消除浪费"，即"零浪费"，杜绝浪费任何一点材料、人力、时间、空间、能量和运输等资源。其所指浪费，即"不能产生附加价值的各种现象和结果"。"零浪费"作为 JIT 生产方式的终极目标具体表现在 7 个方面，目标细述如下。①"零"转产工时浪费：关注产品，强调多品种混流生产。将加工工序的品种切换与装配线的转产时间浪费降为零或接近为零。②"零"库存：关注库存，强调消减库存。将加工与装配相连接流水化，消除中间库存，变市场预估生产为接单同步生产，将产品库存降为零。③"零"浪费：关注成本，强调全面成本控制。

消除多余制造、搬运、等待的浪费，实现零浪费。④"零"不良：关注品质，强调高品质。不良并非依赖于检查发现，而是在产生的源头加以消除，实现零不良。⑤"零"故障：关注维护，强调提高运转率。消除机械设备的故障停机，实现零故障。⑥"零"停滞：关注交期，强调快速反应、短交期。最大限度地压缩前置时间，消除中间停滞，实现"零"停滞。⑦"零"灾害：关注安全，强调安全第一。人员、工厂、产品全面实施安全预防检查，采用 SF 巡查制度。

（2）看板管理

看板（Kanban）是日语特有的管理名词，其英文可以是"Signboard"或"Visible Record"。通常，看板是一张标签或卡片，放在透明颜料袋装内，或贴在零件上，或贴在盛装制品的容器上，还可以是流水线上各种颜色的小球或信号灯、电视图像等。在卡片上标有零部件的名称、号码、生产数量、生产时间、运送计划、运送地点、放置场所等项目。看板是揭示牌，看板是实现 JIT 生产的重要沟通工具，看板也可以说是 JIT 生产方式最显著的特点。"看板方式"利用"看板"在各工序、各车间、各工厂及总厂与协作厂之间来往传送作业命令，使各工序都按照看板所标明的要求去做。其独特之处在于从最后一道工序入手，依次向前一道工序领货和订货，从而使各工序能在必要的时间得到必要数量的必要零部件，以实现各工序间准确而及时的配合，最终排除无效劳动，杜绝浪费，做到均衡而稳定的生产。看板主要有两种：取料看板和生产看板。取料看板标明了后退工序应领取的物料的数量等信息，生产看板则显示着前道工序应生产的物品的数量等信息。

通过有效地利用看板，可以将之作为生产及运送的工作指令，防止过量生产和过量运送；可以将之作为"目视管理"的工具，提高管理的绩效；可以将之作为改善的工具，不断提高品质的水平，如表 5-5 所示。

表 5-5　汽车售后车间管理看板

| 车间管理看板 | | | | | | | | | | | | | |
|---|---|---|---|---|---|---|---|---|---|---|---|---|---|
| 序号 | 车牌号 | 车型 | 维修类别 | | | | | 技工 | 工位号 | 接车时间 | 交车时间 | 状态 | 未完工原因 | 过夜车 |
| | | | 机修 | 电气 | 钣金 | 油漆 | 事故车 | | | | | | | |
| 1 | | | | | | | | | | | | | | |
| 2 | | | | | | | | | | | | | | |
| 3 | | | | | | | | | | | | | | |
| 4 | | | | | | | | | | | | | | |
| 5 | | | | | | | | | | | | | | |
| 6 | | | | | | | | | | | | | | |
| 7 | | | | | | | | | | | | | | |
| 负责人： | | | | | | | 单位名称： | | | | | | | |

注：接车时间指的是开始修理的时间，交车时间一般都是和顾客约定好的，此时间一定要掌握好。

状态栏：可用红黄绿标法，分别表示未开始修理、修理中、修理完成。

（3）5S 管理

5S 活动是在日本广受推崇的现场管理方法。5S 代表 5 个日文词汇，其罗马拼音以"S"为开头，分别介绍如下。①整理（Seiri）：将现场里需要与不需要的东西区别出来，并把场地中不必要的物品移走，以减少不必要的浪费、错误和损失，提高效率。②整顿（Seiton）：将整理后需要的物品分门别类加以存放，将工具和器材的位置确定下来，标记明确，以便在需要用时能够尽快找到，以营造井然有序的工作环境。③清扫（Seiso）：员工须履行个人及群体清洁任务，保持机器及工作环境的干净，以降低厂房设施发生故障的机会。④清洁（Seikesu）：更彻底地延伸干净的概念，持续执行上述3个步骤，并加以制度化、规范化，贯彻执行及维持提升。⑤教养（Shitsuke）：各级员工必须自觉推行以上4点，经常检查自己的各项职责或工具，以建立自律及养成从事5S的习惯。5S是厂房现场维持的构成要项。厂房良好环境的维持，表示员工士气高昂及纪律严谨。然而要长久维护下去，就颇有挑战性。

许多日本及世界先进的企业，已经超越5S的范畴而发展到6S，包括了安全（Safety）；以及7S，包括了节约（Save）。摩托罗拉公司甚至提出10S，即：①分类（Sort）；②整顿（Set）；③清扫（Shine）；④标准化（Standards）；⑤纪律（Strict）；⑥安全（Safety）；⑦周到（Security）；⑧体能强化（Stout）；⑨技能多样化（Skills）；⑩作业流水线精简化（Streamline）。

6S检查表如表5-6所示。

表5-6　6S检查表

| 6S 车间点检表项目 | | 检查标准 | 评分 | 评核说明 |
|---|---|---|---|---|
| 备件库房 | 1 | 备件仓库是否保持干净　□是　□否 | | |
| | 2 | 备件存放是否按规定定位编号并保持清洁　□是　□否 | | |
| 修护区含车检线 | 1 | 公用工具、机具设备及个人手动工具（箱）是否有保管人名牌及保养记录表 | | |
| | 2 | 保护区的地面油漆及标线是否脱落（实际____BAY，合格____BAY） | | |
| | 3 | 修护区的地面墙壁是否有油污　□是　□否　墙角是否保持清　□是　□否 | | |
| | 4 | 修护区的地面是否保持无油、无水、无杂物（实际____BAY，合格____BAY） | | |
| | 5 | 活动式机具设备及手动工具是否按规定划线定位并清洁（实际____件合格____件） | | |
| | 6 | 特种工具是否有工具柜（箱）或吊板集中管理，并设置工具清册　是□　否□ | | |
| | 7 | 现场工作人员是否按规定穿工作服，并保持服装整洁　是□　否□ | | |
| | 8 | 是否严格遵守工作中及作业区的禁烟规定　是□　否□ | | |
| | 9 | 检查时掀起引擎盖查看是否铺置叶子板护套以保持车辆清洁　□是　□否 | | |
| | 10 | 大修及钣金车辆拆下的零件是否定点集中存放于存放箱并妥善保管　是□　否□ | | |
| | 11 | 喷漆物料是否有物料架（室）并排放整齐　□是　□否 | | |
| | 12 | 两注举升机未使用及下班时，是否将支撑臂展开　□是　□否 | | |
| 附属设施 | 1 | 仓库地面是否保持干净　□是　□否；仓库物品是否有定位并保持清洁　□是　□否 | | |
| | 2 | 洗手间是否有轮值表　□是　□否；是否保持清洁无异味　□是　□否 | | |
| | 3 | 更衣室是否保持整齐清洁　□是　□否 | | |
| | 4 | 是否有会议室（餐厅）　□是　□否；是否保持整洁清洁　□是　□否 | | |
| | 5 | 保修厂内各项灯光及开关是否正常使用　□是　□否 | | |
| | 6 | 是否有动力室　□是　□否；是否保持清洁　□是　□否 | | |
| | 7 | 废料（垃圾、下脚料）是否经过分类处理　□是　□否；是否定期处理　是□　否□ | | |

（4）TPM

TPM是Total Productive Maintenance，本意是"全员参与的生产保全"，也翻译为"全员维护"，即通过员工素质与设备效率的提高，使企业的体质得到根本改善。TPM起源于20世纪50年代的美国，最初称事后保全，经过预防保全、改良保全、保全预防、生产保全的变迁。20世纪60年代传到日本，1971年基本形成现在公认的TPM。20世纪90年代，中国一些企业开始推进TPM活动。至今在全球得到了广泛的应用与推广，并取得了巨大的成功，包括日本、欧洲、北美及韩国等地的企业。

目前，TPM还在持续地发展，作为企业降低生产成本，提高生产效率，改善企业经营管

理，强化企业竞争力的有效工具发挥着积极的作用。TPM 已成为设备管理与维修的先进模式和当代企业管理的重要组成部分。

TPM 是以提高设备综合效率为目标，以全系统的预防维修为过程，全体人员参与为基础的设备保养和维修管理体系。TPM 的特点就是三个"全"，即全效率、全系统和全员参加。全效率指设备寿命周期费用评价和设备综合效率；全系统指生产维修系统的各个方法都要包括在内。全员参加指设备的计划、使用、维修等所有部门都要参加，尤其注重的是操作者的自主小组活动。

TPM 的目标可以概括为四个"零"，即停机为零、废品为零、事故为零、速度损失为零。

停机为零：指计划外的设备停机时间为零。计划外的停机对生产造成的冲击相当大，使整个生产品配发生困难，造成资源闲置等浪费。计划时间要有一个合理值，不能为了满足非计划停机为零而使计划停机时间值达到很高。

废品为零：指由设备原因造成的废品为零。"完美的质量需要完善的机器"，机器是保证产品质量的关键，而人是保证机器好坏的关键。

事故为零：指设备运行过程中事故为零。设备事故的危害非常大，影响生产不说，可能会造成人身伤害，严重的可能会"机毁人亡"。

速度损失为零：指设备速度降低造成的产量损失为零。由于设备保养不好，设备精度降低而不能按高速度使用设备，等于降低了设备性能。

推行 TPM 要从三大要素上下工夫，这三大要素分别介绍如下。

① 提高工作技能：不管是操作工，还是设备工程师，都要努力提高工作技能，没有好的工作技能，全员参与将是一句空话。

② 改进精神面貌：精神面貌好，才能形成好的团队，共同促进，共同提高。

③ 改善操作环境：通过 5S 等活动，使操作环境良好，一方面可以提高工作兴趣及效率，另一方面可以避免一些不必要设备事故。现场整洁，物料、工具等分门别类摆放，也可使设置调整时间缩短。

TPM 的推进过程也是一个 PDCA 循环的过程，TPM 活动要求持续、有效、自主地推进。TPM 导入的过程需要多长的时间，由于企业的规模和现有的管理基础不同而有所区别，短的半年到一年，长的两年到三年即可基本完成，以后进入企业正常管理的轨道。TPM 实施步骤及内容如表 5-7 所示。

表 5-7　TPM 实施步骤及内容

| 阶段 | 步骤 | 主要内容 |
| --- | --- | --- |
| 准备阶段 | 1．TPM 引进宣传和人员培训 | 按不同层次进行不同的培训 |
| | 2．建立 TPM 推进机构 | 成立各级 TPM 推进委员和专业组织 |
| | 3．制定 TPM 基本方针和目标 | 提出基准点和设定目标结果 |
| | 4．制定 TPM 推进总计划 | 整体计划 |
| 引进 | 5．制定提高设备综合效率的措施 | 选定设备，由专业指导小组办协助改善 |
| 实施阶段 | 6．建立自主维修体制 | 小组自主维修 |
| | 7．维修计划 | 维修部门的日常维修 |
| | 8．提高操作和维修技能的培训 | 分层次进行各种技能培训 |
| | 9．建立前期设备管理体制 | 维修预防设计，早期管理程序生命周期费用 |
| 巩固提高 | 10．总结提高，全面推行 TPM | 总结评估，找差距，制定更高目标 |

## 5.3  汽车服务企业售后服务质量管理

### 5.3.1  服务质量

服务质量是创造顾客满意和顾客忠诚的重要因素之一，直接关系着企业的持续赢利能力，也是汽车服务企业日常经营管理中不容忽视的一项重要内容，对于改善顾客关系、维持市场份额都具有十分重要的意义。

**1．服务质量含义**

由于服务本身相对于产品而言所具有的多种特殊性，就决定了服务质量是一个抽象的概念，与产品质量的量性指标不同。服务质量是通过顾客对服务的感知而决定的，因此服务质量是一个复杂的集合体，消费者对服务质量的评价不仅要考虑服务的结果，而且要涉及服务的过程。

国外学者认为服务质量是一个主观的范畴，取决于顾客对服务质量的预期（即期望的服务质量）同其实际体验到的服务质量水平的对比。如果顾客所体验到的服务质量水平高于或等于顾客预期的服务质量水平，则顾客会获得较高的满意度，从而认为企业具有较高的服务质量，反之，则会认为企业的服务质量水平较低。从这个角度看，服务质量是顾客的预期服务质量同感知服务质量的比较。

**2．服务质量的影响因素**

服务质量的好坏不仅取决于顾客在服务过程结束后得到了什么（What），同时也取决于汽车服务企业如何提供服务以及顾客是如何得到服务的（How），涉及服务人员的仪表仪态、服务态度、服务方法、服务程序、服务行为方式等，因此，影响服务质量的因素包括以下几点。

（1）企业内在品质

企业应该向客户提供最高水准的售后服务，以满足他们的需要。企业应该充分利用每次与客户交流的机会，向他们展示自己的专业性，并在业内建立良好的声誉。企业还应该让员工了解企业的整体运作过程，以及他们各自的工作是如何影响企业运作的，在提供售后服务时应该尽可能保证零差错。

（2）可获得性

企业在提供售后服务时，首要考虑的因素即客户的便利性，而不应该为了提高效率而过分强调企业自身的便利性。否则就是喧宾夺主，其结果是导致客户资源的流失。

（3）及时性

企业在提供售后服务时，应该体现出高效率，尽量减少客户的等待时间。同时，及时性还体现在企业恪守自己的承诺。这里的及时是指按约定的时间承诺，不能推迟，但也不能提前。推迟当然会使客户不满意，但提前有时候也会增加客户的成本，如库存成本等。

（4）服务效率

在接受服务的过程中，能让客户感受到服务流程的效率很高，没有任何拖延、重复或浪费。因此，在考虑售后服务流程时，企业应多考虑客户的想法。

（5）服务承诺

企业应恪守对客户的承诺。因为客户只愿意与有信誉的企业保持长期关系，所以应该尽量给客户留下值得信赖的感受。当企业提供的服务不符合对客户的承诺时，应该立即采取行动，纠正自己的行为。

（6）人员形象

企业与客户进行互动时，服务人员的形象，如衣着、健康及身体语言等，也会影响客户对该企业的印象。企业的员工就代表着企业的形象。如果不注意小节，那么客户怎么会相信其能提供优良的售后服务呢？

（7）团队精神

在向客户提供售后服务的同时，企业还应该向客户展示企业内部的团队协作精神。团队成员之间的相互协作、相互配合、交流沟通等，也是吸引客户的一大因素。

（8）服务创新

企业应该持续创新，保持自己的产品和服务的特色。创新能力可以成为一个企业的核心竞争力，同时也是服务质量的重要决定因素。

（9）服务环境

干净、整洁、安全、有序的环境会使客户感觉耳目一新。此外，企业服务人员的素质及企业的规章制度都是构成客户感知的企业环境的重要影响因素。

**3. 顾客评估服务质量的五维度**

服务质量的好坏，是顾客的一种感受。而顾客在评估服务质量时，主要从以下几个方面进行。

（1）可靠性

可靠性指服务企业准确无误地履行服务承诺的能力。消费者认为可靠性是衡量服务质量五维度中最重要的维度。许多以优质服务著称的企业是通过"可靠"的服务来建立自己的声誉的。常用指标有：企业向顾客承诺的内容能否及时完成；顾客遇到困难时是否表达关心及帮助；公司是否可靠；提供所承诺的服务是否准时；是否正确记录相关的内容。一句话形容可靠性——就是按照承诺行事。

（2）响应性

响应性指企业随时准备为顾客提供快捷、有效的服务。有调查显示：如果顾客就餐的等候时间超出40分钟，即便那里的饭菜再好吃，绝大多数客人也不会耐心等候。这就是麦当劳、肯德基得以在全世界获得成功的最重要的原因。因为对于顾客而言，时间就是金钱。类似的，柯达彩扩店的立等可取业务,诺基亚手机1小时维修服务、中国移动的48小时投诉处理制度，都在努力为顾客提供更加高效快捷的专业化服务。常用指标有：接待的响应、对客户问题的回答的响应、为客户办理手续的响应、客户承诺履行的响应。响应性在满意度中的权重很大。一句话形容响应性就是——主动积极帮助客户。

（3）保证性

保证性是指服务人员的友好态度与胜任工作的能力，能增强顾客对企业服务质量的信心和安全感。友好态度：当顾客同一位友好、和善且学识渊博的服务人员打交道时，他会认为自己找对了公司，从而获得信心和安全感。胜任能力：如果服务人员对专业知识懂得太少也会使顾客失望，尤其是在服务产品不断推陈出新的今天，服务人员更应该拥有较高的知识水平。常用指标有：员工是否值得信赖；接受服务时顾客是否感到放心；员工是否有礼貌；公司是否对员工给予适当的支持，使之能够提供更好的服务。一句话形容安全性就是——激发客户信任感。

（4）移情性

移情性指设身处地地为顾客着想并对顾客个体给予特别关注。服务人员需具备接近顾客的能力，有效地理解顾客需求，以及有对顾客新需求的敏感度。常用指标有：公司会不会针对顾客提供个别的服务；员工会不会给予顾客个别的关心；员工是否能够了解顾客的需求；企业是否优先考虑顾客的利益；企业提供服务的时间能否符合所有顾客的需求。一句话形容移情性就是——理解认同客户需求。

（5）有形性

有形性指有形的设施、设备、人员和宣传资料等，如地毯、办公桌、灯光和服务人员的服装和外表等。常用指标有：企业是否具备现代化的服务设施；服务设施是否具有吸引力；员工是否有整洁的服装和外套；公司的设施与他们提供的服务是否匹配。

服务质量五维度重要性（消费者观点）：可靠性32%、响应性22%、保证性19%、移情性16%、有形性11%。

**4．服务质量差距模型**

服务质量差距模型（以下简称差距模型）如图5-6所示，是帕拉休拉曼和贝瑞在1985年提出的。该差距模型的核心是顾客差距，也就是顾客期望与顾客感知的服务之间的差距。差距模型的中心思想在于弥合期望服务与感知服务之间的差距，以使顾客满意并与顾客建立长远的关系。该模型不仅被理论界所广泛接受，同时也被交通运输业、银行业、电信业等服务行业所广泛使用。

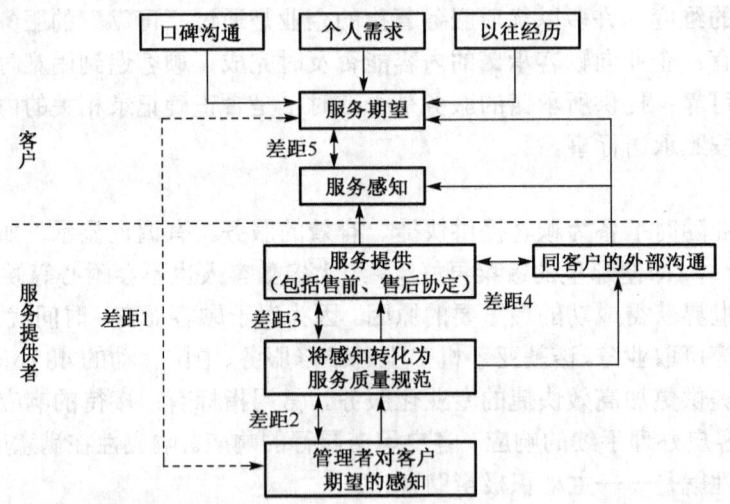

注：差距1，不了解顾客的期望；差距2，未选择正确的服务设计和标准；差距3，未按标准提供服务；差距4，未将服务绩效与承诺相匹配来弥合顾客差距；差距5，顾客差距

图5-6　服务质量差距模型

差距1，管理者对顾客期望感知的差距：指管理者所不了解顾客的期望。产生原因：① 对

市场研究和需求分析所使用的信息不准确；② 对期望的解释信息不准确；③ 没有需求分析；④ 从企业与顾客联系的层次向管理者传递的信息失真或丧失；⑤ 臃肿的组织层次阻碍或改变了在顾客联系中所产生的信息。

具体对策：进行市场调研，包括顾客满意度调研；积极进行沟通，包括与员工沟通，积极倾听顾客抱怨，发生问题后及时补救。

差距 2，服务质量标准的差距：指未能选择正确的服务设计和标准。产生原因：① 计划失误或计划过程不充分；② 计划管理混乱；③ 组织无明确目标，服务质量的计划得不到高层管理者支持；④ 管理人员不期望满足顾客要求，或根本没有服务质量的企业文化。

具体对策：建立客户定义的服务标准；明确系统服务计划；明确服务定位；建立有利于服务传递的有形展示与服务场景。

差距 3，服务供给的差距：未按服务设计和标准提供服务。产生原因如下。① 服务人员：员工服务意愿（主动性）；员工与其工作匹配度；角色冲突；角色模糊；员工未被充分授权。② 内部营销不充分或根本不开展内部营销。③ 服务企业标准复杂或太苛刻。

具体对策：员工的培训、调动积极性。

差距 4，传播、营销沟通的差距：指实际传递的服务与其宣传的服务之间的差距。产生原因：① 营销沟通计划与服务生产不统一；② 服务企业总部（设计新服务项目）与地方分部（未被及时通知）缺乏横向沟通；③ 故意夸大其辞，过度承诺。

具体对策：不要过度宣传、加强部门协调等

差距 5，认知差距/服务质量感知差距：顾客感知的服务与期望的服务不相匹配。这种差距的大小取决于其他四种差距。可以用一个公式来表示他们之间的关系：差距 5=差距 1+差距 2+差距 3+差距 4。可能导致的后果：① 消极的质量评价和质量问题；② 不佳的口碑宣传；③ 对企业形象的消极影响；④ 顾客流失、丧失业务。

## 5.3.2　服务质量的管理

售后服务中的质量管理主要有以下 3 个方面的作用：①通过技术培训，指导客户正确使用产品，防止售后环节质量事故的发生；②控制客户认识和社会舆论的偏差，建立和用户之间广泛的交流，包括感情的交流，以进一步做好纠偏工作；③树立企业的良好形象，包括质量形象。做好售后服务中的质量管理，无论对于产品质量信誉的维护，还是对企业营销目标的实现都有重要的意义。售后服务质量管理的要素包括以下方面。

### 1．质量意识

应该以客户为关注的焦点，要在思想上给以高度重视，然后在行动上得以实现。要做到理解客户现在和将来的需求，要和客户交流、沟通，并能积极地响应客户。当然要讲究响应的方式，必须是文明的、礼貌的，同时，还要考虑客户的利益和服务人员的形象。在和客户交流时，要充分介绍服务本身的内容、质量和有能力解决所出现的问题等。

### 2．接近客户

向客户提供易于接触和方便的联系，使客户能够很容易地通过电话等渠道联系到服务人员，并且保证客户能及时接受服务，给客户形成一种准确、可靠、安全、可信赖的印象。第一次为客户服务时要及时、准确地完成，在客户心中树立起真实、信任的形象，并善于理解客户的需求，尤其是特殊需求，提供特别关心等。

### 3. 全员参与

服务不仅仅是服务部门的事情，完整的服务质量体系执行时要牵扯到许多部门，如需要技术部门解答技术问题、财务部门对相关事宜的支持、供应部门的及时供货等。通过各部门的支持和协调，使售后服务质量得到提升，才能促进企业的发展。

### 4. 过程方法

质量管理是建立在工作过程基础之上的，要实现质量管理就是要对这些工作过程进行管理。因此，对工作过程中的相互作用进行管理，需要制定出一定的质量指标，使前一个过程输出的质量完全符合下一个过程输入所要求的质量指标，而每个过程都有相应的质量指标，协调起来就很顺利。对于管理来说这一环节至关重要，其目的就是要把质量管理建立在相互支持和协调的基础上，真正达到售后服务质量管理的目的。

### 5. 体系化管理

体系化管理就是用体系来管理服务质量，按照规范化的服务质量管理文件进行管理。把服务过程中要做的每一步都记录下来，整理编成系统文件，并对照实施，这样就能少走弯路。当然，这需要对档案文件进行有效管理，并监督服务部门和服务人员对照执行，这样才能有质量保障，为无形服务提供一份"保证书"。

## 5.3.3 服务质量的提升

做好汽车服务企业质量管理，不是最终目的。最终目标是超越顾客需求，超越顾客期望，不断提升服务质量，树立企业良好形象。

### 1. 文化策略与措施

企业文化是一种环境、一种氛围、一种导向、一种信仰。文化虽然不是直接针对售后服务的，但对于服务中出现的任何问题，优秀的企业服务文化都会指导服务人员做出恰当的反应，并采取合理的行动。因此，企业要注重建立良好的售后服务环境，创造以客户为中心的观念，塑造服务人员的良好形象，信任和支持自己的员工。

### 2. 激励策略与措施

通过激励机制来提升服务人员的服务品质，是售后服务质量提升的重要策略之一。

① 物质激励。物质激励的常见形式是发奖金，对于低收入阶层的服务人员而言，每一次奖金的增加或扣发他们都非常敏感和在乎。

② 精神激励。精神激励有口头、发奖状等形式，尽量多表扬、少批评，或先表扬后批评。

③ 提供高质量的服务人员培训。通过培训来提高服务人员的服务技能，进而提高客户满意度和员工对工作的满意度。

④ 建立有助于提高服务价值的职位体系。这样每个服务人员就有了发展和努力的目标，从而有助于服务人员积极主动地提高服务能力。

### 3．客户满意策略与措施

客户满意策略的主导思想是：企业的整个售后服务活动要以客户满意为指针，从客户的角度、观点来分析和判断售后服务水平。因此，售后服务要想达到客户满意的要求，就必须不断提升企业的售后服务水平。具体包括：正确处理客户投诉；建立多种服务渠道；建立服务补救措施；采取规范化策略与措施。

企业提供的每一项服务不应是孤立的和随机的行为，应是一个系统的、标准化的服务过程。服务系统不仅要有合理的工作流程，而且还要用现代化的技术来保障工作流程的实现。通过各种渠道将售后服务质量信息进行收集和反馈，根据实际情况列出一些解决问题的方法，把实施的结果和预计的结果进行评价，可以达到持续改进服务质量的目的。

## 5.3.4　我国汽车服务企业质量管理存在的问题

进入 21 世纪以来，随着汽车工业竞争的日趋激烈，我国汽车服务企业也如雨后春笋般蓬勃增长。作为汽车行业后市场，为我国交通运输及提高人们生活水平做出了很大贡献。但是随着竞争的加剧，我国汽车服务企业质量管理也出现了诸多问题。

### 1．人员问题

服务营销三角形（即服务机构——雇员——消费者，内部营销——外部营销——互动营销）形象地强调了人员对于公司信守承诺并成功建立顾客关系这一能力的重要作用。无论服务类型和顾客与服务系统的接触水平如何，服务组织总需要依靠雇员来完成组织的使命，雇员的素质和对责任的承诺已经成为组织竞争优势的重要来源。而汽车 4S 店从总体上看在服务流程的执行力度上还远远不够，主要表现在接待服务、新车介绍能力及新车交付质量等方面存在不足，离用户满意还有一定的差距。

### 2．客户关系问题

客户关系管理（Customer Relationship Management）的核心是客户价值管理，从最有价值的顾客出发，与每一位顾客建立一种学习关系的基础。在提供从市场管理到客户服务与关怀的全程业务管理的同时，对客户购买行为和价值取向进行深入分析，为企业挖掘新的销售机会，并对未来产品的发展方向提供科学、量化的指导依据，使企业在快速变化的市场环境中保持发展能力。问题主要还是在执行的过程中，4S 店目前还没有充分发挥该系统的功能，从而忽视了顾客资料信息的建立和利用，未严格地执行客户回访制度，影响到与顾客的各种情感服务。

### 3．服务流程问题

汽车 4S 店对销售与售后的流程的设计还是比较全面的，但是细节不够。这主要的原因是公司的管理制度不完善，员工的服务水平和执行力度都有所欠缺。尤其在售后服务的细节上，销售主管和销售经理对销售人员缺乏有效的监督，且流程规范标准不够细致，未体现以顾客为中心的理念。

## 5.3.5　服务质量改进和提升办法

为了适应当今汽车市场结构的新变化，进一步提高汽车服务企业的服务水平，应采取"提升服务质量，提高客户满意度"的质量改进策略。提高员工的素质、技能水平，抓住机会，尽可能迅速地走近客户，了解客户的需求，加强服务营销，从而提高客户的满意度。

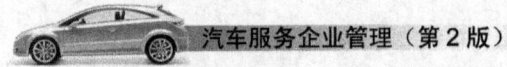

**1. 缩短服务差距**

**（1）进行人员开发，保证服务质量**

可通过销售战略、业务基本素质、销售流程、销售技巧、促销手段和方法等相关培训，使每个员工详尽了解服务营销的运作，以及他们在与其他员工及其他职能部门和顾客相联系时的角色。促使员工树立"人人有责任进行服务营销"的良好的工作态度。使员工具备相互沟通、销售和服务的技能，并不断提高。

**（2）留住最好的员工**

一方面，将员工纳入公司的愿景之中。要激励并使员工对追随和支持公司目标感兴趣，就必须让他们理解和分享公司的愿景。整体传递服务的人员需要理解他们的工作是如何融入组织及其目标的宏大蓝图之中的。另一方面，评估并奖励优秀员工。如果仅仅是奖励工作的结果而不评估和奖励员工在服务工作中的行为，那么员工在易受挫折的工作过程中就得不到激励，内部营销的目标将很难实现。

**2. 加强顾客关系管理**

**（1）完善客户资料信息，深度挖掘客户信息**

顾客资料信息是 4S 店开展顾客关系管理的基础，所以首先要注意完善顾客的资料库。4S店应成立专门的客户服务中心，组织专门人员来集中管理客户信息，保证客户关系管理的正常运作。 通过使用数据仓库与数据挖掘工具对客户信息进行细分，分析客户对汽车产品及服务的反应，分析客户满意度、忠诚度和利润贡献度，以便更为有效地赢得客户和保留客户。

**（2）严格执行客户 100%互访制度**

通过互访，4S 店可以与客户沟通，倾听客户的意见，进行客户满意度调查，及时反馈服务质量信息，将信息反馈记录表传给相应的责任部门，从而在有效时间内改进服务，最终使客户满意，并且每月产生服务质量月报，对服务因子进行分析，提出改进意见。在互访过程中，4S 店还可以获得关于竞争对手的情报，综合这些情报，可以为 4S 店的市场部在制订营销计划时提供依据。

**（3）提供各种情感服务**

情感活动是建立与顾客的初级关系或维系顾客关系的小技巧。这样做虽然很难影响顾客的最终决策，但它仍然是必不可少的，包括提醒服务、亲情服务、告之服务等。

**3. 优化售后服务流程**

服务过程中，顾客既是消费者，同时又是服务的生产者，在汽车服务，特别是汽车的售后服务上尤其如此。在汽车维修服务过程中，维修前台与顾客的对话、沟通共同构成服务的初级生产，维修顾问和顾客进一步详细地交谈共同构成服务的次级生产，维修技师同顾客的相互沟通最终构成了服务的产生。

要构建汽车 4S 店售后服务流程的优化效果，必须将顾客置于整个服务的中心位置。这一位置上的改变有助于让所有员工重视顾客，形成以顾客为中心的理念。在整个服务过程中，强调了各个关键工序与顾客的互动。员工与顾客的充分互动有助于服务快速地、准确地产生、消费。这不仅提高了顾客满意度，同样也提高了员工的满意度。

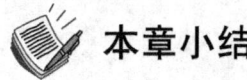 **本章小结**

　　本章主要学习了质量管理的含义、发展过程，质量管理工具；汽车维修质量含义，汽车维修质量检验的含义、目的、方法、工作步骤，以及检验分类和内容；汽车服务企业售后服务的含义、影响因素、评估五维度及服务质量差距模型，以及我国汽车服务企业质量管理存在的问题和改进方法。

# 第 6 章　汽车服务企业物资管理

 **学习目标**

1. 了解汽车服务企业配件管理的意义；
2. 了解汽车服务企业物资管理的主要任务；
3. 掌握汽车服务企业设备管理的任务；
4. 掌握汽车服务企业设备维修与管理的评价指标。

物资是企业生产经营活动的最基本条件，也是保证企业生产活动得以正常进行的基础。物资贯穿于企业整个生产经营活动中，并在生产中不断改变自己的形态，创造价值。加强对企业的物资管理，涉及企业内外各个领域和环节，包括对物资的需求、采购、使用、保管的控制等。加强企业的物资管理对于有效地利用物资，保证生产经营活动的顺利进行，提高企业经济效益有着十分重要的意义。

## 6.1　汽车服务企业物资管理概述

### 6.1.1　汽车服务企业物资管理的意义和任务

汽车服务企业并不是单纯的劳务服务过程，也需要各种物资的配合。汽车服务企业所消耗的物资属于汽车服务企业的生产资料，不仅规格和数量众多，而且属于企业的流动资产，占用企业 70%的流动资金。

#### 1. 汽车服务企业物资管理的内容和意义

所谓汽车服务企业的物资管理，是对汽车服务企业经营活动所需的各种物资供应、保管、合理使用等进行的一系列管理工作的总称。它主要包括物资供应计划的编制、物资的采购、物资消耗定额的制定和管理、物资储备量的控制、仓库管理、物资的节约使用和综合利用等。

企业的生产过程同时也是物资的消耗过程。合理地组织物资供应，是保证企业正常进行生产经营活动的物质前提。搞好物资管理，对于促进企业不断地提高服务质量、用户满意度、企业的劳动生产率，增加业务量，加速资金周转，节约物资消耗，降低产品成本，增加企业利润，提高企业经济效益有着重要的意义。物资管理是企业管理系统必不可少的生产保障子系统，是企业管理的重要组成部分。

#### 2. 汽车服务企业物资管理的主要任务

汽车服务企业物资管理的任务，总的来说，是企业正常经营活动的后勤物资保障，是企业根据经营活动的需要和市场预测，按质、按量、按品种、按时间成套地供应企业生产经营活动所需的各种物资，并且通过有效的组织形式和科学的管理方法，监督和促进企业合理地利用物资，提高企业经济效益。具体来说，企业物资管理的基本任务有以下几个方面。

① 搞好汽车维修物资的市场调查和分析统计，充分掌握维修物资的供需信息。

② 根据汽车维修物资消耗规律，制定或修订汽车维修物资消耗定额，编制物资供应计划和采购计划，积极合理地组织维修物资的采购和储备。

③ 做好汽车维修物资的入库验收、储存保管、审核发放，以确保汽车维修生产顺利进行，并配合生产技术部门严格检查维修物资消耗定额的执行情况。

④ 做好库存物资的清仓盘点和回收利用，管好和用好汽车维修物资。既要缩短物资流通时间，加速资金周转，也要做好修旧利废，尽可能减少资金占用。

⑤ 制定维修物资管理的岗位责任规章制度。物资的采购、搬运、保管储存、发放和使用等，都要制定工作岗位责任制。

## 6.1.2　汽车服务企业物资的分类

汽车服务企业所用的物资，主要按照物资在生产中的作用进行分类，可以分为如下 6 类。

① 主要原材料，指构成产品实体的物资。

② 辅助材料，指在产品生产过程中有助于产品形成但不构成产品实体的物资。

③ 燃料，指产生热能、动力的可燃物质，主要是含碳物质或碳氢化合物。

④ 动力，指用于生产和管理等方面的电力、蒸汽、压缩空气等。

⑤ 配件，指准备更换设备中已磨损和老化的零件和部件的各种专用备件。

⑥ 工具，指在生产中所消耗的各种刀具、夹具、量具等。

采用这种分类方法，便于企业制定物资消耗定额，计算各种物资需要量和产品成本。

# 6.2　汽车服务企业设备管理

## 6.2.1　汽车服务企业设备管理概念及分类

### 1．设备管理的概念

汽车服务企业设备管理是指对从设备的选择、规划、使用、维修、改造、更新，直到报废全过程的计划、决策、组织、协调和控制等一系列活动进行的管理。

设备是一种具有独特性质的物体：一方面设备以其功能参与产品的形成，而不是设备的实体转移到产品中去；另一方面设备具有一定的使用寿命，在使用过程中会发生使用费用，其自身价值会逐渐降低。因此，设备管理是一项系统工程，是对设备运动全过程进行的全方位管理。

### 2．汽车服务企业设备的分类

设备的分类主要是依据设备的结构、性能和工艺特征进行的。凡设备性能基本相同，又属于各行业通用的，列为通用设备；设备结构、性能只适用于某一行业专用的，列为专用设备。汽车服务企业设备管理主要以汽车维修设备为主，具体可分为汽车维修通用设备和汽车维修专用设备。

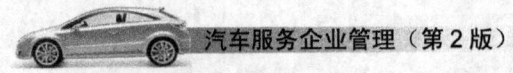

（1）汽车维修通用设备

汽车维修通用设备，主要有适用于行业的金属切削机床、锻压设备、空气压缩机、起重设备等。

按照国家标准《汽车维修开业条件》要求，汽车维修企业应配备的通用设备有：钻床、空气压缩机、电气焊设备、普通车床、砂轮机等。二类维修企业根据生产规模，必备的设备有钻床和镗床。

（2）汽车维修专用设备

汽车维修专用设备根据设备的功能和作业部位，可分为汽车清洗设备、汽车补给设备、汽车拆装整形设备、汽车加工设备、汽车举升运移设备及汽车检测设备等。

① 汽车清洗设备。汽车清洗设备主要用于汽车车身、底盘外部和汽车零部件的清洗。根据清洗设备的用途可分为汽车外部清洗设备和汽车零件清洗设备。

② 汽车补给设备。在汽车维修作业中，需要对车辆润滑部位加油，对蓄电池补充电力，对汽车轮胎补充气体。汽车补给设备按用途可分为加油设备、充电设备及充气设备。

③ 汽车拆装整形设备。汽车拆装整形设备，主要用于汽车维修生产作业中，对总成和零部件的拆装和车身及承载梁架变形后的恢复，以减轻工人体力劳动，保证维修质量，提高劳动生产率。其主要设备有：电动、气动扳手，轮胎螺母拆装机，骑马螺栓螺母拆装机，液压机，半轴套管拉压器，车身矫正器，齿轮轴承拉器，专用零件拆装工具等。

④ 汽车加工设备。在汽车维修过程中，对零件进行加工是恢复零部件技术状况的一种方法。目前加工设备的种类比较多，通用加工设备已成为国家的定型产品，如车床、刨床、磨床等。根据对零件加工部位的不同，可分为：缸体加工设备，曲轴、连杆及轴承加工设备，配气机构加工设备，制动系统加工设备，镗鼓机，光盘机。

⑤ 汽车举升运移设备。此设备主要用于汽车维修生产中整车或零部件的垂直、水平位移，以便进行拆装、修理和存放。其主要设备有：龙门吊、单臂液压吊、二柱举升器、四柱举升器、埋入式液压举升机、液压千斤顶、前桥作业小车、后桥作业小车、前桥作业小车、变速器拆装小车、发动机翻转架等。

⑥ 汽车检测设备。此设备主要用于汽车维修前的故障诊断、维修过程中零部件的检验、修竣后的性能检测及汽车使用中的定期技术状况检测等。目前汽车检测设备很多，一般分为发动机检测设备、底盘检测设备、零部件检测设备。

## 6.2.2　汽车服务企业设备管理工作的内容

① 建立健全设备管理机构。企业领导要分工负责设备管理，并根据企业规模，配备一定数量的专职和兼职设备管理人员负责设备的规划、选购、日常管理、维护修理及操作人员技术培训工作。

② 建立健全汽车维修设备管理制度。汽车服务企业应当根据国家的法律法规要求及行业主管部门的具体规定，结合企业的特点制定企业的设备管理制度，规定设备安装、使用、维修等技术操作的规程，明确设备配置、领用、变更、报废等活动的管理程序，明确设备使用与管理的岗位责任制度与奖罚规定等，使设备管理有章可循，全员参与，各负其责。

③ 认真做好汽车维修设备管理的基础工作。设备管理的基础工作主要包括设备的调入、调出登记，建档、立账，维修保养，报废及事故处理等，保证设备完好，不断提高设备的利用率。

④ 认真进行汽车维修设备的规划、配置与选购。根据企业的级别规模和发展前景，合理规划企业设备的配置，要在充分进行技术、经济论证的基础上，认真制订维修设备配置计划，并按照配置计划组织设备选购，要做到：技术上能够满足使用要求，并保持一定的先进性，经济上合理核算，保证良好的投资效益。

⑤ 加强设备日常使用、保养及维修管理。保证严格执行操作规程，保证设备安全使用。要加强设备日常维护，要求操作人员每日上班前对设备进行检查、润滑，下班前对设备进行认真清洁擦拭。定期对设备进行紧固、调整、换油和检修作业，保证设备处于良好的技术状态，充分发挥设备的利用效率。

⑥ 适时做好汽车维修设备的更新改造工作。为适应新型车辆的维修工作，必须对设备技术上的先进性与经济上的合理性，做到全面考虑、权衡利弊，以提高设备更新改造的经济效益。

## 6.2.3 汽车服务企业设备管理的任务

汽车服务企业设备综合管理的目标是通过设备综合管理，保持设备完好，提高企业技术装备素质，充分发挥设备效能，达到取得良好投资效益的目的。

### 1. 汽车服务企业设备管理的任务

汽车服务企业设备管理的主要任务是为企业实现的经营目标、完成生产经营任务，提供良好的设备技术装备，并在此基础上进行技术创新活动，通过一系列技术经济组织措施，对设备实行全过程综合管理，以期达到设备寿命周期费用最经济、设备综合效益最高的要求。具体内容主要包括以下几点。

① 按照技术先进、经济合理、服务优良的原则，正确选购设备，为企业提供优良的技术装备。

② 在经济节省的基础上，加强设备管理和维修的管理，保证设备始终处于良好的技术状态。

③ 以设备的寿命周期为研究对象，力求设备整个寿命周期费用的最小和设备综合效益最高。

④ 搞好设备的更新改造，提高设备的现代化水平，使企业的生产活动建立在最佳的物质技术基础上。

⑤ 改变传统的设备管理观念和方法，提高企业职工使用、维护、修理和管理设备的技术素质。

### 2. 设备管理部门的职能

在企业设备管理中，应广泛采用国内外先进的设备管理方法和维修技术，逐步实行以设备状态检测技术为基础的设备维修方法，不断提高设备管理的现代化水平。因此，汽车服务企业设备管理部门的主要职能与职责包括以下内容。

① 负责并指导做好企业设备管理的基础工作，为企业制定设备管理决策提供依据。

② 负责监督、检查和协调企业的设备管理工作，对违章运行及技术状况不良的设备，应责令停止使用。

③ 负责或参与制订设备维修及运行计划，下达经济技术指标并定期检查考核，指导设备维修专业化协作工作，做好设备的使用、维护和检修操作规程及岗位责任制等制度的制定工作。

④ 负责并积极组织企业的技术创新活动,使企业的设备及各种装备和构成在质量上优于现有水平。

⑤ 负责或参与基建和重大技术改造工程及有关工作,编制设备改造和更新的年度中长期计划,并组织实施。

⑥ 负责并参与设备管理的教育和培训工作。

### 6.2.4 汽车服务企业设备的使用

设备使用寿命的长短、生产效率的高低,固然取决于设备本身的设计结构特性、制造水平和各种参数,但在很大程度上也受制于设备的使用是否合理、正确。正确使用设备,可以在节省费用的条件下,减轻设备的磨损、保持其良好的性能和应用的精度,延长设备的使用寿命,充分发挥设备的效率和效益。

设备的正确使用,是设备管理中的一个重要环节。具体地应抓好以下几项工作。

① 做好设备的安装、调试工作。设备在正式投入使用前,应严格按质量标准和技术说明安装、调试设备;安装调试后,要经试验运转验收合格后,才能投入使用。这是正确使用设备的前提和基础。

② 合理安排生产任务。使用设备时,必须根据工作对象的特点和设备的结构、性能、特点来合理安排生产任务,防止和消除设备无效运转。使用时,既严禁设备超负荷工作,也要避免"大马拉小车"现象,造成设备和能源的浪费。

③ 切实做好机械操作人员的技术培训工作。操作人员在上机操作之前,须做好上岗前培训,认真学习有关设备的性能、结构和维护保养等知识,掌握操作技能和安全技术规程等知识和技能,经过考核合格后,方可上岗。必须严禁无证操作现象的发生。

④ 建立健全一套科学的管理制度。企业要针对设备的不同特点和要求,建立各项管理制度、规章制度和责任制度等,如持证上岗制度、安全操作规程、操作人员岗位责任制、定期检查维护制度、交接班制度及设备档案制度等。

⑤ 创造使用设备的良好工作条件和环境。保持设备作业条件和环境的整齐、整洁,并根据设备本身的结构、性能等特点。安装必要的防护、防潮、防尘、防腐、防冻、防锈等装置。有条件的企业,还应该配备必要的测量、检验、控制、分析,以及保险用的仪器、仪表、安全保护装置。这对精密、复杂、贵重的设备尤为重要。

### 6.2.5 汽车服务企业设备的维护保养

设备在使用过程中,其技术状态在不断变化,不可避免地会出现干摩擦、零件松动、声响异常等不正常现象。这些都是设备故障隐患,如果不及时处理和解决,就会造成设备的过早磨损,甚至酿成严重事故。因此,只有做好设备的保养与维护工作,及时处理好设备技术状态变化引起的事故隐患,随时改善设备的使用情况,才能保证设备的正常运转,延长其使用寿命。

设备的保养维护应遵循设备自身运动的客观要求。其主要内容包括清洁、润滑、紧固、调整、防腐等。目前,实行的比较普遍的维护是"三级保养制",即日常保养（简称"日保"）、一级保养（简称"一保"）和二级保养（简称"二保"）。

日常保养，重点进行清洗、润滑、紧固易松动的部位、检查零件的状况，大部分工作在设备的表面进行。这是一种由操作人员负责执行的经常性的工作。

一级保养，除普遍地对设备进行紧固、清洗、润滑和检查外，还要部分地进行调整。它是在专职维修工人的指导下，由操作工人承担定期进行保养的职责。

二级保养，主要是对设备内部进行清洁、润滑、局部解体检查和调整，以及修复和更换易损零件。这项工作应由专职检修人员承担，操作人员协作配合。二级保养也是定期进行的。

此外，企业在实施设备保养制度过程中，应该对那些已运转到规定期限的重点和关键设备，不管其技术状态是否良好，生产任务是缓是急，都必须按保养作业范围和要求进行检查和保养，以确保这类设备运转的正常完好和具有足够的精确度、稳定性。

## 6.2.6　汽车服务企业设备的检查与修理

设备在使用过程中，由于物质磨损使设备的精度、性能和生产效率下降，需要及时地进行维护和修理。设备的维修工作是减少和补偿物质磨损，使设备处于完好状态，保证生产正常进行的一项重要工作。

### 1. 设备磨损及其规律

设备在使用或闲置过程中，会发生两种形式的磨损：一种是有形磨损，亦称物质磨损或物质损耗；一种是无形磨损，亦称精神磨损或经济磨损。这两种磨损都会造成经济损失。为了减少设备磨损和在设备磨损后及时进行补偿，首先必须弄清产生磨损的原因和磨损规律，以便采取相应的技术、组织与经济措施。

（1）设备有形磨损产生的原因及其规律

设备有形磨损是设备在使用（或闲置）过程中发生的实体磨损。有形磨损又分为机械磨损（也称第Ⅰ种有形磨损）和自然磨损（也称第Ⅱ种有形磨损）。机械磨损是指设备在使用过程中，由于设备零部件的摩擦、振动、疲劳和腐蚀，致使设备发生磨损或损坏。通常表现为零部件原始尺寸和形状的改变、公差配合性质的改变、效率下降、障碍增多等，主要与设备的使用时间和强度有关系。自然磨损是设备在闲置过程中，由于自然环境的作用及管理维护不善而造成的。通常表现为设备锈蚀、材料老化、功能下降等。它在一定程度上与设备闲置时间长短和设备的维护好坏有关。设备的有形磨损会降低其使用价值。

机器设备的有形磨损规律大致可以分为三个阶段，其磨损曲线如图 6-1 所示。

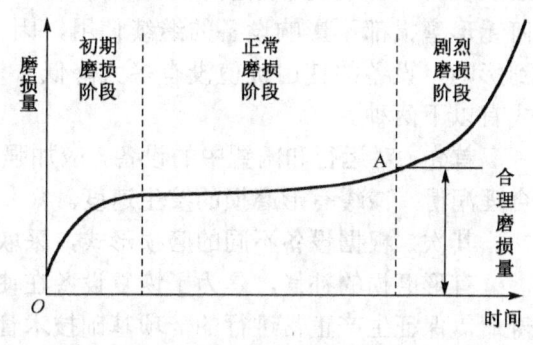

图 6-1　设备有形磨损曲线

① 初期磨损阶段，又称磨合磨损阶段，或走合期。在这个阶段中，设备各零部件表面的宏观几何形状和微观几何形状（粗糙度）都要发生明显的变化。这种现象的产生，原因是零件在加工、制造过程中，其表面总有一定的粗糙度，当相互配合做相对运动时，其粗糙表面由于摩擦而磨损。这个阶段的主要特点是设备磨损快，时间短。

② 正常磨损阶段。此阶段设备磨损的速度比较平稳、磨损增值缓慢。这时设备处于最佳的技术状态，设备的生产率、运转的稳定性、精确性最有保证。

③ 急剧磨损阶段。当零部件磨损量超过一定限度（图 6-1 中 A 点为正常磨损阶段的终点），正常磨损关系被破坏。磨损率急剧上升，以致设备的工作性能明显下降。这就要求停止设备使用，及时进行修理。

设备的磨损有一定的规律，不同设备各个磨损阶段的时间不同，即使是同一型号、同一规格的设备，由于使用和维修不同，其损坏的时间也不尽相同。了解设备磨损规律，就可以研究如何使初期磨损阶段变短，正常磨损阶段变长，避免出现剧烈磨损阶段。

设备在闲置过程中，由于自然力的作用而锈蚀，或由于保管不善，缺乏必要的维护保养措施而使设备遭受有形磨损。随着时间的延长，腐蚀面和深度不断扩大、加深，造成精度和工作能力自然丧失，甚至因锈蚀严重而报废。这种有形磨损为第Ⅱ种有形磨损。

在实际生产中，以上两种磨损形式往往不是以单一形式表现出来的，而是共同作用于机器设备上。设备有形磨损的技术后果是导致性能、精度下降，到一定程度可使设备丧失使用价值。设备有形磨损的经济后果是生产效率逐步下降，消耗不断增加，废品率上升，与设备有关的费用逐步提高，从而使所生产的单位产品成本上升。当有形磨损比较严重或达到一定程度仍未采取措施时，设备就不能继续正常工作，并由此会发生故障，使设备提前失去工作能力。这样，不仅要付出较大的修理费用以恢复其性能、精度，还可能直接危及人身安全，影响工人劳动情绪，由此造成的经济损失难以估量。

（2）设备无形磨损产生的原因及其规律

设备投入生产以后，在产生有形磨损的同时还存在无形磨损。所谓无形磨损，是指设备在有效使用期内（即自然寿命），生产同样结构的设备，由于劳动生产率提高，其重置价值不断降低，而引起原有设备的贬值；或者由于科学技术进步而出现性能更完善、生产效率更高的设备，以致原有设备价值降低。

（3）设备磨损的补偿

从以上分析可知，两种磨损的相同点是都会引起原始价值的降低，不同之处是有形磨损的设备，特别是有形磨损严重的设备，在进行修理之前，常常不能正常运转使用。而任何无形磨损都不影响设备的继续使用，因为它本身的技术性能和功能并不因无形磨损而受到影响，设备的使用价值没有多大降低。设备磨损（包括有形磨损和无形磨损）的补偿方式有以下两种。

首先，对运行和闲置中的设备，应加强使用维护及保养管理，做到正确使用、精心维护、合理润滑，减缓有形磨损的发生速度。

其次，根据设备不同的磨损形式，采取不同的措施和补偿磨损的形式。

有形磨损的补偿，是为了恢复设备在使用过程中应有的技术性能和生产效率，延长使用寿命，保证生产正常进行的一项基础技术管理工作。但是，由于设备在使用过程中始终面临着新技术的挑战，要使设备技术性能适应科学技术的发展，就要在有形磨损补偿的同时，进行无形磨损的补偿，即结合修理进行局部改进、改装，以及设备的技术改造，提高原有设备的生产效率和使用经济效果。

## 2. 设备的检查

设备的检查是指在掌握设备磨损规律的条件下，对设备的运行情况、技术状态和工作稳定性等进行检查和校验。进行设备检查，就是对设备的精度、性能及磨损情况等进行检查，了解设备运行的技术状态，及时发现和消除设备隐患，防止突发故障和事故。设备检查的方法很多，具体分为以下几种。

① 日常检查。日常检查是由操作工人利用人的感官、简单的工具或安装在设备上的仪表或信号标志，每天对设备进行的全面检查。日常检查的作用在于及时发现设备运行的不正常情况并予以排除。日常检查是预防维修的基础工作之一，贵在坚持。

② 定期检查。定期检查是以专业维修人员为主、操作人员参加的定期对设备进行的全面检查。定期检查的目的在于发现和记录设备异常、损坏及设备磨损情况，以便确定修理的部位、更换的零件、修理的种类和时间，以便制订维修计划。

③ 精度检查。精度检查是对设备的实际加工精度，有计划地进行定期检查和测定，以便确定设备的实际精度。精度检查的目的在于为设备的调整、修理、验收和更新提供依据。

**3．设备的修理**

设备的检查是"防"的问题，设备的修理是"治"的问题。设备的修理指修复由于正常或不正常原因而引起的设备损坏，通过修理和更换已磨损、腐蚀、损坏的零部件，使设备的效能得到恢复。

（1）设备修理的种类

按照设备修理对设备性能恢复的程度、修理范围的大小、修理间隔期的长短及修理费用的多少等，可以分为大修、中修、小修三类。

① 小修。小修是指工作量最小的局部修理。它通常只需在设备所在地点更换和修复少量的磨损零件或调整设备、排除障碍，以保证设备能够正常运转。小修费用直接计入企业当期生产费用内。

② 中修。中修是指更换与修理设备的主要零件和数量较多的各种磨损零件，并校正设备的基准，以保证设备恢复和达到规定的精度、功率和其他的技术要求。中修需对设备进行部分解体，通常由专职维修人员在设备作业现场或机修车间内完成。中修费用也直接计入企业的生产费用。

③ 大修。大修是指通过更换、修复重要部件，以消除有形磨损，恢复设备原有精度、性能和生产效率而进行的全面解体修复。设备大修后，质检部门和设备管理部门应组织有关单位和人员共同检查验收，合格后办理交接手续。大修一般是由专职的检修人员进行。因为大修的工作量大、修理时间长、修理费用较高，所以进行大修之前要精心计划好。大修理发生的费用，由企业大修理基金支出。

（2）设备维修制度

设备维修制度，是指在设备的维护保养、检查、修理中，为保持、恢复设备良好的性能而采取的一系列技术组织措施的总称。目前，我国实行的设备维修制度主要是计划预防维修（预修）制度和计划保养维修（保修）制度。

① 计划预防维修制度。计划预防维修制度，是根据设备的一般磨损规律和技术状态，按预定修理周期及其结构，对设备进行维护、检查和修理，以保证设备经常处于良好的技术状态的设备维修制度。

汽车服务企业应针对不同的设备，根据不同的要求，正确选择不同的修理方法，提高设备修理的管理水平和经济效益。

② 计划保养维修制度。该制度是在总结计划预防维修制度的经验和教训的基础上建立起来的一种以预防为主、防修结合的设备维修制度。所谓计划保养维修制度，就是有计划地进行设备三级保养和大修理的体制和方法，即在搞好三级保养的同时，有计划地进行大修。实行计划保养维修制度，对计划预防维修制度中的修理周期结构，包括大修、中修、小修的界限与规定，进行重大改革，使小修的全部内容和中修的部分内容在三级保养中得到解决，一部分中修并入大修。同时，又突破了大修与革新改造的界限，强调"修中有改，修中有创"，特别是对老设备，把大修的重点转移到改造上来，这是符合我国具体情况的重要经验。

（3）设备大修理经济界限的确定

设备修理是为了保持设备在寿命周期内完好的使用状态，而进行的局部更换或修复工作。其中，大修理是维修工作中规模最大、花钱最多的一种设备维修方式，是通过对设备的全部解体，修理耐用的部分，更换全部损坏的零件，修复所有不符合要求的零部件，全面消除缺陷，以便设备在大修理之后，在生产效率、精确度、运转速度等方面达到或基本达到原设备的出厂标准，设备大修理是在原有实物形态上的一种局部更新。

在设备寿命周期内，对设备进行适度的大修理，在经济上一般是合理的。尽管大修理过的设备，不论在生产效率、精确度、运转速度等方面，还是在使用中的技术故障频率、有效运行时间等方面，都比同类型的新设备逊色。但是，大修理能够利用原有设备中保留下来的零部件。这一点，同购置新设备相比，具有很大的优越性，而且这部分比重越大，大修理就越合理。但是，长期无休止的大修理，却是不经济的。一方面，大修间隔期会随着修理次数的增加而缩小；另一方面，大修理的费用也会变得越来越高，从而使大修理的经济性逐渐降低，优越性不复存在，这时设备的整体更新将取而代之。

# 6.3　汽车4S店的配件管理要点

在汽车的整个获利过程中，整车销售、配件销售、维修的利润比例结构为2∶1∶4，而配件销售和汽车维修两个环都离不开配件供应。配件能否及时供应直接关系着汽车4S店的服务质量，关系着顾客的满意度，体现汽车4S店的服务能力。

## 6.3.1　零配件需求的预测

汽车4S店的零配件需求具有时间、种类、数量上的不确定性，而且这种不确定性有时还非常大，因此做好预测才能保证订货的准确性，提高订单质量，降低库存水平和成本，提高经济效益，满足客户需求。

## 6.3.2　保证常规配件的库存

为了保证常规配件的库存，避免紧急订单购常规配件的情况，要求配件管理人员对常规配件的最低库存量进行监控。在实施过程中的控制要领如下。

### 1．配件计划

配件计划员应对厂家下发的"常规配件清单"进行仔细研究，并对清单中的配件在领料程序中进行特殊标记。

### 2．配件收发

配件收发人员在打领料单及发料时重点关注常规配件的库存量，同时，在下发清单的基础上，结合实际对最低库存量进行调整，平时在规定的最小安全库存量的基础上增加备货，将备货库存增加到一个月的销售量，确保常规配件的备货充足。

### 3．配件登记

同时每天对于低于规定库存量的配件进行登记，月底进行汇总，以便统计每月常规配件中低于规定库存量的配件品种，对备货量进行动态调整。

### 4．与其他 4S 店的配合

另外，保持与其他 4S 店的良好合作关系，当特殊情况有缺货时，相互间进行适当的借调。

## 6.3.3　杜绝配件缺货

配件供货率是配件服务质量好坏的直接体现。对此，需要配件部制定一系列流程和制度来保障。

### 1．缺货应急制度

① 配件部每天清晨将常规件缺货清单，交给每一位业务接待和车间管理，便于第一时间解决问题。

② 当缺货发生时，配件部采用首问负责制，及时与业务接待和客户联系，制定是否调拨或订货的解决措施。

③ 当需要订货时，填写"配件订购申请单"，反馈给配件计划员，然后由配件计划员根据要求进行订购。在到货后，及时通知业务接待和客户，由车间优先安排此维修事项。

### 2．缺货保障制度

① 配件计划员上岗前进行技术和专业知识的考核，考核合格后才能上岗。

② 在发料窗口，配件收发员对即将缺货的配件进行登记，反馈到配件计划员手中，便于及时组织货源。

### 3．预约配件制度

① 配件部设立预约配件看板。

② 当预约配件到货后上预约货架，并由配件计划员告诉业务接待通知客户前来维修。

③ 对所有预约配件按规定贴上预约标签，并定期对预约货架上的配件进行整理。

### 4．沟通制度

① 配件部每月组织召开车间、业务交流会，对以后的维修情况进行预计，较好地解决一些有规律的维修项目备货。

② 当公司举办活动时，首先告诉配件计划员，由其进行订货微调。

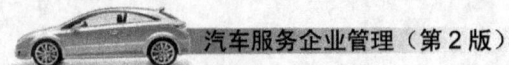
### 6.3.4 做好仓库管理

**1．库房分配**

对汽车 4S 店零配件存储来说可以将库房划分为发动机配件区、底盘配件区、电器配件区、易耗品区、危险品区、配件收发货区等。其中危险品如空调制冷剂要相对独立存放，避免太阳直射，注意防止渗漏。

**2．货位划分**

零配件在库房的存储过程决定了零配件质量的完好程度、仓库作业效率的高低、作业的准确性、库存盘点是否容易等。因此，在零配件的存储过程中应做好货位的设置，货位设置能保证每一种配件都有固定的存储位置，以提高物品出入库的效率。

货位的分配方法有如下几种。

① 按周转率的快慢来排列：将周转快的靠近出入口，周转慢的远离出入口。

② 按相关性和同一性原则来分配，经常被同时取走的物品放置在一起以缩短拣选时间。

③ 按重量来划分储位，将重的物品保管在地面上或货架的下层，重量轻的物品保管在货架上层。

④ 按物品特性来划分储位，将危险品放在一起，易污染物品放在一起，小件放在一起等。如表 6-1 所示。

表 6-1　物品货位划分

| 库区 | 仓库配件类别 |
| --- | --- |
| 发动机 | 以发动机拆分件为主体和发动机总成功能配置的连接配件（如离合器压盘、离合器从动盘等） |
| 变速箱 | 变速箱拆分件为主体与变速箱总成功能配置的连接配件 |
| 底盘 | 用于汽车底盘上的路线装配与车架灯接、铆接及各种管路配置的配件 |
| 车桥 | 以车桥总成拆分件为主体与整车行走配置的配件（如钢圈、轮胎、板簧等） |
| 车身/电器 | 以汽车驾驶室拆分件为主体的各种冲压件、装饰件、线束、灯光配件 |
| 油品 | 油口 |
| 上装 | 专用车上装配件 |

**3．货位编号**

为实施有效管理，要对货位进行编号，编号的方法如图 6-2 所示。

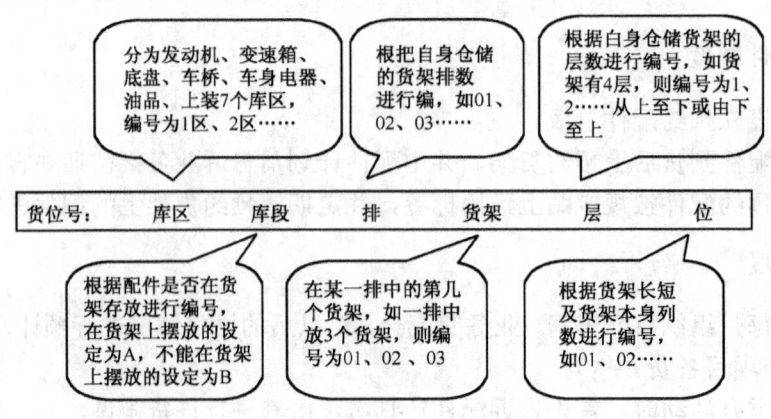

图 6-2　货位编号方法示图

货位号举例如下。

① 发动机库区（1区）在货架摆放的配件第2排第3个货架上第3层第5个货位，系统编码1A0203305。

② 发动机库区（1区）不在货架摆放的配件第5个位置的货位，系统编码1B0000005。

### 4．仓库定置定位作业

① 货架的每个货位必须全部带有货位码，并且与系统货位码为一一准确对应，货位要正。

② 货架上每种配件实物与系统货位码显示的配件信息必须相符，且数量一致。

③ 实施5S管理，清理与仓储无关的物资，为分配库段、货位的物资留出有效的空间，库房内不得堆放非配件的物资。

④ 体积大的配件如不能上架，可在仓库内临时编制货位落地存放，但必须使用托盘或托架等设备，保证配件不与地直接接触。

⑤ 对配件必须进行日常维护，码放时保护好配件包装、条形码、防伪标签。

### 5．配件仓库及时盘点

为了及时掌握库存配件的变化情况，避免配件的短缺、丢失或超储积压，必须每周定期对配件进行盘点。

（1）盘点的内容

查明实际库存的数量与账、卡上的数字是否相符，检查配件收发有无错误，查明有无超储积压、损坏、变质等情况发生。

（2）盘点的形式

盘点主要有永续盘点、循环盘点、定期盘点和重点盘点等形式。

永续盘点是指配件保管员每天对有收发动态的配件盘点一次，以便及时发现收发差错。

循环盘点是指配件保管员对自己所管物品分别轻重缓急，做每月重点日盘点计划，并按计划日进行盘点。

定期盘点是指在月、季、年度组织清仓盘点小组，全面进行库存清查，并造出库存清册。

重点盘点是指根据季节变化或工作需要，或因为某种特定目的而对仓库物资进行的盘点和检查。

（3）盘点中出现问题的处理

对于盘点后出现的盈亏、损耗、规格串混、丢失等情况，应组织复查落实，分析产生的原因，并及时予以处理。

### 6．配件库存管理与控制

（1）建立库存

库存是解决时空矛盾所必需的。既然存在时间和空间的差异，就必须有库存。

所谓零库存是指"库存沉淀为零"，即备件在采购、配送、销售等一个或多个经营环节中，不以仓库存储的形式存在，而均是处于周转的状态。完全的零库存是不存在的，也是不现实的。

配件库存的作用：维持服务与销售的稳定，应付市场的变化和用户的需求。

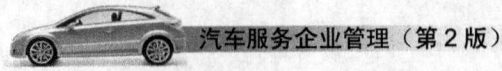

（2）库存管理

配件库存管理不仅是对传统的配件进、出、存的业务管理，更是以支持售后服务，提供优质客户服务为目的的存储、收发、计划与控制。库存投资成本必须同所期望的客户服务水平或缺货成本相平衡。

一年以上销量为零的配件：死库存，应报废或折价处理。半年以上销量为零的配件：积压件，应通过兄弟单位之间资源共享或向总部申请折价调剂解决。三个月以上销量为零的备件：滞销件，一方面通过调整订货和服务营销手段来减少库存；另一方面通过网点之间进行调剂。

（3）制定合适的库存控制策略

因为配件种类和数量繁多、周转快慢不一、资金占用情况不同，因此采取有效的库存控制策略、实行分类管理是比较可行的一种途径，在分析的基础上将配件划分为三类，结果如表 6-2 所示。

表 6-2　配件分类

| A 类 | 76% | 15% | ABS 控制单元、车门总成、转向器、大修包、进气格总成、节气门总成、前挡风玻璃、冷凝器、前组合灯总成、水泵总成、消声器总成、发动机罩总成、蓄电池、压缩机总成、车门玻璃升降控制器 |
|------|-----|-----|---------------------------------------------------------------------------------------------|
| B 类 | 19% | 25% | 车轮盖、车速传感、防冻液、分离轴承、副水箱总成、火花塞组件、进气门、喇叭、轮速传感器、制动液、排气门、前轮毂轴承、摇臂、正时齿带 |
| C 类 | 5% | 60% | 除 A 类、B 类外的其他产品 |

表 6-2 中 A 类产品因为资金占用大、需求量大、周转快，应严格管理，采用定量订货策略，当库存降到安全库存就发出订单，避免因缺货而影响企业主要生产的正常进行。B 类零配件数量消耗小、周转慢，但资金占用多，有的单件产品就上千元甚至更多，所以应重点管理，保持较低库存，宜采用定量订货法，价值特别大的零配件可以允许缺货。对于 C 类零配件采用一般管理、定期订货法，保持较高安全库存。可以使用 ABC 分类法来对配件进行管理。

在 ABC 分类法的分析图（如图 6-3 所示）中，有两个纵坐标，一个横坐标，几个长方形，一条曲线，左边纵坐标表示频数，右边纵坐标表示频率，以百分数表示。横坐标表示影响质量的各项因素，按影响大小从左向右排列，曲线表示各种影响因素大小的累计百分数。一般地，是将曲线的累计频率分为三级，与之相对应的因素分为三类。

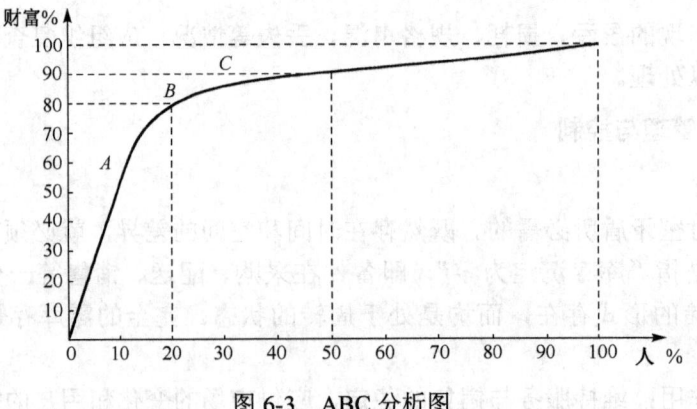

图 6-3　ABC 分析图

A 类因素，发生累计频率为 0%～75%，是主要影响因素。

B 类因素，发生累计频率为 75%～90%，是次要影响因素。

C 类因素，发生累计频率为 90%～100%，是一般影响因素。

属于 A 类的是少数价值高的、最重要的项目，这些存货品种少，而单位价值却较大，实务中，这类存货的品种数大约只占全部存货总品种数的 10%左右，而从一定期间出库的金额看，这类存货出库的金额大约要占到全部存货出库总金额的 70%左右。属于 C 类的是为数众多的低值项目，其特点是，从品种数量来看，这类存货的品种数大约要占到全部存货总品种数的 70%左右，而从一定期间出库的金额看，这类存货出库的金额大约只占全部存货出库总金额的 10%左右。B 类存货则介于这两者之间，从品种数和出库金额看，大约都只占全部存货总数的 20%左右。分类的标准如表 6-3 所示。

表 6-3　ABC 分类法

| 物资类别 | 占物资品种数的百分比（%） | 占物资金额数的百分比（%） |
| --- | --- | --- |
| A 类 | 5～10 | 70～80 |
| B 类 | 20～30 | 15～20 |
| C 类 | 50～70 | 5～10 |

① 对 A 类存货的控制，要计算每个项目的经济订货量和订货点，尽可能适当增加订购次数，以减少存货积压，也就是减少其昂贵的存储费用和大量的资金占用；同时，还可以为该类存货分别设置永续盘存卡片，以加强日常控制。

② 对 B 类存货的控制，也要事先为每个项目计算经济订货量和订货点，同时也可以分别设置永续盘存卡片来反映库存动态，但要求不必像 A 类那样严格，只要定期进行概括性的检查就可以了，以节省存储和管理成本。

③ 对于 C 类存货的控制，由于为数众多，而且单价又很低，存货成本也较低，因此，可以适当增加每次订货数量，减少全年的订货次数，对这类物资日常的控制方法，一般可以采用一些较为简化的方法进行管理。

各类零配件的库存控制策略如表 6-4 所示。

表 6-4　零配件的库存控制策略

| 零配件类别 | 资金 | 数量 | 库存控制策略 |
| --- | --- | --- | --- |
| A 类 | 76 | 15 | 严格管理，定量订货，保证安全库存 |
| B 类 | 19 | 25 | 重点管理，定量订货，尽量减少库存 |
| C 类 | 5 | 60 | 一般管理，大量库存 |

**7. 呆滞件的控制及处理**

呆滞件是指在配件仓库运作一年以上再没有流量的配件。通常一年半内的呆滞件库存占总库存的 5%以下属正常值或者说是良性值，超过则为异常库存。

（1）呆滞件的预防

① 从源头抓起，如对每个配件结合上季度或年度流量及流向（这里所谓的流向，是指关注特殊件的特殊用途，如多用于事故、索赔）设定相应的安全库存。

② 对订单配件（非索赔类及安全库存类）应向客户适当收取定金。

③ 单一配件的增加、单一配件库存的增加、单一配件安全周期的增加需报备配件经理审批。

④ 事故车非常用件缺件备料，需由配件经理以报价单形式，通知车间主任或技术主管签名确认（主要考虑可换、可不换，或者可修复件订购回来后，车间维修不再需要），并要求服务经理或服务顾问签名（前台的确认保证事故车保险公司换件项目确认）。

（2）已经产生的呆滞件的处理

对于已经产生的呆滞件，可以采取以下办法来处理。

① 以书面的形式，将呆滞件清单交给车间主任及技术主管，在事故车报料时，尽可能添加进去。在普通小修时，也可适时关注客户车辆。

② 以书面的形式，将呆滞件清单交给服务总监，针对可以打包或促销的配件，予以打包或降价促销；对服务顾问给予相应的激励政策，加大对呆滞件的销售力度。

③ 与自己的供应商沟通，让其帮助消化，或以货换货。

④ 与同品牌其他汽车4S店沟通，尽可能让自己的呆滞件库存信息共享。比如，将呆滞件库存信息通过自己的配件进行网上发布。尽可能地让全国的汽车4S店共享呆滞库存信息。对有需要的其他服务站，给予成本价销售。

对积压件的处理宜制定一个标准，以方便作业时有据可循，以下提供一个范本供参考，如表6-5所示。

表6-5  某汽车4S店积压件判定标准

| 一级分类 | 二级分类 | 三级分类 | 仓库储备周期 | 排查周期 | 判定标准 |
|---|---|---|---|---|---|
| 新产品 | — | 基础类 | 9个月 | 月度 | 不出库时间大于等于库存周期标准规定的时间，该品种及库存判定为积压件 |
| | | 常用易损 | 6个月 | 2个月 | （1）不出库，不出库时间大于等于库存周期标准规定的时间，该品种及库存判定为积压件<br>（2）出库，积压量=库存量-排查周期内使用量 |
| 常规类产品 | 车身电器 | 基础类 | 6个月 | 2个月 | |
| | | 常用易损 | 3个月 | | |
| | 底盘 | 基础类 | 9个月 | 3个月 | |
| | | 常用易损 | 6个月 | | |
| | 车桥 | 基础类 | 9个月 | 3个月 | |
| | | 常用易损 | 6个月 | | |
| | 发动机变速箱 | 基础类 | 12个月 | 随时 | |
| 整改产品 | | 常用易损 | 9个月 | | 以下发技术整改通知之日起 |

### 8. 做好零配件管理的评价和改进

通过检查总库存成本、缺货率、订货次数、利润、客户投诉等指标来评价零配件管理绩效，不断提高管理水平。以下是一些进行评价的常用指标。

① 每月紧急订单的项目数及金额均不应超过总订单的40%。

② 库存周转率控制6%～8%之间。

③ 对失销配件进行配件失销记录，配件的及时供货率达到90%以上。

④ 提供月度库存积压报告。对一年期以上配件，控制在总库存配件的10%以内。两年期以上配件，每年允许库存损失不超过2%。

⑤ 每季度进行一次库存盘点，全年必须确保两次全盘、两次抽盘（抽盘比例不低于10%），并按财务制度做好盘存和处置记录。

⑥ 备件满足率。

$$备件满足率=满足的备件数÷备件需求件数×100\%$$

$$维修委托书满足率=满足的维修委托书数÷需求备件的维修委托书数×100\%$$

注：只要是在约定的交车时间内提供的备件都算即时供应。

⑦ 当期周转月数（应控制在 3 个月以下）：

$$当期周转月数=期内库存成本（元）÷期内出库成本（元）$$

式中，期内库存成本——（期初库存成本+期末库存成本）÷2；

期内出库成本——期内累计出库成本。

⑧ 年周转次数：

$$年周转次数=12÷平均周转月数（次）$$

⑨ 备件库存差异率。

$$盘存金额差异率=（盘盈金额–盘亏金额）÷账面金额×100\%$$

$$盘存项目差异率=（盘盈项目+盘亏项目）÷总项目数×100\%$$

$$盘存件数差异率=（盘盈件数+盘亏件数）÷总件数×100\%$$

⑩ 备件库存总成本：

$$备件库存总成本<当期备件出库成本×3$$

⑪ 管理指标，包括 5S 管理、备件库房管理、执行规章制度等。

## 6.4 汽车配件基本知识

### 6.4.1 汽车配件编号

德国大众零件号是由 14 位构成的，主要由车型、机组代码、大类（主组）、小类（子组）、零件号、设计变更代码和颜色代码组成，如图 6-4 所示。

**1．车型、机组代码（第 1～3 位）**

① 当该零件是发动机及变速箱件时，前三位为机组代码，一般情况下：

026 代表四缸 JW 发动机件；

034、035 代表五缸 RT、PR 发动机件；

078 代表六缸 ACZ 发动机件；

077 代表八缸 ABH 发动机件；

012 代表五挡手动变速箱件。

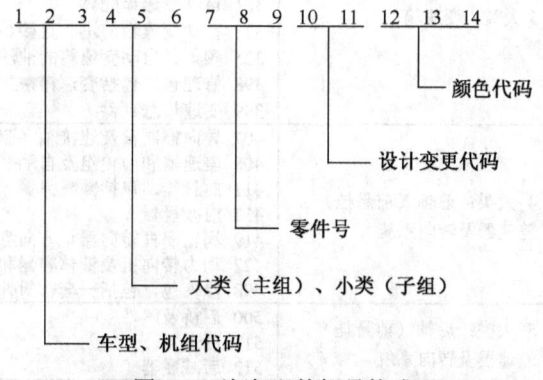

图 6-4 汽车配件标号构成

② 当该件为除机组以外零件时，前三位代表车型代码，一般情况下，前三位为奇数时，代表左置方向盘车，为偶数时，代表右置方向盘车，具体如下：

443 代表四缸、五缸车型；

447 代表 AUDI200 车型（德国大众原装车）；

4A0、4A1、4A5、4A9 代表 C4V6 车型；

441 代表 AUDI 8 车型。

**2. 大类（主组）、小类（子组）（第 4～6 位）**

第 4 位数字——大类，第 5、6 位数字——小类。

汽车配件大类（主组）、小类（子组）是按照部件的位置来划定的，共分 11 大类，相关说明如表 6-6 所示。

表 6-6　汽车配件大类划分

| 大类 | 说明 |
|---|---|
| 1 大类：发动机及燃油喷射系统 | 100 发动机或发动机总成<br>103 缸体、缸盖、缸头上布的通风软管、油底壳<br>107 活塞、活塞环<br>109 配气机构，包括进排气门、凸轮轴、正时齿轮、正时齿轮罩、皮带等<br>115 机油泵、机油滤清器、托架、油标尺<br>121 发动机的水冷却系统，包括水泵、散热器、进出水管、风扇等<br>127 燃油泵（化油器车用）、燃油储压器、连接软管<br>129 化油器及进气系统，包括空气滤清器、进气歧管等<br>133 喷射式发动机用的喷油器、燃油管路、冷起动阀、压力调节器、燃油计量阀（其中包括空气滤清器总成及空气计量阀）等<br>141 液压离合器（4、5 缸通用）<br>145 动力转向液压泵<br>198 修理包，包括缸体密封件（包括曲轴前后油封）、缸头垫密片、活塞环、连杆、止推垫圈、轴瓦等<br>199 发动机悬置件 |
| 2 大类：油箱及供油管路、排气系统及空调设备的制冷循环系统 | 201 供油系统，包括油箱、燃油管路、燃油滤清器及燃油泵<br>253 排气歧管及排气消音器<br>260 空调设备的制冷循环系统，包括蒸发器、膨胀阀、压缩机、冷凝器、制冷软管、高低压开关等<br>298 修理包，包括磁性离合器的一套附件等 |
| 3 大类：变速箱 | 300 变速箱总成<br>301 机械变速箱壳体和变速箱及发动机之间的连接部件<br>311 4 速和 5 速的变速箱所有齿轮、轴及换挡轴拨叉等<br>321 自动变速箱壳体<br>322 自动变速箱前进、直接、倒挡齿轮离合器、液压变矩器<br>325 阀体、自动变速箱的油滤器<br>398 修理包，包括变速箱密封件修理包、一套密片等<br>399 变速箱悬置件 |
| 4 大类：前轴（前悬挂）、差速器及转向系统 | 407 导向控制臂及连接轴（驱动轴）、轮毂<br>408 差速器和齿轮组及自动变速箱和发动机相连接的壳体及连接件<br>411 前悬挂，包括减震弹簧、稳定杆等<br>412 前减震器<br>419 涡轮涡杆转向器、方向盘、转向柱（不包括动力转向）<br>422 动力转向机及液体容器和连接软管<br>498 修理包，包括一套密封件（包括驱动轴油）、差速器齿轮、车轮支承座等 |
| 5 大类：后轴（前悬挂）、差速器及转向系统 | 500 后桥及附件<br>511 后悬置<br>512 后减震器 |
| 6 大类：车轮、刹车系统 | 609 后鼓式制动器<br>610 制动总泵及制动管路<br>611 制动助力器（四缸机：真空助力、五缸机、液压助力）<br>614 制动压力调节器<br>615 前盘式制动器，包括制动片、制动柱塞缸、制动盘等<br>616 自动调平系统，包括自动调平阀、压力真空罐等<br>698 修理包，包括前、后成套刹车蹄片、制动水泵修理包、刹车衬垫、制动管及柱塞外壳的成套密封件等 |

| 大类 | 说明 |
| --- | --- |
| 7 大类：手操纵系统、脚踏板组 | 711 变速箱换挡机构、手制动操纵杆及冷起动钢索 |
| | 713 自动变速箱的换挡机构 |
| | 721 制动踏板、离合器踏板组、机械变速箱用的油门踏板及油门钢索 |
| | 722 自动变速箱用的制动踏板、油门踏板 |
| | 798 修理包，包括制动总泵推杆等 |
| 8 大类：车身、空调、暖风控制系统 | 800 车身体总成 |
| | 803 前侧梁及轮罩、车身的前后地板总成 |
| | 805 散热器框及导水板 |
| | 807 前、后保险杠 |
| | 808 侧板（包括门框架侧板及后叶子板轮罩） |
| | 813 后隔板（行李箱内侧）、后端板、后挡泥板 |
| | 817 顶板 |
| | 819 鼓风机及壳、驾驶座乘客座内的暖风和通风的通道及通风口 |
| | 820 自然通风和暖风控制（驾驶室内）、真空罐及真空软管（空调） |
| | 821 前叶子板 |
| | 822 发动机罩盖 |
| | 827 行李箱后罩盖及箱锁 |
| | 831 前车门、车门绞链、车门密封件、限位杆 |
| | 833 后车门、车门绞链、车门密封件、限位杆 |
| | 837 前门把手、内护板、玻璃框架及玻璃升降器 |
| | 838 后门把手、内护板、玻璃框架及玻璃升降器 |
| | 845 车窗玻璃（共计 8 块） |
| | 853 所有玻璃嵌条、车门保护条、散热器护栏、驾驶室内通风口装饰板 |
| | 857 主要包括仪表板、杂物箱、遮阳板、后视镜、安全带（车前内部位等） |
| | 860 灭火器 |
| | 862 中央门锁系统 |
| | 863 车身内各部件隔音板及装饰板（不包括前仪表板） |
| | 867 车门、车门柱装饰板和顶盖的装饰板 |
| | 881 前座椅总成及头枕 |
| | 885 后座椅总成及头枕 |
| | 898 修理包，包括一套锁芯、一套保险杠安装件、叶子板修理包等 |
| 9 大类：电器 | 903 发电机及连接固定件 |
| | 904 点火启动系统，包括点火线圈、点火线、火花塞、分电器、点火开关等 |
| | 905 K-喷射霍传感控制单元（五缸机用） |
| | 906 电控单元、速度传感器、防抱死开关、防滑控制开关 |
| | 911 启动机及其零部件 |
| | 915 蓄电池、蓄电池的固定件 |
| | 919 在发动机和变速箱的各种开关、传感器，以及仪表盘上的各种指示器和点烟器 |
| | 937 继电器盘及继电器（位置：方向盘下部） |
| | 941 前大灯、前雾灯。后牌照灯、仪表板的开关保险丝/ 继电器盒中的所有保险丝和继电器（位置：车左前部） |
| | 945 后制动灯、转向信号灯 |
| | 947 车内的各种照明灯及制动控制系统和车门灯控制开关 |
| | 951 喇叭、双音喇叭 |
| | 953 前转向灯及转向、警报、雨刷洗涤的综合开关 |
| | 955 刮水器及洗涤件 |
| | 957 车速表、距离传感器 |
| | 959 电风扇、电动车窗及电动后视镜的开关 |
| | 971 各种线束 |
| | 989 修理包，包括一套雨刷器片、霍尔感应器等 |

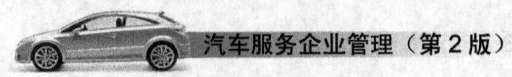

续表

| 大类 | 说明 |
|---|---|
| 0 大类：附件 | 000 火花塞（101 000 005 AB）<br>011 千斤顶<br>021 工具箱<br>018 发动机护板<br>035 收音机、收放机喇叭、火花塞接头、分电盘、高压线插头、自动天线 |
| N 大类：标准件 | N 010 螺栓<br>N 011 垫圈<br>N 012 弹簧垫圈、锁环、锁片<br>N 013 密封圈<br>N 017 灯泡、保险丝<br>N 024 卡箍<br>N 038 线束<br>N 900 自攻螺丝<br>N 902 锁环<br>N 904 铆钉 |

### 3. 零件号

零件号是指第 7~9 位数字，是按照结构顺序编排的，一般情况零件号越小，零件越大；零件号越大，零件越小。当第 9 位为单数时，该件为左边件；是双数时，该件为右边件。左右通用件，第 9 位数为单数。

### 4. 设计变更代码

指第 10、11 位两位数字。由于材料、结构及厂家发生变化时，为区分变化前后零部件的不同，使用变更代码。

### 5. 颜色代码

指第 12~14 位三位数字，是用来区别有颜色的内部装饰的，三位数字或字母是一组，只有在一起时才有意义。

例如：L1 GD 035 411 B 表示后扬声器；321 821 021 N 表示左前叶子板。

## 6.4.2 真假配件的鉴别

### 1. 真假配件鉴别的作用

汽车配件是决定汽车维修质量的重要环节之一。目前汽车配件市场混乱，假冒伪劣产品充斥市场，让人真假难分、良莠难辨；加之多数用户缺乏对配件质量的检测手段，只能从产品包装外观、规格尺寸等方面进行选用，不可能对其内在质量进行检测或化验，致使假冒伪劣配件畅通无阻，严重影响了汽车维修质量，给用户造成严重损失，而且危及行车安全，误国误民。例如：前刹车片若使用假冒伪劣配件，刹车片会很快超过磨损极限，使得刹车时有响声，严重的，会磨损前刹车盘，使刹车盘出现沟槽而无法继续使用。汽车灯具产品若使用了假冒伪劣配件，会造成亮度不足、聚焦不集中、射程太近、辐射面积小等问题。严重的伪劣灯具由于本身密封不严，会发生雨水进入灯内生锈或造成短路着火等现象。

### 2. 真假配件鉴别的方法

（1）不贪图便宜

若发现常用汽车配件的价格远远低于印象中的价格，就要提高警惕，一定要弄清是折价、降价，还是假件。

（2）观察包装

真品外包装盒上字迹清晰、套印准确、色彩鲜明，标有产品名称、规格型号、数量、注册商标，有合格证和检验员章，一些重要部件，如分电器、喷油泵等还配有使用说明书。大部分假冒伪劣产品在包装上总能找到破绽。

（3）选择纯正原厂配件

车辆配件出现故障，应去特许经销商（4S 店）处维修或更换，选用原装配件，非原装配件很容易造成车辆机体的损害。

（4）目测颜色

原装配件会指定某种标准颜色，若遇其他颜色，则为假冒伪劣产品。

（5）观察油漆

有些商贩将废旧配件简单加工、拼凑、刷漆、包装后，冒充合格产品出售，这些配件从外观油漆上就可以看出来。

（6）细看材料

如发现配件上有锈蚀、斑点，橡胶件老化、龟裂，结合处有脱焊、脱胶现象，这样的配件多半有问题。

（7）有无防护

大多数配件出厂时都有防护层，如：活塞销、轴瓦用石蜡保护；活塞环、缸套表面涂防锈油，并用包装纸包裹气门、活塞等之后再用塑料袋封装。

# 6.5　汽车 4S 店的配件业务管理

配件管理包括：配件的采购管理、配件的入库管理、配件的库存管理、配件的盘点管理、配件的呆废品管理、配件的退货管理、配件的账务登记管理、安全维护管理、配件出库管理、资料保存管理等内容，配件采购、入库、库存及出库每个主要环节之间搬运的管理。汽车配件管理流程，如图 6-5 所示。

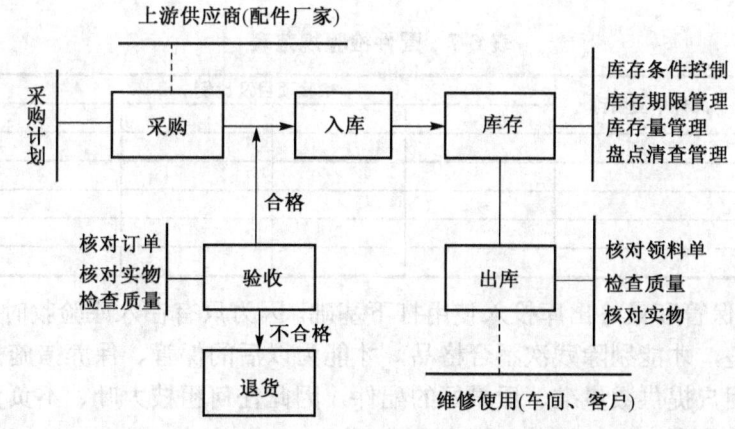

图 6-5　汽车配件管理流程

配件库保管员在办理配件入库手续时，必须认真清点核对所购物品与配件采购申请单中所列物品是否相符，以及有关人员的技术鉴定意见，并据实填写入库单，记入库存材料台账。

配件部门负责人或配件库保管员要对所购进零配件的规格、名称、产地、价格等进行全面验收，并确认合格后，方能在入库验收记录上签字。配件库保管员对验收合格的配件要及时办理入库手续。

① 对办理入库手续的配件要及时做账，做账以正式发票凭证为依据。

② 入库配件要及时制办配件专用卡，清楚入库配件的名称、型号、规格、级别、储备额和实际储存量。

③ 配件入库后要统一登记，一物一档，统一编号，便于查询。

④ 配件库保管员要注意处理好配件的库存保管事宜，要对配件进行合理的分区、分架、分层管理，以便于电脑查询和出库，节省配件仓库的使用空间。

⑤ 配件库保管员要努力做到安全库存：对于不常用的配件不宜储存过多，对于易变形、易损坏的配件要谨慎存放，处理好配件仓库的安全防火事宜，定期清仓、盘点掌握配件变动情况，避免配件的积压、损坏或丢失，保证账、卡、物相符。

⑥ 要与维修车间密切配合，认真做好旧配件的回收管理工作。

### 6.5.1 汽车4S店配件仓库验收

配件仓库管理包括配件自入库至出库为止的全部过程。在此期间，必须严格执行配件的验收、保管、发放、盘点和旧件回收等制度。

零配件验收是核对验收凭证，对零配件实体进行数量和质量检验的技术活动的总称，是确保入库零配件数量准确、质量完好的最重要的一个环节。验收工作是一项技术要求高、组织严密的工作，关系到整个仓储业务能否顺利进行，所以必须做到及时、准确、严格、经济。

**1. 零配件验收的必要性**

① 由于入库零配件的来源复杂，运输条件上存在差异，包装质量不等，致使配件在供货时及供货途中会产生种种复杂变化，并对其数量和质量上产生一定的影响，为确保入库配件在数量上准确与质量上完好，必须对入库配件进行认真、细致的验收工作。配件检验规范表如表6-7所示。

表6-7 配件检验规范表

| 配件大类名称 | 配件中类名称 | 检验项目及比例 | | | 检验人 |
|---|---|---|---|---|---|
| | | | | | |
| | | | | | |
| | | | | | |
| | | | | | |
| | | | | | |

② 为配件的保管和最终出库投入使用打下基础。因为只有在入库验收时，将配件的实际状况彻底检验清楚，才能剔除残次不合格品，才能为以后的保管、保养措施提供依据，才能在最终出库时为用户提供数量准、质量好的配件，因此任何粗枝大叶、不负责任的行为，都会给以后的工作造成不应有的混乱和损失。

③ 对配件的质量生产起到监督和促进的作用。验收工作实际上是对配件产品质量、包装和运输等情况的一次全面考核，验收中所发现的产品质量等一系列问题，都会对有关部门的质量管理起到一定的推动作用。

④ 验收记录是仓库提出拒收、退货、索赔的依据，如果配件入库时未进行严格的验收，或没有做出正确的验收记录，而在保管中或发货时才发现问题，定会给后面的工作造成极大的被动，甚至带来不必要的损失，进口配件还会造成不良的政治影响和损失。

### 2．零配件验收的基本要求

① 及时。到库配件必须在规定的时限内按照有关规定及时完成验收工作，提出验收结果。这是因为，配件虽然到库，但是未经过验收的配件不算入库，不能供应给用料部门。只有及时验收，尽快提出检验报告，才能保证配件尽快入库，及时供应，满足用料部门的需要，加快配件和资金周转。同时，配件的托收承付和索赔都有一定的期限，如果验收时发现配件不符合规定要求，要提出退货、换货或赔偿等要求，这些均应在规定的时限内提出。否则，供方或责任方不再承担责任，银行也将办理拒付手续。

② 准确。验收工作要"三抓、五清"。三抓：抓数量、抓重量、抓质量。五清：数量清、重量清、质量清、规格清、批次清。

对入库配件的品种、规格、数量、质量验收的各项数据或检验报告必须准确无误，不得掺入主观偏见和臆断，要如实反映配件当时的实际情况，并真实、准确地加以记录，其配件送检入库单如表 6-8 所示。验收的目的是要弄清配件数量和质量方面的实际情况，验收不准确，就失去了验收的意义。而且，不准确的验收还会给人假象，造成错误的判断，引起保管工作的混乱，严重者还可以危及营运安全。

表 6-8　配件送检入库单

| 物资编号 | 品名 | 规格型号 | 件数 | 单位 | 应收数量 | 实收数量 | 退货数 | 净入库数 | 单价 | 金额 |
|---|---|---|---|---|---|---|---|---|---|---|
|  |  |  |  |  |  |  |  |  |  |  |
|  |  |  |  |  |  |  |  |  |  |  |
|  |  |  |  |  |  |  |  |  |  |  |
|  |  |  |  |  |  |  |  |  |  |  |
| 合计 | （大写） |  |  |  | ¥：＿＿元 |  |  | 供货商代表签字： |  |  |

制单：　　　　　　　　质检：　　　　　　　　正常品仓库：　　　　　　不良品仓库：

第一联存根联，供应部门留存。

第二联财务联，报财务部门，作为记账凭证。

第三联仓库联，留正常品仓库，作为记载增加库存物资、记载库存台账的依据。

第四联退货联，留不良品仓库，作为减少不良品库存的依据。

第五联客户联，交客户，作为挂账结算货款的依据。

提运进库要把好"六关"，即把好外勤接运关、中途运输关、仓库收货关、进库卸车关、内部交接关、保管验收关。

③ 严格。仓库要严肃认真地对待配件验收工作。验收工作的好坏直接关系到企业利益，也关系到以后各项仓储业务的顺利开展，因此，仓库领导应高度重视验收工作，直接参与人员更要以高度负责的精神来对待这项工作。配件的验收，关系到财产的安全，尤其是进口配件的验收，还关系到国家的利益和声誉，因此，验收人员必须具有高度的责任心，严格按制度、规定、标准和手续认真检验，并对所验配件负全部责任。

④ 经济。大多数情况下，不但需要检验设备和验收的人员，而且需要装卸搬运机具和设

备及相应工种的工人。这就要求各工种密切协作，合理组织调配人员与设备，以节省作业费用，此外，在验收工作中，尽可能保护原包装，减少或避免破坏性试验，这也是提高作业经济性的有效手段。

### 3. 验收程序

验收程序包括验收准备、核对凭证和实物检验三个环节，详细内容如表6-9所示。

表6-9　验收程序

| 程序 | 内容 |
| --- | --- |
| 验收准备 | 仓库接到到货通知后，应根据配件的性质和批量做好验收前的准备工作。<br>（1）人员准备。安排好负责质量验收的技术人员或用料部门的技术人员，以及配合数量验收的装卸及搬运人员。<br>（2）资料准备。准备好全部验收凭证和资料，收集并熟悉待检配件的有关文件。<br>（3）器具准备。准备好验收用的检验工具，如量具等，并校验准确。<br>（4）货位准备。确定验收入库时存放的货位，计算和准备堆码材料。<br>（5）设备准备。应做好设备的申请调用。 |
| 核对凭证 | （1）入库通单和订货合同副本，是仓库接配件的凭证。<br>（2）供货单位提供的质量证明或合格证、装箱单、发货明细表等。<br>（3）配件承运部门提供的运单，若配件在入库前发现残损情况，还要有承运部门提供的货运记录或普通记录，作为向责任方交涉的依据。核对凭证，也就是将上述凭证加以整理，全面核对。互相符合后，再进入实物检验。 |
| 实物检验 | （1）根据入库单和有关技术资料对实物进行数量和质量检验，进货检验工作流程如图6-6所示。<br>（2）数量检验。数量检验是保证配件数量准确不可缺少的重要步骤，在质量验收之前，由仓库保管职能机构组织进行。按配件性质和包装情况，数量检验分三种，即计件、检斤和检尺求积。<br>（3）质量检验。质量检验包括外观、尺寸、机械物理性能和化学成分检验四种形式。<br>（4）并做记录。 |

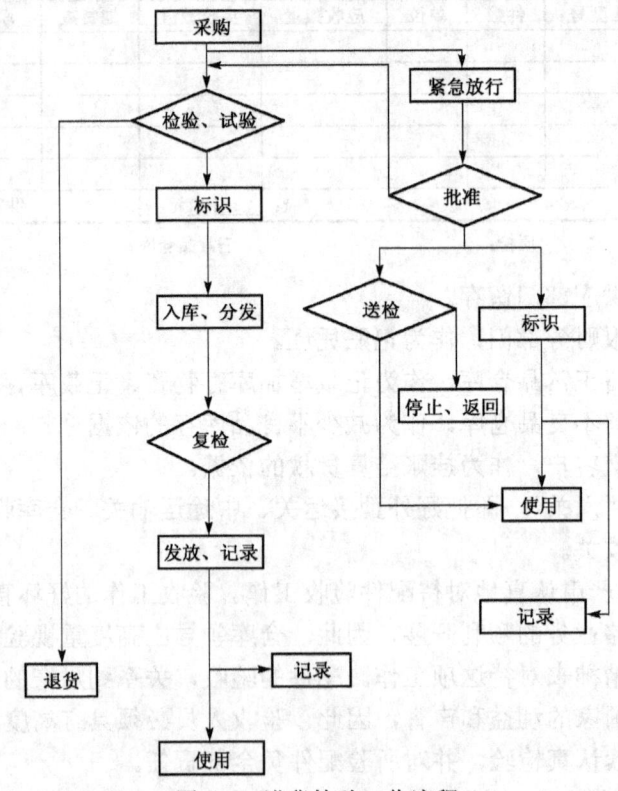

图6-6　进货检验工作流程

## 6.5.2　汽车 4S 店配件入库

配件入库登账建卡，根据配件实物检验的结果，建立配件保管账，在配件垛上挂上货卡，并按一物一档的原则建立配件档案，档案内容应包括：供货单位提供的全部资料；运输部门的凭证及记录、验收记录、磅码记录、出库凭证、物资入库单（或代保管送检入库单）。物资入库单如表 6-10 所示。至此，配件验收入库工作结束，配件进入保管待发状态。

**表 6-10　物资入库单（或代保管送检入库单）**

入库日期：　年　月　日　　　　　　　　　　供应单位：＿＿＿＿＿＿

| 物资编号 | 品名 | 规格型号 | 件数 | 单位 | 应收数量 | 实收数量 | 退货数 | 净入库数 | 单价 | 金额 |
|---|---|---|---|---|---|---|---|---|---|---|
| | | | | | | | | | | |
| | | | | | | | | | | |
| 合计 | （大写） | | | | ¥： | 元 | | 供货商代表签字： | | |

制单：　　　　　质检：　　　　　　　　正常品仓库：　　　　　不良品仓库：

第一联存根联，供应部门留存。

第二联财务联，报财务部门，作为记账凭证。

第三联仓库联，留正常品仓库，作为记载增加库存物资、记载库存台账的依据。

第四联退货联，留不良品仓库，作为减少不良品库存的依据。

第五联客户联，交客户，作为挂账结算货款的依据。

库管员、采购员持发货清单、装箱单，计划员持计划单，共同进行配件的第二次验货，供货单位送货上门，库管员开具一式两联收货单，一联留存，一联交计划员打印入库单。采购员自提，验收后，计划员依据验货单打印入库单，入库单一式五联，一联交保管员登账，进入库房管理程序；其他四联由计划员分配，一联计划员留存，进行账务处理，一联交财务，二联配发票也交财务进入记账程序。货物验收不合格，计划员制一式两联差损单，一联交计划员、一联交采购员，采购员依据差损单进行异常处理。

予以索赔：计划员将索赔结果（附差损单）上交财务。

不予索赔：整理书面报告上交配件主管或经理，配件主管或经理上报服务经理。

## 6.5.3　汽车 4S 店配件保管

保管员、调度员、计划员根据入库单、出库单登账，进行库存结日。保管员把入库的配件验货上架，完成配件第三次验货。保管员、调度员、计划员、采购员定期对库存配件进行库存结构分析，做出分析报告。每月、每季度进行库存盘点，做出盘点表、盘盈盘亏书面说明，交配件主管上报公司经理，交财务做账目调整。季度盘点后，进行配件报损工作。

保证库存配件准确，节约仓位，便于操作，配件的保管应科学、合理、安全。

### 1. 分区分类

根据配件的车型，合理规划配件的摆放区域。坚持"分类四定"原则，即划区定块、画线定位、货垛定形、仓库定量。

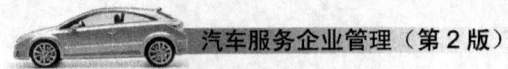
### 2．五五摆放

根据配件的性质、形状，以"五"为计量基数做到"五五成行、五五成方、五五成串、五五成包、五五成层"。即大的五五成方、小的五五成包、高的五五成行、矮的五五成堆，根据实际情况来制定具体的措施和方法。使其摆放整齐，便于过目成数，便于盘点与发放。

### 3．建签立卡

对已定位和编制架位号的配件建立架位签和卡片账。架位签标明到货日期、进货厂家、进出数量、结存数量及标志记录。凡出入库的配件，应当天进行货卡登记，结出库存数，以便实货相符。

### 4．配件堆码

配件堆码注意"四定"、"五限"、"五距"、"五标准"。

（1）四定

按库号、架号、层号、位号对配件实行统一架位号，并与配件的编号一一对应，以便迅速查账和及时准确发货。

（2）五限

五限即限类、限高、限位、限量、限距。

（3）五距及作用

货垛的"五距"指墙距、柱距、顶距、灯距、垛距，即货垛不能依墙靠柱，不能与屋顶或照明设备相连。

① 墙距：指货垛和墙的距离。留出墙距能起到防止墙壁的潮气影响物品，便于开关窗户，对通风散潮、进行消防工作和保护仓库建筑安全等有重要作用。垛与墙的距离一般不小于0.5米。

② 柱距：指货垛和室内柱的距离。留出距离，能起到防止物品受柱子潮气的影响和保护仓库建筑安全的作用。垛与柱的间距一般不小于0.3米。

③ 顶距：指货垛与屋顶之间的必要距离。留有顶距，能起到通风散潮、查漏接漏、隔热散热、便于消防等作用。顶距一般规定为：平房仓库0.2～0.5米；多层建筑库房底层与中层0.2～0.5米，顶层不得低于0.5米；人字屋架无天花板的库房，货垛顶层不能顶着天平木下端，应保持0.1～0.2米的距离。

④ 灯距：根据防火的要求，货垛上方及四周与照明灯之间的安全距离必须严格保持在0.5米以上。

⑤ 垛距：货垛与货垛之间的距离，视物品性能、储存场所条件、养护与消防要求、作业需要而定。在一般情况，货垛间距为1米左右。

（4）五字标准

垛形机械位要符合"牢"、"齐"、"清"、"稳"、"美"的五字标准。

### 5．零配件管理

要求零配件和零配件库房做到"六清"、"三齐"、"四一致"。

（1）六清

零配件名称、规格型号、数量、质量、零部件及资料清。

（2）三齐

库容整齐、码垛整齐、标签整齐。

（3）四一致

账、卡、物、金额要一致。

### 6．库存配件维护

库存配件要采取措施进行维护保养，做好防锈、防水、防尘等工作，防止和减少自然损耗。有包装的尽量不要拆除包装。因质量问题退回的配件，要另建账单独管理，保证库存配件准确、完好。

## 6.5.4　汽车 4S 店配件出库

各类材料的发出，原则上采用先进先出法。物料（包括原材料、辅助材料）出库时必须办理出库手续，并做到限额领用（按消耗定额），车间领用物料必须由车间主任（或指定人员）统一领取，领料人员凭车间主任或计划员开具的流程单或相关凭证向仓库领料，后勤各部门只有经主管领导签字后方可领取，领料员和仓库保管员应核对物品的名称、规格、数量、质量状况，核对正确后方可发料；仓库保管员应开具领料单，经领料人签字后，登记入卡、入账。

### 1．出库要做到"三不"、"三核"、"五检查"

（1）三不

未接凭证不翻账、不经审单不备货、未经复核不放行。

（2）三核

发货时核对凭证、核对账卡、核对实物。

（3）五检查

单据和实物进行品名检查、规格检查、包装检查、件数检查、重量检查。

### 2．成品调配管理

成品发出必须由业务部开具销售发货单据，由仓库管理人员凭盖。有财务发货印章和销售部门负责人签字的发货单从仓库发货，并登记卡片。

① 调度员定期催收备料单。

② 调度员依据备料单（日常、急件）查询库存。

③ 调度员根据库存情况进行调配。

④ 调度员根据结算方式开具四联、五联出库单。

### 3．配件现金结算

在现金结算时应开具四联出库单。

① 一联交库管员提货并留存下账。

② 一联交提货人。

③ 一联调度员留存作账目处理。

④ 一联交收款员收款后，连同款项转财务。

### 4. 配件挂账方式

（1）五联出库单

对于挂账方式，应开具一式五联出库单。

一联交库管员提货并留存下账。

一联交提货人。

一联调度员留存做账目处理。

一联交财务做账务处理。

一联用于结账。

（2）挂账方式

调度员整理缺料单递交计划员。

发往外地货物，配送员在发货后要通知收货人，将运单转交给收货人挂账单位回款。

① 转账回款。调度员持结账联填写报销单，经挂账单位签字确认后转财务。

② 现金回款。收款员收款后填写日报表交财务。

③ 银行汇款。调度员及时与财务联系，确认后索要相关单据销账。

## 6.5.5 汽车4S店配件配送

### 1. 汽车配件外运

配送员根据出库清单验收出库货物。

① 验货后要将货物包装，并放入一联出库清单。

② 索取运单或签字证明。

③ 及时通知收货人货物的发运时间及其他事项。

④ 运单与其余二联出库清单交调度员。

⑤ 及时查询货物是否安全到达。

### 2. 汽车配件送货

确保货物安全、准时到达指定地点。

① 收货人验货。

② 收货人在出库清单上签字确认。

③ 出库清单一联交收货人，三联交调度员。

## 6.5.6 汽车4S店汽车配件报损管理办法及申报流程

报损配件是指已经损坏或有质量问题或由于车型淘汰不能继续销售的，且不能进行三包索赔、退货和修复处理的在账配件。

### 1. 报损配件的确认

在日常经营中产生的，月度和季度盘点中清理出的已经损坏或有质量问题或由于车型淘汰不能继续销售的配件，必须经由服务经理、三包索赔主管、配件主管三方鉴定，确认不能进行三包索赔、退货和修复处理的配件，方可做报损处理。

由于人为因素所造成的质量配件不予报损批示，损失由责任人和连带责任人承担。例如，可做三包、退厂或修复处理的配件，未能及时做相应处理而导致过期无法处理，或由于维修工操作不当、保管员保管不善所造成的配件损坏。

### 2．报损配件的申报

服务站在每季度的配件库存全面清点工作中，将需报损的配件整理、确认后，填制报损配件明细单，并填写配件报损申请单，上报服务部配件主管。服务部配件主管鉴定审核后进入配件报损申报流程。

### 3．报损配件的处理方法

配件报损批准后，配件由申报单位暂作保管，以便服务部做进一步处理，申报单位不允许私自将报损配件丢弃、变卖。

### 4．激励机制

为控制配件的报损量，减少公司的经营损失，各公司的总经理、服务经理、配件主管必须严格控制配件的进货计划，及时进行异常处理（包括运输损坏配件、短缺配件、质量件、错发配件向供应商的索赔）。

对于所发生的配件报损损失，通常损失的 70% 由该公司承担，总经理承担损失的 10%，服务经理承担损失的 10%，配件经理（主管）承担损失的 10% 。

## 6.5.7　汽车 4S 店配件旧件回收及管理

### 1．配件回收

为加强旧件的统一管理，杜绝以旧充新现象，必须严格执行旧件回收制度。

① 三包、修理领用配件时，配件销售人员必须在领用人交回相应旧件后才可发放新件（三包旧件交予索赔员，三包外旧件交配件销售员）。

② 所有收回的旧件要设专人妥善保管，不得随地堆放。三包旧件要建账管理。

③ 顾客索要旧件时（三包外维修），旧件管理人员要擦净、整理后交还顾客。其他旧件，公司将定期做出处理。

④ 对于更换下来的废旧配件能够进行修理的，一定要进行修理；同时检验其安全性和可靠性，检验合格的，作为储备配件，降价处理（必须事先与客户讲清情况）。

⑤ 对于没有修理价值的废旧物品，可以集中报废处理。

### 2．特约维修站旧配件管理办法

维修车间修车所换下的旧配件，应以旧换新，由配件部门集中存放。车辆维修完工后，将旧配件进行清点，做好清洁、打好包，并填写清单，如车牌、车型、旧零配件名称、数量等。如果是车主要求带走的，便将旧配件放到客户车辆的后备厢里，如果是车主不带走的可利用旧配件，则存入旧配件库；不能利用的，则作为废品处理；对可利用的旧配件，要造册登记，进行统一分类管理。

## 本章小结

　　汽车服务企业的物资管理，是对汽车服务企业经营活动所需的各种物资供应、保管、合理使用等进行的一系列管理工作的总称。汽车服务企业设备管理是指从设备的选择、规划、使用、维修、改造、更新，直到报废全过程的计划、决策、组织、协调和控制等一系列活动进行的管理。配件能否及时供应直接关系着汽车 4S 店的服务质量、关系着顾客的满意度、体现汽车 4S 店的服务能力。

# 第 7 章　汽车售后服务与客户关系管理

 **学习目标**

1. 了解我国汽车后市场的发展情况；
2. 掌握流程再造的设计方法；
3. 熟悉汽车售后服务流程；
4. 掌握客户关怀的方法；
5. 掌握处理客户投诉的流程和技巧。

随着中国汽车市场进入理性成长阶段，售后服务将越来越多地影响汽车品牌的信任度。因此，对于经销商来说，靠卖车赢利的模式已经改变，只有赢得客户对品牌及经销商服务的忠诚，才能在汽车市场保持"可持续发展"。因此，在竞争日益激烈的今天，升级售后服务逐渐成为众多汽车品牌使出的"杀手锏"。

## 7.1　汽车后市场概述

### 7.1.1　汽车后市场的含义

汽车后市场的最早分类是以汽车整车销售的前、后顺序进行分类的，汽车后市场行业简称车后市。汽车后市场大体上可分为七大行业：汽车保险行业；汽车金融行业；汽车 IT 行业；汽车精品、用品、美容、快修及改装行业又称汽车养护行业；汽车维修及配件行业；汽车文化及汽车运动行业；二手车及汽车租赁行业。

汽车售后服务主要涉及的项目有以下方面。

#### 1. 汽车美容

汽车美容指使用专业优质的养护产品，针对汽车各部位材质进行有针对性的保养、美容和翻新。它不仅能使汽车焕然一新，更能让旧汽车全面彻底翻新，并长久保持艳丽的光彩。使经过专业美容后的汽车外观洁亮如新，漆面亮光长时间保持，有效延长汽车寿命。其主要项目包括车表美容（汽车清洗、除去油性污渍、新车开蜡、旧车开蜡、镀件翻新和轮胎翻新）、车饰美容（车室美容护理、发动机美容护理和行李箱清洁）、漆面美容（漆面失光处理、漆面划痕处理和喷漆）、汽车防护（粘贴防爆太阳膜、安装防盗器、安装语音报警系统和安装静电放电器）和汽车精品（汽车香水、车室净化、装饰贴和各种垫套）等 5 个方面。

#### 2. 汽车装饰

汽车装饰主要是新车装饰，其主要项目有：全车贴膜、铺地胶、铺地垫、挡泥板、扶手箱、尾箱开启器、桃木内饰、加装轮眉、防撞胶条、更换拉手、安装门碗、加装晴雨挡、加装尾喉、另加上部分客户要求的真皮座椅、豪华天窗、隔音工程等项目。

### 3．汽车养护

汽车养护主要有日常养护、附加保养两大类别。日常养护属于必须进行的项目，而附加保养则是客户自己选择要不要做的项目。日常养护项目主要有换机油、加防冻液、更换三滤、更换雨刮、变速器止漏、清洗更换刹车片、空调检测及加氟利昂、检查电瓶液配比、电瓶维护等；附加的项目主要有：燃烧系统免拆清洗、润滑系统免拆清洗、冷却系统免拆清洗、电脑检测及解码、发电机维护、发动机维护、尾气达标等等项目。

### 4．汽车电子

汽车电子类主要的产品有：防盗器、倒车雷达、中央门锁、车载电话、GPS、加装电动门窗、更换自动天线、车载冰箱、胎压检测器、电压转换器、各部位车灯、车载应急灯、后视系统等。

### 5．汽车娱乐

汽车娱乐影音系统主要业务包括：车载电视、CD、VCD、DVD、喇叭、功放、低音炮、显示器、电子游戏系统等

### 6．汽车改装

汽车改装主要包括汽车外观改装、汽车性能提高改装、赛车按标准改装三大类别。其中汽车外观改装主要有：改装包围、更换方向盘、增加个性贴纸、更换轮胎、更换轮毂、更换仪表等。汽车性能提高改装主要包括：增加氙气灯、改装进气系统、改装排气系统、改装点火系统、改装供油系统等。赛车按标准改装主要有：车内头盔、防滑架、赛车服饰、避震器、悬挂加强赛车安全带等。

### 7．汽车饰品

汽车饰品主要包括个性饰品与专用饰品两大类别，个性饰品主要有：卡通娃娃、个性香水、内外闪灯、游侠伴侣、风火轮、个性地毯、动感领动、个性坐套、钛金气喉、车饰边条、香熏挂件等；专用饰品主要有野营套装，车载冰箱等。

### 8．轮胎服务

汽车轮胎服务主要的项目包括：更换轮胎、轮胎平衡、四轮定位、快速补胎、专业补胎、轮胎冲氮气、轮胎保养等。

### 9．汽车维修

汽车专业维修包括对汽车各部位的维修，主要是对车身、底盘、发动机、电气系统等方面进行全面系统的维修，主要的项目很多，实际上就是"对生病之车实施抢救"，使之恢复正常。

### 10．车用商务品

高端公务商务车上的办公用品主要有：车用办公桌椅、车用电脑、车用打印机、车用传

真机、车载电话等，另外车用热水器，车用电冰箱也是高端商务公务人士所需，增加汽车办公用品，原因是汽车已经越来越成为众多商务人士、政府高管的第二个办公室。目前国内这个市场正处于萌芽阶段，还是一个待开发的处女地。

### 11．汽车租赁

汽车租赁按时间分包括：定时租赁和临时租赁。按客户类别分为：政府租赁、企业租赁和个人租赁三大类。汽车租赁在中国处于摇摆不定的一个发展阶段，市场有较大的需求，但国内缺乏切实有效的信用和担保制度，致使汽车租赁的风险较大。大型投资方不敢贸然介入。

### 12．车主俱乐部

在目前国内车主俱乐部不太成熟的市场情况下，可以建立不同类型的俱乐部，如品牌俱乐部、车迷俱乐部、越野俱乐部、维修俱乐部、救援俱乐部等。车主俱乐部可以为车主提供以下三类服务。一是汽车类服务，如代办保险、验车、泊位、换领驾照、补领驾照、补领行驶证、管家提醒、代（补）交养路费、理赔、审证、贷款等。二是汽车体验与交流，如外驾车出游、试乘试驾、车友会、会员制等。三是汽车救援，如拖车服务、快速抢修、提供24 小时救援等。

### 13．二手车业务

二手车业务主要包括以下类别：二手车直接购买、销售，二手车中介，二手车评估，二手车暂保管，二手车代过户，二手车置换，二手车代保养、装新等。

### 14．汽车文化

汽车文化包括：汽车模型、汽车体育、汽车知识、汽车报刊、汽车书籍、汽车影视、汽车车迷、汽车与社会等。汽车文化是汽车市场发展到一定阶段的必然产物，车不仅是驾驶工具，而更像一个人的翅膀，与人携手共进，也需要文化的熏陶。

### 15．汽车融资

汽车融资包括汽车信贷和消费信贷两大类别，而汽车消费信贷在中国仍处于起步阶段。

### 16．汽车广告

汽车广告涉及报纸、杂志、广播电台、电视台、户外、单页、比赛赞助等，在发达国家，汽车广告是所有广告中的大户，有的甚至是最大户。

### 17．汽车资讯

汽车资讯主要包括市场调查、市场分析、行业动态、统计分析、政策法规、未来发展等几大类别，汽车资讯在国内还处于起步阶段。而国外的汽车资讯类公司处于行业领航者的角色。

### 18．汽车培训

汽车培训已经从早期的汽车驾校和汽车维修培训，逐步向汽车美容装饰培训、汽车服务销售接待培训、汽车销售团队培训过度，不久的将来很快就会有汽车行业中层管理者培训和汽车行业决策者培训。

## 7.1.2　我国汽车后市场的发展

我国汽车后市场的发展经历了以下几个阶段。

第一阶段是 1990—1996 年，汽车后市场的开始阶段。服务对象基本是公务车。第二阶段是 1997—2006 年，汽车后市场的高速发展阶段。服务对象仍以公务车为主，私车数量占 15%。第三阶段是 2007—2010 年，汽车后市场的洗牌阶段。服务对象：公务车和私车数量各占 50%。第四阶段是 2011 年以后，汽车后市场平缓发展阶段。服务对象：以私家车为主，每个地区有 2～3 家区域性的龙头店，品牌快修快保店与 4S 站并行，国外汽车服务连锁巨头进入中国。

近年来，我国的汽车工业取得了井喷式的发展。中国汽车工业协会公布，2012 年，我国汽车产销突破 1900 万辆，创历史新高，再次刷新全球纪录，连续 4 年蝉联世界第一。在国外成熟的汽车大国中，汽车营业额分配比为：配件占 39%，服务占 33%，制造商占 21%，零售占 7%，而在我国汽车营业额中，配件占 37%，服务仅占 12%，制造商占 43%，零售占 8%。数据显示，我国汽车销售额中制造商所占比重较大、服务比较小，而且现代汽车消费者对汽车服务的认识已经发展到为个性化、人性化的阶段，更加注重服务过程的体验。

中国汽车技术研究中心首席专家黄永和认为，"每辆车的使用成本约为车价的 2～3 倍，因此汽车后市场是汽车产业链中最稳定的利润来源，约占汽车产业链总利润的 60%～70%。因此，汽车后市场也被喻为'黄金产业'。"随着国内汽车市场的逐渐成熟，汽车产业链越来越长，中国汽车后市场的高速发展期即将到来，我国汽车服务企业正面临一个历史性的发展机遇。

## 7.1.3　我国汽车售后服务的经营模式

在我国，汽车售后服务主要有以下几种模式。

### 1. 维修厂（店）

此类型是传统型、发展最早的一种模式，市场上经营面积不等。主营业务就是维修保养，赢利点主要来自工时、配件（用品）价差、其他增值服务（如保险销售、代办年审等）。此种模式，在竞争对手少、信息流严重不对称的 20 世纪 80 年代发展不错，占主流。但自 20 世纪 90 年代开始，随着车主的"久病成医"、圈子分享、互联网传播、消费回归理性、业务和利润承受上升压力的境况发展，对于经营困难的厂（店），经营已经多数转型，增加了美容、用品销售、装饰等业务，演变成以维修为主导的综合经营模式。但因技术人才缺乏、成才慢、技术难传承复制、服务后遗症多等原因，发展空间越来越小。

### 2. "四位一体"模式

包括整车销售（Sales）、售后服务（Service）、零件供应（Spareparts）、信息反馈（Survey）的 "4S" 形式是这种一体化模式的典型。这种汽车服务模式起源于欧洲，欧洲的城市密布，城市间距离短，交通便利，汽车工业发达，各种服务设施完备，在汽车保有结构方面的特点是车型集中，每种车型有较大的保有量，比较适合这种一体化的服务模式。

### 3. 汽车连锁经营模式

连锁的发起者不是整车厂，而是定位于汽车售后市场的集汽配供应、汽车维修、快速养

护为一体的综合性服务商。美国汽配连锁的代表企业如 NAPA、AUTOZONE、PEPBOYS 的配件销量占据美国汽配市场的 70%，他们旗下的汽车养护中心已超过了 13000 家。连锁体系内的维修企业成员，可依托盟主的配件库存、进货渠道、配送力量和技术支持，在较少库存的经济模式下，实现及时、高质量的维修服务；连锁体系内的汽配店可依附盟主广泛、稳定的供货渠道，以小批量的订货获得规模订货的优势价格，以盟主总库的配件支持减轻自己的库压规模，在享受品牌效应的同时，以网络内其他维修企业的服务为依托，增加自己的市场竞争力；由盟主完成配送、技术支持工作，使其工作更为简单化。而对于车主，连锁体系在品牌、产品基础、技术和服务上为客户提供了有效的保障。由于连锁体系成员是综合性配件供应商及维修商，不是专一车型的配件供应及维修商，所以产品适用车型广，维修业务覆盖的车型多，因而在价格上具有优势。

**4．特约服务模式**

服务的专业性和服务对象的专一性是特约服务模式的两大特点。这种模式下的服务成员通常只对某个企业的品牌用户专门提供售后服务。对那些市场保有量低、客户对服务要求较高、服务在市场上不可替代（如企业的专有技术服务）的企业，采用特约服务模式较为理想。进口车的售后服务通常采取这种模式。

**5．"服务寄生"模式**

国内汽车市场的分布十分广泛，除几个主导品牌外，其余品牌不可能建立起遍布全国的庞大的售后服务网络。当企业还不具备自建服务体系的实力时，采取"服务寄生"模式可以解决企业的售后服务难题。通常针对其他品牌售后服务网络或社会服务资源，采取利益引诱的方式，把企业的售后服务工作"加载"进去，达到企业低成本进行售后服务操作的目的。采取该模式的企业需要对服务成员授权服务。企业在具体操作过程中，采取对服务站分级的办法实施不同的管理。

随着市场的发展变化，经过逐步变化的汽车 4S 店和服务规范的品牌快修保养美容连锁店是未来汽车售后服务的两大主要经营模式。

# 7.2　汽车售后服务流程管理

## 7.2.1　业务流程管理

### 1．业务流程管理的含义

业务流程是为满足顾客的需求和实现企业自身目标，在企业的逻辑思维模式指导和现有的资源条件下实现产品或服务的一系列活动的实际过程。流程管理的核心是流程，流程是任何企业运作的基础，企业所有的业务都是需要流程来驱动。

业务流程管理（BPM）Business Process Management，是一套达成企业各种业务环节整合的全面管理模式。企业流程管理最终决定企业价值和目标的实现，决定企业资源配置的绩效，决定企业的实际收益。因此，企业业务流程管理（BPM）是企业管理的基石。

**2．业务流程管理的背景**

自从亚当·斯密在《国富论》中首次提出劳动分工的原理以来，这套商业规则指导企业的运行与发展长达两个多世纪。先是美国汽车业的先锋开拓者福特将劳动分工的概念应用到汽车制造上，并由此设计出世界上第一条汽车生产流水线，大规模生产从此成为人类历史上的现实。几乎与福特同时代的通用汽车公司总裁斯隆在福特的基础上将劳动分工理论再次向前推进一步，斯隆实际上树起了劳动分工理论发展的第三个里程碑。

在20世纪即将结束的90年代，这套劳动分工规则受到了挑战。大规模生产已越来越多地被大量定制所替代。哈默与钱皮以思想家的口吻开始了对我们所处的时代的企业革命的描述："一整套两个多世纪之前拟订的原则在19世纪和20世纪的岁月里对美国企业结构、管理和实绩起了塑造定型的作用。我们说，现在应该淘汰这些原则，另定一套新规则了。对于美国公司来说，不这样做的另一条路是关门歇业。"这里，哈默与钱皮所说的新规则就是当今风靡全球的业务流程重组（BPR）。

**3．业务流程管理的作用**

流程管理是企业从粗放型管理过渡到规范化管理直至精细化管理的重要手段。流程管理可以消除人浮于事、扯皮推诿、职责不清、执行不力的痼疾，从而达到企业运行有序、效率提高的目的。

对于企业高层管理人员来说，流程是一种赢利模式。

对于企业中层管理人员来说，流程是一种管理的思路和方式。

对于企业低层操作人员来说，流程是一种操作规范和手册。

在汽车服务企业中，业务流程管理的作用主要体现在以下几个方面。

① 明确人员分工，岗位职责。企业通过实施流程管理，让所有的员工懂得，企业的所有事务工作分别由谁做、怎么做及如何做好，标准清楚明了、一目了然，避免了相互推诿现象的发生，促进团队合作。

② 可以大幅缩短流程周期和降低成本，并可改善工作质量，提高企业内部工作效率。由于职责清楚、责任分明，流程管理消除了部门壁垒、消除了职务空白地带，并且由于全体员工潜能的释放和积极性的发挥，将大大提高企业的整体运行效率和效益，提高企业的市场反应能力和竞争能力，也将大大增强企业的核心竞争力。

③ 使服务过程程序化、服务行为规范化、服务结果标准化，为用户提供快速、可靠、方便、一致、高效的服务。

**4．业务流程的规划和设计**

业务流程管理体系的建设是企业内部运营管理的核心工作，可以从以下四个方面逐步建立并完善这项工作。

（1）战略梳理、企业能力现状评估和管理架构的确认

在对流程的现状进行了系统的描述和评估后，下一步要根据企业的发展战略和业务现状，设计组织的管控模式，确定不同单位的定位原则和集分权原则框架。组织管控模式的清晰与合理是流程设计的基础，为业务流程的实施提供有力的组织支持。一般内容包括组织结构、管理模式、功能划分、组织层级划分、权限划分、岗位说明书等。

（2）设计核心管理、业务流程的框架方案

对于高端的流程，可以采用价值链的方法进行识别，并构建流程的框架。从管理和业务两个层面考虑：管理层面是确保经营顺利运行的流程，主要包括战略管理、计划预算管理、财务管理、投资管理、人力资源管理、信息管理等流程；业务层面是指为客户直接提供产品或服务的流程，主要包括市场、研发、采购、生产、物流、客户服务等流程。

这一阶段的主要工作包括设计流程清单、定义流程边界。

（3）流程优化设计与方案的评估

1）流程优化设计

流程优化设计可以通过对流程基本要素的对比分析，参照行业标杆企业运作模式，根据流程诊断的结果进行流程优化改进方案的设计。流程文件优化设计主要包括：根据客户的现状和客户一同确定流程文件的模板，细化组织职能、关键控制点、例外处理与信息流转时限，同时设计流程操作的相关表单。

2）流程优化方案评估

流程优化方案评估主要是通过研讨的方式和客户一起对新流程的风险、可行性等进行评估，充分讨论和评估流程的可操作性、权责界线、流程的运作效率等。

3）业务流程实施方案设计和业务流程维护

在进行业务流程实施时，可以先选取几个关键性的业务流程进行小范围试点，根据结果对新流程进行评估并提出改进的措施，这样可以保证新流程实施的成功率。

流程管理是一个动态的管理过程，通过对流程的固化、实施、评估、改进、固化的过程，才能管理好企业的业务流程体系，真正达到流程管理的目标。

## 7.2.2　业务流程再造

### 1. 业务流程再造背景

业务流程再造（BPR，Business Process Reengineering），是 20 世纪 90 年代由美国 MIT 教授哈默（Michael Hammer）和 CSC 管理顾问公司董事长钱皮（James Champy）提出的，1993 年，在他们联手出版的《公司重组——企业革命宣言》一书中，哈默和钱皮指出，200 年来，人们一直遵循亚当·斯密的劳动分工的思想来建立和管理企业，即注重把工作分解为最简单和最基本的步骤，而目前应围绕这样的概念来建立和管理企业，即把工作任务重新组合到首尾一贯的工作流程中去。他们给 BPR 下的定义是："为了飞跃性地改善成本、质量、服务、速度等现代企业的主要运营基础，必须对工作流程进行根本性的重新思考并彻底改革。"BPR 的目标是帮助企业从根本上，重新思考怎样工作，以便从根本上地提高客户服务效率，削减运营成本，成为世界级竞争者。

业务流程再造理论的产生有深刻的时代背景。20 世纪 60、70 年代以来，信息技术革命使企业的经营环境和运作方式发生了很大的变化，而西方国家经济的长期低增长又使得市场竞争日益激烈，企业面临着严峻挑战。有些管理专家用 3C 理论阐述了这种全新的挑战。

① 顾客（Customer）——买卖双方关系中的主导权转到了顾客一方。竞争使顾客对商品有了更大的选择余地。随着生活水平的不断提高，顾客对各种产品和服务也有了更高的要求。

② 竞争（Competition）——技术进步使竞争的方式和手段不断发展，发生了根本性的变

化。越来越多的跨国公司越出国界，在逐渐走向一体化的全球市场上展开各种形式的竞争，美国企业面临日本、欧洲企业的竞争威胁。

③ 变化（Change）——市场需求日趋多变，产品寿命周期的单位已由"年"趋于"月"，技术进步使企业的生产、服务系统经常变化，这种变化已经成为持续不断的事情。因此在大量生产、大量消费的环境下发展起来的企业经营管理模式已无法适应快速变化的市场。

面对这些挑战，企业只有在更高水平上进行一场根本性的改革与创新，才能在低速增长时代增强自身的竞争力。在这种背景下，结合美国企业为挑战来自日本、欧洲的威胁而展开的实际探索，1993年哈默和钱皮出版了《再造企业》。1995年，钱皮又出版了《再造管理》。哈默与钱皮提出，应在新的企业运行空间条件下，改造原来的工作流程，以使企业更适应未来的生存发展空间。这一全新的思想震动了管理学界，一时间"企业再造"、"流程再造"成为大家谈论的热门话题，哈默和钱皮的著作以极快的速度被大量翻译、传播。与此有关的各种刊物、演讲会也盛行一时，在短短的时间里该理论便成为全世界企业及学术界研究的热点。IBM信用公司通过流程改造，实行一个通才信贷员代替过去多位专才并减少了九成作业时间的故事更是广为流传。

**2．业务流程再造的程序**

企业"再造"就是重新设计和安排企业的整个生产、服务和经营过程，使之合理化。通过对企业原来生产经营过程的各个方面、每个环节进行全面的调查研究和细致分析，对其中不合理、不必要的环节进行彻底的变革。在具体实施过程中，可以按以下程序进行。

（1）对原有流程进行全面的功能和效率分析，发现其存在问题

根据企业现行的作业程序，绘制细致、明了的作业流程图。一般来说，原来的作业程序是与过去的市场需求、技术条件相适应的，并由一定的组织结构、作业规范作为其保证的。当市场需求、技术条件发生的变化使现有作业程序难以适应时，作业效率或组织结构的效能就会降低。

（2）设计新的流程改进方案，并进行评估

为了设计更加科学、合理的作业流程，必须群策群力、集思广益、鼓励创新。在设计新的流程改进方案时，可以考虑：

① 将现在的数项业务或工作组合，合并为一；
② 工作流程的各个步骤按其自然顺序进行；
③ 给予职工参与决策的权力；
④ 为同一种工作流程设置若干种进行方式；
⑤ 工作应当超越组织的界限，在最适当的场所进行；
⑥ 尽量减少检查、控制、调整等管理工作；
⑦ 设置项目负责人（Casemaneger）。

对于提出的多个流程改进方案，还要从成本、效益、技术条件和风险程度等方面进行评估，选取可行性强的方案。

（3）制定改进规划，形成再造方案

制定与流程改进方案相配套的组织结构、人力资源配置和业务规范等方面的改进规划，形成系统的企业再造方案。企业业务流程的实施，是以相应组织结构、人力资源配置方式、业务规范、沟通渠道甚至企业文化作为保证的，所以，只有以流程改进为核心形成系统的企业再造方案，才能达到预期的目的。

（4）组织实施与持续改善

实施企业再造方案，必然会触及原有的利益格局。因此，必须精心组织，谨慎推进。既要态度坚定，克服阻力，又要积极宣传，形成共识，以保证企业再造的顺利进行。企业再造方案的实施并不意味着企业再造的终结。在社会发展日益加快的时代，企业总是不断面临新的挑战，这就需要对企业再造方案不断地进行改进，以适应新形势的需要。

### 3. 业务流程再造的设计方法

BPR 作为一种重新设计工作方式、设计工作流程的思想，是具有普遍意义的，但在具体做法上，必须根据本企业的实际情况来进行。美国的许多大企业都不同程度地进行了 BPR，其中一些主要方法如下。

（1）合并相关工作或工作组

如果一项工作被分成几个部分，而每一部分再细分，分别由不同的人来完成，那么每个人都会出现责任心不强、效率低下等现象。而且，一旦某一环节出现问题，不但不易于查明原因，更不利于整体的工作进展。在这种情况下，企业可以把相关工作合并或把整项工作都由一个人来完成，这样，既提高了效率，又使工人有了工作成就感，从而鼓舞了士气。

（2）工作流程的各个步骤按其自然顺序进行

在传统的组织中，工作在细分化了的组织单位间流动，一个步骤未完成，下一个步骤开始不了，这种直线化的工作流程使得工作时间大为加长。如果按照工作本身的自然顺序，是可以同时进行或交叉进行的。这种非直线化的工作方式可大大加快工作速度。

（3）根据同一业务在不同工作中的地位设置不同的工作方式

传统的做法是，对某一业务按同一种工作方式处理，因此要对这项业务设计出在最困难、最复杂的工作中所运用的处理方法，把这种工作方法运用到所有适用于这一业务的工作过程中。这样做，可能造成成本增加、效率低下，因此，可以根据不同的工作设置出对这一业务的若干处理方式，这样就可以大大提高效率，也使工作变得简捷。

（4）模糊组织界线

在传统的组织中，工作完全按部门划分。为了使各部门工作不发生摩擦，又增加了许多协调工作。因此 BPR 可以使严格划分的组织界线模糊，甚至超越组织界线。如 P&G 根据超级市场信息网传送的销售和库存情况，决定什么时候生产多少、送货多少，并不一味依靠自己的销售部门进行统计，同样，也就避免了很多协调工作。

 案例

## IBM 信贷公司的流程再造

IBM 信贷公司是"蓝色巨人"IBM 的全资子公司，其主要业务就是为 IBM 的计算机销售提供融资服务。刚开始该公司的经营情况并不好。其早期的生产流程是按传统的劳动分工理论进行设计的，共包括以下 6 步流程。

第一步"接待部"。如果 IBM 的客户需要融资服务，负责对该客户进行产品销售的 IBM 业务人员将代表该客户向 IBM 信贷公司提出融资申请，接待人员则在一张申请表上记录下该项申请。

第二步"客户信用部"。申请表被送到楼上的"客户信用部"，专业人员通过计算机系统审查申请人的资金信用情况，并签署审查意见。

第三步"交易条款部"。根据申请人的具体情况，对公司的标准贷款协议进行补充和修改，把一些特殊条款附加在申请表上。

第四步"估价部"。估价员根据以上信息，借助计算机系统初步确定向客户征收的贷款利率，并把建议利率和确定的依据一起交给文秘，呈交给业务主管审批。

第五步业务主管把所有的信息综合起来，形成最终的报价。

第六步报价通过销售业务代表来通知客户。

在这种分工体制下，每份贷款申请无论其业务大小、金额多少，完成整个业务流程平均需要一周的时间，甚至有时需要两周的时间。而且，在申请表进入流程后就完全与销售业务代表无关，销售业务代表也就无法清楚了解其进程。从市场销售的立场来看，这样的过程实在太长了。尽管销售业务代表心急如焚，一遍遍地催促询问。但是没有线索，申请表已经消失在过程链中，导致客户大量流失。

面对客户的抱怨和销售业务代表的愤怒，IBM信贷公司也曾经努力地做出过改进，尝试过许多办法。例如，公司专门设立了一个"控制服务台"。这样，信贷申请不再由原过程链中的上一个业务部门直接转送下一个业务部门，而是每个业务部门把所完成的文件先送"控制服务台"，由"控制服务台"工作人员将完成情况记录在案后再送下一个部门。

这样销售业务代表可以随时从IBM信贷公司的"控制服务台"获得关于"申请进展情况"的及时信息，不给客户造成"怠慢"的感觉。因为"控制服务台"清楚每一份申请在过程链中的具体位置。但是，这些措施并没有真正提高客户的"满意度"，客户贷款申请需要等待的过程更长，代价更高。

公司经过仔细调查发现，每位工作人员在处理分工业务范围内每份申请所需的时间都不长，一份申请整体的累计实际处理时间，即使加上各个部门重复花费在计算机系统输入和查询上的时间，总共也只需要90分钟。其他的时间都消耗在部门之间的表格传递和等待传递的搁置上。

当IBM信贷公司的高级管理人员仔细观察各专业人员所从事的工作时，发现其中大多数人都是不同程度地例行手续。这些工作绝大多数并不需要训练有素的专业人员分工进行处理，借助一台计算机，一个经过一定程度系统训练的人就可以单独完成全过程的工作。因此，IBM信贷公司取消了按照劳动分工设立的业务流程部门，重新设立了"交易员"岗位，使每笔业务从头到尾的全部工作都由一个"交易员"负责。

同时，开发出适应新要求的计算机支持系统和专家小组支持"交易员"的工作。在绝大多数情况下，"交易员"在计算机系统的支持下完成工作。在"交易员"遇到很棘手的问题时，则可以从专家小组那里得到帮助，或将这些特殊项目移交给专家组解决。

在"流程再造"后，IBM信贷公司取得了惊人的成就，为普通客户提供融资服务的平均周期缩短了90%（由原来的一周压缩到4小时），特殊客户的特殊情况也得到了更为有效的处理。与此同时，由于客户"满意度"和"忠诚度"的大幅度提高，公司的业务量增加了100倍。

 案例

## 福特汽车公司北美财会部的BPR

### 福特汽车公司财会部BPR背景

福特汽车公司是美国三大汽车巨头之一，但是到了20世纪80年代初，福特汽车公司像美国

其他大企业一样面临着日本竞争对手的挑战，因而计划想方设法削减管理费用和各种行政开支。

位于北美的福特汽车公司有 2/3 的汽车部件需要从外部供应商购买，需要有相当多的雇员从事应付账款管理工作。当时，公司财会部有 500 多名员工，负责审核并签发供应商供货账单的应付款项。按照传统观念，这么大的一家汽车公司，业务量如此之大，有 500 多个员工处理应付账款是合情合理的。

福特公司传统流程为：①采购部门向供货商发出订单，并将订单的复印件送往财会部；②供货商发货，验收部门收检，并将验收报告送到财会部；③供货商将产品发票送至财会部，然后财会部将订单、验收报告及发票三类票据在一起进行核对，查看其中的 14 项数据是否相符，三者一致时，财会部才能付款。财会部绝大部分时间被耗费在核对这 14 项数据上，由于种种原因造成的数据不相符，导致财会部人员、资金和时间的大量浪费。重组之前的业务流程如图 7-1 所示。

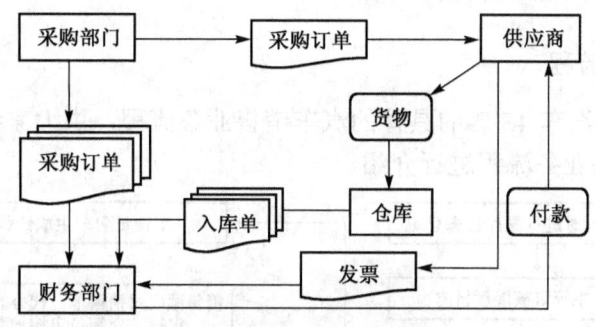

图 7-1　重组前的业务流程

日本马自达汽车公司在福特汽车公司占有 22% 的股份，而在马自达汽车公司做同样工作的人只有 5 人。尽管两个公司在规模上存在一定的差距，但 5：500 的差距却让福特汽车公司震惊。

福特汽车公司决定对与应付账款相关的整个业务流程进行彻底重组。进行业务重组之前，管理人员计划通过业务流程重组和应用计算机系统，将员工裁减到最多不超过 400 人，实现裁员 20% 的目标。

应付账款本身不是一个流程，但采购是一个业务流程。公司对采购进行了流程重组，福特汽车公司重组后的新流程为：①采购部门发出订单，同时将订单内容输入联机数据库；②供货商发货，验收部门核查来货是否与数据库中的内容相吻合，如果吻合就收货，并在终端上按键通知数据库，计算机会自动按时付款。福特汽车公司应付账款流程重组，不但带来了公司 ISO 9000 质量管理体系的持续改进和规范有效运作，而且给公司带来了其他效果：

（1）以往财会部需在订单、验收报告和发票中核查 14 项数据，而如今只需核查 3 项——零件名称、数量和供货商代码；

（2）现财会部只有 125 人，节俭了 75% 的人力资源；

（3）福特汽车公司大胆挑战应付账款旧原则"当收到发票时，就付款"，而其应付账款新原则是"当收到货物时，就付款"，采用的是"无发票"制度，简化了物料管理工作环节，大大提高了应付账款流程工作效率，并使得财务信息更加准确。重组之后的业务流程如图 7-2 所示。

采购部门
采购订单电子数据
供应商
货物
采购订单
仓库
电子付款
收货确认
中央数据库
账务部门

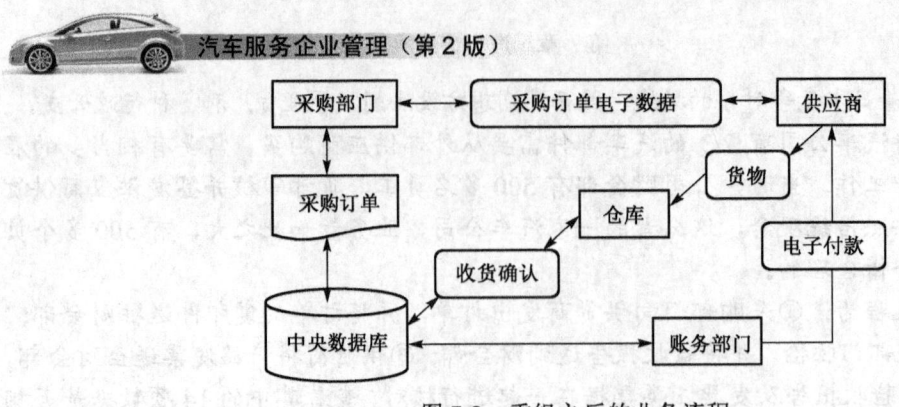

图 7-2　重组之后的业务流程

资料来源：中华文本库

## 7.2.3　汽车售后服务流程管理

### 1．汽车销售业务流程

图 7-3 所示为一家汽车 4S 店的具体的汽车销售业务流程，供大家参考。经过提炼总结，下面对主要的汽车销售业务流程进行介绍。

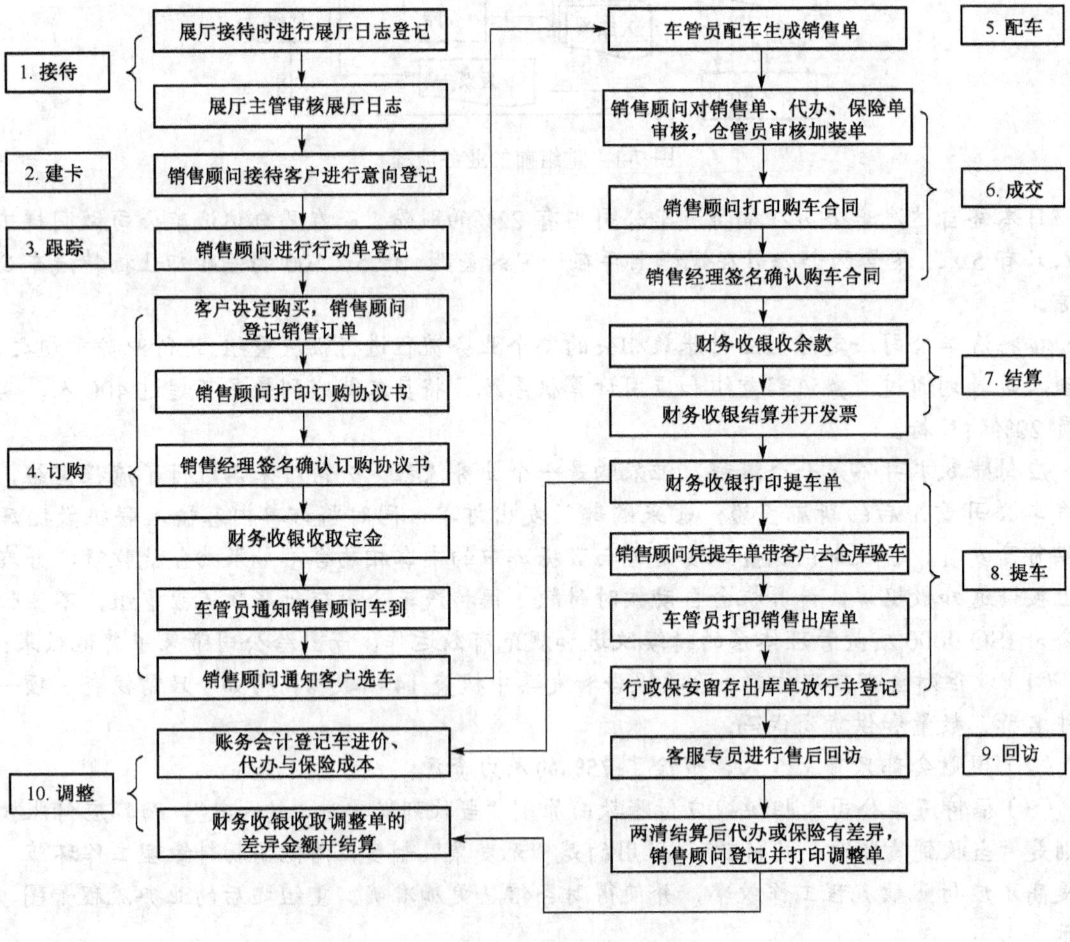

1. 接待
展厅接待时进行展厅日志登记
展厅主管审核展厅日志
2. 建卡
销售顾问接待客户进行意向登记
3. 跟踪
销售顾问进行行动单登记
4. 订购
客户决定购买，销售顾问登记销售订单
销售顾问打印订购协议书
销售经理签名确认订购协议书
财务收银收取定金
车管员通知销售顾问车到
销售顾问通知客户选车
5. 配车
车管员配车生成销售单
6. 成交
销售顾问对销售单、代办、保险单审核，仓管员审核加装单
销售顾问打印购车合同
销售经理签名确认购车合同
7. 结算
财务收银收余款
财务收银结算并开发票
8. 提车
财务收银打印提车单
销售顾问凭提车单带客户去仓库验车
车管员打印销售出库单
行政保安留存出库单放行并登记
9. 回访
客服专员进行售后回访
两清结算后代办或保险有差异，销售顾问登记并打印调整单
10. 调整
账务会计登记车进价、代办与保险成本
财务收银收取调整单的差异金额并结算

图 7-3　汽车 4S 店销售流程图

（1）接待

接待环节最重要的是主动与礼貌。销售人员在看到有客户来访时，应立刻面带微笑主动上前问好。如果还有其他客户随行时，应用目光与随行客户交流。目光交流的同时，销售人员应做简单的自我介绍，并礼节性地与客户分别握手，之后再询问客户需要提供什么帮助。语气尽量热情诚恳。

（2）需求分析

需求分析目的是为了收集客户需求的信息。销售人员需要尽可能多地收集来自客户的所有信息，以便充分挖掘和理解客户购车的准确需求。销售人员的询问必须耐心并友好，这一阶段很重要的一点是适度与信任。销售人员在回答客户的咨询时，服务的适度性要有很好的把握，既不要服务不足，更不要服务过度。这一阶段应让客户随意发表意见，并认真倾听，以了解客户的需求和愿望，从而在后续阶段做到更有效的销售。并且销售人员应在接待开始便拿上相应的宣传资料，供客户查阅。

（3）产品介绍

产品介绍重要的是有针对性和专业性。销售人员应具备所销售产品的专业知识，同时亦需要充分了解竞争车型的情况，以便在对自己产品进行介绍的过程中，不断进行比较，以突出自己产品的卖点和优势，从而提高客户对自己产品的认同度。

（4）试乘试驾

在试车过程中，应让客户集中精神对车进行体验，避免多说话，让客户集中精神获得对车辆的第一体验和感受。

（5）促成交易与合同签订

在成交阶段不应有任何催促的倾向，而应让客户有更充分的时间考虑和做出决定，但销售人员应巧妙地加强客户对于所购产品的信心。在办理相关文件时，销售人员应努力营造轻松的签约气氛。

（6）交车

要确保车辆毫发无损，在交车前销售员要对车进行清洗，车身要保持干净，质检人员要对新车再进行 PDI 检测，确认车辆状况，填写确认单。

（7）售后跟踪

一旦汽车出售以后，要经常回访一下顾客，及时了解顾客对汽车的评价及其使用状况，要提醒顾客做保养。

**2. 汽车消费信贷业务流程**

自 1910 年首笔汽车分期付款信贷发放以来，汽车消费贷款在国外已有近百年的历史，大的跨国公司都有自己的融资公司为其产品销售提供支持。

在欧美等发达国家，汽车金融服务经过近百年的发展已成为位居房地产金融之后的第二大个人金融服务项目，是一个规模大、发展成熟的产业。从总量看，全球汽车销售中的 70% 是通过汽车信贷销售的，在美国则达到 80%～85%，中国消费者贷款购车的比例不足 7%，因此，中国汽车信贷市场有很大的空间。而且，汽车金融蛋糕诱人。按照国际惯例，整车企业生产利润降低到 3%～5% 时，汽车金融业务的利润率仍可保持在 30% 左右。而据中国汽车工业协会的预测，到 2025 年，中国汽车金融业将有 5250 亿元的市场容量。专业的融资公司积累了相当丰富的汽车消费贷款经验，手续简便灵活，对不同车型有不同的贷款利率，汽车贷款业务十分走俏。

尽管目前国内汽车消费信贷市场规模不大，但跨国汽车金融公司都争相在潜力巨大的中国市场占得先机。迄今为止，国内已有10家汽车金融公司获准提供购车贷款服务，分别是上汽通用、大众、丰田、福特、原戴克集团、菲亚特、沃尔沃、标致雪铁龙、东风日产和奇瑞。与此同时，一汽、上汽和东风等数家大企业的财务公司也在开展汽车消费信贷业务。

目前在法规政策、融资、配套环境等各个方面存在一些制约汽车金融公司发展的因素，主要体现为五大问题：第一，资金来源渠道比较少，而且资金成本比较高，还不稳定；第二，部分法规和政策制约了业务开展和产品开发，其中汽车金融当中三大业务之一——融资租赁业务难以开展；第三，汽车金融公司融资担保问题比较复杂，造成了很多不便；第四，配套管理不成熟，使管理风险比较大；第五，资本瓶颈也限制了规模扩张。

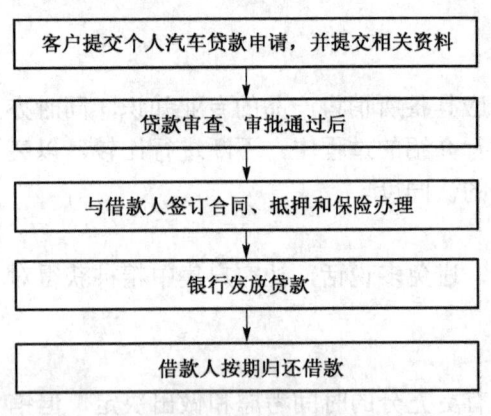

图7-4　汽车消费信贷的主要业务流程

汽车个人信贷消费在我国起步较晚，是由早期的汽车分期付款销售业务转化而来的。近年来，中国个人汽车消费贷款呈猛增态势。但通过贷款销售出去的汽车销售额占新车销售总额的比例不足20%，与国外的70%相距甚远，汽车金融在中国市场方兴未艾，发展潜力巨大。

汽车消费信贷的业务流程设计可归纳为信贷申请、资信调查与评估、信贷审查和审批、签订信贷合同、发放贷款合同等步骤。图7-4所示为个人汽车消费信贷业务的一般流程。其业务流程可分为4个阶段。

（1）信贷申请阶段

申请信贷的个人和经销商通过与汽车消费信贷机构的资信评估部门接触，对申请信贷业务进行咨询及索取有关部门资料。在确定需要申请信用贷款后，需按要求填写有关表格及提供有关材料（如身份证、户口簿、个人银行存折等）。汽车消费信贷机构的资信评估部门对申请个人和企业进行立项，对其资信进行初步审核，决定是否接受其申请，对于不合要求的个人和企业，及时回复。这是汽车消费信贷机构筛选服务对象的第一关，主要集中在对申请个人和企业的文字材料的分析。通过这一关的筛选，将一些风险很高的申请贷款的个人和企业剥离出去，这一方面可以提高公司的整体运营效率，另一方面也大大降低了风险。

（2）汽车信贷申请的审批阶段

对于符合汽车信贷要求的申请个人和企业，汽车消费信贷机构的资信评估部通过实地考察、采集申请者资信材料，开展资信评估和分析，然后将评估结果交信贷审查批准部门进行审查与审批，对于不符合汽车信贷条件的申请个人和企业予以回复，对于符合条件的申请个人和企业发给同意申请汽车信贷意向书，并启动贷款审批程序。这是汽车消费信贷机构筛选服务对象的第二关。在这一环节，汽车消费信贷机构资信评估部门需要到申请贷款的个人和企业实地考察，采集分析数据，并对申请贷款的个人和企业做出资信评估，作为汽车信贷审批的重要依据。通过第二关的筛选，汽车消费信贷机构能够挑选出符合公司风险控制规定的申请贷款的个人和企业，并对之提供汽车信贷。

（3）汽车信贷监控阶段

汽车消费信贷机构正式发放汽车贷款后，风险监控部门需要定期、不定期地检查已得到信贷的个人和企业的财务情况和偿付能力，追踪个人和企业的资信变化情况，监测预警系统，及时发现风险并采取措施进行控制。

（4）违约处理阶段

风险监控部门一旦发现预警信号，应立即通知资产管理部门，并通过紧急止损措施，收回抵押资产等，汽车消费信贷机构的法律部门则负责各项法律事务，保证公司利益。

**3．汽车维保业务流程**

（1）业务登记

① 业务接待是唯一具有接车登记权利的部门。所有到本厂维修的车辆都必须经过业务部门对客户的车辆及客户的维修意向通过委托书的方式评审后方可展开作业。任何人车辆不得以任何理由，不经业务登记而进入厂区维修，客户到本站修车时将车辆停放在业务大厅前方。

② 业务接待填写委托书的内容：客户的联系电话、地址、车辆型号、车牌号、17 位编码、里程表读数、保险到期时间、维修项目、计算交车时间、随车物品（现金、手机、公文包等贵重物品通知客户带走）。

③ 检查完毕后请客户在委托书上签字。

④ 快速铺好四保（方向盘套、脚垫、座套、排挡杆套）。

⑤ 通知车间人员接车，亲自将车钥匙和委托书交给车间接车人。

（2）车间接车和维修

① 车间接车人员接车后核对外观检验图和随车物品，包括维修项目，如发现不符则和业务接待核对情况，如无异常，车间立即着手维修作业，如有多种作业，需车间主管根据实际情况安排维修项目的先后顺序。

② 如果是委托书中确认更换的配件，主修班组可直接到配件库领取材料；如果维修项目需要领取材料则由主管班组填写申购单，经业务审批后才能到配件部领取材料，如果配件部无相关材料则应迅速组织人员采购。购回材料后应在最短的时间内通知主修班组。

③ 如果在维修中发现新增的维修项目则立即通知业务接待，业务接待通知客户，在客户同意之后方可作业；如果客户不同意维修新增项目，主修班组停止该新增项目。

④ 如果有钣金喷漆的车辆，钣金完毕后交喷漆主修按照钣金质量检验标准进行检验，合格后方可喷漆作业。

⑤ 如果在维修作业中主修班组发现任何延误交车时间的情况，则主修班组在最短的时间内通知业务接待，业务接待负责和客户协商，重新确定车辆交付日期。

（3）车间质量检验

① 主修班组必须对所有经过车间维修的车辆认真检查，核对委托书上的维修项目是否全部完成，拆卸零件是否全部装复还原，车辆工况是否全部达标，合格后交给班组长检验。

② 班组长认真检查车辆的维修内容，必要时外出路试，如发现存在的质量问题则将维修车辆返回主修班组重新作业，并且告知问题所在。班组长应记录下不合格车辆的主修人、车牌号，以便于改进工作。

③ 班组长检验合格后送交技术总监检验，经总监检验发现问题后，则返回车间重新作业

并告之车辆的问题所在，然后记录下不合格车辆的主修人、车牌号。若总监检验合格，则在委托书上签字确认。

④ 将车辆端正放在车辆竣工区，并撤掉"四保"。保证车辆的车门落锁、车窗关好，随后将车钥匙、委托书、申购单转交给业务接待。

（4）配件部采购和出库

① 配件部接到车间主修班组的申购单后，根据申购单上填写的材料给予材料出库，出库时严格遵守出库规定；如库房没有材料，配件部主管下采购单采购。

② 主修班组在领取材料时注意核对配件的数量和质量，核对无误时在出库单上相应的栏目内签字确认，证明自己已经领料出库。

③ 对于车间领料出库的配件返回库房时，需车间主管检验后方可退还库房，配件部保存好退还的配件，并粘贴字条说明退还原因。

（5）结账出厂

① 业务接待接到维修车辆的委托书、申购单、车钥匙，对所有的维修信息进行核对，尤其是核对库房的出料记录，核对无误后打出结算单，将结算单和车钥匙一同交给收银员。

② 收银员有不明白之处和业务部、车间、库房核对情况，清除后方可结账并填写出门条。将车钥匙和出门条一同交给客户。并亲切地说声"一路平安"。

③ 由于某种原因需要免费的由总经理在结算单上签字。

汽车维修工艺流程如图 7-5 所示。汽车保养工艺流程图如图 7-6 所示。汽车维修接车单如表 7-1 所示。

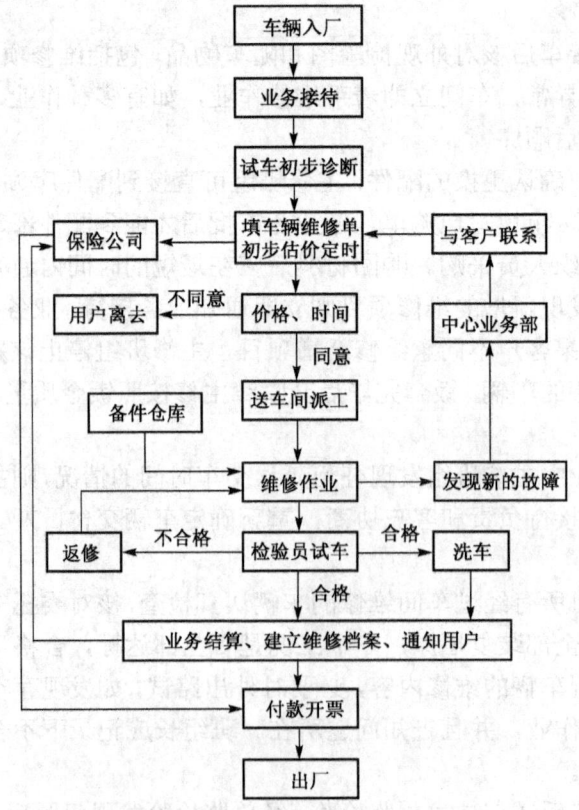

图 7-5　汽车维修工艺流程图

保养工艺流程图

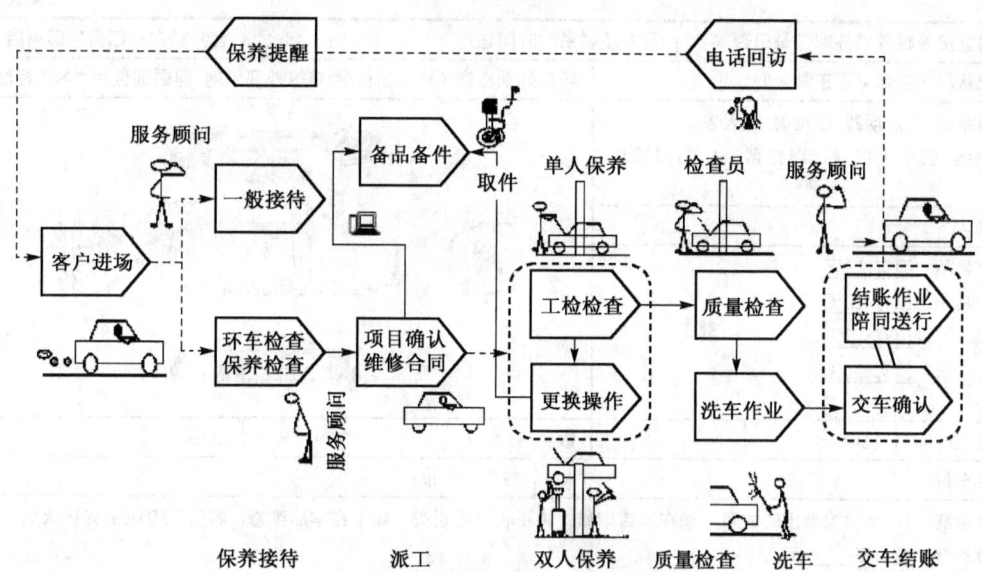

图 7-6　汽车保养工艺流程图

### 表 7-1　汽车维修接车单

| 工单号： | | | | | | | 服务顾问： |
|---|---|---|---|---|---|---|---|
| 开单日期 | 来店时间 | 预约 | 优先 | 钣喷 | 机电 | 预交车时间 | |
| | | □是□否 | □是□否 | □是□否 | □是□否 | 年 月 日 点 分 | |
| 客户名称 | | | VIN 号码 | | | | |
| 联系地址： | | | 发动机号 | | 开工时间 | 完工时间 | |
| | | | 车型 | | 牌照号 | | |
| 联系人 | | 电话/手机 | 公里数 | | 保修起始日期 | | |
| 客户故障描述： | | | | | | | |
| 委托修理项目 | | | 工时费 | 检查结果/故障原因/维修建议 | 必要的零件 | | 价格 |
| 1. | | | | | | | |
| 2. | | | | | | | |
| 3. | | | | | | | |
| 4. | | | | | | | |
| 5. | | | | | | | |
| 6. | | | | | | | |
| 7. | | | | | | | |
| 8. | | | | | | | |
| 费用预算 | | 工时费算 | 元 | 材料费用 | 元 | 总结费用 | 元 |
| 其他约定 | | | | | | | |
| 是否洗车？ □是□否 | | 旧件处置：□客户带走□废弃 | | 增项处置 | | □当面签字□电话确认 | |

第一联 存根（白）

第二联 客户（红）

第三联 记账（蓝）

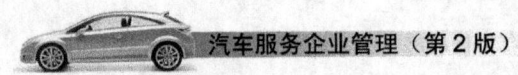
续表

| 是否愿意接受跟踪服务？□是 □否 | 最方便联系的时间是： | | 客户动向：□留店 □离店 |
|---|---|---|---|
| 功能确认：（正常√不正常×） | 环车外观检查（标记损伤/涂装等外观问题 问题部位用"×"标注） | | |
| □音箱系统 □点烟器 □空调 □天窗<br>□后视镜 □中央门锁（防盗器）□四门玻璃<br>升降 | | | |
| 物品确认 | | | |
| 无贵重物品 □有 □无<br>随车工具 □有 □无<br>千斤顶 □有 □无<br>备胎 □有 □无<br>灭火器 □有 □无 | | | |
| 要求完工时间 | 机电 | 钣金 | 油漆 |
| 进场提车位： | | 竣工停车位： | |

维修站提醒：1．本次检查出的故障，如在本店维修，将不收取检查费；如不在本店维修，检查工费应由客户承担，本次故障检查工费为￥＿＿＿＿元。

2．已出厂车辆客户如对维修质量或其他问题有异议，请于一周内致电本维修站；如未反馈视同认可本次维护服务。

3．车辆修复，需拆装前后挡风玻璃，如有损坏，本维修站不承担赔偿责任。

| 客户确认 | 本人已清楚了解以下车辆维护项目，同意按以上方案维护，愿意支付相关费用。 | 签字： |
|---|---|---|
| 主修签字： | 质检签字： | 顾问签字： |

### 4．二手车交易流程

首先，要看二手车来源，弄清楚车主换车的原因。

其次，看二手车的相关证件，如机动车辆登记证书、行驶证、附加税证、养路费讫证、保险单证、机动车辆技术状况证书、身份证、机动车安全技术检验合格标志、车辆号牌等，还要看发动机钢印号和车架上的钢印号是否真实、有效。

再次，二手车价格评定，公车要到二手车鉴定评估机构鉴定并出具证明。

如果以上一切正常，符合购买要求，就进行交易过户。

以下是二手车交易过户流程：

① 签订车辆转让合同；

② 查实该车是否抵押、法院封存；

③ 查验闯红灯记录；

④ 车管所出具同意过户交易单；

⑤ 至车辆检测站测试认可；

⑥ 交纳车辆过户交易税费；

⑦ 免税车须提供海关解除管理证明书；

⑧ 重新上牌领取行驶证；

⑨ 办理附加税证变更手续，办理养路费凭单变更手续；

⑩ 如有保险费单则须办理转户手续。

二手车的具体购买流程如图7-7所示。

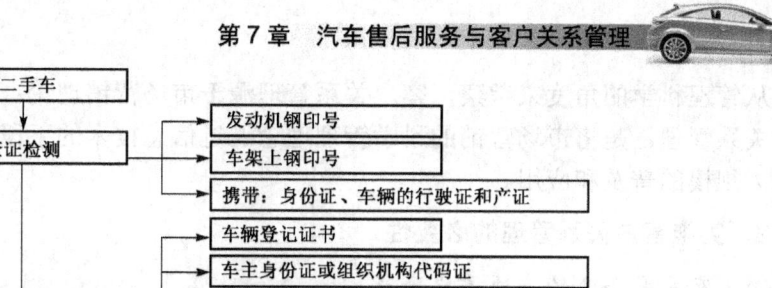

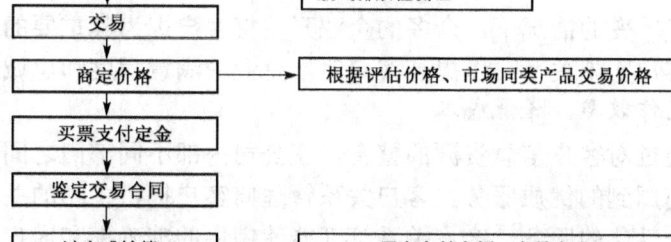

图 7-7　二手车的具体购买流程

# 7.3　汽车服务企业客户关系管理

业务流程重组的创始人哈默有句名言：所谓新经济，就是客户经济。93%的 CEO 认为顾客管理是企业成功和更富竞争力的最重要的因素。顾客忠诚度提高 5%，利润的上升幅度将达到 25%～85%。一个非常满意的顾客的购买意愿是一个满意的顾客的 6 倍。顾客离开其供应商，2/3 的原因是供应商对顾客的关怀不够。

随着中国市场竞争的日趋白热化，企业间的较量已开始从基于产品的竞争转向基于顾客资源的竞争，顾客资源正在逐渐取代产品。

## 7.3.1　客户关系管理概述

### 1．客户关系管理的含义

客户关系管理起源于美国，在 1980 年初便有所谓的"接触管理"（Contact Management），即专门收集客户与公司联系的所有信息。1985 年，巴巴拉·本德·杰克逊提出了关系营销的概念，使人们对市场营销理论的研究又迈上了一个新的台阶。到 1990 年则演变成包括电话服务中心支持资料分析的客户关怀（Customer Care）。1999 年，Gartner Group Inc 公司提出了CRM 概念：企业通过与客户进行富有意义的交流沟通，理解并影响客户行为，提高客户获得、客户保留、客户忠诚和客户创利，最终实现企业发展的长期目标。

客户关系管理的定义：企业为提高核心竞争力，利用相应的信息技术及互联网技术来协调企业与顾客间在销售、营销和服务上的交互，从而提升其管理方式，向客户提供创新式的个性化的客户交互和服务的过程。其最终目标是吸引新客户、保留老客户，以及将已有客户转为忠实客户，增加市场份额。

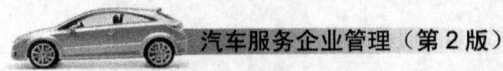 

从管理科学的角度来考察，客户关系管理源于市场营销理论；从解决方案的角度考察，客户关系管理，是将市场营销的科学管理理念通过信息技术的手段集成在软件上面，得以在全球大规模的普及和应用。

### 2．实施客户关系管理的必要性

**（1）客户是企业的一项重要资产**

无论是传统的固定资产和流动资产论，还是新出现的人才和技术资产论，都是企业能够得以实现价值的部分条件，而不是完全条件，其缺少的部分就是产品实现其价值的最后阶段，同时也是最重要的阶段，在这个阶段的主导者就是客户。在以产品为中心的商业模式向以客户为中心的商业模式转变的情况下，众多的企业开始将客户视为其重要的资产，不断地采取多种方式对企业的客户实施关怀，以提高客户对本企业的满意程度和忠诚度。

**（2）提高业务运作效率，降低成本**

客户关系管理通过对客户信息资源的整合，在公司内部不同部门之间达到资源共享，从而为客户提供更快速周到的优质服务。客户关系管理向客户提供主动的关心，根据销售和服务的历史纪录提供个性化的服务。客户关系管理能使销售的准确率和客户的成功率增加，客户的满意度提高，从而促进销售。据相关研究标明，一个满意的客户会带来3~5个潜在客户，而一个不满意的客户会影响25个人的购买意愿。客户关系管理等于企业花最小的成本去做最有效的广告。

**（3）提高客户忠诚度，进而拓展市场**

很多客户流失是因为供应商对他们的关怀和重视不够。对于客户来说，供应商提供的竞争性价格和高质量的产品是很关键的，但客户更看中的是供应商对他们的关怀和重视程度。供应商对客户的关怀程度可以在很多业务操作细节上体现出来。通过客户关系管理，企业可以挖掘客户的潜在价值，提高客户忠诚度，掌握更多的业务机会。

### 3．客户关系管理的主要内容

**（1）基本信息管理**

通过客户基本信息管理，掌握客户的基本信息，从而分析客户价值，实现客户细分，这是一切好客户管理活动的基础。表7-2所示为汽车4S店来电（来店）顾客登记表，供大家参考。

**表7-2　汽车4S店来电（来店）顾客登记表**

| 前台填写 | | | | | | | 销售顾问填写 | | | | | | | |
|---|---|---|---|---|---|---|---|---|---|---|---|---|---|---|
| 序号 | 来电来店 | 来店时间 | 人数 | 销售顾问 | F | S | 渠道 | 离店时间 | 顾客名称 | 电话 | 意向 车型 | 意向 颜色 | 商谈内容 | 级别 | 试乘 | 试驾 |
| 1 | | | | | | | | | | | | | | | | |
| 2 | | | | | | | | | | | | | | | | |
| 3 | | | | | | | | | | | | | | | | |
| 4 | | | | | | | | | | | | | | | | |
| 5 | | | | | | | | | | | | | | | | |

销售前台填写日期、人数、分配情况。销售顾问填写：是否首次来电（F或S）、客户姓名、电话、来店时间、离店时间、预购车型、级别、渠道、是否试驾或试乘。级别：需求+信心+购买力。0表示订车客户；H表示7天内可能订车；A表示15天内可能订车；B表示30天内可能订车；C表示2~3月内可能订车；F表示首次来店（电）；S表示第二次以上来店（电）。渠道：A表示报纸广告；B表示电台广告；C表示电视广告；D表示基盘介绍；E表示路过看到

（2）客户细分

① 潜在客户是在授权经销区域内，对厂家提供的产品有购买需求并同时有购买能力，但专营店仍没有与之接触并建立客户档案的个人或团体。

② 基盘客户是曾经接受过并且将来有可能会继续接受厂家专营店服务，留有有效联系信息并正式纳入专营店管理的个人或团体，包括意向客户、保有客户、战败客户。

③ 意向客户是没有实际和专营店达成交易，但表达了交易意向的客户。

④ 保有客户是通过专营店销售的客户。

⑤ 战败客户是留下购车信息后，没有购买本店汽车而购买了其他品牌汽车的客户。

（3）客户开发

① 建立稳定全面的客户接触渠道。

② 向有价值的潜在客户提供相关产品和活动的信息。

③ 持续完善客户资料。

（4）客户促进

① 强化有价值的潜在客户对产品和服务的信心。

② 处理客户异议，解答客户疑惑。

③ 促使客户级别不断提升，直至成交。

④ 完成有价值的潜在客户向现实客户的转化。

（5）客户维系

① 向客户不断提供相关产品和活动的信息。

② 妥善处理客户的意见和建议。

③ 提供高质量的售后服务。

④ 提供更多客户需要的增值服务。

⑤ 持续完善客户资料。

## 7.3.2 客户价值与客户升级

### 1. 客户价值

早在 1954 年，Drucker 就指出，顾客购买和消费的绝不是产品，而是价值。客户价值是客户从某种产品或服务中所能获得的总利益与在购买和拥有时所付出的总代价的比较。

Zaithaml 在 1988 年首先从顾客角度提出了顾客感知价值理论，将顾客感知价值定义为：顾客所能感知到的利得与其在获取产品或服务中所付出的成本进行权衡后对产品或服务效用的整体评价。

菲利普·科特勒是从顾客让渡价值和顾客满意的角度来阐述顾客价值的。顾客让渡价值，是指总顾客价值与总顾客成本之差。总顾客价值就是顾客从某一特定产品或服务中获得的一系列利益，包括产品价值、服务价值、人员价值和形象价值等。顾客总成本是指顾客为了购买产品或服务而付出的一系列成本，包括货币成本、时间成本、精神成本和体力成本。顾客是价值最大化的追求者，在购买产品时，总希望用最低的成本获得最大的收益，以使自己的需要得到最大限度地满足。

长期稳定的客户关系能为企业带来稳定的利益贡献。长期稳定的客户关系表现为客户的时间性，即客户生命周期。一个偶尔与企业接触的客户和一个经常与企业保持接触的客户对于企业来说具有不同的客户价值。在20世纪末，客户生命周期价值已经成为测量成功的客户关系管理的标准工具。客户对企业的价值贡献决定于企业对客户的重视程度，对于经销商来讲，不但要得到客户的基本利润贡献（购买新车），更希望得到他的后期价值贡献（售后服务、汽车美容、保险等），这也是客户终身价值管理的目标。

### 2. 客户满意

"客户满意"的产生是在20世纪80年代初。当时的美国市场竞争环境日趋恶劣，美国电话电报公司（AT&T）为了使自己处于有利的竞争优势，开始尝试性地了解顾客对目前企业所提供服务的满意情况，并以此作为服务质量改进的依据，取得了一定的效果。与此同时，日本本田汽车公司也开始应用客户满意作为自己了解情况的一种手段，并且更加完善了这种经营战略。

菲利普·科特勒认为，客户满意"是指一个人通过对一个产品的可感知效果与他的期望值相比较后，所形成的愉悦或失望的感觉状态"。亨利·阿塞尔也认为，当商品的实际消费效果达到客户的预期时，就导致了客户满意，否则，则会导致客户不满意。

满意度是客户满足情况的反馈，是对产品或服务性能，以及产品或者服务本身的评价，给出了（或正在给出）一个与消费的满足感有关的快乐水平，包括低于或超过满足感的水平，是一种心理体验。

客户满意是一个变动的目标，能够使一个客户满意的东西，未必会使另外一个客户满意，能使得客户在一种情况下满意的东西，在另一种情况下未必能使其满意。只有对不同的客户群体的满意度因素非常了解，才有可能实现最大化的客户满意。

客户满意包括产品满意、服务满意和社会满意三个层次。产品满意是指企业产品带给顾客的满足状态，包括产品的内在质量、价格、设计、包装、时效等方面的满意。产品的质量满意是构成客户满意的基础因素。服务满意是指产品售前、售中、售后及产品生命周期的不同阶段采取的服务措施令客户满意。这主要是在服务过程的每个环节上都能设身处地地为客户着想，做到有利于客户、方便客户。社会满意是指客户在对企业产品和服务的消费过程中所体验到的对社会利益的维护，主要指客户对整体社会满意，要求企业的经营活动要有利于社会文明进步。

### 3. 客户忠诚

根据Conference Board针对全球506位CEO做的一个调查显示，企业CEO把客户忠诚度及维持率列为其管理的首要挑战。对这些企业来说，目标非常明确，就是获取并保持客户，他们不断通过努力创造客户满意及忠诚的客户，以进一步优化客户份额。

（1）客户忠诚与客户满意的区别

客户满意并不代表客户忠诚。客户忠诚实际上是从客户满意概念中引出的概念，是指客户满意后，产生的对某种产品品牌或公司的信赖，维护和希望重复购买的一种心理倾向。客户忠诚实际上是一种客户购买行为的持续性。

对于企业来说，如果客户对企业的产品和服务感到满意，会将他们的消费感受通过口碑传播给其他人，扩大产品的知名度，提高企业的形象，为企业的长远发展不断地注入新的动

力。但现实的问题是，企业往往将客户满意等于信任，甚至是"客户忠诚"。事实上，客户满意只是客户信任的前提，客户信任才是结果；客户满意是对某一产品、某项服务的肯定评价，即使客户对某企业满意也只是基于他们对所接受的产品和服务的满意。如果某次的产品和服务不完善，他们对该企业也就不满意了。也就是说，客户满意是一个感性评价指标。客户信任是客户对该品牌产品及拥有该品牌企业的信任感，他们可以理性地面对品牌企业的成功与不利。美国贝恩公司的调查显示，在声称对产品和企业满意甚至十分满意的客户中，有65%～85%的客户会转向其他产品，只有 30%～40%的客户会再次购买相同的产品或相同产品的同一型号。

客户忠诚表现的特征主要有以下四点：

① 再次或大量地购买企业该品牌的产品或服务；

② 主动地向亲朋好友和周围的人员推荐该品牌产品或服务；

③ 几乎没有选择其他品牌产品或服务的念头，能抵制其他品牌的促销诱惑；

④ 发现该品牌产品或服务的某些缺陷，能以谅解的心情主动向企业反馈信息，求得解决，而且不影响再次购买。

客户满意和客户忠诚相互之间又有着密切的联系。企业了解客户的需求和期望，满足客户的期望，就能达到客户的满意；但是必须进一步地让客户满意，包括了解并满足客户潜在的需求，才有可能赢得客户的忠诚。对于企业来说，达到客户满意是基本任务，否则产品是卖不出去的，而获得客户忠诚是参与竞争取胜的保证。忠诚客户的再次购买行为和对产品的宣传推荐，会使企业拥有一个稳定的客户群，而且能提高企业的市场占有率，降低销售成本，与企业的效益有直接的关系。因此，如何达成让客户超期望的满意，由满意到非常满意，获得客户对产品品牌的忠诚，已经成为市场竞争的新焦点和企业竞争取胜的关键。

客户忠诚度如同满意度那样，是对客户忠诚程度的定量描述。通过对客户的再次购买行为、宣传推荐产品和品牌认同的调查，可以掌握客户忠诚度的水准。客户忠诚度的数据不仅能反映企业在市场上忠诚客户群的情况，也是企业用于改进的重要信息。现在美国不少优秀的大企业，每季都要调查客户忠诚度，并制定了客户忠诚度的努力目标。

企业赢得客户忠诚至少会有如下的好处。

① 增加公司声誉：透过忠诚客户的口碑，提升公司形象，吸引更多心客户上门，同时增强与同业之间的竞争力。

② 降低成本：根据研究显示，保留一位旧有客户的成本仅为争取新客户的五分之一。

③ 营业收入成长：如果忠诚客户不断再次光临，员工不断追求客户满意，形成一个良性循环，营业收入自然会增加成长。

④ 提高市场占有率：由于不断有新客户光临，加上忠诚客户不断再次上门，市场占有率的提升不言而喻。

（2）如何使客户忠诚

有数据显示，当客户认为企业能满足其现有的要求时，选择其他竞争对手的概率是 50%，但如果企业能不断地为客户提供意想不到的服务，流失率仅为 12%。

想要实现从客户满意上升到客户忠诚，必须从以下七点入手。

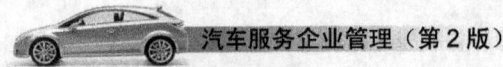 

1）提供规范化的服务

服务的规范化应包括：顺畅的服务流程，各个环节相互配合成整体，并能根据客户需求及时调整，能预见客户未来的需求，信息及时沟通并反馈，有效的监督职能。

2）提高服务人员有效技能

服务人员的有效技能包括：恰当的仪容、仪表；适当的服务态度；对客户的关注；得体的说话方式；指导客户做出选择和决定；销售和服务技巧；解决客户的不满。

3）可亲近性和灵活性

服务中展现出的可亲近性与灵活性可以反映在以下八个方面。

① 关注客户：敏感快速地关注到客户的需求和特殊情况。

② 了解客户的行为原因：设身处地为顾客考虑的照顾。

③ 能帮客户解决问题：对问题的理解和处理能力。

④ 客户是平等的：不能区别对待客户。

⑤ 用客户能懂的方式沟通：不要摆官腔或技术员的架子。

⑥ 不要恐吓压制客户：绝对不可以威胁和忽视客户。

⑦ 能指导客户：如果客户有问题，应帮助客户解决问题。

⑧ 灵活，可以通融：以人为本，客户不是机器，你也不是操纵机器的人。

4）可靠性

可靠性是指可靠准确地履行服务承诺的能力。很多企业发现，可靠性被排在客户关注要素的第一点。如关于"制造业的最佳运输方式"调查显示，可靠性是制造商选择承运商时需要考虑的最重要因素，准时交付排在第二位，然后是成本和产品丢失/损坏情况。雪铁龙公司开展的一份调查研究表明，维修人员高度评价高质量售后服务的重要性。他们认为在评定一个零部件供应商的诸多标准中，零部件的可靠性排在第一位，紧跟其后的是及时送货率，价格只是排在诸多要素中的第七位。售后零部件服务对顾客产生的影响要比整车销售服务对顾客产生的影响大3倍以上。

5）自我修复

要对业务成熟、业务本身存在缺陷、成熟的业务遇到外行的客户这三种情况加以分析，取得数据，再集中汇总分析。在小组及部门展开讨论，得出最行之有效的服务技巧和工作流程，尤其是注意总结以前同事成功的经验或失败教训。将此项业务按照不同服务情况、服务对象，定期加以分类并形成量化的评估标准，时时自我提醒、自我修复、自我监督。

6）服务承诺

服务承诺分"无条件服务承诺"和"对重要服务内容承诺"。服务承诺影响研究表明："承诺使员工的士气和忠诚度得到增强，承诺可以使员工产生自豪感。对于顾客来说，承诺降低了顾客的风险并建立了对服务组织的信任。"一个有效的承诺能影响到企业的赢利能力，能建立一种更积极的服务文化，同时，能间接地减少员工的变动成本。

7）创新思维

凭借不断地创新和符合客户需求的服务来令客户印象深刻，达到最高客户满意，创造客户忠诚。

在服务越来越趋于同质化的今天，差异化的服务对市场的延伸和渗透起着重要的作用。企业只有以"打造自己特色的服务品牌"为目标，才能真正提高企业竞争力和抗风险能力。当客户服务为企业的营销策略服务的时候，也就是创造"以销售为导向的客户服务"的时候，我们才能把服务手段的作用发挥到极致，获得真正的成功。

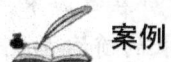 案例

## 迪斯尼乐园的服务

著名的迪斯尼乐园在娱乐设施方面非常受人称道，在客户满意度创造和控制方面也非常独到。节假日迪斯尼乐园往往都会人满为患，排队就成了一个大的问题。迪斯尼乐园为此设计了一个电子等候牌，放置在通道口，上面显示了如果你从此开始排队，大约还需要多少时间。这项设施可以方便那些顾客自由选择等候时间相对较少的项目，同时可以减少排队人员的心理焦躁感。但奥秘还不仅止于此，当终于轮到你的时候，你会惊喜地发现，你实际排队的时间比电子等候牌提示要少了十分钟左右。其实，这是迪斯尼的一个巧妙的设计。目的就在"做到的比承诺的多一点"，让客户感受到额外的惊喜和收获。

## 美国汽车行业的客户满意度调查

美国汽车制造业是最早开展客户满意程度调查的行业，通过不断努力一直致力于提高客户满意程度。现在，美国汽车制造厂的客户满意率都超过 90%，但实际再次购买相同品牌汽车的客户只有 30%～40%。这使很多企业管理人员产生了疑惑，如果提高客户满意程度，无助于培育客户忠诚感，追求客户满意又有何用？

公司发现，当客户满意度超过 50% 以后则到达无所谓区域的部分，这个区域的客户仍然有很大的游离性和不确定性。而在评分表上打 5 分（完全满意）的顾客在调查之后未来再次购买率是打 4 分（满意）的顾客的 6 倍。这意味着在高度竞争的商业社会中，只有满意度非常高的客户才会成为忠实客户。这部分的客户会经常性地重复购买你的产品，同时他还会愿意接受你公司提供的其他的产品和服务，而且还会为你做口碑做宣传，对其他竞争对手的促销活动不屑一顾，他们也希望得到你公司更多的关怀。

### 7.3.3　客户关怀

#### 1.客户关怀的含义

当今时代，经济的日益发展促使在同一领域的不同企业之间的竞争也更加激烈，单一的价格战容易让市场陷入红海竞争，企业急需寻求另外一种更加平和的竞争方式，"客户关怀"的问世意味着在这样一个都信奉顾客为上帝的企业圈里，终于有了对客户更加人性化的关怀和吸引的开始。只有企业真心地去了解客户，帮助客户，用实际行动去关怀，务实地去了解客户真正的需要，才能做到有的放矢，物尽其用。客户关怀，关心客户就是关心自己，有时候一句小小的问候也能改变一个人的命运、两个人的关系，甚至一个企业的发展。

# 红海和蓝海

"现存的市场由两种海洋所组成：即红海和蓝海。红海代表现今存在的所有产业，也就是我们已知的市场空间；蓝海则代表当今还不存在的产业，这就是未知的市场空间。"在红海中，每个产业的界限和竞争规则为人们所知。随着市场空间越来越拥挤，利润和增长的前途也就越来越黯淡。各竞争者已经打得头破血流的残酷竞争也让红海变得越发鲜血淋漓。与之相对的是，蓝海代表着亟待开发的市场空间，代表着创造新需求，代表着高利润增长的机会。尽管有些蓝海完全是在已有产业边界以外创建的，但大多数蓝海则是通过在红海内部扩展已有产业边界而开拓出来的。

客户关怀理念最早由克拉特巴克提出，他认为：顾客关怀是服务质量标准化的一种基本方式，涵盖了公司经营的各个方面，从产品或服务设计到如何包装、交付和服务。客户关怀包括如下的方面：客户服务（包括向客户提供产品信息和服务建议等）、产品质量（应符合有关标准、适合客户使用、保证安全可靠）、服务质量（指与企业接触的过程中客户的体验）、售后服务（包括售后的查询和投诉，以及维护和修理）。

一些跨国性质的大公司率先开始掠夺客户资源。它们设立了单独的客户关怀部门，利用数据库存储所有客户及潜在客户信息，分析顾客偏好，在合适的时候推荐合适的产品，目的是在留住老客户的同时抢夺更多新客户。这明显缓解了价格战带来的恶性循环。

随着客户管理体系的不断完善，客户关怀的门槛逐步放低，在互联网发达的今天，小公司、个体商户也开始花费较少的成本更细致地管理自己的客户，一系列店铺管理软件、会员管理软件直接推动了客户关怀的普及。

**2. 客户关怀的作用**

客户关怀管理真正体现了"以客户为中心"的现代经营理念，贯穿了市场营销的所有环节，增强了客户满意度与忠诚度，实现了可持续发展的基本要求。它的作用主要体现在以下几个方面。

（1）增强客户满意度与忠诚度

国际上一些非常有权威的研究机构，经过深入的调查研究以后分别得出了这样一些结论：把客户的满意度提高5个百分点，其结果是企业的利润增加1倍；一个非常满意的客户其购买意愿比一个满意客户高出6倍；2/3的客户离开供应商是因为供应商对他们的关怀不够；93%的企业CEO认为客户关系管理是企业成功和更有竞争能力的最重要的因素；客户关怀是客户关系管理的中心，客户关怀的目的是与所选客户建立长期和有效的业务关系，在与客户的每一个"接触点"上都更加接近客户、了解客户，最大限度地增加利润和利润占有率。

（2）延长客户生命周期

所谓的客户生命周期，指一个客户对企业而言是有类似生命一样的诞生、成长、成熟、衰老、死亡的过程。成长、成熟、和衰老这三个阶段往往伴随消费，尤其是成熟期，是客户消费的黄金时期，有效延长客户生命周期将提高客单价（一定时期内，每位顾客消费的平均价格），从而提高总赢利。

（3）改进产品

忠实顾客是最好的产品设计师，通过使用他们会发现那些不好用、不方便的地方，顾客关怀其实为企业建立了聆听建议的渠道，让企业发现改进空间，设计出更符合顾客要求、更有市场的产品。

（4）口碑传播

口碑传播也可以称之为品牌效应。当你的产品或服务超出了顾客的期望，他们将习惯性地向周围的朋友分享，很显然，熟人传递的产品信息更加可信，成交概率也更高。

### 3．客户关怀的原则和方法

提高顾客忠诚度，保留优质顾客，是一项非常富有挑战性的工作，有效的顾客关怀策略有助于达到这一目标。作为汽车服务企业可以遵循以下五个原则来实施客户关怀。

原则一：急顾客之所急

顾客关怀不是表面文章，而是用心关怀顾客，感知顾客所需，帮助顾客实现期望。在这一点上，服务人员的态度非常重要，只要你用心，顾客总能感知到，有时即使结果没有达成，顾客也会很感激。当顾客焦躁不安时，服务人员的一个微笑、一声问候、一杯茶水就能大大提升现场顾客的感知。

原则二：给顾客惊喜

顾客关怀追求的是给顾客惊喜。一个平平淡淡的关心和让顾客惊喜的关心的效果绝对不同，两者在成本上可能没有太大差异，但结果却有天壤之别。

原则三：精准化关怀

不同类型顾客的需求不同，不同顾客的感知不同，所以当面对不同顾客时（如刚开始接触的顾客、成熟期的顾客、衰退期的顾客等，或者对于特殊的顾客，如孕妇、儿童、老人、残疾人等），要考虑其具体需求，进行精准的关怀定位，给予差异化的关怀服务。

 案例

## 某维修企业的儿童游乐区

某维修企业发现，在到厂维修的顾客中不少都带着小孩，由于厂区内没有可以玩耍的地方，小孩待一会儿就又哭又闹，弄得大人心情不好。对这种情况，这家修理厂在客户休息室内专设了儿童游乐区，设置滑梯、积木、蹦蹦床等娱乐用品。这一招儿还真灵，来厂维修的车主可以很安心地等待，再也不会因为孩子着急离开而心烦意乱了。而且，一些车主听说此事，很愿意带孩子来玩，这样既修了车，又让孩子有了玩的地方。

原则四：全面接触顾客

顾客关怀要注重与顾客的全面沟通和互动，让客户有充分表达的机会并注重反馈，不仅仅依靠意见本、顾客投诉，而要主动通过各种渠道收集顾客意见，主动改进。全面的顾客接触要求建立一个畅通、便捷的信息共享平台，这个平台可以是俱乐部、网络群或网络论坛。

原则五：以顾客为中心

顾客关怀必须以顾客为中心，一切要从顾客的需求出发，这是最基本的一点。

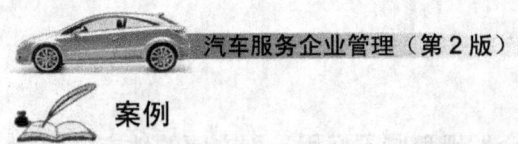

## 汽车推销大王乔伊·吉拉德的一次教训

美国汽车推销大王乔伊·吉拉德说："你真正地爱你的顾客，他们也会真心爱你，爱你卖的东西。"乔伊·吉拉德曾经在一年内卖出1425辆汽车，然而，他也曾有过一次难忘的教训。

一天，吉拉德向一位顾客推荐一款新车，试车后顾客表示很满意，一切进展顺利。然而就在要付款时，对方突然决定不买了。吉拉德百思不得其解，这位顾客明明特别喜欢这款新车，为什么会突然改变主意了呢？晚上，吉拉德终于忍不住给对方打了一个电话，诚恳地询问顾客为何突然改变了主意。顾客不高兴地说："今天下午付款时，我跟你谈到了我的小儿子，他刚考上麻省理工学院，我还跟你说到他的运动成绩和将来的抱负，我以他为荣，可你却心不在焉，根本不听我说话。"从声音里能听出来对方余怒未消。但吉拉德对此却毫无印象，他当时的确没有注意听顾客的讲话。话筒里继续响着："你宁愿听另一名推销员说笑话，却根本不在乎我说什么，从这样一个不尊重我的人手里买东西让我感觉很不舒服！"

### 7.3.4 顾客投诉处理及预防

顾客投诉，是指顾客对企业产品质量或服务上的不满意，而提出的书面或口头上的异议、抗议、索赔和要求解决问题等行为。

顾客投诉是每个企业皆遇到的问题，是顾客对企业管理和服务不满的表达方式，也是企业有价值的信息来源，为企业创造了许多机会。因此，如何利用处理顾客投诉的时机而赢得顾客的信任，把顾客的不满意转化为顾客满意，锁定他们对企业和产品的忠诚，获得竞争优势，已成为企业营销实践的重要内容之一。

#### 1. 正确认知顾客抱怨

美国营销专家珍尼尔·巴诺在他的著作《抱怨是福》（Complain is a Gift）中写道："当顾客对服务不满时，他们有两种选择：一是他们可以说点儿什么，二是一走了之。如果他们一走了之，就等于根本不给企业消除他们不满的机会。提起投诉的顾客仍在和我们沟通，在给我们机会让我们的服务回到令人满意的状态，顾客也更有可能再次光顾本企业。所以，尽管我们不愿听逆耳之言，但顾客的抱怨实为一种赠予。"

一项由美国"技术支持研究计划"所做的研究发现：当顾客有了一次愉悦的体验时，他们会把这种体验转告5个人；如果他们有了一次糟糕的体验，他们会把这种体验平均转告给10个人，而每5个不满的顾客中就有1个会对20个人诉说。

顾客往往是不轻易投诉的，研究表明：每4次服务交易就有一次顾客不满，但只有5%的人可能去投诉，而其他人则会去选择其他企业。顾客投诉和顾客满意的关系如表7-3所示。

表7-3  顾客投诉和顾客满意之间的关系

| | 不抱怨的客户 | 抱怨没有得到解决 | 抱怨问题得到解决 | 抱怨得到很好的解决 |
|---|---|---|---|---|
| 即便不满意，但仍然回头购买商品 | 9% | 19% | 54% | 82% |
| 不会再回来 | 91% | 81% | 46% | 18% |

面对顾客投诉，我们应争取顾客信任，赢得顾客的认同，展现品牌的积极形象。投诉是顾客的基本权利，应尊重面对它。对待顾客投诉应具备同情心，赢得顾客的认同与信任。顾客投诉的最佳处理方式是争取"双赢"，至少应让顾客觉得有些收获。

（1）客户的抱怨与投诉是营销活动中的必然现象

由于买卖双方的立足点不同，目标也不一样，因此在营销过程中，客户自然会提出反对商家的意见。一个客户在购买你的产品之前不提出任何意见的情况是少见的，而且不提出任何意见的客户往往是没有购买欲望的客户，要理解客户提出反对意见是一种正常的现象，并不可怕，可怕的是营销人员不会正确处理客户的抱怨与投诉。

（2）客户抱怨与投诉既是推销的障碍，又是成交的序曲

任何一次商务谈判，都要经过买卖双方不同程度的讨价还价，最后一方或双方做出一些妥协让步，交易才算达成。客户提出不同的看法或意见是他的权利，用压制争议的办法是解决不了问题的。只有让客户充分发表意见，把那些不同的意见和看法都提出来，营销人员才能知道客户有哪些反对意见，才有可能消除这些反对意见，并获得最终的成交。

（3）客户的抱怨与投诉是企业宝贵的信息

客户的抱怨与投诉是企业最有价值的信息之一，是企业满足客户需求、寻找创新方向的重要依据。通过客户投诉，企业才能了解到产品或维修品质是否已达到客户的期望水准，企业的服务作业是否符合客户的需要，客户还有什么需求被忽略了。

（4）客户的抱怨与投诉是商家建立客户忠诚的契机

商家不要认为没有客户表示抱怨与投诉就没有不满意的客户，实际上许多客户在不满意时不愿意表示出自己的抱怨或进行投诉。通常一个客户的不满，代表着另外 25 个没有向商家表示不满的客户的心声。有研究表明，提出不满的客户，若问题得到圆满解决，其忠诚度会比从来没有不满的客户高。

由此可见，客户进行抱怨与投诉是至关重要的，所谓没有消息就是坏消息，与客户关系淡漠的一个信号就是客户不再表示抱怨或进行投诉了。没有哪个客户是永远满意的，商家需要正确理解和运用客户的不满。

**2．顾客投诉的原因及方式**

（1）客户投诉的原因

客户投诉的原因主要有以下几个。

1）产品质量

良好的产品质量是塑造顾客满意度的直接因素。由于设计、制造或装配不良所产生的整车、配件质量缺陷，与客户沟通不够，致使客户在后续使用过程中会产生不满，进而投诉。

2）服务质量

服务是一种经历，在服务系统中的客户满意与不满意，往往取决于某一个接触的瞬间。如汽车销售、售后服务人员对客户的询问不理会或回答语气不耐烦、敷衍、出言不逊，结算错误，让客户等待时间过长，公共环境卫生状态不佳，安全管理不当，店内音响声音过大，承诺没兑现等，都是造成客户不满、产生抱怨的原因。

3）服务价格

由于沟通不当，客户因价格过高或收费不合理而引起的不满，导致客户投诉。

（2）投诉的方式

① 当面发泄，表达不满。

② 通过电话、信件等方式投诉或直接投诉到上级部门。

③ 向行业主管部门或消费者协会投诉。

④ 通过电视、广播、网络、报刊等媒体曝光。

⑤ 通过法律途径找律师打官司。

### 3. 处理顾客投诉的程序

第一步，有效地倾听客户的各种抱怨。

在倾听客户的抱怨时，要善用肢体语言。良好的肢体语言直接影响客户的情绪。处理客户抱怨时要本着"先处理心情，再处理事情"的原则，客户的愤怒就像充气的气球一样，当客户发泄后，就没有愤怒了。毕竟客户的本意是：表达他的感情并把他的问题解决掉。当客户发泄时，你最好的方式是：闭口不言、仔细聆听。当然，不要让客户觉得你在敷衍他，要保持情感上的交流，认真听取客户的话，把客户遇到的问题判断清楚。

**相关链接**

## 影响顾客心情的因素

正面的信息：

表情自然；

微笑，表示关怀；

眼神交流；

自我情绪控制；

体验客户的心情；

听完客户的抱怨。

负面的信息：

表情紧张、严肃；

避开眼神交流；

动作紧张、匆忙；

忽略顾客的感觉；

抢答、语调激动。

注意：下列句型应避免使用：

"你可能不明白……""你肯定弄混了……""你应该……""你弄错了……""你别激动……""你不要叫……""你平静点……""这种问题连三岁小孩都懂！""一分钱，一分货。""不可能，绝对不可能发生这种事。""这个问题不关我的事，有问题找公司。""这个问题我不大清楚，我绝对没有说过那种话。""这是本店的规定。""改天我再和你联络。""没看我忙吗？等一会儿再说。""我们不管这事，有本事你去找消协啊！"

第二步，充分道歉并表示关心重视。

道歉并不意味着你做错了什么。让客户知道，你已经了解了他的问题。你的道歉是代表

企业，说明企业在服务中存在不足，而不是个人的恩怨或过错。客户的对错并不重要，重要的是该如何解决问题而不让问题发展。不要花费大量的时间去弄清楚究竟是谁对谁错，这样对己对人都没有好处。向客户说，你已经了解了他的问题，并请他确认是否正确，要善于把客户的抱怨归纳起来。

## 至关重要的道歉方式

（一）正确的道歉方式

1．"我向你道歉""不好意思对您造成困扰，我向您道歉……"表明了销售人员的个人立场及愿意负责的态度，销售人员在表达"我向你道歉"之后应该跟进，提出问题的解决办法，才能够真正解决客户的不满。

2．"谢谢你……""谢谢你告诉我这件事""谢谢你让我注意这件事……"都是正面道歉最好的开场白。当"谢谢"出现的时候，销售人员抱歉的意味已经传达给客户，而且有效地避免了应用"对不起""真的很抱歉"等糟糕的语言。

（二）错误的道歉方式

1．"我谨代表公司跟您道歉……"

这是最糟糕的道歉方式，尽管代表着慎重的态度，但会将公司拖下水，影响公司的形象与产品，从而扩大客户与公司之间的矛盾。

2．只说"对不起"

每句话语背后都存在含义，在进行道歉之前，销售人员首先要明确各种道歉方式背后潜在的含义，才能够正确地进行道歉。销售人员在销售服务现场最常以简单的"对不起"作为开场，却很少考虑"对不起"背后的含义。

3．旨在推诿的"真的很抱歉"

它不仅使销售人员被认为没有诚意，还将问题像皮球一样踢来踢去，无法帮助客户满意地解决问题。随着销售人员"真的很抱歉"而来的，通常会是"因为公司规定……所以不能按照您的要求处理"。这一话语意味着销售人员准备开始踢皮球，推掉责任。面对销售人员不愿意负责时，客户就会全副武装，准备与销售人员的不负责作战。

第三步，收集事故信息。

客户有时候会省略一些重要的信息，因为他们以为这并不重要，或者恰恰忘了告诉你。当然，也有客户知道自己有错而刻意隐瞒。我们应该了解当时的实际情况，搞清楚客户到底想要的是什么。运用沟通技巧，收集足够的信息，以便帮助对方解决问题。通过提一些开放式的问题收集足够的信息。在这一步，必须确保你对问题的理解和客户相符。

第四步，提出解决办法。

对客户的问题提出解决办法才是根本。要使客户满意，立即解决问题是最好的方法，要尽快拿出一个双方均可接受的解决问题的方案。如果客户同意你的方案，在他们改变主意前迅速行动起来。

作为汽车服务企业可以有更多的选择，比如：

① 打折；

② 免费赠品，包括礼物、商品或其他；

③ 名誉，对客户的意见表示感谢。

④ 私交，以个人的名义给予客户关怀。

第五步，询问客户的意见。

客户的想法有时和公司想像的差许多。你最好在提供了解决方案后再询问客户的意见。如果客户可以接受，那最好的办法是迅速、愉快的完成。如果客户仍不满意，问问他的意见。如果处理不成功，一定要逐级上报，逐级处理，层层拦截。

我们要记住：开发一个新客户的费用是维护老客户费用的五倍。当投诉发生时，解决问题的关键是干净彻底地、令客户满意地处理掉。

第六步，跟踪服务。

在处理完投诉问题后，客服人员仍需对该客户进行跟进服务，对问题的解决结果负责，通过电话、电子邮件或信函，向客户了解客户对处理结果的满意度，是否还有其他问题。如果与客户联系后发现他（她）对解决方案不满意，则要继续寻求一个更可行的解决方案。并定期对该客户进行回访，了解该客户的最新情况，最终提高客户的满意度。对客户投诉的处理要存档，以便进行信息反馈。

### 4. 投诉的预防

（1）首问责任制

谁接待的客户谁负责到底，这种制度增强了服务人员的责任意识，可以减少投诉的发生。

（2）临时抽检

管理层从接待、维修、质检到电话回访实行抽检，对发现的问题，及时查找原因，制定对策，有效预防客户投诉。

 案例

## 一汽-大众的"飞检"

一汽-大众的奥迪品牌在售后服务方面有一套严格的标准，大到保养维修，小到如何接听客户电话都有详尽的规定，经销商必须经过严格培训，并在服务的各个环节完全执行这套标准。"飞检"：一汽-大众通过在真实用户的车辆上预设故障，送到受检经销商处进行保养维修，以检查经销商的服务技术水平和营销质量是否符合这套标准服务流程。

由于这种检查非常突然，事先不向经销商透露任何测试信息，与体育界的"飞检"有异曲同工之妙，因此被称为"飞检"。

"飞检"共设近30个检查项目，分为7大类，包括从预约到最后跟踪回访等各个环节，细化到了不可思议的地步。例如，用户打来电话，服务人员要在规定铃声之内接起电话，倾听用户表述，提醒用户送车时的注意事项，交车时为用户做详细交代，并在规定时间内回访，等等。

全部保养维修过程结束后，一套事前设计好的问卷将交由用户填写。用户对经销商在以上各大类、各环节的服务进行评价；维修保养质量则通过检查预设故障的完成情况来评定。检查结果出来后，一汽-大众会与经销商进行沟通，指出经销商在服务方面可能存在的问题，

并及时改善解决。"飞检"是世界汽车行业最先进的管理方法之一，能够科学、客观地找出售后服务工作中的薄弱环节，并有的放矢地解决问题，有效地提高服务质量和服务诚信度。

（3）预警制度

对一些挑剔、易怒的客户，提前通知各部门，提高警惕。

（4）标准工作流程的落实

企业有了标准工作流程，就要抓好落实，只要每个员工都按照工作流程行事，就会堵塞漏洞，避免或减少客户投诉。

（5）员工培训

在对员工进行培训时，培训项目应该包括如何正确对待客户的投诉，要让员工知道，客户抱怨是一份礼物，可以不断改进企业的服务系统，优化企业的工作流程，完善企业的评价体系。处理客户投诉时不能有如下错误行为：

① 同客户争吵、争辩；

② 打断客户讲话，不了解客户的关键需求；

③ 批评、讽刺客户，不尊重客户；

④ 强调自己的正确，不承认错误；

⑤ 在不了解客户需求前，随意答复客户的要求。

## 本章小结

汽车后市场行业简称"车后市"。汽车后市场大体上可分为七大行业：汽车保险行业；汽车金融行业；汽车 IT 行业；汽车精品、用品、美容、快修及改装行业，又称汽车养护行业；汽车维修及配件行业；汽车文化及汽车运动行业；二手车及汽车租赁行业。

在我国，汽车售后服务主要有以下几种模式：维修厂（店）、"四位一体"模式、汽车连锁经营模式、特约服务模式、"服务寄生"模式。

企业流程管理最终决定企业价值和目标的实现，决定企业资源配置的绩效，决定企业的实际收益。

客户关系管理指企业为提高核心竞争力，利用相应的信息技术及互联网技术来协调企业与客户间在销售、营销和服务上的交互，从而提升其管理方式，向客户提供创新式的个性化的客户交互和服务的过程。其最终目标是吸引新客户、保留老客户，以及将已有客户转为忠实客户，增加市场份额。

客户关怀包括客户服务、产品质量、服务质量、售后服务。

如何利用处理客户投诉的时机而赢得客户的信任，把客户的不满意转化客户满意，锁定他们对企业和产品的忠诚，获得竞争优势，已成为企业营销实践的重要内容之一。

# 第 8 章　汽车服务企业信息化管理

 **学习目标**

1. 掌握信息、汽车服务企业信息管理的概念和特征；
2. 了解我国汽车服务企业信息化管理的现状；
3. 理解汽车服务企业信息化建设的意义；
4. 掌握汽车服务企业信息化内容；
5. 了解常用的汽车企业信息管理系统。

在经济全球化和信息时代，汽车行业的发展与信息化建设的发展息息相关且相互影响，计算机网络技术的飞速发展，对世界汽车业产生了重大的影响。工业发达国家的汽车业已开始从战略高度认识到信息化的重要价值，企业信息化已成为汽车企业提升核心竞争力的不可或缺的手段，在汽车服务业中这一特性尤其明显。

## 8.1　企业信息

### 8.1.1　企业信息的概念

企业信息是按照企业组织活动规律的方式排列起来的信号序列所揭示的内容。企业信息是社会信息的重要组成部分，是企业管理工作中企业管理人员之间，企业管理人员与企业员工之间，企业内人员与企业外人员之间传递的，反映企业管理活动和管理对象的状态、特征和反映企业目标、需求、行为的消息、情报、数据、语言、符号等信号序列的总称。在企业管理活动中形成的文件、报表、簿册、档案等就是企业信息的物化表现形式。

### 8.1.2　企业信息的功能

信息的功能指的是信息自身所具有的社会作用。企业信息的功能指的是企业信息在企业生存、发展的历程中能够对企业自身和环境所产生的作用。

当然，信息的这种作用可能有正面的，也可能有负面的。这需要企业信息管理者恰到好处地把握，充分发挥企业信息的正面功能，避免或减少企业信息的负面功能。具体来说企业信息的功能包括以下 3 个方面。

**1．企业信息的中介功能**

企业管理者对企业管理客体的认识，是通过对管理客体所发出的信息进行接收、加工之后而感知的；依据对管理客体信息的分析和加工，形成新的更高层次的认识，然后通过实践反作用于企业的管理客体，对企业进行管理，实现企业的目标。

在现代企业管理中，除了人员流、物流、资金流之外还存在着信息流，而且人员流、物流、资金流也同时表现为企业的信息流。管理的计划、组织、人员配备、领导、控制等职能的实现，都是以信息作为依据的，都是对信息流的管理和控制，管理者的决策、被管理者对决策的执行、各部门之间的协调、组织活动的有序进行等都是以信息为中介来实现的。信息活动贯穿于管理活动的全过程。没有信息就无所谓管理。

**2．企业信息的诱导功能**

这是指信息具有诱发信息接受者产生该信息所能导致的某种行为的功能。因为信息具有可接收性和共享性特征，所以任何信息都可以为人们所接收和共享。信息接收者在接收到信息后，该信息立即在信息接收者的头脑中占据一定的位置，并使信息接收者将自己头脑里原有的需求信息与之相联系来进行思维，使信息接收者产生某种动机或感受，当这种新的动机占据主导地位时，则使信息接收者产生该信息所能导致的行为。这就是信息诱导功能产生的机制。所有的信息都具有这种功能，企业信息尤其是如此。比如，在市场环境中，企业的品牌名称就是一种特定的信息。品牌名称信息的诱导功能，表现为品牌信息能够在第一时间抓住特定的信息接收者——消费者的注意力，然后诱导消费者，使其产生进一步了解本品牌商品信息的行为。

**3．企业信息的资源功能**

这是指信息具有促进社会经济发展、产生和增强经济效益的功能，故又称经济功能。企业信息也具有促进企业经济发展、产生和增强企业经济效益的功能。

## 8.2　企业信息系统

### 8.2.1　企业信息系统的概念

企业信息系统是一个利用计算机硬件和软件，手工作业，分析、计划、控制和决策模型，以及数据库的"用户-机器"系统。它能提供信息，支持企业或组织的运行、管理和决策功能。实际上管理信息系统是一个以人为主导，利用计算机硬件、软件、网络通信设备及其他办公设备，进行信息的收集、传输、加工、储存、更新和维护，以组织战略竞优、提高效益和效率为目的，支持组织高层决策、中层控制、基层运作的集成化的人机系统。

现实中，企业信息系统一般由硬件系统、软件系统、信息资源、操作人员、运行规则等几部分组成。硬件系统指的是对信息进行收集、加工、存储、管理等处理过程中所使用的计算机及外围设备等物理设备；软件系统主要指操作系统、数据库之类的支撑软件和各种应用软件；信息资源是系统运行的基础，如何有效地组织和利用信息资源是信息系统的关键问题；操作人员主要有系统开发人员、系统维护人员和普通用户；运行规则保证系统的正常运行。

总之，企业信息系统是以人为"主导"的人机系统，信息资源是整个系统运行的基础，而计算机、网络等设备是辅助工具。从经营角度看，信息系统是在组织和管理上针对环境的挑战而做出的基于信息技术的解决方案。它能实测组织的各种运行情况，利用过去数据预测未来，从组织全局出发辅助组织进行决策，利用信息控制组织的行为，帮助组织实现其规划目标。

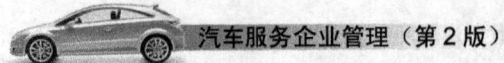
## 8.2.2 企业信息系统的基本结构

可以从不同的侧面深入地分析信息系统的基本成分和结构，这些不同角度的结构描述将能够很好地为信息系统提供一个清晰的视图。

### 1. 概念结构

从信息系统的概念内涵可以看出，它由四部分组成：信息源、信息处理器、信息用户和信息管理者。信息源产生信息；信息处理器负责信息的收集、加工、存储、检索和传输；信息用户是信息的使用者；信息系统的设计、实施和维护由信息管理者负责。它们之间相互联系，可以用经典的信息系统的概念结构来描述，如图 8-1 所示。

从信息系统概念的管理功能层次来看，信息系统还是一个层次系统，即把管理活动分为战略计划层、战术计划与管理控制层、运行作业计划与控制层，由此为管理活动服务的信息系统也相应地划分为三个层次，如图 8-2 所示。战略计划层的系统主要是提供给组织的高层管理者使用，目的在于帮助确定组织的目标、制定长远的政策和发展方向；战术计划与管理控制层的系统则辅助组织中层的领导执行实施组织目标，目的在于有效利用组织内部的各种资源，对组织的基本活动进行计划控制，同时帮助制定预算和例外情况控制等；运行作业计划与控制层的系统提供作业执行人员具体管理活动的相关信息，从而保证具体业务活动的履行。

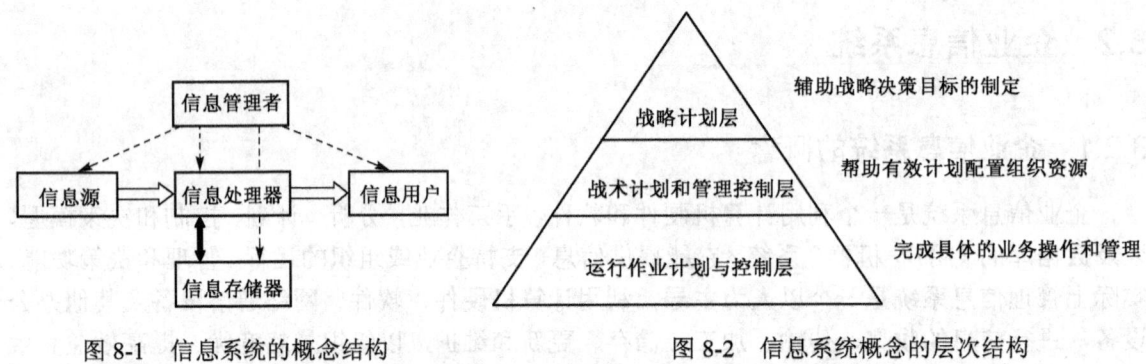

图 8-1　信息系统的概念结构　　　　图 8-2　信息系统概念的层次结构

### 2. 功能结构

信息系统的功能是指信息系统从环境接收信息并将之转换为另一种形式的信息的能力，是系统内在能力的外在表现，是由信息系统的结构决定的。由于信息系统需要满足多用户的需求，所以必须具有多种功能以满足这些多样的需求。然而各种功能之间又有各种信息联系，构成一个有机结合的整体，便形成一个功能结构。

从企业级信息系统的辅助管理的角度来看，信息系统的管理功能或职能是根据企业组织的特定职能部门而划分的。常用的职能系统主要有以下五个职能子系统：市场营销子系统、财务会计子系统、生产计划子系统、供应仓储子系统和人力资源子系统。表 7-1 给出了这些典型的职能子系统及其提供的主要管理功能。

表 8-1  信息系统的主要管理功能

| 管 理 功 能 | 职能子系统 |
|---|---|
| 销售、促销及售后服务事务处理；销售数据汇总分析；有关客户、市场销售人员的数据资料管理，销售预测、计划和市场战略制定等 | 市场营销子系统 |
| 应收、应付账和总账的处理；财务数据分类汇总；编制财务报表；制定预算和成本数据的分类和分析；财务预算成本计划等 | 财务会计子系统 |
| 产品的设计；生产计划；生产设备的调度和运行；生产人员的雇用与训练；质量控制和检查；生产工艺/产品数据管理；作业计划控制等 | 生产计划子系统 |
| 采购、收货、库存管理和发放等事务处理；供应、运输、库存计划；例行报告分析；物资供应战略；供应商选择等 | 供应仓储子系统 |
| 人员的雇用、培训、考核、工资发放和解聘等事务处理；管理控制及雇用战略和方案评价；职工培训计划、薪酬计划；例外报告分析等 | 人力资源子系统 |

从信息处理的角度来看，信息系统具有五个方面的信息处理功能：信息的输入、存储、处理、输出和控制功能，这五个功能相互联系与影响，从而形成了一个功能结构。

① 信息输入功能包括信息资源的收集和输入、控制指令的输入、检索条件的输入等。信息需要按照一定的形式收集整理，然后才能输入信息系统。

② 信息存储功能是信息系统存储信息资料和数据的能力。信息系统需要能够按照一定的原则存储大量有用信息，以方便用户信息共享与利用。

③ 信息处理功能是信息系统内部对信息的加工处理过程，是信息系统的核心功能。

④ 为满足用户的信息需求，信息系统有必要保证高效的输出功能。信息系统输出的内容包括经过系统加工处理的数据、系统运行过程中状态的反馈信息、需要人工干预的提示信息及检索结果等，这些信息结果直接关系到整个系统的使用和效能的发挥。

⑤ 信息系统的控制功能也是必不可少的，主要体现在两个方面：一是控制和管理人、技术、物等，包括工作人员、信息设备等的控制；二是通过各种程序控制信息的输入、加工处理、输出、存储、传输和检索。

总之，信息系统是各种功能的集合体，并将信息技术、信息、用户有机地联系起来。单纯地依赖其中的某一方面，都无法实现信息的有效管理。因而实现信息系统的功能，并真正体现系统的整体性特征，必须全面协调三者的关系，以促进对信息的有效管理与控制。

### 3．模型结构

在信息系统开发过程中，信息系统具有多种描述模型，每种模型都是从某认识程度和某角度对信息系统的抽象描述。信息系统的模型主要有需求模型、逻辑模型、设计模型和实现模型。

在这四种模型中，信息系统模型结构的四种形式分别是信息系统的需求结构、逻辑结构、设计结构和实现结构。四种结构反映了在信息系统开发的不同阶段和不同方面信息系统各要素呈现的构成关系，同时也反映了人们认识和把握信息系统体系结构的程度和过程。

信息系统需求结构是按照信息系统的目标、职能和需求的相关性确定的模型结构，反映了信息系统需求的总体框架；信息系统逻辑结构是在系统分析工作中确定出的模型结构，亦称为分析结构，由抽象概念层次及信息系统的需求结构来确定；信息系统设计结构是在系统设计工作中确定的模型结构，需要考虑设计细节和实现环境，是对信息系统逻辑结构的深化；信息系统实现结构是所实现的信息系统各部分、各构件的构成关系。它们之间的关系如图 8-3 所示。

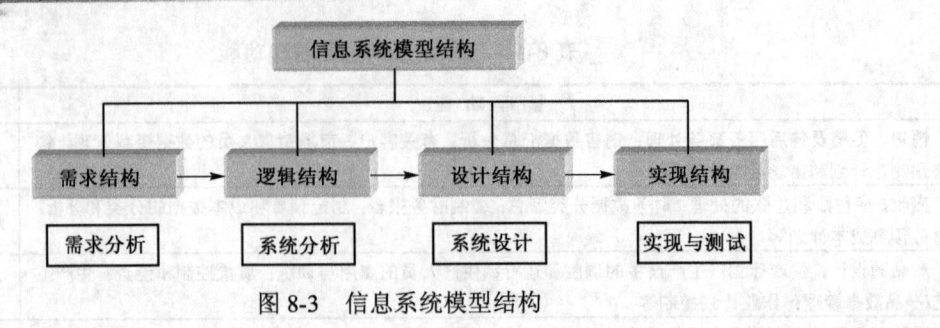

图 8-3 信息系统模型结构

此外，硬件和软件构成了系统运行环境，需要针对具体的信息系统，说明和分析硬件结构和软件结构。由于这些通常同计算机硬件、网络结构及软件系统联系在一起，所以在此对这些信息系统的技术基础不再加以赘述。

### 4. 信息系统的软件结构

信息系统的软件结构是指支持信息系统各种功能的软件系统或软件模块所组成的系统结构。支持信息系统的软件包括通用的操作系统软件和专用的信息系统软件。一个信息系统可用一个功能/层次矩阵表示，如图 8-4 所示。

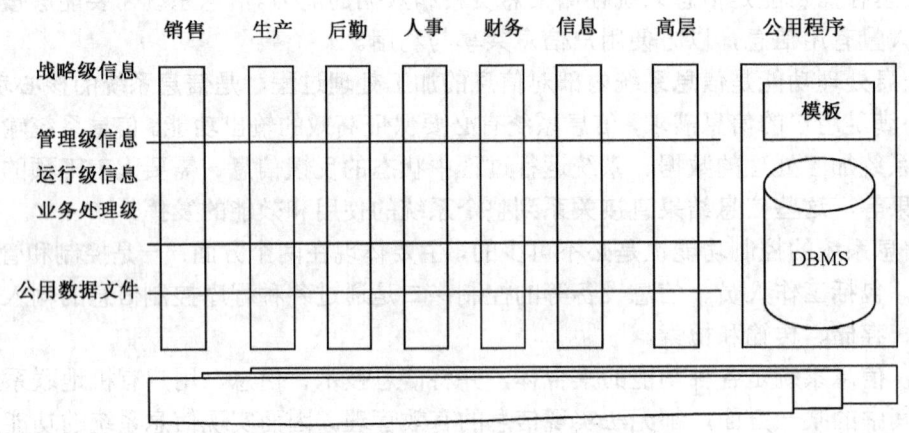

图 8-4 从软件组成结构上划分信息系统

在图 8-4 中，每列代表一种管理功能，共七种。图中每行表示一个管理层次，行列交叉表示每种功能子系统。例如，生产管理的软件系统是由支持战略的模块和支持管理控制、运行控制及业务处理的模块所组成，同时还带有它本身专用的数据文件。全系统可以共享的数据由数据库管理系统管理。公用程序部分包括共用数据文件、模型库和数据库。当然，图中所画的软件结构较粗略，事实上每块都可以再用树结构形式表示出来。

管理信息系统的软件系统由分别实现各子系统中的战略计划模块、管理控制模块、运行控制模块及业务处理模块组成。

## 8.3 信息系统与企业组织决策

科技的进步、生产活动的开展使企业对信息的依赖越来越深，信息处理甚至将成为企业的主要活动。个人的生活和工作也与各种各样的信息密切相关。同时，大量信息的涌入让人们不得不考虑采用便捷高效的信息处理技术来吸纳这些信息并整理出有用的内容。作为企业的管理者，更是需要利用得到的信息来优化和调整企业的管理结构，以期提高企业的经济效益和管理水平。

## 8.3.1　企业的基本生产活动——物流和信息流

物流是指企业从原材料等资源的购进到生产出商品这一过程中，实体物质发生物理状态变化的过程。物流是企业最基本的运动过程，并且是单向运动过程，即使原材料增值变换为商品的过程。图 8-5 所示为企业的基本生产活动。

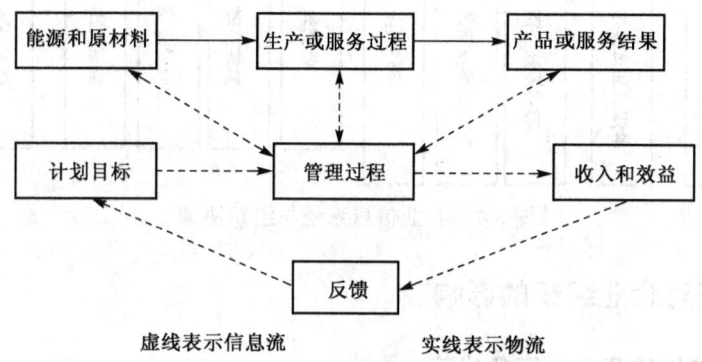

虚线表示信息流　　　　实线表示物流

图 8-5　企业的基本生产活动

信息流是与物流相伴而生的各种信息的总称，如生产计划、材料供应计划、消耗状况、技术图纸、操作规章制度、质量管理计划、统计报表等。围绕着企业管理决策过程，物流和信息流构成了企业的基本活动，如图 8-6 所示。其中，为了使企业以最低成本获取最大利润，企业的经营者需要将企业各个部门信息汇总得到企业运行状态，通过对运行状态的分析做出对企业有利的决策并把它运用到企业的物流当中去，确保按照计划完成企业的生产任务。可以说信息系统构成了企业顺利运行的中枢神经，有了信息系统，企业各部门之间的业务活动协调配合，组成了统一的有机整体。

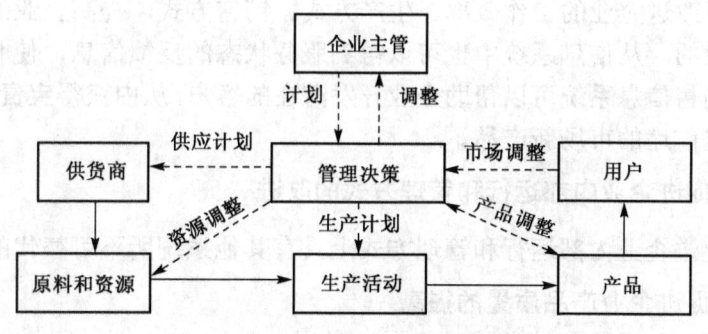

图 8-6　企业物流与信息流流动图

## 8.3.2　企业信息系统与组织协调

成功的企业信息系统不单单是由先进的信息技术所得到的。大部分工作还需要靠企业内部各个部门之间相互协调才能够完成。换句话说，支撑企业信息系统运行的计算机软、硬件

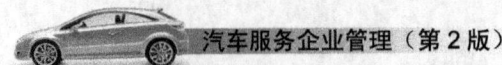

技术，包括计算机网络和数据库的设计与实施仅起到一部分作用。要想充分发挥信息系统的潜能，协调和管理工作反而更重要。如图 8-7 所示，信息系统的组成扩展了"组织协调"这一不可缺少的内容，充分体现了这一点。

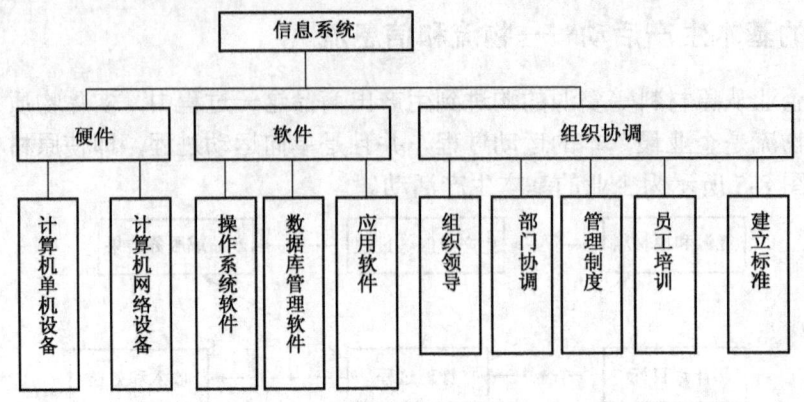

图 8-7　企业信息系统与组织协调

### 8.3.3　信息系统对企业组织的影响

#### 1. 信息系统能够提高企业竞争优势

建立信息系统有利于企业从战略和策略两方面提高竞争优势。如有关新产品开发、新业务拓展、与新的客户和供应商建立合作关系及发现更有效的企业内部管理的新方法等，都属于企业发展战略上需要的信息。从战略上来说，企业建立信息系统的目的就是要获得击败竞争对手的各种有用信息。

建立信息系统还有助于企业实现为提高竞争优势而采用的策略，如连锁机制、新产品策略、市场定位策略、低价策略等。

#### 2. 信息系统可以改进企业的工作效率和生产销售方式

信息系统对于改进企业的工作效率、生产方式、销售方式，提高企业的产品质量、降低成本都是非常有效的。从信息系统中也可以得到服务状态的反馈信息，使服务更加有效。

功能强大的销售信息系统可以帮助企业开发潜在的客户，从中获得宝贵的客户需求信息，从而洞察具有发展前途的市场新产品。

#### 3. 信息系统促进企业内部运行和管理方式的改进

信息系统在促进企业内部运行和管理方式上具有其他系统所不可替代的优势。

#### 4. 信息系统促进企业产品质量的提高

信息系统可以促进企业产品质量的提高，主要表现以下方面：

① 利用信息产品软件，简化产品的设计与生产过程；

② 建立高标准的质量体系；

③ 缩短运行周期；

④ 改进设计质量和精度。

**5．信息系统促进企业组织的变革**

信息系统通常会影响企业内部组织结构上的调整和变革。这种调整和变革要求企业内部管理结构和企业人员的素质结构随着信息系统的介入发生变化。比如，信息系统带来的高效率可能会精简企业的管理机构，部分人员可能要调动工作，进行转岗培训以适应未来的需要。更多的时候，企业可能要进行重新组合，重新确立企业的目标、企业与客户的关系，甚至企业的基本运作模式。

为了从信息系统的应用中获得最大的利益，企业必须重新构造其基于手工模式的业务处理流程。所谓业务流程重组（Business Process Reengineering，BPR）是指企业重新组织并从根本上改变工作流程的处理方式，从而在企业日常支出、产品质量、服务质量和业务处理速度上获得收益。

企业的重构流程带来的是企业传统职能部门机构上的削减、部门员工的重新调整分配，业务处理流程发生了根本的变化。

## 8.3.4　信息系统与企业决策

企业的决策与信息系统密不可分。企业利用信息系统解决自身存在的问题，从信息系统为其提供的信息中获益，不断地做出有利于企业发展的正确的决策。

能对企业决策产生影响的信息系统具有以下特征：

① 能够帮助领导层解决非结构化的问题；

② 能够支持领导层做出决策，但是不能代替做出决策；

③ 不仅提高领导层决策的效率，而且通过决策使得企业获得效益。

为提高企业决策水平提供支持的信息系统主要有决策支持系统、办公自动化系统和专家系统，分别对企业决策产生不同的影响。

**1．利用决策支持系统（DSS）解决企业面临的问题**

决策支持系统是以管理学、运筹学、控制论和行为科学为基础，以计算机和仿真技术为手段，辅助决策者解决半结构化或非结构化决策问题的人机交互信息系统。

决策支持系统以提高决策效益为目标，对决策者起到支持和辅助作用。决策支持系统不能代替决策者的决策。

**2．利用办公自动化系统提升企业的决策效率**

办公自动化系统又称为电子办公或无纸办公。办公自动化系统是企业管理信息系统的一个重要组成部分。办公自动化系统的服务对象是办公室的办公人员，包括管理人员、各类专家和文秘。利用计算机技术和网络通信技术代替办公室日常的数据和文件的手工作业，使得办公效率大大提高。间接的效果是为企业决策效率的提高打下了基础。

**3．利用专家系统提升决策的技术水平**

专家系统是一种解决需要经验、专门知识和非结构化问题的计算机应用信息系统。使用专家系统可以使无经验的人在解决问题当中达到有经验的专业人员的水平。专家系统是一个具有大量专门知识与经验的计算机系统，作为人工智能的一种技术，把某个领域内的专家们的知识提炼出来，建成一个知识库，解决该领域的有关部门问题和帮助决策。通过知识库，利用启发式算法、经验规则和推理，解决难以寻找到某些规律或定量描述的困难问题。

## 8.4　汽车服务企业信息化管理

汽车服务企业信息化，就是将互联网技术和信息技术应用于汽车服务业生产、技术、服务及经营管理等领域，不断提高信息资源开发效率，获取信息经济效益的过程。汽车服务企业信息化的主要内容有：对汽车消费者服务的信息化、汽车购买的电子化、与整车制造商的信息传递与共享、汽车服务企业内部管理的信息化及汽车物流控制的信息化等。它涉及消费者、整车制造、零部件供应、汽车销售、汽车保险金融、汽车技术服务、汽车回收、汽车美容养护、汽车物流和第三方服务机构等。

### 8.4.1　汽车服务企业信息化管理概述

#### 1．汽车服务企业管理信息系统的概念

汽车服务企业管理信息系统是一个以人为主导，利用计算机硬件、软件、网络通信设备及其他办公设备，进行汽车服务企业管理、业务信息的搜集、传输、加工、储存、更新和维护，以企业战略竞优、提高效益和效率为目的，支持汽车服务企业高层决策、中层控制、基层运作的集成化人机系统。汽车服务企业管理信息系统强调从系统的角度来处理企业经营活动中的问题，把局部问题置于整体之中，求整体最优化。它能使信息及时、准确、迅速送到管理者手中，提高管理水平。汽车服务企业管理信息系统把大量的事务性工作交由计算机来完成，使人们从繁琐的事务中解放出来，有利于管理效率的提高。

#### 2．汽车服务企业管理信息系统的特征

（1）服务性

汽车服务企业管理信息系统的目的是辅助汽车服务企业进行事务处理。为了满足管理方面提出的各种要求，汽车服务企业管理信息系统必须准备大量的数据（包括当前的和历史的、内部的和外部的、计划的和实际的）、各种分析方法、大量数学模型和管理功能模型（如预测、计划、决策、控制模型等）。

（2）适应性和易用性

根据一般系统理论，一个系统必须适应环境的变化，尽可能做到当环境发生变化时，系统不需要经过大的变动就能适应新的环境。适应性强，系统的变化就小，用户使用当然就熟能生巧，方便容易了。易用性是汽车服务企业管理信息系统便于推广的一个重要因素，要实现这一点，友好的用户界面是一个基本条件。

（3）信息与管理互为依存

汽车服务企业的决策和管理必须依赖于及时正确的信息。信息是一种重要的资源，在汽车服务企业管理控制和战略计划中，必须重视对信息的管理。

### 8.4.2　汽车服务企业信息化管理的意义

信息技术的飞速发展改变着我国传统经济结构和社会秩序，企业所处的不再是以往物质经济环境，而是以网络为媒介、客户为中心，将企业组织结构、技术研发、生产制造、市场

营销、售后服务紧密相连在一起的信息经济环境。信息带动管理的转变对企业成长有着全方位影响，将彻底改变企业原有经营思想、经营方法、经营模式，通过业务模式创新、产品技术创新，或对各种资源加大投入，借助信息化提供的强有力的方法和手段进行实现。

### 1．改变获取方式

传统方式下，原始数据的获取靠的是企业员工肉眼观察、手工计数或使用仪器测量。在信息化条件下，可以利用传感设备全自动地获取所需的数据或信息，如用装有重量感应装置的货架自动测量存货数量、用自动监控装置代替值班人员等。利用自动传感设备具有高度自动化、准确性高、24 小时不间断、数据实时获取、不受恶劣环境影响等优点，为企业实施更有效的内部控制提供了基础。

### 2．改变存储方式

存储介质由纸变为磁盘或光盘。与纸介质相比，磁介质或光介质具有存储密度大、擦写不留痕迹的特点，对内部控制的影响是双方面的。存储密度大使得企业可以集中保存数据和信息资源，便于对其加以保护，但一旦毁损或被盗将使企业遭受更大的损失。擦写不留痕迹使得数据被篡改的可能性增大，需要加强内部控制。

### 3．提高处理效率

在信息化环境下，借助计算机的高速处理能力，能够使得信息处理的速度大为加快，效率大为提高。然而，这对内部控制的影响也是双方面的。一方面，信息处理效率的提高有利于企业实施更复杂、更有效的控制措施和控制方法，提高内部控制的效果和效率。另一方面，借助高速的信息处理能力，企业员工或管理当局造假的能力也能得到提高，如利用随机数产生程序伪造应收款项或存货的金额、利用报表编制程序快速编制多份虚假财务报表等。这又要求企业加强内部控制。

### 4．改变传递方式

信息化环境下的信息传递，改变了手工环境下的传票、报告、电话等方式，利用电缆、光缆、无线电波等以光速传递信息，而且传递的信息量远非传统方式可比，为企业加强内部控制提供了基础。但如果信息在传递过程中受到了阻碍或破坏，也将给企业带来更大的损失。

### 5．提高信息集成

在完善的企业信息系统的支持下，企业领导足不出户，就能够在电脑屏幕前对遍布世界的跨国公司了如指掌。轻点几下鼠标就能成交生意、调动资金、指挥员工。企业信息系统为企业加强内部控制提供了基础，同时也对企业的内部控制提出了更高的要求。

### 6．提高信息价值

在信息时代，人们对信息资源的利用能力得到提高。人们已经认识到企业的数据和信息资源，是企业最宝贵的资产之一。而信息是无形的，与有形的资产相比，对信息的窃取更隐蔽，更不易被发现。这要求内部控制不但要保护有形资产，更要对企业的数据和信息资产加以保护。同时应当针对信息的特点，采用有效的保护措施。

### 8.4.3　我国汽车服务企业信息化管理现状

我国汽车服务行业经过十几年的发展，已进入一个飞速发展和变化的阶段。这个阶段与20世纪90年代前相比已经产生了巨大的变化。这种变化一方面说明我国汽车服务产业的前景非常广阔；另一方面日益激烈的市场竞争要求服务企业对市场做出更快的反应，提供更优质的服务。这就要求对企业生产、财务、销售、物流、人力资源等管理要素进行科学管理，加强企业内外部信息技术的应用。这表明我国汽车服务企业进入了依靠信息求生存、求发展的时代。

我国汽车行业的信息化管理起步于20世纪90年代，但是由于受管理体制、传统观念等影响，企业的信息化往往流于形式，往往只能在部分领域实现信息系统的部分职能，甚至成为形象工程，耗财耗力，得不偿失，成功的企业信息化案例少之又少。近几年来，汽车行业的信息化日程提升到长远规划、战略发展的层次上来。我国汽车服务产业信息化是伴随着我国汽车行业信息化的发展而发展起来的，其现状可概括为"21世纪的网络，20世纪90年代的软件，但是只有20世纪80年代的应用、20世纪70年代的管理"，其信息化水平参差不齐。除一些"4S"店在汽车制造商的要求下，其信息化管理和应用达到一定层次外，其他企业长期以来基本沿用以人工为主的报表方式对企业信息进行管理，其结果是信息量少，管理水平和效率低，致使决策者只能凭主观进行决策，造成很大的损失和浪费。虽然也有个别公司在管理中应用了计算机，但主要是利用其进行统计报表、工资发放和文字处理等，给决策者提供的信息较少，无法清晰准确地控制业务过程，对于科学决策意义不大。总的来说，我国汽车服务企业信息管理水平主要存在以下一些问题。

#### 1. 基础薄弱

相对于国外同行来说，我国汽车服务企业信息管理总体应用水平还相当低，尤其是企业间的数据交换、企业集团内部位于不同地理位置上的分公司之间的信息交流、企业之间的数据确认等方面。除极少数企业应用了EDI系统外，更多的则还是以传真加电话的方式进行联系和沟通。数据交换、商业合同等多以书面或其他介质为主，同时辅以E-mail进行。企业之间设计信息的传送更多地仍以最原始的图纸方式传送。大部分汽车服务企业未从企业的高度对企业的管理信息系统进行全面规划和在项目实施过程中严格把关。领导和管理人员对企业信息化的参与力度不强，没有将信息建设与提升管理水平紧密结合起来。

#### 2. 信息资源缺乏规范化、标准化的管理

我国汽车制造起源于大而全的方式，直到20世纪90年代，从零部件到整车的生产基本上是在一个企业（集团）的内部来完成，导致了产品及零部件标准的封闭性。同时，由于长期手工管理形成的习惯，企业内部的信息编码体系并没有实际得到应用，这又形成了在一个企业内的不同部门之间不能用一个统一的一套识别系统对管理实体进行识别的现象。汽车服务企业作为整车制造企业的下游企业，其编码一般依据的是整车企业的编码，因此，缺乏规范化和标准化。

另外，许多企业在管理信息系统的开发建设过程中，对信息资源的标准化认识不足，往往是重视系统硬件的配置和软件的开发，而对信息表示方法没有重视。造成信息分类编码混

乱，互不兼容，很难满足现代信息管理的要求。而国外发达国家，在信息系统建立时，非常重视信息资源标准化、系统分析和整体规划。

### 3．信息资源共享问题

由于信息标准的不统一，信息资源的共享性差就成为一个突出的问题。汽车信息资源共享，通过计算机、网络、通信等技术将可公开的有关汽车技术、销售、市场、维修、检测及教育培训等方面的信息资料公布，使不同地域的汽车用户可以随时使用。同时整车生产商与零部件供应商之间能够共享相同的信息标准，进行信息交换。目前国家正在建立这样的一套标准，但在这套标准出台之前，企业各自的标准还要继续使用。即使国家推出了一套信息标准，汽车服务企业掌握这套标准，完成用新标准对原有信息系统的改造还需要大量的资金和时间上的投入。汽车行业的信息资源难以共享的问题还将困扰较长的时间。

另外，目前国内汽车网站多以企业自建为主，其特点是缺乏系统性，信息资源重复建设，缺少权威性、规范性、全面性。

### 4．缺乏公共电子商务平台

电子商务正剧烈改变着西方传统的汽车生产与销售，世界各大汽车厂商都想抓住电子商务的良好机遇发展自己。1999 年 8 月，通用汽车公司宣布成立一个名为 e-GM 的业务中心，其职能是充分利用飞速发展的互联网技术，使公司在全球的产品和服务更加贴近其各自的目标顾客，真正实现企业与顾客之间的实时交流与互动。福特汽车公司认为，企业建立网站只是从物理世界向真实世界转变的第一阶段；第二阶段是在企业的网站上设立对话功能，顾客可以在网上比较价格和产品，并在线提出问题，由企业的专家及时给予回应；福特汽车公司目前正在实施第三阶段，即开始为订货而生产的过程，与微软公司的联盟就是为此目的而进行的，即顾客可以在福特汽车公司的网站上根据自己的实际需求订货；第四阶段，实现真正的依据订货生产的供应链，届时福特汽车公司的零部件供应商和各整车生产商都可以在网上及时收到用户的特殊订货，并使绝大部分汽车在收到订货后的 10 天以内完成制造并发货。除此之外，以北美的三大汽车厂家为主的汽车生产厂家，以及零部件供应公司共 130 家公司组成的汽车工业组织建立了覆盖北美的汽车信息交换网络，已于 1998 年开始运转。日本汽车工业协会也建立了一个这种模式的组织，并于 1999 年 10 月开始运行。这就意味着必须通过这些网络，才能与这些公司进行业务往来。

在我国，几大汽车集团之间仅存在着竞争关系，并无合作的打算。一个国家级的汽车电子商务平台的建设不可能由某个大型汽车集团独立完成，而汽车产业的全球化采购和全球化合作又是 21 世纪国际汽车产业发展的趋势，在这样的形势下，尽快推动我国大型汽车集团间的合作，建设以国内主要汽车集团为主要应用对象的汽车电子商务平台迫在眉睫。

### 5．客户信息管理严重缺乏

客户满意度贯穿了汽车服务企业服务管理的全过程，由于手段的制约，影响客户满意度的事件时有发生，如：客户到服务站维修，客户报上姓名，服务人员不知道该客户是不是企业的销售客户；车辆维修时，业务接待不能及时掌握维修进度，不知道能否按时交车；客户回访时，销售人员回访和服务人员回访口径不统一，回访信息不能共享，彼此不知道客户的回访情况等。这些都说明我国汽车服务业对客户信息还没有进行系统化管理。

## 8.5 企业信息化建设

### 8.5.1 企业信息化建设的概念

企业信息化建设是指企业通过专设信息机构、信息主管，配备适应现代企业管理运营要求的自动化、智能化、高技术的硬件、软件、设备、设施，建立包括网络、数据库和各类信息管理系统在内的工作平台，提高企业经营管理效率的发展模式。

企业的信息化建设不外乎两个方向，首先是电子商务网站，是企业开向互联网的一扇窗户；其次就是管理信息系统，是企业内部信息的组织管理者。电子商务的发展速度和规模是惊人的，各行各业的许多企业都在互联网上建立起自己的网站。这些网站有的以介绍产品为主，有的以提供技术支持为主，还有一些企业网站则开展电子商务，利用互联网组织企业的进货和销售。

### 8.5.2 企业信息化价值优势

① 实现信息有效的流通：消除了企业内部信息流通不畅的问题，促进了企业内部人员的有效沟通，提高了员工的合作意识，增强了企业的凝聚力。

② 实现资源和知识共享：将员工的经验与技术转化成企业内部资源，既提高了员工的学习和创新能力，也避免了因人员的流动而导致的工作延误。

③ 提高工作效率：通过公文流转的自动化，避免了传统公文流转时由于手工递送而带来的工作延误及人员、时间的浪费，保证了工作能够快捷、准确地被处理。

④ 实现有效管理：有效监管工作人员的工作情况，实现实时工作任务的监督与催办。

⑤ 职责分明：明确工作岗位与工作职责，增强人员的责任感，减少工作中的推托、扯皮等现象。

⑥ 降低成本：大大减少办公开支，降低管理成本。节约时间、节约纸张、节约电话费、传真费用等，减少了差错率，提高了整体的工作效率。

⑦ 浏览器使用方式，无须安装专用程序，实现远程办公和移动办公，使办公不再受地域的影响，可以通过网络连接随时随地办公。

⑧ 信息集中管理，支持企业内部用户信息共享。

⑨ 支持流程表单自定义、工作流程自定义，迎合不同企业的内部流程。

⑩ 采取对敏感数据的加密手段，通过 SSL 的方式保障了数据传送过程的安全。

### 8.5.3 企业信息化建设实施条件

对企业信息化内容的认识，许多人认为"购买一些硬件设备、连上网、开发一个应用系统并给以一定的维护，就是实现了企业信息化"。这是片面的理解。企业信息化虽然是要应用现代信息技术并贯穿其始终，但信息化的目的是要使企业充分开发和有效利用信息资源，把握机会，做出正确决策，提高企业运行效率，最终提高企业的竞争力水平。企业信息化的目的决定了企业信息化是为管理服务的，所以，企业信息化绝不仅仅是一个技术问题，而是与企业的发展规划、业务流程、组织结构、管理制度等密不可分的。

所以根据建设企业的发展要求和信息技术的特点，建设企业信息化内容应包括以下几方面。

① 建立适应信息技术要求的企业生产经营活动模式，包括企业的业务流程和管理流程，完善企业组织结构、管理制度等。

② 以管理模式为依据，建立起企业的总体数据库。该总体数据库分为两个基本部分，一个基本部分用来描述企业日常生产经营活动和管理活动中的实际数据及其关系；另一个基本部分则用来描述企业高层决策者的决策信息。

③ 根据不同类型企业的情况，建立起相关的各种自动化及管理系统，如计算机辅助设计（CAD）、计算机辅助生产（CAM）、管理信息系统（MIS）。这些各种各样的信息技术及管理系统构成企业信息技术的核心内容，实现了企业生产经营活动及管理活动中各项信息的收集、存储、加工、传输、分析和利用，为企业高层提供决策依据。

④ 建立因特网，提供企业内部信息查询的通用平台，并利用这一网络结构，将企业的各个自动化与管理系统及数据库以网络的方式进行重新整合，从而达到企业内部信息的最佳配置。

⑤ 联通因特网。企业可以通过因特网获取大量与企业生产经营活动有关的信息，充实自己的信息资源，同时，还可以向外部发布企业生产经营等公开的信息。

## 8.5.4　企业信息化建设步骤

① 环境分析：环境分析是企业信息化规划的依据，深入分析企业所处的国内外宏观环境、行业环境、企业具有的优势与劣势、面临的发展机遇与威胁等。

② 企业战略分析：明确企业的发展目标、发展战略和发展需求。明确上述各个要素与信息技术特点之间的潜在关系，从而确定信息技术应用的驱动因素，使信息化规划与企业战略实现融合。

③ 分析与评估企业现状：分析企业的业务能力现状和企业的 IT 能力及现状。对这个方面把握得更好的当属企业自己，如果加上管理咨询公司的辅助效果更好。

④ 企业关键业务流程分析与优化：发现能够使企业获得竞争力的关键业务驱动力及关键流程，使其和信息系统相融合。

⑤ 信息化需求分析：在企业战略分析和现状评估的基础上，制定企业适应未来发展的信息化战略，指出信息化的需求。需求分析包括系统基础网络平台、应用系统、信息安全、数据库等需求。

⑥ 信息化战略的制定：首先是根据本企业的战略需求，明确企业信息化的远景和使命，定义企业信息化的发展方向和企业信息化在实现企业战略过程中应起的作用；其次是起草企业信息化基本原则，是指为加强信息化能力而提出的基本的准则和指导性的方针；最后是制定信息化目标。

⑦ 确定信息化的总体构架和标准：从系统功能、信息架构和系统体系三方面对信息系统应用进行规划，确定信息化体系结构的总体架构，拟定信息技术标准。使企业信息化具有良好的可靠性、兼容性、扩展性、灵活性、协调性和一致性。

⑧ 信息化项目分解：定义每个项目的范围、业务前提、收益、优先次序，以及预计的时间、成本和资源；并对项目进行分派和管理，选择每个项目的实施部门或小组，确定对每个项目进行监控与管理的原则、过程和手段。

⑨ 信息化保障分析：针对每个项目，进行保障性分析，即按重要性排列优先顺序，进行准备度评分，并根据结果做出初步取舍，形成路标规划。然后对项目进行财务分析，根据公司财力决定取舍。

### 8.5.5 企业信息化建设阻碍因素

#### 1. 技术人才缺乏

技术力量缺乏成为制约中小企业实施信息化建设的瓶颈。IT 技术人员的数量从某种程度上可以反映出企业实施信息化的水平，企业信息化程度越高则需要更多的能熟练应用计算机的员工。商务部调查结果显示，80.9%的中小企业只配有 5 名以下 IT 技术人员，技术力量较为薄弱，可以熟练使用计算机的员工只占总数的 38.1%，一半员工停留在一般应用计算机的水平。实施人员本身的素质同实际所要求的能力之间的差异是导致中小企业信息化建设产生问题的主要原因。

#### 2. 信息化建设资金匮乏

企业的信息化建设，无论是服务器、台式电脑、笔记本电脑等硬件设备的购买，还是网络的构建及大型管理软件的上马，都离不开资金的投入，尤其是信息系统的管理和维护更需要持续稳定的资金投入，否则企业的信息化建设水平就只能原地踏步，甚至后退。商务部调查资料显示，被调查企业中 35.9%的企业信息化建设没有稳定、持续的信息化投入。

#### 3. 信息化建设缺少规划

就我国目前多数中小企业信息化建设情况看，普遍存在缺少整体规划的现象，主要表现在以下几个方面：软件使用杂乱，偏重于个人喜好，导致系统兼容性差；各部门独自建设各自的管理系统，信息孤岛比较多；网络和信息安全考虑较少，存在很大的安全隐患。

#### 4. 企业管理不规范

中小企业在信息化建设的实施过程中，认为内部的各部门处于从属的地位，只要做好配合工作就可以了，这样的想法和做法都是错误的。中小企业的内部各部门必须在信息化建设项目的实施过程中处于主动和主导的地位，并发挥决定性推动作用。相当一部分企业把信息化建设任务主要交给本企业的计算机技术人员去实施，这种做法实质上是把一个管理项目转变成为一个计算机项目，是一种不正确的做法。因此，本项目还要对信息化建设在实施过程中所牵扯到的企业管理方面的问题进行研究，如业务流程是否需要重组、企业人员是否合作等。

#### 5. 风险抵御能力不高

由于缺乏客观的需求分析，缺乏全局性、前瞻性的战略规划，资源相对匮乏、整合效应相对较差等客观因素的影响，中小企业信息化建设方案在实施过程中往往会在一定程度上偏离期初的规划，最终不能符合中小企业管理的需要，或者暂时满足后又不能持续适应中小企业管理变化的需要，不能给中小企业带来真正的效益，从而为企业造成了不同程度的风险。

#### 6. 软件语言问题

对于外资企业来讲，汉语与外语的转换过程中是否会出现乱码，影响系统使用。因为很

多外资企业要求信息系统版本是英语、日语或繁体，但是这些企业的操作系统语言又是汉语或简体，那么国产信息化软件外语版本与汉语简体 Windows 环境有时发生不兼容的问题，信息系统软件经常出现乱码的现象。

## 8.6　企业常用信息管理系统

### 8.6.1　办公自动化（OA）

#### 1．办公自动化的概念

办公自动化（Office Automation，OA）是将现代化办公和计算机网络功能结合起来的一种新型的办公方式，是当前新技术革命中一个非常活跃和具有很强生命力的技术应用领域，是信息化社会的产物。

在行政机关、企事业单位工作中，采用互联网技术，以计算机为中心，采用一系列现代化的办公设备和先进的通信技术，广泛、全面、迅速地收集、整理、加工、存储和使用信息，使企业内部人员方便快捷地共享信息，高效地协同工作；改变过去复杂、低效的手工办公方式，为科学管理和决策服务，从而达到提高行政效率的目的。一个企业实现办公自动化的程度也是衡量其实现现代化管理的标准。

#### 2．办公自动化的特点

办公自动化软件（OA）发展到现在最大的特点就是桌面推送功能，桌面推送功能就是指将需要处理或阅读的消息或文件推送到桌面上，在软件上实现即时的提醒功能。例如，即时通信软件 QQ，只要"我的好友"发送一个消息，马上就能在桌面上收到提示，提醒尽快阅读。

#### 3．办公自动化的功能

我国的 OA 经过从 20 世纪 80 年代末至今 20 多年的发展，已从最初提供面向单机的辅助办公产品，发展到今天可提供面向应用的大型协同工作产品。现在，办公自动化的主要功能是用信息技术把办公过程电子化、数字化，创造一个集成的办公环境，使所有办公人员都在同一个桌面环境下工作，具体来说，有以下 6 个方面。

① 建立内部的通信平台，使组织内部的通信和信息交流快捷通畅，就是即时通信的一个最大的优点，现在公司的文件都通过 OA 平台来发布，这样可以提高信息交流的速度。

② 建立信息发布的平台。在内部建立一个有效的信息发布和交流的场所，如电子公告、电子论坛、电子刊物，使内部的规章制度、新闻简报、技术交流、公告事项等能够在企业或机关内部员工之间得到广泛的传播，使员工能够了解单位的发展动态。

③ 实现工作流程的自动化。这牵涉到流转过程的实时监控、跟踪，解决多岗位、多部门之间的协同工作问题，实现高效率的协作。各个单位都存在着大量流程化的工作，如公文的处理、收发文、各种审批、请示、汇报等，通过实现工作流程的自动化，就可以规范各项工作，提高单位协同工作的效率。

④ 实现文档管理的自动化。可使各类文档（包括各种文件、知识、信息）能够按权限进行保存、共享和使用，并有一个方便的查找手段。每个单位都会有大量的文档，在手工办公

的情况下这些文档都保存在每个人的文件柜里。因此，文档的保存、共享、使用和再利用是十分困难的。另外，在手工办公的情况下文档的检索也存在非常大的难度。办公自动化使各种文档实现电子化，通过电子文件柜的形式实现文档的保管，按权限进行使用和共享，大大提高了办公效率和资料利用率。

⑤ 实现辅助办公的自动化。如会议管理、车辆管理、物品管理、图书管理等与日常事务性的工作相结合的各种辅助办公。

⑥ 信息集成。一个单位会存在大量的业务系统，如购销存、ERP 等各种业务系统，企业的信息源往往都在这个业务系统里，办公自动化系统跟这些业务系统实现很好的集成，使相关的人员能够有效地获得整体的信息，提高整体的反应速度和决策能力。

## 8.6.2 电子商务

近年来电子商务正在以极快的速度发展，并逐渐进入人们的日常生活。电子商务是世界性的经济活动，就其实质来说是信息系统在商务方面的应用。电子商务能高效利用有限的资源，加快商业周期循环、节省时间、降低成本、提高利润和增强企业的竞争力。从业务流程的角度看，电子商务是指信息技术的商业事务和工作流程的自动化应用。电子商务正在改变工业化时代企业客户管理、计划、采购、定价及衡量内部运作的模式。消费者开始要求能在任何时候、任何地点以最低的价格及最快的速度获得产品。企业不得不为满足这样的需求，而调整客户服务驱动的物流运作流程和实施与业务合作伙伴（供应商、客户等）协同商务的供应链管理。FRY 为企业实现现代供应链管理提供了坚实的信息平台，是企业进行电子商务的基础。

### 1. 电子商务的分类

按照不同的方式可对电子商务进行不同的分类，现在主要的分类方式是按交易对象对电子商务进行分类，主要有以下几种。

（1）企业对企业（Business to Business，B2B）

B2B 即企业与企业之间通过因特网或专用网方式进行的电子商务活动。推动这种模式发展的主要力量是传统产业大规模进入电子商务领域，通过电子商务改善市场营销和企业内部管理方式，从而创造出全新的企业经营模式。企业间电子商务可分为两种类型，即非特定企业间的电子商务和特定企业间的电子商务。前者是指在开放的网络当中对每笔交易寻找最佳伙伴，并与伙伴进行全部交易的行为。特定企业间的电子商务是指在过去一直有交易关系或在进行一定交易后要继续进行交易的企业间，为了相同的经济利益，而利用信息网络来进行设计开发市场及库存管理的行为。企业间可以使用网络向供应商订货、接收发票和付款。

（2）企业对消费者（Business to Customer，B2C）

B2C 即企业通过因特网为消费者提供一个新型的购物环境——网上商店，实现网上购物、网上支付。这种模式着重于以网上直销取代传统零售业的中间环节，创造商品零售新的经营模式。

（3）企业对政府（Business to Govemment，B2G）

这种商务活动覆盖企业与政府间的各项事务。例如，政府采购清单可以通过因特网发布，通过网上竞价方式进行招标，公司可以以电子数据交换方式来完成。除此之外，政府还可以

通过这类电子商务实施对企业的行政事务管理，如政府用电子商务方式发放进出口许可证、开展统计工作，企业可以通过网络办理交税和退税等。

（4）个人与政府间电子商务（Government to Customer，G2C）

个人与政府间电子商务，即政府通过网络实现对个人相关方面的事务性处理，如通过网络实现个人身份的核实、报税、收税等政府对个人的事务性处理。

（5）消费者对消费者（Customer to Customer，C2C）

消费者对消费者方式是大家比较熟悉的方式，如网上拍卖等。在这些交易类型中，B2B是主要形式，占总交易额的 70%～80%。这是由于企业组织的信息化程度和技术水平比个体消费者明显要高。

在科技高速发展、经济形势快速变化的今天，人们不再是先生产而后去寻找市场，而是先获取市场信息再组织生产。因特网的兴起，将封闭的、单项系统的 MIS 改造为一个开放、易用、高效及内容和形式丰富多彩的企业信息网络，实现了企业的全面信息化。企业信息网络应包含生产、产品开发、销售和市场、决策支持、客户服务和支持及办公事务管理等方面。对于大型企业，同时要注意建设企业内部科技信息数据库，如对技术革新、新产品开发、科技档案、能源消耗、原材料等各种数据库的建设。

**2．电子商务系统构成**

电子商务是商业的新模式，各行业的企业都将通过网络连接在一起，使得各种现实与虚拟的合作都成为可能。电子商务是一种以信息为基础的商业构想的实现，用来提高贸易过程中的效率，其主要内容有信息管理、电子数据交换、电子资金转账。

（1）电子商务处理方式与范围

电子商务的处理方式和范围主要包括以下 3 方面。

① 企业内部之间的信息共享和交换。通过企业内部的虚拟网络，分布于各地的各分支结构及企业内部的各级人员可以获取所需的企业信息，避免了纸张贸易和内部流通的形式，从而提高了效率，降低了经营成本。

② 企业与企业之间的信息共享和交流。EDI 是企业之间进行电子贸易的重要方式，避免了人为的错误和低效率。EDI 主要应用在企业与企业之间、企业与批发商之间、批发商与零售商之间。

③ 企业与消费者之间的信息沟通。企业在因特网上设立网上商店，消费者通过网络在网上购物，在网上支付，为消费者提供了一种新型的购物环境。

在传统实物市场进行商务活动是依赖于商务环境的（如银行提供支付服务、媒体提供宣传服务等），电子商务在电子虚拟市场进行商务活动同样离不开这些商务环境，并且提出了新的要求。电子商务系统就是指在电子虚拟市场进行商务活动的物质基础和商务环境的总称。最基本的电子商务交易系统包括企业的电子商务站点、电子支付系统、实物配送系统三部分，以实现交易中的信息流、货币流和物流的畅通。电子商务站点为顾客提供网上信息交换服务，电子支付系统实现网上交易的支付功能，而实物配送系统是在信息系统的支撑下完成网上交易的关键环节，某些数字化产品则无须进行实物配送，网上配送即可，如计算机软件产品的网上销售。

（2）电子商务子系统的构成

① 客户关系管理系统。客户关系管理系统使企业能够对与客户（现有的或潜在的）有关的各种要素（客户需求、市场背景、市场机会、交易成本及风险）做出分析与评估，从而最大限度地使企业能够获得客户，进而扩大市场。无论企业的客户通过何种方式与企业取得联系，都可以通过 CRM 来实现企业与客户的交流与互动。

② 在线订购系统。在线订购系统适用于中小贸易公司或生产性企业，系统通过互联网，将所有有业务关系的单位联系在一起，使企业的客户或企业的分销商、分公司、代理等市场渠道可以通过该系统实现随时随地在网上交易，从而降低了传统的采购或订货的成本和时间，可以更有效地利用资源，提高工作效率。公司通过在线订购系统可以加强对商品的管理，可以在网上全方位展示商品并配以文字说明，可以随时调整商品价格；对市场销售渠道的订货业务进行管理，可随时查询订单的执行情况，对客户资料进行统计分析，评估市场销售渠道的稳定性；对订单进行汇总处理，建立统一的订单数据库，对订单信息进行自动化处理并打印报表，自动转交后台相关业务部门处理。

③ 网上购物系统。网上购物系统即网上商城，可在网上挑选并购买商品，付款可用邮寄方式，也可网上支付。支付方式可选用招商银行一卡通等多种形式，安全方面有美国 RSA 公司的 SSL 加密技术做保障。

④ DRP 资源分销管理系统，是为解决企业用户利用互联网管理企业信息流，特别研发的应用服务系统，可以依据企业的业态管理需求，量身定制属于企业特有的管理软件，极大地提高企业的业务处理效率，降低运行成本。

⑤ B2B 电子商务。商品信息交换网站，这种类型的网站主要是提供了一个网上的交易平台，类似于一个自由市场，网站的经营者类似于自由市场的管理者，一般并不直接介入具体的交易中，而主要由买方和卖方自由进行交易，网站的经营者收取相应的会员费等。这样的网站包括常见的商品信息网、招聘网站等。

## 8.6.3　企业资源计划（ERP）

### 1．企业资源计划的概念

企业资源计划即 ERP（Enterprise Resource Planning），由美国 Gartner Group 公司于 1990 年提出。企业资源计划是 MRP II（企业制造资源计划）下一代的制造业系统和资源计划软件。除了 MRP II 已有的生产资源计划、制造、财务、销售、采购等功能外，还有质量管理，实验室管理，业务流程管理，产品数据管理，存货、分销与运输管理，人力资源管理和定期报告系统。目前，在我国 ERP 所代表的含义已经被扩大，用于企业的各类软件，已经统被纳入 ERP 的范畴。它跳出了传统企业边界，从供应链范围去优化企业的资源，是基于网络经济时代的新一代信息系统。它主要用于改善企业业务流程，以提高企业核心竞争力。

### 2．企业资源计划的功能模块

ERP 系统包括以下主要功能：供应链管理、销售与市场、分销、客户服务、财务管理、制造管理、库存管理、工厂与设备维护、人力资源、报表、制造执行系统 （Manufacturing Executive System，MES）、工作流服务和企业信息系统等。此外，还包括金融投资管理、质量管理、运输管理、项目管理、法规与标准和过程控制等补充功能。

　　ERP 是将企业所有资源进行整合集成管理，简单地说是将企业的三大流（物流、资金流、信息流）进行全面一体化管理的管理信息系统。它的功能模块已不同于以往的 MRP 或 MRPII 的模块，不仅可用于生产企业的管理，而且在许多其他类型的企业，如一些非生产、公益事业的企业也可导入 ERP 系统进行资源计划和管理。

　　在企业中，一般的管理主要包括三方面的内容：生产控制（计划、制造）、物流管理（分销、采购、库存管理）和财务管理（会计核算、财务管理）。这三大系统本身就是集成体，它们互相之间有相应的接口，能够很好地整合在一起来对企业进行管理。另外，要特别一提的是，随着企业对人力资源管理重视的加强，已经有越来越多的 ERP 厂商将人力资源管理纳入了 ERP 系统。下面介绍 ERP 中常用的几个功能模块。

　　（1）供应链管理

　　供应链管理是对企业供应链的管理，即对市场、需求、订单、原材料采购、生产、库存、供应、分销发货等的管理，包括了从生产到发货、从供应商到顾客的每一个环节。供应链是企业赖以生存的商业循环系统，是企业电子商务管理中最重要的课题。统计数据表明，企业供应链可以耗费企业高达 25%的运营成本。

　　随着因特网的飞速发展，利用因特网将企业的上下游企业进行整合，以中心制造厂商为核心，将产业上游的原材料和零配件供应商、产业下游的经销商、物流运输商及产品服务商及往来银行结合为一体，构成一个面向最终顾客的完整电子商务供应链。目的是为了降低采购成本和物流成本，提高企业对市场和最终顾客需求的响应速度，从而提高企业产品的市场竞争力。

　　（2）销售与市场

　　市场是商品经济的产物，是随着商品经济的发展而发展起来的。只要有商品生产和商品交换，就必然存在市场，因此商品销售与市场存在着一种客观的必然联系。为此，个体、私营企业必须树立正确的市场观念，特别是要注重市场研究，这是搞好商品生产销售的前提条件，是企业在激烈的市场竞争中立于不败之地的保证。

　　市场观念是企业的全部生产经营活动立足于满足用户需要的经营指导思想。现代市场观念的具体内容主要包括：①用户是企业活动的中心，企业根据用户需要确定自己的生产经营方向；②企业的营销活动要形成整体，协调一致，围绕满足用户需要进行活动；③ 在满足用户需要的同时，实现本企业的利润。在取得利润的策略上，并不着眼于每次交易利润的大小，而是考虑企业的长远发展，把争取顾客、树立良好的企业形象、开拓市场、提高市场占有率作为企业的目标，从而取得利润。

　　（3）财务管理模块

　　企业中，清晰分明的财务管理是极其重要的。所以，在 ERP 整个方案中财务管理模块是不可或缺的一部分。ERP 中的财务模块与一般的财务软件不同，作为 ERP 系统中的一部分，它和系统的其他模块有相应的接口，能够相互集成。比如，财务管理模块可将由生产活动、采购活动输入的信息自动计入财务管理模块生成总账、会计报表，取消了输入凭证繁琐的过程，几乎可以完全替代以往传统的手工操作。一般的 ERP 软件的财务部分分为会计核算与财务管理两大块。会计核算主要是记录、核算、反映和分析资金在企业经济活动中的变动过程及其结果。会计核算由总账、应收账、应付账、现金、固定资产、多币制等部分构成。财务管理的功能主要是基于会计核算的数据，再加以分析，从而进行相应的预测、管理和控制活动。财务管理侧重于财务计划、控制、分析和预测。

这一部分是 ERP 系统的核心所在，将企业的整个生产过程有机地结合在一起，使得企业能够有效地降低库存，提高效率。同时各个原本分散的生产流程的自动连接，也使得生产流程能够前后连贯地进行，而不会出现生产脱节，耽误生产交货时间。

（4）生产控制管理

生产控制管理是一个以计划为导向的先进的生产、管理方法。首先，企业确定一个总生产计划，再经过系统层层细分后，下达到各部门去执行。即生产部门以此生产，采购部门按此采购等。

① 主生产计划：是根据生产计划、预测和客户订单的输入来安排将来的各周期中提供的产品种类和数量，将生产计划转为产品计划，在平衡了物料和能力的需要后，精确到时间、数量的详细的进度计划。主生产计划是企业在一段时期内的总活动的安排，是一个稳定的计划，是以生产计划、实际订单和对历史销售分析得来的预测产生的。

② 物料需求计划：在主生产计划决定生产多少最终产品后，再根据物料清单，把整个企业要生产的产品的数量转变为所需生产的零部件的数量，并对照现有的库存量，可得到还需加工多少、采购多少的最终数量。这才是整个部门真正依照的计划。

③ 能力需求计划：是在得出初步的物料需求计划之后，将所有工作中心的总工作负荷，在与工作中心的能力平衡后产生的详细工作计划，用以确定生成的物料需求计划是否是企业生产能力上可行的需求计划。能力需求计划是一种短期的、当前实际应用的计划。

④ 车间控制：是随时间变化的动态作业计划，是将作业分配到具体各个车间，再进行作业排序、作业管理、作业监控。

⑤ 制造标准：在编制计划中需要许多生产基本信息，这些基本信息就是制造标准，包括零件、产品结构、工序和工作中心，都用唯一的代码在计算机中识别。

**3. 企业资源计划的特点**

ERP 把客户需求和企业内部的制造活动及供应商的制造资源整合在一起，形成企业一个完整的供应链。ERP 具有整合性、系统性、灵活性、实时控制性等显著特点。ERP 系统的供应链管理思想对企业提出了更高的要求，是企业在信息化社会、在知识经济时代繁荣发展的核心管理模式。

① 面向销售，能够对市场快速响应。ERP 将供应链管理功能包含了进来，强调了供应商、制造商与分销商间的新的伙伴关系，并且支持企业后勤管理。

② 更强调企业流程与工作流，通过工作流实现企业的人员、财务、制造与分销间的集成，支持企业过程重组。

③ 纳入了产品数据管理 PDM 的功能，增加了对设计数据与过程的管理，并进一步加强了生产管理系统与 CAD、CAM 系统的集成。

④ 更多地强调财务管理，具有较完善的企业财务管理体系，这使价值管理概念得以实施，资金流与物流、信息流更加有机地结合。

⑤ 较多地考虑人的因素作为资源在生产经营规划中的作用，也考虑了人的培训成本等。

⑥ 在生产制造计划中，ERP 支持 MRP 与 JIT 混合管理模式，也支持多种生产方式（离散制造、连续流程制造等）的管理模式。

⑦ 采用了最新的计算机技术，如客户/服务器分布式结构、面向对象技术、基于 WEB 技

术的电子数据交换 （EDI）、多数据库集成、数据仓库、图形用户界面、第四代语言及辅助工具等。

### 8.6.4 典型 4S 店综合服务与营销系统的主要功能

#### 1. 客户关系管理

该系统全面集中管理客户资源，包括潜在客户与成交客户，记录了客户的基本资料与详细资料，包括与客户接触的完整记录。通过对客户资源和关系的有效管理，从而达到以下目标。

① 防止客源流失。业务员只能看到自己或允许查看的有限的客户资料与业务数据，即使业务员流动，也无法带走其他业务员的客户数据。同时原来的客户数据也完好地保存在数据库内，继续为公司所用便于业绩考核。

② 有效监督指导业务员工作。业务员对客户的所有联系活动都有记录，一方面有效监督业务员工作情况，另一方面根据业务员联系客户的进展情况予以工作指导。

③ 全面提高服务质量。通过对车辆档案、特殊日期等资料为客户提供体贴的保养、保险、年检提醒，以及温馨的节日、生日关怀，从而提高服务质量，提升客户满意度与忠诚度。

④ 为营销策划提供准确数据。通过记录分析客户特征、购车意向、意见反馈等数据，为营销策划提供准确的决策数据，如根据客户来源、客户区域、年龄段、意向价位、关注内容等分布情况制定广告策略、促销政策等。

#### 2. 车辆管理

车辆采购：记录车辆采购渠道、所购车型、配置、颜色、数量、价格、选配内容等信息，并随时可查看采购合同的履行情况，并且可根据实际情况更改采购合同数据。

① 车辆入库，包括车辆采购入库、销售退货入库、车辆移入车库。详细记录入库车辆基本信息，包括车型、配置、颜色、底盘号、发动机号、保修卡号、合格证号、库等信息，并可打印输出车辆入库单。

② 车辆出库，包括销售出库、采购退货出库、车辆移出车库等。进行出库确认，打印输出出库单，减少车辆库存数量。

③ 车辆库存，查询在库车辆及车辆基本信息。

④ 车辆附加，在出厂配置基础上增加或更换某些汽车部件，增加汽车价值。

#### 3. 车辆销售管理

① 车辆订购：没有现货提供给客户时，系统提供车辆订购功能，主要记录需要的车型、配置、颜色等基本信息，记录车辆价格、付款方式、交货时间等基本约定，有代办的要记录代办项目及收费情况，有赠品的还可进行相关数据的录入。系统还提供订购单、订购合同等打印输出功能。

② 车辆销售：记录客户及所购车辆详细信息，以及定价、优惠、合同价与实际价、付款方式、车辆流向、车辆用途、业务员等基本信息，有代办的要记录代办项目及收费情况.有赠品的还可进行相关数据的录入。系统还提供销售单、销售合同等打印输出功能。

③ 销售代办：根据合同约定，替客户代办相关项目，登记对方单位、代办成本的数据，便于财务付款及单车收益核算。

④ 合同查询：查询订购合同及销售合同的履行情况，包括是否选车、钱是否付清、销售代办是否完成、发票是否已开、车辆是否出库等。

⑤ 财务管理：根据采购、销售等业务，完成定金、车款、代办款等收款工作，以及车辆采购、车辆附加、销售代办产生的付款工作，对销售车辆开具销售发票及进行收益核算。

### 4．业务管理

① 资料文档：管理公司及业务上的相关资料及文档，如管理公司合同、规章制度、车辆信息等资料和文档。

② 商家档案：记录关注商家的基本信息，包括名称、地址、经营车型、联系人、联系电话等信息。

③ 销售询价：记录市场调查的基本信息，包括车辆售价、有无货源、货源基本情况等信息，并可按日期、车型等条件进行查询。

### 5．统计查询

系统提供涵盖车辆采购、订购、销售、车辆入\出库、车辆库存、财务收付、客户管理等相关数据的报表，包括采购合同台账、车辆销售台账、车辆入\出库明细表、车辆库存报表、客户档案表、车辆库存周期、车辆销售收益、财务收付款明细表、销售业绩统计表等。

## 8.6.5　汽车配件经营管理系统的概念及结构

汽车配件经营管理系统覆盖了采购管理、销售管理、库存管理、财务管理、报表中心五大关键环节。通过业务、财务一体化的精细管理，帮助企业"理清货，管好账"，以客户资源为中心，以汽车配件经营业务管理流程要求为依托，真正体现管理要求，为客户提供高附加值的服务。模块化组合管理，业务衔接紧密，硬件投入低，并可以利用集中部署，实现异地同步办公与业务管理。

### 1．配件进销存管理——理清货

（1）进货管理

管理系统提供采购计划管理、进货单管理、采购退货管理、暂估入库管理，如图 8-8 所示。

在采购决策支持方面，通过历史成交价格和历史业务分析，系统会为企业提供最优惠、最合适的供应商供选择。

灵活的采购单据管理和查询统计，提供不同配件在不同供应商的采购数量、价格分析，为下一次采购做信息支持。提供在途数量管理和查询。

暂估入库业务管理：企业收到供应商发来的货物，但是未收到供应商的发票，因此不知道货物的实际成本是多少，所以进行货物入库时要按估算成本进行入库；当收到供应商发票后，再正式确定成本及应付账款。

（2）销售管理

管理系统在销售方面提供销售订单管理、销售清单管理、销售退回管理、换货管理、赠品管理、代销管理，如图 8-9 所示。

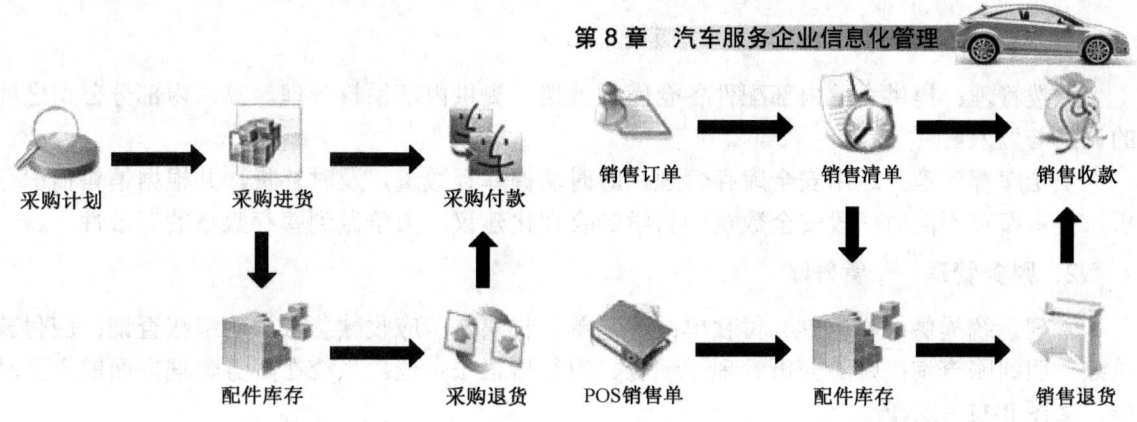

图 8-8　配件采购管理导航图　　　　　　图 8-9　配件销售管理导航图

**价格管理智能化**：系统提供灵活的多种设置的销售价格管理，实现不同客户、不同价格也能自由准确掌控。例如：针对单个客户可以单独设置该客户的优惠比例或享受折扣；针对单个商品信息可以设置不同类型的客户享受该商品的折扣。

**科学的订单管理**：销售订单管理，让业务随时随地掌握，并及时备货。

**严密的账务控制**：客户信誉额度管理，不同信誉的客户授予不同欠款额度，最大限度地降低企业经营风险。客户欠款的还款期限设置，及时给予提醒。

**汽配特色销售管理**：支持多仓库打印；支持赠品出库、三包产品出库管理。

**换货管理**：客户在购买了商品后因为各种原因需要对产品进行更换时，开具换货单。

**委托代销管理**：企业同代理商（受托方）签订合同协议，让代理商按协议价格拿货先进行销售，待代理商销售完或协议到期后再根据情况来进行委托销售结算，协议价和实际价的差价作为代理商的报酬，此时再确定企业的销售收入。

（3）**库房管理**

管理系统提供库存管理、盘点管理、调拨管理、调价管理、拆卸管理、装配管理，如图 8-10 所示。

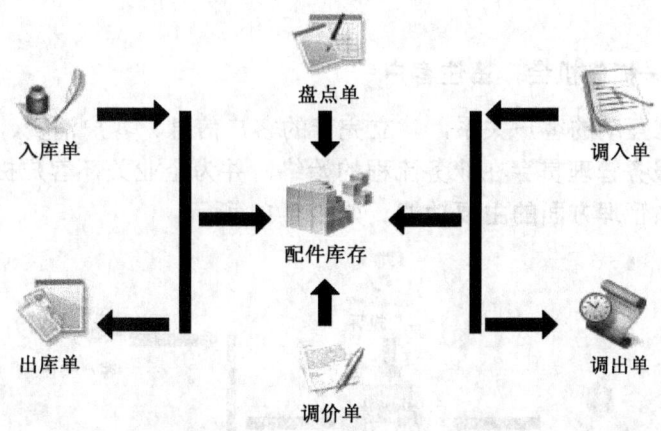

图 8-10　配件库存管理导航图

**库存管理严谨规范**：强大的库存查询和统计功能，提供进销存汇总表、进销存明细表统计。

**清晰的库存盘点**：提供强大的库存盘点功能。

调拨管理：提供企业内部配件各仓库的调拨，提供内部领料管理。提供内部分公司之间的调出与调入。

安全库存管理：运用安全库存管理，时时掌握库存数量，及时补货。并根据销售情况分析，提供库存不同时间段安全数量的科学的合理化建议，力争做到库存数量的有效性。

## 2．财务管理——管好账

管理系统提供：收款单、付款单；开票单、收票单；应收款总账、明细账查询；应付款总账、明细账查询；账龄分析管理；现金、银行日记账管理。系统在账务管理方面的主要功能，如图8-11所示。

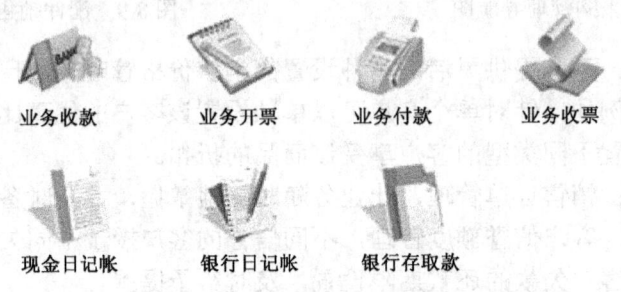

图 8-11　账务管理主要功能导航图

时时严谨的账务管理：及时反映账务往来信息、现金银行信息；与账务信息相关联的票据信息管理；客户信用额度管理和控制。通过严谨的账务管理确保企业经营资金的安全、有效运用。

有效的往来票据管理：开票、收票主要针对收、付款后的发票业务。可以针对每笔收、付款进行开票、收票操作。可以方便财务的登记和以后的查询统计。

现金、银行日记账管理：提供现金日记账、银行日记账管理及查询。

费用管理：通过费用录入、费用审批、费用申请、费用查询和统计，将公司的费用系统管理和控制。

## 3．客户关系——抓住机会，留住客户

管理系统能建立互动的客户关系，建立完善的客户信息、客户消费、客户服务、客户投诉档案，将规范的服务管理贯穿在业务流程的始终，并为企业关怀客户提供有效、科学的依据。系统在客户关系管理方面的主要功能，如图8-12所示。

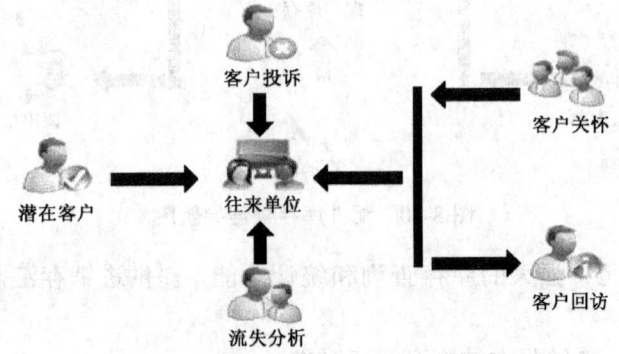

图 8-12　客户关系管理主要功能导航图

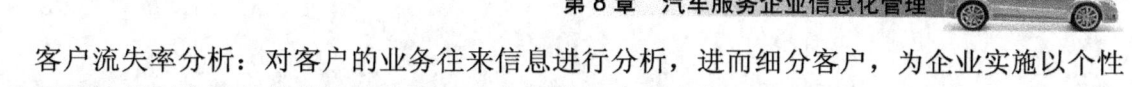

客户流失率分析：对客户的业务往来信息进行分析，进而细分客户，为企业实施以个性化为目标的差别化服务提供决策依据，力争留住每个老客户。

客户满意率管理：企业客户根据回访和投诉情况，统计客户满意率状况，企业根据统计情况来安排和干预员工相关工作和不合理的工作流程，提高客户满意率，从而改善不合理的工作流。

### 4．审核管理和单据审核中心

企业可以根据业务需要，对各项业务进行审核控制和审核管理。客户可以自定义审核的流程和审核人员。按单据进行设置，可指定每种业务单据的审核人，审核人可以为一人或多人。

审核提醒：当有需要审核的单据时，系统会自动发来消息，提醒对单据进行审核。

审核中心：审核中心有所有需要审核的单据，并且审核中心可以批量过账；还有删除单据、取消审核、退回上级流程等功能。

### 5．消息通知系统

消息通知系统是针对上、下工作流业务沟通的需要而开发的内部消息通知系统，相关人员收到消息通知后，会在右下角有信息提示，便于及时处理相关工作。工作流消息通知系统与内部消息系统完全融合。

工作流消息通知系统，含进货→入库的通知、采购退货→出库的通知、销售→出库的通知、销售退货→入库的通知、调出→调入的通知、维修流程的通知、单据审核、单据收款的通知等。

### 6．经营情况分析系统

管理系统在经营分析方面，提供企业经营分析的重要数据统计和报表分析、企业关键的经营数据和经营信息，提供提醒和报警设置，辅助员工处理日常工作，帮助管理者经营决策。

在业绩考核方面，按时间段考核、评比，系统直接分出名次。实现内部成本核算及员工业绩考核量化管理。让员工的工作业绩量化、考核具体化，极大地挖掘员工的工作积极性和主动性。

 ## 本章小结

企业信息管理是企业管理者为了实现企业目标，把信息作为待开发的资源，把信息和信息活动作为企业的财富和核心，充分使用信息技术，对信息的采集、加工、传播、储存、共享和利用进行管理，对企业信息活动中的人、技术、设备和时间进行协调和运行，以谋求企业可能的最大效益的实践活动的全过程。汽车服务企业信息化的主要内容有：对汽车消费者服务的信息化、汽车购买的电子化、与整车制造商的信息传递与共享、汽车服务企业内部管理的信息化及汽车物流控制的信息化等。

# 第 9 章　汽车服务企业战略管理

**学习目标**

1. 了解企业战略的发展过程；
2. 理解企业战略及企业战略管理的含义；
3. 掌握分析企业环境的方法；
4. 掌握企业战略的类型；
5. 掌握 SWOT 分析法。

"商场如战场"。

战争的目标是要占领领土与资源，而企业竞争的目标则是通过赢得市场来赢利。

战争需要军事战略，企业竞争需要企业战略。

没有战略的组织就好像没有舵的船，会在原地打转。——乔伊尔·罗斯和迈克尔·加米

## 9.1　汽车服务企业战略管理概述

### 9.1.1　企业战略的含义

#### 1. 战略的含义

战略（Strategy）来源于希腊语 Strategos 或 Stratagia，意指"战役"、"谋略"，均指军队的艺术与科学。一个政府或政党制定的一定历史时期内的全局性的路线、方针，包括为实现目标所做的力量部署、采用的手段等，即可视为战略。在经济领域，各国政府制定的指导国民经济或某些关键产业发展的方针、规划等也是战略，如可持续发展战略、科教兴国战略。

#### 2. 企业战略的含义

企业战略是企业根据其外部环境及企业内部资源和能力状况，为求得企业生存和长期稳定的发展，为不断地获得新的竞争优势，对企业发展目标、达成目标的途径和手段的总体谋划。

企业战略是对企业各种战略的统称，其中既包括竞争战略，也包括营销战略、发展战略、品牌战略、融资战略、技术开发战略、人才开发战略、资源开发战略等。

### 9.1.2　企业战略的特征

与传统的生产、财务、市场营销、人力资源等职能管理相比较，战略管理具有如下特征。

**1．战略管理具有全局性**

① 企业的战略管理是以企业的全局为对象，根据企业总体发展的需要而制定的。

② 管理企业的总体活动，追求企业的总体效果。

③ 在评价和控制过程中，战略管理不是重视各个事业部或职能部门自身的表现，而是它们对实现企业使命、目标和战略的贡献大小。

**2．战略管理具有长远性**

① 战略管理立足更长远的发展，以企业外部环境和内部条件为出发点，对企业当前的生产经营活动有指导、限制作用，是长期发展的起步。

② 战略管理对企业未来较长时期（一般 5 年以上）内如何生存和发展等问题进行统筹规划。

**3．战略管理具有纲领性**

① 企业战略所确定的战略目标和发展方向，是一种原则性和概括性的规定，是对企业未来的一种粗线条的设计。为企业指明了未来发展的方向，是企业全体人员行动的纲领。

② 要把战略变成企业的实际行动，需要经过一系列的展开、分析和具体化的过程。

**4．战略管理具有抗争性**

① 企业战略是企业在竞争中战胜对手，应对外界环境的威胁、压力和挑战的整套行动方案；是针对竞争对手制定的，具有直接的对抗性。

② 企业制定企业战略的目的，就是要在优胜劣汰的市场竞争中战胜对手，赢得竞争优势，赢得市场和顾客，使自己立于不败之地。

**5．战略管理具有风险性**

① 未来具有不确定性，而战略管理考虑企业的未来。

② 战略本身就是对风险的挑战。

# 9.2　汽车服务企业战略环境分析

## 9.2.1　汽车服务企业宏观环境分析

汽车服务企业宏观环境是指那些给企业造成市场机会和环境威胁的主要环境力量。

**1．政治法律环境**

政治法律环境是指一个国家或地区的政治制度、体制、方针政策、法律法规等方面的环境。

国内政治因素：政治体制，党和国家的路线、方针和政策，政府的稳定性。

国内法律因素：经济法律如《中华人民共和国公司法》、《中华人民共和国证券投资法》、《中华人民共和国工业企业法》、《中华人民共和国中外合资经营企业法》、《中华人民共和国涉外经济合同法》、《中华人民共和国专利法》、《中华人民共和国商标法》、《中华人民共和国企业破产法》、《进出口关税条例》等。

国际方面的因素：其他国家的国体与政体、关税政策、进口控制、外汇与价格控制、国有化政策及群众利益集团的活动等。如国外的反托拉斯立法、环保立法、外贸立法、对外国企业的态度等。

近年来中国政府逐渐重视汽车后市场相关行业，出台了一系列规章措施帮助和扶持汽车行业、汽车用品行业的发展。在政策与经济上给予一定的优惠措施。鼓励发展汽车用品行业，促进就业与收入的提高。创新科技引领汽车用品行业的发展。目前，在我国各地纷纷出台相关政策支持快修连锁的发展，如上海出台的《上海市汽车快修站开业条件》等。由交通部颁发的《机动车维修管理规定》中，对汽修行业长期存在的乱收工时费、材料费等不规范行为做出了较为明确的规定。这些政策层面的规定出台，保护了消费者的利益；将积极引导企业专业化经营的道路，让汽修行业更加规范化、集中化、品牌化。

## 2．经济环境

所谓经济环境是指构成企业生存和发展的社会经济状况和国家经济政策，是影响消费者购买能力和支出模式的因素，包括收入的变化、消费者支出模式的变化等。

国际经验表明，当一个国家的人均GDP达到1000美元时，处于总体小康的水平，经济开始快速发展，商业和服务业进入加快发展的阶段，同时也是多种流通组织形式和业态方式快速发展时期。目前中国人均GDP已经到达了4371美元，实现了总体小康，这为服务业的发展奠定了经济基础。

汽车维修业和汽车保养美容业在市场的洗礼中形成了利润丰厚的汽车后市场，单单是汽车保修设备行业目前的年销售额就已经超过了60亿元人民币。汽车服务业在服务观念、服务制度、服务力量、作业方式方面都发生着巨大的变化。

在一个成熟的汽车市场中，除掉汽车整车利润后，汽车的销售利润占整个汽车业利润的20%左右，零部件供应利润占20%左右，而50%～60%的利润是从服务中产生的。汽车服务业已成为国外汽车制造商的主要利润来源，也构成了汽车产业可持续发展的重要支柱。

## 3．社会文化环境

社会文化环境是指企业所处的社会结构、社会风俗和习惯、信仰和价值观念、行为规范、生活方式、文化传统、人口规模与地理分布等因素的形成和变动。

随着工业经济的强劲发展，未来生活工作的节奏将大大加快，汽车将不可避免地成为大众的代步工具，汽车养护美容服务已经成为大众日常的消费内容。现在的汽车市场，经销商暴利时代已经彻底终结，单纯依靠"裸车"销售赚取差价的时代不复存在，必须把价值链进一步延伸，开发后服务市场以及二手车、美容装潢、汽车金融等衍生服务的利润点。中国汽车业的红火令世界瞩目。随着我国私人汽车保有量的持续增长，汽车服务市场的发展空间将日益扩大。城市有车族群对汽车服务的需求将持续旺盛。消费需求与市场供应间仍存在巨大的运作空间。未来几年，还将是中国汽车服务业有所作为的大好时机。

## 4．自然环境与汽车使用环境分析

（1）自然环境

汽车服务企业自然环境指影响汽车生产、使用的自然因素，主要包括石油等自然资源和大气等生态环境。汽车服务企业可依靠科技进步，发展新型材料，提高资源的综合利用，节约自然资源；加强对汽车节能、改进排放等新型技术的研究和应用来适应自然环境的变化。

（2）汽车使用环境

汽车使用环境指影响汽车使用的各种客观因素，一般包括自然气候、地理、车用燃油、公路交通等因素。

① 自然气候：包括大气温度、湿度、降雨、降雪、降雾、风沙等情况及它们的季节性变化。自然气候对汽车使用时的冷却、润滑、启动、充气效率、制动等性能及汽车机件的正常工作和使用寿命产生直接影响。

② 地理因素：主要包括一个地区的地形地貌、山川河流等自然地理因素和交通运输结构等经济地理因素，对汽车产品的具体性能有不同的要求。

③ 车用燃油：包括汽油和柴油两种成品油。车用燃油受世界石油资源不断减少的影响，对汽车行业的发展起着明显的制约作用。此外，车用燃油中汽油和柴油的供给比例也会影响到汽车行业的产品结构。

④ 公路交通：指一个国家或地区公路运输的作用，各等级公路的历程及比例，公路质量，公路交通量及紧张程度，公路网布局，主要附属设施如停车场、维修网、加油站及公路沿线附属设施等因素的现状及变化，对汽车的使用有密切的影响。

## 9.2.2　汽车服务企业微观环境分析

### 1．企业内部环境分析

外部环境的变化只是给企业战略管理提供了契机，企业要真正实施战略管理还需要良好的企业内部条件。

（1）人力资源

企业人才素质的高低是战略管理的关键。根据不同的标准可以将人力资源划分为不同的类型。比如，根据他们所从事的工作性质的不同，可以把人力资源分为生产工人、技术人员和管理人员三类。我们要研究企业的人力资源就是要分析这些不同类型的人员数量和适用情况，是否具有足够的管理现代企业的经验和能力等。

（2）物力资源

物力资源研究就是要分析企业的生产经营过程中需要运用的物质条件的拥有数量和利用程度。比如，分析企业拥有多少设备和厂房，它们与目前的技术发展水平是否相适应，企业是否对其进行更新改造，机器设备和厂房的利用状况如何，企业能否采取措施提高其利用率等。

（3）财力资源

财力资源就是要分析企业的资金拥有情况、构成情况、利用情况、筹资渠道，分析企业是否有足够的财力资源去组织新业务的拓展、原有活动条件和手段的改造，在资金利用上是否还有潜力可挖等。

（4）企业制度

合理的企业制度具有以下特点。一是能够产生有效的激励，帮助人们形成稳定的收益预期，从而激励人们追求这种预期，职工在追求中使企业收益不断提高，并实现企业福利最大化。二是能形成有效的约束。科学的制度安排清晰地界定了企业内部各行为主体之间的利益关系，从而能形成有效的监督，将个人的偷懒行为或"搭便车"行为降到最低。三是能与外部环境相容。与外部环境相容的企业制度不仅能减少其运行中与环境摩擦产生的运行成本，且能形成更大的凝聚力，吸引更多的生产要素促进企业的发展。因此，有效的企业制度是企业实施战略管理的基础。

（5）企业文化

良好的企业文化氛围能形成有效的激励，提高人们工作的积极性，形成有效的协作关系，有利于企业战略管理的顺利实施。企业内部的文化必须与外部环境和企业的总体战略相协调。

### 2．企业核心能力分析

最近十年来，运用企业核心能力理论揭示战略管理的奥秘，已成为世界管理学界的新潮流。许多战略管理专家认为，企业所拥有的特殊资源和能力，即核心能力，是影响企业长期竞争优势的关键因素。

核心能力理论是美国战略学家帕拉汉尔德（C.K Frahalad）和哈默（Gary Hamel）等于1990年提出的，他们在《哈佛商业评论》上发表了《公司核心能力》一文，于是"核心能力说"在企业界得到广泛应用。

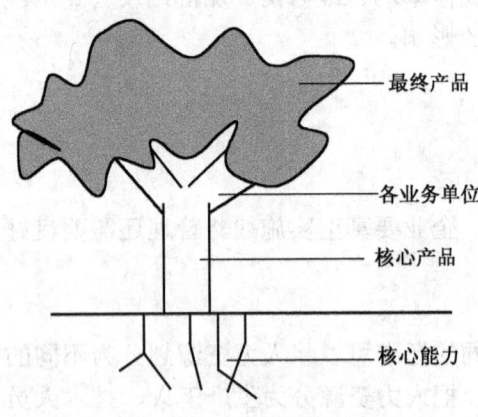

图9-1　企业核心能力、核心
产品、最终产品的关系

核心能力是所有能力中最核心、最根本的部分，可以通过向外辐射并作用于其他能力、影响着其他能力的发挥和效果，如图9-1所示。

（1）核心能力的特征

1）核心能力可使企业拥有进入各种市场的潜力

核心能力决定着企业如何实行多元化经营、如何选择市场进入模式，因此，它是差别化竞争的优势的源泉。

2）核心能力能为最终产品用户带来实惠

核心能力具有市场价值，能为消费者带来价值创造或价值附加。

3）核心能力应不易被竞争对手所模仿

核心能力不同于技能的有机融合，具有原创性、专有性，只要保护好，不易被模仿。

4）核心能力可以叠加

一种核心能力可以作为一种或几种技术成分，成为更高层次核心能力的组成部分。

（2）核心能力的构成要素

核心能力给人的直观印象是高科技，但不能简单地这样认识。高科技可能是核心能力中最核心的部分，但绝不是全部。核心能力的构成要素有以下方面：

① 洞察、预见和抓住机遇的能力；

② 战略企划能力；

③ 由技术创新引导市场的能力；

④ 融资及理财能力；

⑤ 娴熟的独特的运作技巧；

⑥ 市场营销能力；

⑦ 品牌与企业形象；

⑧ 政治及社会资源。

核心能力是多种技术和能力的协调、集合。为了形成这样的能力，公司的技术人员、营销人员及各层次管理者必须对企业的与众不同的能力形成共识，以便于实践和发展它。

### 9.2.3  五力模型

五力模型是迈克尔·波特（Michael Porter）于 20 世纪 80 年代初提出的，对企业战略的制定产生了全球性的深远影响。五力模型用于竞争战略的分析，可以有效地分析客户的竞争环境。根据迈克尔·波特的观点，在一个行业中，存在着五种基本的竞争力量，分别是：供应商的讨价还价能力、顾客的讨价还价能力、潜在竞争者进入的能力、替代品的替代能力、行业内竞争者现在的竞争能力。五种力量的不同组合变化最终影响行业利润潜力的变化，如图 9-2 所示。

#### 1. 新进入者的威胁

所谓新进入者也称潜在进入者，可以是新创办的企业，也可以是由于实现多元化经营而新进入本行业的企业。新进入者往往带来新的生产能力和充裕的资源，与现有企业争夺市场份额和利润，从而对现有企业的生存和发展形成巨大的威胁。进入威胁的大小取决于进入障碍和现有企业的反击程度。

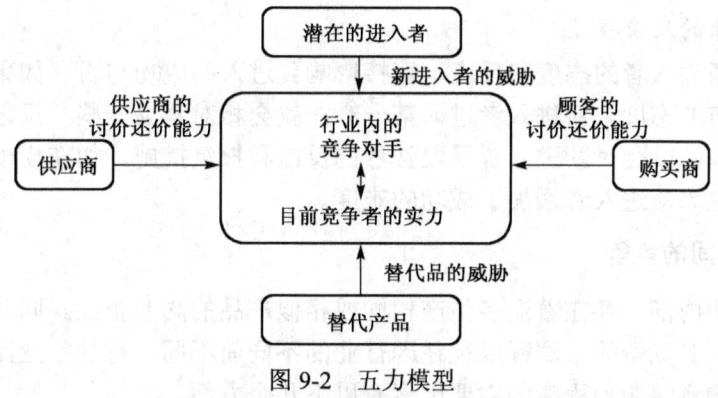

图 9-2  五力模型

（1）进入障碍

进入障碍是指要进入一个产业需克服的障碍和需付出的代价。决定进入障碍高低的主要因素通常有以下几点。

1）规模经济

规模经济会迫使潜在进入者不得不面临两难的选择：要么以大的生产规模进入该产业，结果是大量投资引致市场整个投入量增加，利益分配格局剧烈变化，从而导致该产业现有企业的强烈抵制；要么以小的生产规模进入，结果是产品成本过高造成竞争劣势。这两种情况都会使潜在进入者望而却步。

2）产品差异优势

产品差异形成的进入障碍，迫使新进入者必须在产品开发、广告宣传和用户服务等方面进行大量的投资，才有可能树立自己的信誉，并从原有企业手中夺取用户，取得一定的市场份额。

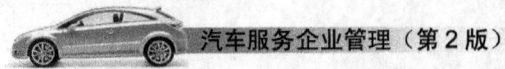 

3）资金需求

资金需求是企业进入某产业所需的物资和货币的总量。新进入者想要进入一个新的行业，并在竞争中获胜，不仅需要大量的资金，而且需要冒失败的风险，由此形成了进入障碍。

4）销售渠道

新进入者在进入新产业时面临着与以往不同的产品分销途径与方式，一个产业原有的分销渠道已经为现有企业服务，新进入者要进入该产业销售渠道，就必须通过价格折扣、降低付款条件及广告合作等方法来说服原销售渠道接受自己的产品，这样做势必会减少新进入者的利润，从而形成进入障碍。

5）转换成本

转换成本是指购买者变换供应者所付出的一次性成本。它包括重新训练业务人员、增加新设备、调整检测工具等引起的成本，甚至还包括中断原供应关系的心理成本等。这一切都会造成购买者对变换供应者的抵制。进入者要想进入，就必须花费大量的时间和推出特殊的服务来消除行业内原有企业客户的这种抵制心理。

6）与规模经济无关的固有成本优势

产业内原有企业常常在其他方面还具有与规模经济无关的固有的成本优势，新进入者无论达到什么样的规模经济状态都不能与之相比，如产品技术专利、资源的独占权、占据市场的有利地位、独有的技术诀窍等。

（2）现有企业的反击程度

原有企业对新进入者的态度和反应，直接影响到进入的成功与否。如果现有企业对新进入者采取比较宽容的态度，新进入者进入某一产业就会相对容易一些；反之，如果现有企业非常在意甚至不满，就会对新进入者采取强烈的反击和报复措施，如在规模、价格、广告等方面加以遏制。这为新进入者增加了成功的难度。

**2．现有企业间的竞争**

在同一个行业内部，存在着众多生产相同或相似产品的同业企业。同业企业之间始终存在着竞争。不过，其竞争的激烈程度往往因行业的不同而不同，有的行业比较缓和，有的行业非常激烈。影响竞争激烈程度的主要因素有以下几个方面。

（1）同业企业的数量和力量对比

在同一个行业中，生产相同或相似产品的企业越多，竞争就越激烈。每个企业为了在有限的市场中占领更大的份额，获取更多的利润，必然会在价格、质量、服务等方面与对手展开激烈的竞争，从而使整个行业的利润水平随之降低。

（2）行业发展的速度

一个行业在不同的寿命周期阶段，发展的速度也往往不同。当行业的发展处于成长阶段，其发展速度比较快，由于市场的不断扩大和企业生存空间的加大，每个企业都可以较容易地在市场中找到自己的位置，因此企业考虑更多的是如何集中精力更好更快地发展壮大自己，而不会过多考虑竞争对手的情况，从而使企业间的竞争相对缓和。若行业处于成熟期，市场增长缓慢，这时，各企业为了保证自身的生存，必然导致你死我活的竞争。

（3）产品的差异化程度与用户的转换成本

同业企业之间的产品，如果差异性小，标准化、通用化水平高，则用户转换成本较低，

容易导致企业之间激烈的竞争。反之，若同业企业之间的产品差异性比较大，各具特色，各自拥有不同的市场和用户，这时用户的转换成本高，企业间的竞争就不会太激烈。

（4）固定成本和库存成本

固定成本高的产业迫使企业要尽量充分利用其生产能力，以降低单位产品成本。当生产能力利用不足时，企业宁愿降价以扩大销量也不愿使生产能力闲置，家电行业企业、汽车制造行业都是如此。

另一种情况与产品的库存成本问题有关。如果企业生产的产品不容易储存或库存成本较高（如一些鲜活农副产品），当产量过剩时企业就可能会不择手段地出货。这两种情况都必然导致行业竞争加剧。

（5）行业内生产能力的增加幅度

基于行业的技术特点或规模经济的要求，在一个行业内，如果每个企业都能按部就班地逐步扩大生产能力，竞争激烈程度就不会太高。

反之，如果行业内企业在一定时间内迅速大幅度提高了生产能力，因为生产能力的提高已经提前透支了未来的增长因素，从而导致在一段时期内生产能力相对过剩，最终使竞争加剧。

（6）退出障碍

退出障碍是指企业在退出某个产业时需要克服的障碍和付出的代价，主要包括以下方面。

①　具有高度专门化的资产，其清算价值低或转换成本高。

②　退出的费用高，如高额的劳动合同违约费、员工安置费、设备备件费。

③　已建立某种战略协同关系。如果企业退出，就会破坏这种协同关系，影响企业的产品形象、市场营销能力及分享设备的能力等。

④　心理因素，如退出产业会影响员工的忠诚度，经营者对个人事业前途充满畏惧等。

⑤　政府和社会限制。如政府因担心增加失业人数、影响区域经济发展等，有时候会出面劝阻或反对企业退出该产业。

如果退出障碍比较高，即使经营不善，企业也要继续维持下去，竞争者的数目很难减少，从而加剧了现有企业之间的竞争。

**3．替代品的威胁**

替代品是指那些与本行业的产品具有相同或相似功能的其他产品。替代品往往在某些方面具有超过原有产品的竞争优势，如价格低、质量高、功能新、性能好等，因此有实力与原有产品争夺市场，分割利润，使原有企业处于极其不利的地位。企业应随时警惕替代品的出现，并预先制定出防范措施。不过，当某些替代产品的出现代表着时代潮流，具有很强的市场吸引力的时候，企业采取完全排斥的态度，不如采取引进、吸纳新技术的态度更为有利。

**4．供应商的讨价还价能力**

供应商是指从事生产经营活动所需要的各种资源、配件等的企业供应单位。往往通过提高价格或降低质量及服务的手段，向行业的下游企业施加压力，并以此来榨取行业利润。供应商的讨价还价能力越强，现有产业的赢利空间就越小；反之，则赢利空间就越大。决定供应商讨价还价能力的因素主要有以下几点。

（1）行业集中度

供应商所在行业的集中度高于购买者的集中度，即供应由少数几家公司实行高度集中控制，并且由它们向分散而众多的企业提供产品时，供应商就很容易联手操纵市场，供应商处于强势地位，就会迫使购买者在价格、量、付款条件和交货方式等方面接受有利于供应商的条款。

（2）行业的重要性

当供应商向很多行业出售产品时，如果某行业的购买量在供应商的销售量中只占较小部分，则供应商有较强的讨价还价能力。如果本行业是一个重要的客户，供应商就会通过合理定价，以及协助该行业的研究开发活动或公关活动等方式来保护与该行业的关系。

（3）前向一体化的可能性

供应商实现前向一体化的可能性大，则对行业施加的竞争压力就大。相反，如果供应商难以实现前向一体化，则对行业施加的竞争压力就会比较小。比如，以原油开采为主业的石油公司（原油供应商）自己大量兴建石油化工厂，就会对石油化工产业（原油购买者）带来很大竞争压力。

（4）供应商的重要性

如果供应商的产品对买主生产过程或产品质量至关重要时，供应商就有较强的讨价还价能力，特别是当这种产品不能储存时，供应商的讨价还价能力会更强。

（5）产品差异化程度和转换成本的大小

如果供应商的产品与众不同，购买者对供应商的依赖性强，供应商就会处于优势地位，在交易中持强硬态度。另外，如果购买者中途转换供应商需要付出巨大的代价，则变更供应商就会很困难，供应商的讨价还价能力就很强。

（6）产品的可替代程度

如果供应商提供的产品可替代程度低，用户的选择余地小，则购买者只好接受供应商的价格及其他条件，以维持生产经营，这时，供应商的讨价还价能力就会很强。相反，如果供应商产品的可替代性强，用户的选择余地很大，供应商则处于不利地位。

**5．顾客的讨价还价能力**

顾客是企业产品或房屋的购买者，是企业服务的对象。顾客对本行业的竞争压力，表现为要求企业提供的产品尽可能价格低、质量高，并且能提供周到的服务。同时，顾客还可能利用现有企业之间的竞争对生产厂家施加压力。

影响顾客讨价还价能力的主要因素有以下几点。

（1）顾客集中度

顾客采取集中进货的方式，或者进货批量较大，则对供方企业具有很大的讨价还价能力。

（2）顾客从供方购买产品占其成本的比重

顾客从本行业购买的产品在其成本中占的比重较大，在购买时选择性较强，其讨价还价的欲望也会非常强烈，并会尽量压低价格。反之，如果所购产品在顾客成本中只占很小比例，则顾客对所购产品的价格并不十分敏感，花大力气去讨价还价的可能性也不大。

（3）顾客选择后向一体化的可能性

如果顾客实力强大，具有实现后向一体化的能力，则他们可以在向外购买与自行生产两种方式之间进行选择，这就增强了顾客对供方的讨价还价能力。

（4）产品差异化程度和转换成本的大小

本行业产品的标准化程度高，顾客的转换成本小，因而，顾客对产品的挑选余地比较大，也会形成对本行业的压力。

（5）顾客对信息的掌握程度

如果顾客对所购产品的市场需求、市场价格、生产成本等信息有足够的了解，就可能与供方进行充分的讨价还价。

## 9.2.4　企业资源与能力分析——SWOT 分析法

SWOT 分析法是用来确定企业自身的竞争优势、竞争劣势、机会和威胁，从而将公司的战略与公司内部资源、外部环境有机地结合起来的一种分析方法。

### 1. 分析的基本原理

（1）竞争优势

竞争优势（S）是指一个企业超越其竞争对手的能力，或者指公司所特有的能提高公司竞争力的东西。

竞争优势可以是以下几个方面。

① 技术技能优势：独特的生产技术、低成本生产方法、领先的革新能力、雄厚的技术实力、完善的质量控制体系、丰富的营销经验、上乘的客户服务、卓越的大规模采购技能。

② 有形资产优势：先进的生产流水线、现代化车间和设备、拥有丰富的自然资源储存、吸引人的不动产地点、充足的资金、完备的资料信息。

③ 无形资产优势：优秀的品牌形象、良好的商业信用、积极进取的公司文化。

④ 人力资源优势：关键领域拥有专长的职员、积极上进的职员、很强的组织学习能力、丰富的经验。

⑤ 组织体系优势：高质量的控制体系、完善的信息管理系统、忠诚的客户群、强大的融资能力。

⑥ 竞争能力优势：产品开发周期短、强大的经销商网络、与供应商良好的伙伴关系、对市场环境变化的灵敏反应、市场份额的领导地位。

（2）竞争劣势

竞争劣势（W）是指某种公司缺少或做得不好的东西，或指某种会使公司处于劣势的条件。

可能导致内部弱势的因素有：

① 缺乏具有竞争意义的技能技术；

② 缺乏有竞争力的有形资产、无形资产、人力资源、组织资产；

③ 关键领域里的竞争能力正在丧失。

（3）机会

公司面临的潜在机会（O）是影响公司战略的重大因素。公司管理者应当确认每个机会，评价每个机会的成长和利润前景，选取那些可与公司财务和组织资源相匹配、使公司获得的竞争优势的潜力最大的最佳机会。

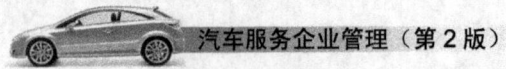

潜在的发展机会可能是：

① 客户群的扩大趋势或产品细分市场；

② 技能、技术向新产品、新业务转移，为更大客户群服务；

③ 前向或后向整合；

④ 市场进入壁垒降低；

⑤ 获得购并竞争对手的能力；

⑥ 市场需求增长强劲，可快速扩张；

⑦ 出现向其他地理区域扩张，扩大市场份额的机会。

（4）威胁

危及公司的外部威胁（T）：在公司的外部环境中，总是存在某些对公司的赢利能力和市场地位构成威胁的因素。公司管理者应当及时确认危及公司未来利益的威胁，做出评价并采取相应的战略行动来抵消或减轻它们所产生的影响。

公司的外部威胁可能是：

① 出现将进入市场的强大的新竞争对手；

② 替代品抢占公司销售额；

③ 主要产品市场增长率下降；

④ 汇率和外贸政策的不利变动；

⑤ 人口特征、社会消费方式的不利变动；

⑥ 客户或供应商的谈判能力提高；

⑦ 市场需求减少；

⑧ 容易受到经济萧条和业务周期的冲击。

### 2．SWOT 分析法的应用

运用各种调查研究方法，分析出公司所处的各种环境因素，即外部环境因素和内部能力因素。将调查得出的各种因素根据轻重缓急或影响程度等排序，构造 SWOT矩阵，如图 9-3所示。在此过程中，将那些对公司发展有直接的、重要的、大量的、迫切的、久远的影响因素优先排列出来，而将那些间接的、次要的、少许的、不急的、短暂的影响因素排列在后面。

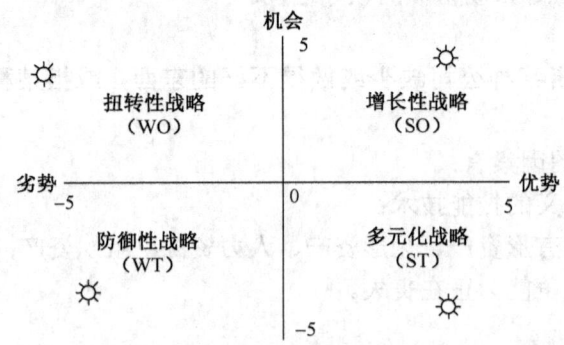

图 9-3　SWOT 分析图

从图 9-3 中可以看出，SO 类型的企业，具有很好的内部优势及众多的外部机会，应当采取增长型战略，如开发市场、增加产量等。WO 型企业，面临巨大的外部机会，却受到内部

劣势的限制，应采用扭转型战略，充分利用环境带来的机会，设法清除劣势。WT 型企业，内部存在劣势，外部面临强大的威胁，应采用防御型战略，进行业务调整，设法避开威胁并清除劣势。ST 型企业，具有一定的内部优势，但外部环境存在威胁，应采取多种经营战略，利用自己的优势，在多样化经营上寻找长期发展的机会。

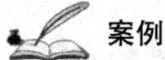 案例

## 睿达汽车服务公司 SWOT 分析

据权威部门统计，私人轿车的购买率每年增加，由于小轿车拥有量的增加，极大地激活了汽车售后服务市场。汽车快修、美容、养护、装饰装潢蕴含着巨大的市场空间，汽车快修美容装饰业是本世纪当之无愧的黄金产业。

### 一、S（strengths）优势

睿达汽车服务公司（以下简称睿达）作为刚刚踏入该行业的新手，自然有其生存的优势。

1. 各地政府加大对快修美容保养服务店的扶持力度

由一批年轻的大学生创业团队成立的汽车后市场服务公司自然得到了政府与社会的强烈支持，有了政府的支持，专门的快修美容连锁店就有了成功的保障。

2. 企业自我生存能力和学习能力较强

越来越多的汽车服务企业的涌现，使得睿达汽车服务公司吸收优秀企业的经验并研制自己的生存之道，从而有了与其他企业竞争的优势。

3. 市场的需求

在生活节奏加快的今天，多数车主希望花费更少的时间获得更优质的服务。而多数快修连锁店能够保证做到在较短时间内完成作业，不耽搁车主过多的时间。

随着济南城市化进程的加快和城市规划的调整，不少大型的维修企业都搬迁或建在距市中心较远的地方，因此给不少车辆的维修带来不便。而睿达汽车服务公司优异的地理位置满足了消费者的需求。

4. 制定规范而人性化的管理体制及明确的岗位责任制

睿达汽车服务公司先进的经营模式与组织结构是睿达的优势所在，另外年轻队伍的创新思维和以顾客为中心的服务理念也为睿达吸引了不少的客户。还有睿达先进的维修保养技术、优质的服务态度及企业的诚信度与知名度使得睿达在竞争中处于有利地位。

5. 店内环境标准及更便捷、更便宜的服务

睿达标准的 4S 店环境不仅给顾客带来了舒适的心情，还以睿达优质便捷的服务及低廉的价格带给客户超值的回馈，使顾客宁可选择刚刚起步的睿达汽车服务公司而不选择 4S 店。

6. 拥有自己独特的服务项目及产品，质量有保障

拥有专业的施工车间和专业技师，专业施工车间是相对密封的，并设有空调暖气等保持室内空气温度的均匀，备有 360 瓦的灯具和红外线测试仪、紫外线测试仪等专业设备。

另外，睿达最近开设的辅导培训班也具有独特的创新意识，使公司人员能够了解自己独特的服务项目，做到更专业、更独特。

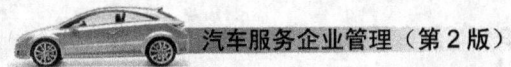

**7. 拥有高素质、高技术的专职人员**

睿达汽车服务公司是由一批年轻的大学生组成的，他们都是高素质的人员，维修保养技术人员也是专业的。顾客一定会选择有保障的维修公司为自己的爱车做维修保养，因此，睿达在服务与技术上有自己的优势。

## 二、W（weaths）劣势

作为任何一个企业，尤其是处于发展中的企业，在其成长过程中必然有其发展障碍，睿达也不例外，也存在发展的劣势。

**1. 我国快修业刚刚起步，缺乏强势领导品牌**

不少消费者甚至不了解快修美容保养行业，而且社会上比较强势成功的快修美容品牌还没有出现，部分消费者宁愿花大钱去 4S 店也不想冒险去自己不清楚的新店维修。

**2. 市场对快修美容保养行业的认知度还不够**

汽车美容快修行业是个新兴行业，尽管最近几年已得到不断地发展，但是与进入成熟市场的行业相比，仍存在问题。另外，汽车快修美容是个慢热行业，不少消费者比较保守谨慎，忠诚度比较高，这对于新开业的睿达来说也是一个挑战。

**3. 市场尚未统一标准**

作为发展中的行业，汽车快修与美容行业尚未得到完善，尚且缺乏统一的价格标准，美容品牌比较杂乱，缺少全套的产品维护保养体系。

**4. 受违规经营路边店及4S 店的冲击较大**

由于发展较缓慢，快修与美容行业的知名度仍未打响，处于 4S 店与路边维修站之间的快修店就处于劣势。

## 三、O（opportunities）机会

"七分养护、二分修理、一份爱护"，随着目前机动车辆尤其是私家车的逐渐递增，被视为是黄金产业的汽车美容养护行业越来越受到人们的关注。因此，作为发展中的老城济南来说，汽车美容快修行业有较大的发展空间，但成熟而完善的汽车快修与美容企业仍未出现，这对于一个刚刚发展起步的睿达来说无疑是一个机会。

## 四、T（threats）威胁

首先，随着中国成为第二汽车销售大国，不少外国知名企业觊觎中国的维修市场，给国内维修企业带来巨大的威胁。

其次，发展完善成熟的汽车 4S 店及价格低廉的路边店，对刚刚起步的快修店无疑是最大的威胁。

再次，在汽车维修美容市场存在严重的假冒伪劣产品，长久下去会使很多消费者不再相信快修美容店，加之快修美容店缺少相应的法律规范与统一的标准，导致 4S 店有更多的忠实的消费群体。

# 9.3 汽车服务企业总体战略

企业总体战略又称为公司战略或主战略，是对企业全局的长远谋划，由其最高管理层负责制定和组织实施，主要解决企业的经营范围、方向和道路问题。

企业的总体战略多种多样，如果从经营方向来看，可分为稳定型战略、增长型战略和紧缩型战略三大类。

## 9.3.1 稳定型战略

### 1. 概念

稳定型战略是在企业内外环境的约束下，企业准备在战略规划期使企业的资源分配和经营状况基本保持在目前状态和水平的战略。按照稳定型战略，企业目前所遵循的经营方向及其正在从事经营的产品和面向的市场领域，以及企业在其经营领域内所达到的产销规模和市场地位都大致不变。

### 2. 特征

① 企业对过去经营业绩表示满意，决定追求既定的或与过去相似的经营目标。

② 企业在战略规划期内所追求的绩效按大体比例递增。

③ 企业准备以过去相同的或基本相同的产品和劳务服务于社会，在产品上的创新较少。

### 3. 稳定型战略的适用性

稳定型战略主要依据于前期战略，因而其前提是企业过去的战略是成功的。当市场需求及行业结构相对稳定时，企业所面临的竞争挑战和发展机会都相对较少，即可采用稳定型战略；有时由于企业自身资源不足，而不得不采用相对保守的稳定型战略。

### 4. 稳定型战略的利弊分析

（1）优点

① 企业经营风险相对较小。

② 能避免因改变战略而改变资源分配的困难。

③ 能避免因发展过快而导致的弊端。

④ 能给企业一个较好的休整期，使企业积累更多的能量，以便为今后的发展做好准备。

（2）缺点

① 稳定型战略的执行是以包括市场需求、竞争格局在内的外部环境的基本稳定为前提的，一旦企业的这一判断没有验证，就会打破战略目标、外部环境、企业实力三者之间的平衡，使企业陷入困境。

② 特定细分市场的稳定型战略隐含着较大的风险。

③ 稳定型战略也容易使企业的风险意识减弱，大大降低企业对风险的敏感性、适应性和敢于冒险的勇气。

### 5. 稳定型战略的类型

（1）无变化战略

似乎是一种没有战略的战略，可能基于以下两个原因。

① 企业过去的经营相当成功，且企业内外环境没有发生重大变化。

② 企业并不存在重大的经营问题或隐患，因而企业战略管理者没有必要进行调整，或者害怕战略调整会给企业带来利益分配和资源分配的困难。

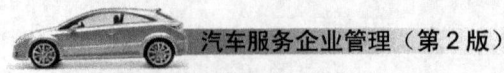

（2）维持利润战略

这是一种以牺牲企业未来发展来维持目前利润的战略，注重短期效果而忽略长期利益，其根本意图是度过暂时性难关。因而往往在经济形势不太景气时采用。

（3）暂停战略

暂停战略，即在一定时期内降低企业的目标和发展速度，以充分达到让企业积聚能量，为今后的发展做准备的功能，如购并初期的磨合。

（4）谨慎实施战略

如果企业外部环境中某一重要因素难以预测或变化趋势不明显，企业的某一战略决策就要有意识地降低实施进度，步步为营，这就是所谓的谨慎实施战略。

## 9.3.2 增长型战略

### 1. 概念

增长型战略是一种使企业在现有的战略基础水平上向更高一级的目标发展的战略。它以发展作为核心内容，引导企业不断地开发新产品、开拓新市场，采用新的生产方式和管理方式，以便扩大企业的产销规模，提高竞争地位，增强企业的竞争实力。

### 2. 特征

① 实施增长型战略的企业不一定比整个经济的增长速度快，但往往比其产品所在的市场增长得快。市场占有率的增长是衡量增长型战略的一个重要指标。

② 实施增长型战略的企业往往取得大大超过社会平均利润率的利润水平。

③ 实施增长型战略的企业倾向于采用非价格的手段来同竞争者抗衡。

④ 增长型战略鼓励企业的发展立足于创新。

⑤ 实施增长型战略的企业倾向于通过创造以前并不存在的某物或对某物的需求来改变外部环境使之适合于自身。

### 3. 实施增长型战略的原因

① 给企业带来经营上的优势。

② 在动态的环境竞争中，增长是一种求生的手段。

③ 扩大规模和销售可以使企业利用经济曲线或规模经济效益以降低生产成本。

④ 许多企业管理者把增长等同于成功。

⑤ 增长快的企业容易掩盖其失误和低效率。

⑥ 企业增长越快，企业管理者就越容易得到升迁或奖励，这是由最高管理者或最高管理集体所持的价值观决定的。

### 4. 增长型战略的利弊分析

（1）优点

① 企业可以通过发展扩大自身价值，这体现在经过扩张后的公司战略份额和绝对财富的增加。

② 企业能通过不断变革来创造更高的生产经营效率与效益。

③ 增长型战略能保持企业的竞争实力，实现特定的竞争优势。

（2）缺点

① 在采用增长型战略获得初期的效果之后，很可能导致盲目的发展和为发展而发展，从而破坏企业的资源平衡。

② 过快的发展很可能降低企业的综合素质，使企业的应变能力虽然表面上不错，而实质上却出现内部危机的混乱。

③ 增长型战略很可能使企业管理者更多地注重投资结构、收益率、市场占有率、企业的组织结构等问题，而忽视产品和服务的质量，重视宏观的发展而忽视微观的问题，因而不能使企业达到最佳状态。

### 5．增长型战略的类型

（1）单一经营战略

单一经营战略就是集中生产单一的或少数几种产品或服务，面向单一的市场，或采用单一的专业技术，不开发或很少开发新产品或新服务。实行单一经营战略的企业的发展主要是通过市场渗透或市场开拓，扩展市场或提高市场占有率，来实现生产规模的扩大和利润的增长。

（2）同心多样化战略

1）概念

同心多样化战略是一种增加与企业目前的产品或服务相类似的新产品或服务的增长战略。其突出特点是：新增的产品或服务与原有产品或服务在大类别上、生产技术上是相似的、相关联的，可以继续利用本企业的专门技能和技术经验、设备或生产线、销售渠道或顾客基础，所以这种战略又称为相关多样化战略。

2）缺点

容易受行业衰退的影响。

（3）复合多样化战略

1）概念

这是一种增加与企业目前的产品或服务显著不同的新产品或服务的增长战略。由于新增的产品或服务与原有的产品或服务无关，因此不能利用企业原有的专门技能和技术经验、设备或生产线等，所以这种战略又称为不相关战略。采用这种战略，一般是跨国经营。

2）优缺点

优点是：可以充分利用不同产业的发展机会，通过向不同的市场提供产品或服务来分散风险，利用协同来提高企业的总体赢利能力和灵活性。

缺点是：企业跨入别的原来不熟悉的产业，必然会带来巨大的风险，并增加管理上的困难。

（4）纵向一体化战略

1）概念

纵向一体化战略是指企业在两个可能的方向上去扩展其经营业务的一种战略。若向产品销售的方向发展，可以组建自行销售产品或服务的网点，直接面向用户，或将产品进行深度加工，提高其附加值后再销售等，称为前向一体化战略；若向原材料供应的方向发展，可以自行组织生产本身所需的原材料、能源、包装器材等而不再向外采购，就称为后向一体化战略。无论是前向一体化战略还是后向一体化战略，企业一般都实现了跨产业经营。

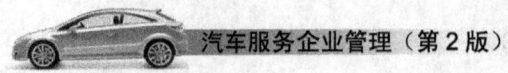
2）优缺点

实行纵向一体化战略的最大优势是节约交易费用。所谓交易费用是指市场交易中的寻找对象、签订交易合同、监督执行和履行合同所需要的费用或付出的代价。交易费用的大小主要受交易依赖程度的影响。

但企业一旦走上纵向一体化战略的道路，由于投资巨大，"脱身"也难，并且面对的发展机遇也不多。实现纵向一体化战略的途径有二：内部发展；从外部收购或合并。

（5）横向一体化战略

1）概念

横向一体化战略是指企业通过收购其同行业竞争对手去扩展经营业务的一种战略。由于是同行业的企业，收购的结果并不改变企业原来所属的产业，但企业规模得以扩大，产品品种可能增多，产销量也将增大，赢利将增长。

2）缺点

主要问题是行业内竞争消失及由此引起的政府对垄断的干预。

（6）合并战略

合并可视为一种扩张型战略，也可以看作是实施上述扩张型战略的手段。

表现形式有：① 真正意义上的合并，A+B=C；② 收购或兼并，A+B=A 或 B；③ 控股，A+B=A+B。

### 9.3.3 紧缩型战略

**1．概念**

所谓紧缩型战略是在外部环境对企业不利、企业面临严重困境时，从目前的战略经营领域和基础水平收缩和撤退的总体战略。紧缩型战略是一种消极的发展战略，一般企业实行紧缩型战略只是短期性的。可以说，紧缩型战略是一种以退为进的战略态势。

**2．特征**

① 对企业现有的产品和市场领域实行收缩、调整和撤退策略，因而从企业的规模来看是在缩小。

② 对企业的资源严格控制并削减各项费用支出，因而紧缩型战略的实施过程往往会伴随着大量员工的裁减。

③ 紧缩型战略具有短期性。

**3．紧缩型战略的利弊分析**

（1）优点

① 能帮助企业在外部环境恶劣的情况下，节约支出和费用，顺利度过面临的不利处境。

② 能在企业经营不善的情况下最大限度地降低损失。

③ 能帮助企业更好地实行资产的最优组合。

（2）缺点

① 实行紧缩型战略的尺度较难以把握，可能会扼杀具有发展前途的业务和市场，使企业总体利益受到伤害。

② 会引起企业内部人员的不满，从而引起员工情绪的低落。

## 9.4 汽车服务企业竞争战略

在现代市场经济的背景下，企业要争得充分的发展空间，就要达到高于市场平均利润的利润水平，影响企业利润的首要因素就是企业的成本，这就使得企业要想领先于市场就要考虑从成本入手，实行成本领先战略。而随着外资企业的介入、竞争者实力的增强、消费者需求的改变、企业自身条件的限制等，就需要企业进行差异化的营销战略以求获得新的更大的发展。但是一些企业由于受资源和能力的制约，既无法成为成本领先者，也无法成为差异化者，而是介于其间，无法获得这两种战略所能形成的竞争优势。因此，如果这种企业能够约束自己的经营领域，集中资源和能力于某一部分特殊的顾客群，或者某个较小的地理范围，或者仅仅集中于较窄的产品线，那么，也可以在一较小的目标市场上获得竞争优势。而集中化战略就是以选定的细分市场为对象所进行的专业化服务的战略。所以，没有明确的竞争战略的企业，必须根据企业的能力和环境条件，尽早做出根本性的战略决策。

迈克尔·波特提出了三种能够带来成功机会的基本竞争战略：成本领先战略、差别化战略、集中化战略。

 **案例**

### 沃尔玛的成本领先战略

美国沃尔玛连锁店公司（以下简称沃尔玛）是世界上最大的连锁零售商，2002 年沃尔玛全球营业收入高达 2198.12 亿美元，荣登世界 500 强企业的冠军宝座。沃尔玛发展的一个重要原因是成功运用了成本领先战略并予以正确实施。沃尔玛的经营策略是"天天平价，始终如一"，即所有商品在所有地区常年以最低价格销售。为做到这点，沃尔玛在采购、存货、销售和运输等各个商品流通环节，采取各种措施将流通成本降至行业最低，把商品价格保持在最低价格线上。沃尔玛降低成本的具体举措如下。

1. 直接向工厂统一购货和协助供应商减低成本，以降低购货成本

沃尔玛采取直接购货、统一购货和协助供应商降低成本三者结合的方式，实现了完整的全球化适销品类的大批量采购，形成了低成本采购优势。

（1）直接向工厂购货。零售市场的很多企业为规避经营风险而采取代销的经营方式，沃尔玛却实施直接买断购货，并对货款结算采取固定时间、决不拖延的做法（沃尔玛的平均"应付期"为 29 天，竞争对手凯玛特则需 45 天）。据沃尔玛自己统计，实行向生产厂家直接购货的策略使采购成本降低了 2%～6%。

（2）统一购货。沃尔玛采取中央采购制度，尽量由总部实行统一进货，特别是那些在全球范围内销售的高知名度商品，如可口可乐、柯达胶卷等，沃尔玛一般对 1 年销售的商品一次性地签订采购合同。由于数量巨大，沃尔玛获得的价格优惠远远高于同行。

（3）协助供应商减低产品成本。沃尔玛通过强制供应商实现最低成本来提高收益率，如对供应商的劳动力成本、生产场所、存货控制及管理工作进行质询和记录，迫使其进行流程再造和提高价格性能比，使供应商同沃尔玛共同致力于降低产品成本及供应链的运作成本。

**2. 建立高效运转的物流配送中心，保持低成本存货**

为降低各店铺分散订货、存货及补货所带来的高昂的库存成本，沃尔玛采取建立配送中心，由配送中心集中配送商品的方式。为提高效率，配送中心内部实行完全自动化，所有货物都在激光传送带上运入和运出，平均每个配送中心可同时为 30 辆卡车装货，可为送货的供应商提供 135 个车位。配送中心的高效运转使得商品在配送中心的时间很短，一般不会超过48 小时。通过建立配送中心，沃尔玛大大提高了库存周转率，缩短了商品储存时间，避免了公司在正常库存条件下由各店铺设置仓库所付出的较高成本。在沃尔玛各店铺销售的商品中，87%左右的商品由配送中心提供，库存成本比正常情况下降低 50%。

**3. 建立自有车队，有效地降低运输成本**

第一，运输环节是整个物流链条中最昂贵的部分，沃尔玛采取了自建车队的方法，并辅之全球定位的高技术管理手段，保证车队处在一种准确、高效、快速、满负荷的状态。这一方面减少了不可控的、成本较高的中间环节和车辆供应商对运输环节的中间盘剥；另一方面保证了沃尔玛对配送中与各店铺之间的运输掌握主控权，将货等车、店等货等现象控制在最低限度，保证配送中心发货与各店铺收货的平滑、无重叠衔接，把流通成本控制在最低限度。

第二，利用发达的高技术信息处理系统作为战略实施的基本保障。沃尔玛开发了高技术信息处理系统来处理物流链条循环的各个点，实现了点与点之间光滑、平稳、无重叠的衔接，使点与点之间的衔接成本保持在较低水平。

第三，对日常经费进行严格控制。沃尔玛对于行政费用的控制非常严格。在行业平均水平为 5%的情况下，沃尔玛整个公司的管理费用仅占销售额的 2%，这 2%的销售额用于支付公司所有的采购费用、一般管理成本、上至董事长下至普通员工的工资。为维持低成本的日常管理，沃尔玛在各个细小的环节上都实施节俭措施，如办公室不配置昂贵的办公用品和豪华装饰、店铺装修尽量简洁、商品采用大包装、减少广告开支、鼓励员工为节省开支出谋划策等。另外，沃尔玛的高层管理人员也一贯保持节俭作风，即使是总裁也不例外。首任总裁萨姆与公司的经理们出差，经常几人同住一间房，平时开一辆二手车，坐飞机也只坐经济舱。沃尔玛一直想方设法从各个方面将费用支出与经营收入的比率保持在行业最低水平，使其在日常管理方面获得竞争对手无法抗衡的低成本管理优势。

因此，企业要成功实施成本领先战略，关键是要使企业在内部加强成本控制，在生产经营的各个环节控制好成本，通过改造价值链的结构，控制好成本驱动因素，成为行业的真正成本领先者。在市场竞争中运用成本领先战略，构建竞争优势，切实地使成本领先于对手，在价格竞争战中打出水平，赢得竞争的胜利。

## 9.4.1 成本领先战略

**1. 概念**

成本领先战略主要依靠较低的成本来赢得竞争优势。成本领先战略通过建立起经济规模、采用先进高级的生产设备、改善产品的设计与工艺，抓紧成本与费用的控制，尽可能减少研究与开发、广告、推销和服务等的开支，全力以赴地降低产品成本，以提高自身优势。

**2. 实施条件**

成本领先战略的理论基石是规模经济（即单位产品成本随生产规模的增大而下降）和经

验效益（单位产品成本随积累产量的增加而下降），要求企业的产品必须具有较高的市场占有率。为实现成本领先战略，企业内部需要具备以下条件。

① 设计一系列便于制造和维修的相关产品，彼此分摊成本。

② 在现代设备方面进行大量的领先投资，采取低价位的进攻性定价策略。

③ 低成本给企业带来高额的边际收益。

④ 企业具有先进的生产工艺技术，降低制造成本。

⑤ 降低研究与开发、产品服务、人员推销、广告促销等方面的费用支出。

⑥ 建立起严格的、以数量目标为基础的成本控制系统。

⑦ 建立起具有结构化的、职责明确的组织机构。

### 3．成本领先战略的益处及风险

（1）优点

① 企业处于低成本地位上，可以抵挡住现有竞争对手的对抗。

② 面对购买商要求降低产品价格的压力，处于低成本地位的企业在进行交易时握有更大的主动权，可以抵御购买商讨价还价的能力。

③ 当强有力的供应商抬高企业所需资源的价格时，处于低成本地位的企业可以有更多的灵活性来解决困境。

④ 企业已经建立起的巨大的生产规模和成本优势，使欲加入该行业的新进入者望而止步，形成进入障碍。

⑤ 在与代用品竞争时，低成本的企业往往比本行业中的其他企业处于更有利的地位。

（2）风险

① 生产技术的变化或新技术的出现可能使得过去的设备投资或产品学习经验变得无效，变成无效用的资源。

② 行业中新加入者通过模仿、总结前人经验或购买更先进的生产设备，使得其成本更低，以更低的成本起点参与竞争，后来居上。

③ 由于采用成本领先战略的企业其力量集中于降低产品成本，从而使它们丧失预见产品市场变化的能力。

④ 受通货膨胀的影响，生产投入成本升高，降低了产品成本——价格优势，从而不能与采用其他竞争战略的企业相竞争。

### 4．如何在企业中运用成本领先战略

① 实现产品大批量生产——这是最重要的途径。生产产量越大，单位平均成本越低；同时随着规模的扩大，有形成本会降低，无形成本也会降低，因而产品大批量生产是实现成本领先的最重要的途径。

② 做好供应商营销，搞好协调与配合，以降低成本和分摊成本。要获得廉价的上游资源，规模生产带来的规模采购无疑会削弱供应商的讨价还价能力。同时建立采购比价系统，库存及采购的计算机模型化管理则可从内部管理环节降低采购成本。

③ 塑造企业成本文化，实现成本的有效控制。追求成本领先的企业应着力塑造一种注重细节、精打细算、严格管理、以成本为中心的企业文化。抓外部成本的同时抓好内部成本；

把握好战略性成本的同时把握好作业成本；注重短期成本的同时更要注重长期成本。

④ 加强生产技术创新，实现生产设备的现代化。创新是一条永远不变的市场竞争法则。技术革新和革命、生产设备的现代化，会大幅度降低成本。如福特汽车企业通过传送带实现了流水生产方式而大幅度降低了汽车的生产成本，进而实现了让汽车进入千家万户的梦想。

⑤ 利用领先优势，选准时机，打好"价格战"。打价格战也要选准时机，衡量自己的产品是否适合价格战，还要考虑价格战会对自己企业产生什么影响。

## 9.4.2 差异化战略

### 1. 概念

差异化战略就是依靠产品的质量、性能、品牌、外观形象、用户服务等方面赢得竞争优势，要求本单位的产品或服务具有特色，对特定的顾客具有强大的吸引力，从而使顾客对价格不甚敏感，甚至愿意出较高的价格来购买的战略。

### 2. 实施条件

① 具有很强的研究与开发能力，研究人员要有创造性的眼光。
② 企业具有以其产品质量或技术领先的声望。
③ 企业在这一行业有悠久的历史或吸取其他企业的技能并自成一体。
④ 有很强的市场营销能力。
⑤ 研究与开发、产品开发及市场营销等职能部门之间要有很强的协调性。
⑥ 企业要具备能吸引高级研究人员、创造性人才和高技能职员的物质设施。

### 3. 差异化战略的益处及风险

（1）益处

① 建立起顾客对产品或服务的认识或依赖，当产品或服务的价格发生变化时，顾客的敏感程度就会降低。
② 顾客对商标的依赖和忠实形成了强有力的行业进入障碍。
③ 差异化战略产生的高边际收益增强了企业对付供应商讨价还价的能力。
④ 企业通过差异化战略，使得购买者缺乏与之可比较的产品选择，降低了购买商对价格的敏感性。
⑤ 企业通过差异化战略建立起顾客对本产品的依赖，使得替代产品无法在性能上与之竞争。

（2）风险

① 实行差异化战略的企业，其生产成本有可能很高。
② 购买者有可能变得精明起来，降低对产品或服务差异化的要求。
③ 随着企业所处行业的发展进入成熟期，差异产品的优点很可能为竞争对手所模仿，削弱产品的优势。

### 4. 差异化战略的战略途径

（1）产品差异化战略

产品差异化战略是指企业以某种方式改变那些基本相同的产品，以使消费者相信这些产品存在差异而产生不同的偏好的战略。

1）产品质量的差异化战略

产品质量的差异化战略是指企业为向市场提供竞争对手不可比拟的高质量产品所采取的战略。产品质量优异，能产生较高的产品价值，进而提高销售收入，获得比对手更高的利润。

2）产品可靠性的差异化战略

产品可靠性的差异化战略是与质量差异化相关的一种战略。其含义是，企业产品具有绝对的可靠性，甚至出现意外故障时，也不会丧失使用价值。

3）产品创新的差异化战略

拥有雄厚研究开发实力的高技术公司，普遍采用以产品创新为主的差异化战略。这些公司拥有优秀的科技人才和执著创造的创新精神，同时建立了鼓励创新的组织体制和奖励制度，使技术创新和产品创新成为公司的自觉行动。

4）产品特性的差异化战略

如果产品中具有顾客需要的，而其他产品又不具备的某些特性，就会产生别具一格的形象。

（2）服务差异化战略

服务差异化是服务企业面对较强的竞争对手而在服务内容、服务渠道和服务形象等方面采取有别于竞争对手而又突出自己特征，以战胜竞争对手，在服务市场立住脚跟的一种做法。服务差异化战略主要包括送货、安装、顾客培训、咨询服务等因素。

（3）人事差异化战略

训练有素的员工应能体现出下面的六个特征：胜任、礼貌、可信、可靠、反应敏捷、善于交流。市场竞争归根到底是人才的竞争。企业需要培养专业的技术人员、管理人员和销售人员，从而增强企业整体的软实力。

（4）形象差异化战略

形象差异化战略是指在产品的核心部分与竞争者类同的情况下塑造不同的产品形象以获得差别优势的战略。形象就是公众对产品和企业的看法和感受，塑造形象的工具有名称、颜色、标识、标语、环境、活动等。

在实施形象差异化时，企业需要有创造性的思维和实际，需要持续不断地利用企业所有的传播工具，针对竞争对手的形象策略及消费者的心智而采取不同的策略。

### 9.4.3　集中化战略

集中化战略即聚焦战略，是指把经营战略的重点放在一个特定的目标市场上，为特定的地区或特定的购买者集团提供特殊的产品或服务。即指企业集中使用资源，以快于过去的增长速度来增加某种产品的销售额和市场占有率。

该战略的前提思想是：企业业务的专一化，能以更高的效率和更好的效果为某一狭窄的细分市场服务，从而超越在较广阔范围内竞争的对手们。这样可以避免大而弱的分散投资局面，容易形成企业的核心竞争力。

集中化战略与其他两个基本的竞争战略不同。成本领先战略与差异化战略面向全行业，在整个行业的范围内进行活动。而集中化战略则是围绕一个特定的目标进行密集型的生产经营活动，要求能够比竞争对手提供更为有效的服务。公司一旦选择了目标市场，便可以通过产品差别化或成本领先的方法，形成集中化战略。就是说，采用集中化战略的公司，基本上就是特殊的差别化或特殊的成本领先公司。采用集中化战略的结果是，公司要么可以通过满足特定群体的需求而实现差异化，要么可以在为特定群体提供服务时降低成本，或者可以二者兼得。这样，企业的赢利潜力会超过行业的平均赢利水平，企业也可以借此抵御各种竞争力量的威胁。但是，集中化战略常常意味着企业难以在整体市场上获得更大的市场份额，该战略包含着利润率与销售额之间互以对方为代价这一层含义。

集中化战略使用于以下行业企业：①具有完全不同的用户群；②各个细分市场没有完全开发；③企业资源不允许其追求广泛的细分市场。

 ## 本章小结

战略管理是整合性的管理理论，是企业最高层次的管理理论。战略管理的基本内容是对企业进行战略规划并有效地实施规划；战略规划的前提是对企业进行内外环境分析，其重点是进行行业竞争性分析和 SWOT 分析；企业的总体战略包括稳定型战略、增长型战略和紧缩型战略；企业的竞争战略主要有成本领先战略、差异化战略和集中化战略。

# 第 10 章　汽车服务企业文化与形象管理

 **学习目标**

1. 掌握企业文化的内涵和内容；
2. 了解企业文化建设的原则和程序；
3. 掌握企业文化建设的基本方法；
4. 熟悉企业形象设计的内容。
5. 熟悉汽车专营店的形象管理。

资源是会枯竭的，唯有文化生生不息。美国当代经济学家莱斯特在其新作《21 世纪的角逐》中指出：21 世纪的企业竞争将在一定程度上取决于文化力的较量，没有强有力的企业文化支撑的企业将会失去发展所必需的营养，企业发展就会面临困境。那些经历了百年风雨的企业更加证实了这一观点。

## 10.1　汽车服务企业文化概述

21 世纪是文化管理时代，是文化致富时代。企业文化将是企业的核心竞争力所在，是企业管理最重要的内容。企业拥有了自己的文化，才能使企业具有生命的活力，具有真正意义上人格的象征，才能具有获得生存、发展和壮大，为全社会服务的基础。

### 10.1.1　企业文化的内涵及特征

**1. 企业文化的内涵**

了解"文化"的概念，是研究企业文化的起点。英国学者爱德华·泰勒在其《原始文化》一书中指出："文化是一个复杂的总体，包括知识、信仰、艺术、道德、法律、风俗，以及人类在社会里所获得的一切能力和习惯。"

企业文化是企业在长期的实践活动中所形成的并且为企业成员普遍认可和遵循的具有本企业特色的价值观念、团体意识、行为规范和思维模式的总和。企业文化有广义和狭义之分，广义的企业文化是指企业物质文化、行为文化、制度文化、精神文化的总和，狭义的企业文化仅指以企业价值观为核心的企业意识形态。

**2. 企业文化的特征**

（1）人本性与整体性统一

人是企业文化的主体，也是企业生产和服务的主体；人是可以创造的生产要素，是活的资源、可以升值的资源，是企业生存发展的第一资源。企业文化最本质的内容，就是强调人的理想、道德、价值观、行为规范等"本位素质"在企业管理中的核心作用，强调在企业管理中要关心人、尊重人、信任人，强调激发人的使命感、自豪感和责任心。总之，突出的是以人为本。但是这种以人为本思想又是以企业整体性为前提展开的。企业文化集中反映出企业的整体利益、整体精神，追求的是企业的整体优势和整体意志的实现，又是企业员工所普遍接受的一种整体感觉和共同的价值观念，所强调的是全员一致的集体主义情绪和团结协调的行为方式。

（2）稳定性与动态性的统一

企业文化是企业在长期的生产经营管理实践中，逐步形成积累起来的一种群体意识，作为一种意识，相对于不断变化的企业内外环境具有一种稳定性。企业文化一旦形成，其基本内核的稳定性更加突出。但是，企业文化又是在变化中保持稳定的，具有动态性的一面。随着企业内外环境的剧烈变化，企业文化会发生变革，一种崭新的文化替代一种陈旧落后的文化，这是企业文化动态性最显著的表现。

（3）继承性与创新性的统一

企业文化的继承性体现在三个方面：第一，继承优秀的民族文化精华；第二，继承企业的文化传统；第三，继承外来的企业文化实践和研究成果。但继承不排斥创新，继承的目的在于创新，优秀的企业文化具有随着企业环境和国内外市场的变化而自我更新的强大能力。创新既是时代的呼唤，又是企业文化自身的内在要求。

（4）相融性与独立性的统一

企业文化的相融性体现在它与企业环境的协调和适应性方面。企业文化反映了时代精神，必然要与企业的经济环境、政治环境、文化环境及社区环境相融合，与企业环境格格不入的企业文化是没有生命力的。但是企业文化又具有鲜明的个性和特色，具有相对独立性。这是由企业的生产经营管理特色、企业传统、企业目标、企业员工素质及内外环境不同所决定的。

## 10.1.2　企业文化的形成与发展

企业文化是人类文化、民族文化发展的结果，是人类文化经过渔猎文化、农耕文化发展到商业文化的产物，是商业文化中的一部分，是商品经济高度发展的工业社会特有的社会文化现象。应当说，有企业和企业管理存在，就有企业文化存在。但是，一般说来，这时的企业文化属于自然生成的企业文化，真正把企业文化当成一门科学来对待，有意识地对它进行研究并运用于企业管理实践，是20世纪80年代以后的事情。企业文化热潮的兴起源于日本对美国的挑战。日本经济的冲击引起美日比较管理学的研究热潮。

日本是个岛国，资源贫乏，火山地震不断，既没有像中国那样光辉灿烂的民族文化，也没有像欧洲那样的现代科学技术，而且是第二次世界大战的战败国。在这种条件下，日本从20世纪50年代开始引进美国的现代管理方法，60年代实现了经济起飞，前后只用了不足20年的时间，令人难以置信。

日本经济重新崛起，创造了连续增长的奇迹，进入20世纪80年代以来，已作为一种超级经济力量出现于国际舞台，大有取代美国、欧洲之势，是什么力量促使日本经济腾飞？本来日本的管理是向美国学的，日本成功的奥秘是什么？美国学者把目光投向日本，探讨美国输给日本的缘由。20世纪70年代末到80年代初，一批美国学者，不仅有管理学者，而且有社会学、心理学诸多学科的学者远渡重洋赴日本考察，掀起了美日比较管理学研究热潮。美国学者考察研究的兴趣开始主要在企业管理方面，对美日两国的不同管理模式进行了全面比

较。特别是考察了企业之后，他们发现，日本企业与美国企业之间一个最大的差别，是日本企业的员工有"爱厂如家"的思想，而美国企业的员工缺乏这种思想。这证明，美日两国不同管理模式的背后是文化的差异，因此美国学者又把注意力集中在文化比较研究方面。文化的形成是一个长期的历史过程，具有鲜明的民族特征，日本的企业文化再好也只适用于日本，而不能简单地移植到美国企业。美国学者学习日本的最大收获，是发现了文化力是推动经济、推动企业发展的原动力。

对美国人决心重塑企业文化的决心和举动，日本人做出了积极反应。他们深感自己对企业文化理论研究的薄弱。美国学者对日本企业文化的赞赏和对其经验的理论概括，不仅进一步激发了日本人的自尊心，而且使日本人受到了研究企业文化理论的启发。20 世纪 50 年代，在经济技术相对落后的情况下，日本虔诚地向美国学习现代管理思想和技术，但他们没有机械地学，而是巧妙地把西方管理经验加工改造成适合日本国情、具有日本特色的管理模式，并使之获得了日本民族文化的认同和支持。与众不同的是，日本企业界一些著名的企业家，如松下幸之助、上野一郎等对自己的经营管理经验进行系统整理，对自己公司文化实践经验进行新的提炼和概括，来支持和丰富学术界的理论研究，他们在企业文化研究热潮中非常引人注目。

进入 20 世纪 80 年代后，我国加快了改革开放的步伐，实行政企分开，企业从垄断逐步走向市场竞争，"企业文化"才开始被我国的理论界与企业界所关注。1984 年，海尔公司的领导人张瑞敏在企业亏损 147 万元的情况下，首先提出文化先行、企业理念先行，为中国企业界进行企业文化建设注入了强心剂。中国企业也逐渐开始关注起企业文化这个新生事物，并在企业中探索践行，至今已经有 30 多年的历史。2005 年 3 月，国资委下发了《关于加强中央企业企业文化建设的指导意见》文件。这是我国企业文化建设史上第一份由国务院部委颁布的有关企业文化建设的重要文件，引起社会各界关注。该文件认为：建设先进的企业文化，是加强党的执政能力建设，大力发展社会主义先进文化、构建社会主义和谐社会的重要组成部分，是企业深化改革、加强发展、做强做大的迫切需要，是发挥党的政治优势、建设高素质员工队伍、促进人的全面发展的必然选择，是企业提高管理水平、增强凝聚力和打造核心竞争力的战略举措。

## 10.1.3　东西方企业文化比较

### 1. 欧洲的企业文化

欧洲文化是受基督教影响的，基督教给欧洲提供了理想价格的道德楷模。基督教信仰上帝，认为上帝是仁慈的，上帝要求人与人之间应该互爱。受这一观念的影响，欧洲文化崇尚个人的价值观，强调个人高层次的需求。欧洲人还注重理性和科学，强调逻辑推理和理性的分析。

（1）推行理性管理

企业组织机构严密，管理集中，讲求实效，富于理性。在人员配备上，要求严格，注重精干。各部门职责分工明确，讲究工作效率。经营中严守法律，坚守信用，一丝不苟。

（2）重视研发和创新

企业重视研究与开发，强调产品更新和技术创新，技术创新带来产品更新，产品更新又推动技术创新；国家制定相应的政策支持企业的研究与开发，如法国的技术政策与经济发展政策有密切的联系。

（3）注重质量，着眼于世界市场

对产品质量倍加重视，认为"质量是生产出来的，而不是检验出来的"。为了保证企业全球战略的实现，很多企业非常重视产品在全球的推广销售。一些大型企业和跨国公司按地区和国家设立销售部，或按产品设置销售机构。如德国的许多企业都设有强有力的推展和销售机构，销售网络健全而庞大。

（4）重视员工培训和参与管理

许多企业非常重视员工的素质，有计划地培训员工。重视员工参与管理，与欧洲文化中的人文精神、追求民主自由精神密切相关。在德国，工人持有股票已有相当比重，更加关心企业的生产经营，参与管理意识增强，劳动效率也明显提高。

德国的企业培训特点就是完善的职业培训机制和职工广泛参与管理。德国是世界上进行职业培训教育最好的国家之一，其法律规定的有三项：一是带职到高等学校学习；二是企业内部进修；三是由劳动总署组织并付费的专项职业技能培训。这种对教育的重视成就德国成为文化强国，以及奔驰、宝马之类的名企。

英国人由于文化背景的原因，世袭观念强，一直把地主、贵族视为社会的上层，企业经营者处于较低的社会等级。因此，英国企业家的价值观念比较讲究社会地位和等级差异，不是用优异的管理业绩来证明自己的社会价值，而是千方百计地使自己加入上层社会，因此在企业经营中墨守成规，冒险精神差。

意大利崇尚自由，以自我为中心，所以在企业管理上显得组织纪律差，企业组织的结构化程度低。但由于意大利绝大多数的企业属于中小企业，组织松散对企业生意影响并不突出。

**2．美国的企业文化**

美国的企业文化在20世纪70年代出现，80年代中期走向成熟。20世纪50年代以来，美国企业管理的发展趋势是严密化、定量化和硬科学化，在管理技术上倾向于企业的战略计划、组织结构、制度等管理硬件，在管理中注重社会的契约化、法律化和理性化等。这样，在企业的管理软件方面（如技能、作风、人员、士气、文化背景等）没有充分的重视和发展，在实际企业管理中，认为是计划和技术至上，企业人员在生产经营中是必要的但不是最重要的。具体地说，主要表现在以下几个方面。

（1）注重绩效及个人能力的发挥

美国历史上的"西进运动"使美国具有信奉个人能力主义、流动及变动性的特点。所以，美国的社会文化和社会心态要求个人在社会生活中充分表现自我。美国企业文化学者泰伦斯·迪尔和艾伦·肯尼迪指出，若价值是文化的灵魂，那么英雄就是这些价值的化身和组织机构力量的集中体现。在美国著名企业中，塑造并涌现出了一批"英雄"企业家。他们共同的特点就是通过个人奋斗，在事业中获取最大的成功而被企业确认为英雄模范式的人物。

美国式的个人主义，引发出美国文化中注重实用和务实及个人能力的发挥。任何一项发明或发现能否被美国人接受，关键在于能否在现实中加以应用，能否在社会生活中产生效应。这种务实的特点也反映在企业管理模式及企业文化模式中。美国企业用人不把职工的资历、学历、地位、职务等作为衡量人才的砝码，只是注重职工的表现和个人对企业贡献及绩效的大小。

（2）重视个人责任和权利

美国的企业多通过激励员工的个人主义使其与企业合作达到较好的水平，从而获得较高的经济效益。在美国社会发展中，个人主义的平等观念要求同一个团体中各个分子的地位相同，个人不能侵犯大家的权利，大家也不能剥夺个人的权利，社会上权利与义务的界限非常明确，而且是客观的、不带有感情色彩的。美国个人权利备受重视，是以尊重别人的权利为前提条件的。

由于美国社会是以金钱来衡量个人的实用价值的，也是以金钱来推动美国社会和企业运行的，因此在企业文化关系上，表现为企业与员工之间的关系是纯粹的金钱雇佣关系，这样在一定的程度上影响了雇员的工作积极性。

（3）具有典型的西方价值观

价值观是一个企业的基本概念和信仰，为企业员工规定出成功的标准和方向。许多著名的企业在个人主义的前提下，都讲究公私分明、公平合理、自由民主、平等竞争、自觉守法、尊重人权、突出个性、富于进取、讲究实效、不安现状、勇于创新和富于冒险精神等。

（4）实施制度化管理

制度是美国企业的精髓，不论做什么事，一定要先建立好制度及标准化的作业流程，一旦有问题，先考虑制度是否有弊端，然后再考虑人为因素。一般来说，主要表现在以下几个方面：如崇尚企业做大，强调规模效益；尽量降低成本；把所有的业务都进行细致的分析；开除扰乱秩序的人，做任何事都要进行控制；认为只要加薪、给奖金，生产力就会提高，大方重赏表现杰出者；监督品质管制；仔细认真地准备财务报表，等等。

（5）强调重视顾客

重视顾客的观念，从某种意义上说，是要在公众心目中树立起良好的企业形象，具体做法：尊重顾客，不厌其烦地跟顾客建立长久的联系；企业对顾客负责，树立对质量精益求精的精神，等等。

### 3．日本的企业文化

企业文化作为一种理论是从美国引入日本，但日本人的企业文化实践却早于美国。日本实际上是企业文化的故乡。日本企业文化是和日本的传统文化、民族心理紧密地联系在一起的。日本的传统文化和民族心理，一方面深受中国传统文化的影响，另一方面又带有日本特有的"家族"色彩。当这些传统文化和民族心理与现代企业管理相结合时，就形成了独具特色的管理方式和企业文化特色，主要特点表现在以下几个方面。

（1）推行"和"观念

日本成功的企业家，在投身企业界时，均以献身产业的使命作为自己的第一觉悟，"不屈的斗志"、"农夫精神"、"顺应同化"等。他们都把性命与事业融为一体，为之奋斗。松下幸之助曾说："专业知识或经验固然相当重要、可贵，我认为仅靠这些还不够，更需要的是舍命的精神，尤其在多事之秋，能发挥舍命精神的人，才是真正有用的人。"感谢报恩，也是日本企业文化所追求的大义之道。另外，东方民族特有的勤俭之风，对日本企业文化的影响也很大。

"和"的主要内涵是指爱人、仁慈、和谐、互助、团结、合作、忍让等，使日本企业成为高效能团队的精神主导和联系纽带。"和"的观念，对人的主体性的强调，产生了日本企业的共同理念，是集体主义团队精神的根源。

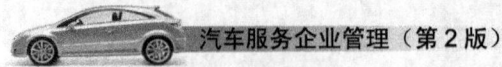

（2）突出表现主体个性

日本企业的生命力并不在于全日本企业界的共同特征，而在于它深深根植于通过一定历史时期发展而来的单个企业中。市场环境因素的变化复杂性，使企业必须以特有的管理方式适应所处的环境。因此各大公司，如日立、松下、丰田、本田等公司的企业文化各具特色。比如，松下公司采取以销售为主导型的战略，是重视短期利润的模拟家族共同体。日立公司则强调长期研发，具有采取以技术为主导战略的思想共同体，等等。

（3）推行"终身雇佣制"、"年功序列工资制"和"参与制"

推行"终身雇佣制"、"年功序列工资制"和"参与制"是日本企业文化的三大支柱。

终身雇佣制始于明治维新时代，至第二次世界大战后在日本得以全面推广，指的是职工从跨入企业门槛的第一天，就已经将自己一生的工作生涯托付给这个企业。虽然这不是法律规定，但这是日本社会约定成俗的一种默契。因此，在日本企业，即使不景气，也不会轻易辞退工人。

年功序列工资制是指依据职工的学历、年龄、工龄、能力、效率等确定职工工资制度。在企业内工作的时间愈长，报酬愈多，这种工资制度，保证了职工工龄与工资的同步增长，起到了巩固终身雇佣制的作用。

参与制，是指集体参与管理的制度，表现在：集体决策，会议决策不是以少数人说了算数，必须经多数人同意，甚至尽可能一致通过；通过恳谈会、提案制度等形式，使普通的职工能在不同程度上参与决策和管理。

**4．韩国的企业文化**

韩国的企业文化重视精忠职守，主张对家庭、对社会、对部下、对自己负责。韩国一些大企业的企业文化主要有以下表现。

（1）忠于团队的精神

公司重视职工忠诚感的培养，把公司和国家的目标与个人利益挂钩。每个人的最大贡献不仅使公司繁荣，也带来国家和个人的富裕。儒家思想及具有人性、情感的领导方法，是培养忠诚的手段。

（2）创业者的精神凝聚员工

员工凝聚力的主要支柱是创业者的坚定信念、追求成功的坚强意志、自我牺牲的精神及超前的眼光。

（3）实行家庭情感主义

公司像家庭一样，公司领导者善于运用各种方式、场合表现对员工及其家庭的关心，尽力给员工以安定的职位，培养家庭式的情感。

（4）组织管理方式上采用兵营式

大部分公司都采取军队式的组织形式，一方面灌输服从意识，培养责任观念；另一方面提高统御能力。

（5）奖罚制度分明

优异者受奖，违纪者必受处罚。

（6）具有团体意识

职工有尽力与团队结为一体的精神，连奖惩都和团队结为一体，使大家都有一种团队的归属感。公司一般采用创立口号、格言来增强职工的团队意识。

### 5．中国的企业文化

（1）提倡艰苦创业

自力更生，艰苦奋斗，发奋图强，迎难而上，自强不息，勇争一流。这以"大庆精神"、"鞍钢精神"为主要代表。

（2）人本主义

以人为本，体现在选人、用人、育人、爱人等方面，重视人才，讲究用人之道；体现"人和"、"亲和"精神，吸收员工参与管理，强调培养主人翁意识；强调"天人合一"、和谐友爱。

（3）重情重义

尊重人格，促进沟通，实施心理影响，施以"人性化管理"，把"义"作为职业道德、信誉投资、责任和义务，让利于顾客、伙伴、员工；具有"家"理念，爱厂如家，建立顺畅的人际关系，培养团队精神，内聚而不排外，外争而不无序。

（4）提倡集体主义、全局观念和文化沟通

决策注重集体主义，集思广益，形成群体决策、民主集中的决策机制，但权力相对分散，责任不易明确，行动比较迟缓，效率较低；推崇"群体至上"，"集体利益大于个人利益"，注重全局观念、整体和谐。

（5）重教化，树形象

重视教育培训，捐资助学，出资办学，以多种形式赞助科学、文化、教育、体育活动等，树立企业形象。如宝钢集团设立"宝钢奖学金"，春兰集团赞助春节文艺晚会节目评选，联想集团成为奥运会赞助商，等等。

（6）敬业报国

爱岗敬业，实业报国，服务社会，以国家利益为重，讲究大局，勇于承担社会责任。

 **案例**

## 著名车企的企业文化

### 一、宝马公司的企业文化

宝马公司立足于全球市场，公司以市场为中心开展一切活动，宝马公司的企业文化充分体现了以市场为主导的特点。宝马公司的企业文化具体可概括为以下几个方面。

1．"生产紧随市场"的经营哲学

宝马公司的全球生产网络的构建遵从"生产紧随市场"的经营哲学。公司根据当地市场情况来建立生产网络，同时在生产管理方面紧随市场需求，采取柔性管理。在宝马公司生产方面，同员工的团队管理方式一样，各厂都在一个共同的生产体系内进行大量协作。同时，公司采取柔性管理方式，各厂都根据不同的生产车型对人员灵活调配，并以灵活的工作时间和灵活的物流管理而见长。据此，宝马公司的高度协调的生产网络不仅可以高效管理汽车生产中非常复杂的工艺流程，而且可以对某车型的需求变化迅速做出反应。

2．注重人的可持续发展的人事理念

宝马公司把员工的可持续发展视为企业成功的主要因素，同时，也视其为在世界范围内领先的重要保证，并把这一理念融入公司的经营哲学中。

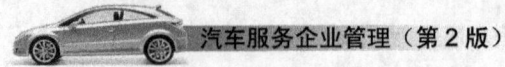

3. 社会角色定位

作为一个全球性的企业，其成功与否已经不能仅仅以赢利水平和销售数字来衡量。全球性企业必须切实承担起环境保护、员工福利和其他社会责任，只有这样才能保证持续取得商业上的成功。

## 二、本田汽车公司的企业文化

### 1. 充分尊重个人，公平合理授权

本田汽车公司（以下简称本田）既无官僚色彩，也不存在派系和宗派主义，职工可以轻松愉快地工作。高级干部到50岁就为后来的年轻人让位，最大限度地尊重年轻职员。力戒害怕失败的谨小慎微作风，按照本田的说法是不工作才不失误。在对本田职工进行的一项关于"本田精神的核心是什么"的问卷调查中，回答顺序分别是独创性、要为自己工作、人尽其才、不要怕失败。

### 2. 一人一事，自由竞争

一人一事就是废除公司强迫一个人干一项他不能胜任的工作的做法。保证每个人都有自由选择一个自己的主攻方向的权利。自由竞争就是主张进行不同性质的自由竞争。为了达到共同的目标，每个人、每个小集体都要有自己的设想，并通过它来找到开发领域，把竞争机制引进公司内部。

### 3. 造就独创型人才

要造出风格独特的产品，企业职工就必须具备独创性的头脑。横向型组织、项目攻关制度只是一种保证，归根到底，关键还取决于人。企业中能拥有多少独创性人才是本田创业以来一直给自己设置的课题。

"10年企业靠人，50年企业靠制度，100年企业靠文化。"企业文化作为一种管理理念，一直是学术界与企业界关注的一个主题。文化特质决定了企业的地位，成功的企业必然有成功的企业文化。它是企业在工作过程中形成的一种共同的行为方式和价值观，是推动和促进企业持续稳定发展的决定性因素，是企业发展的主导和灵魂，是企业发展的最终核心竞争力。

## 10.1.4　企业文化的内容

企业文化的内容主要包括物质层、行为层、制度层和精神层等四个层次的文化，如图10-1所示。

### 1. 物质层文化

企业物质层文化也叫企业文化的物质层，是指由职工创造的产品和各种物质设施等构成的器物文化，是一种以物质形态为主要研究对象的表层企业文化。相对核心层而言，它是容易看见、容易改变的，是核心价值观的外在体现。企业物质层文化是组织文化的表层部分，是组织创造的组织的物质文化，是形成组织文化精神层和制度层的条件，具体内容如下。

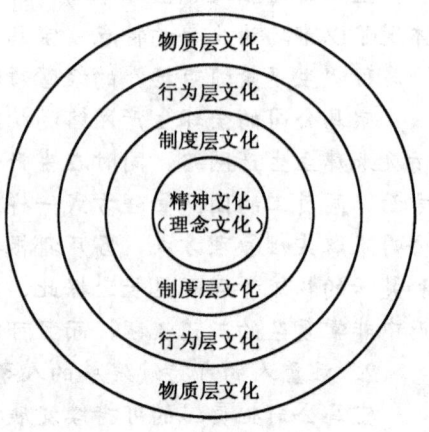

图 10-1　企业文化的层次

（1）产品或服务

有形的产品包括其品质、特色、式样、外观和包装。如生产制造出质量可靠、性价比高的商品；无形的服务包括可以给顾客带来附加利益和心理上的满足感及信任感的售后服务。

（2）企业外部特征

企业外部特征包括：企业标识，如企业名称、标志、企业象征物、标语等；工作环境或厂容，如企业的建筑风格，文化体育设施，绿化、美化环境，办公环境均为整洁、明亮、舒适；技术装备，如配置先进的机器设备。

（3）人才资源及福利待遇

人才资源及福利待遇方面，比如：通过全程、终身培训使员工均达到行业社会优秀水平，人尽其才；公司员工通过辛勤劳动获得行业和当地领先的工资、福利待遇。

（4）企业广告及文化传播网络

企业广告及文化传播网络，包括企业自办的报纸、刊物、有线广播、闭路电视、计算机网络、宣传栏、广告牌、招贴画等。

## 2．行为层文化

企业行为层文化即企业文化的行为层，是指企业员工在企业经营、教育宣传、人际关系活动、文娱体育活动中产生的文化现象。它是企业经营作风、精神风貌、人际关系的动态体现，也是企业精神、企业价值观的折射。企业行为层文化建设的好坏，直接关系到企业职工工作积极性的发挥，关系到企业经营生产活动的开展，关系到整个企业未来的发展方向。企业行为层文化集中反映了企业的经营作风、经营目标、员工文化素质、员工的精神面貌等文化特征，直接影响着企业经营业务的开展和经营活动的成效。

从人员结构上划分，企业行为中又包括企业家的行为、企业模范人物的行为、企业员工的行为。

（1）企业家行为

企业家是理念体系的建立者，精通人生、生活、工作、经营哲学，富有创见，管理上明理在先，导行在后；企业家高瞻远瞩，敏锐地洞察企业内外的变化，为企业也为自己设计长远的战略和目标；企业家将自己的理念、战略和目标反复向员工传播，形成巨大的文化力量；企业家艺术化地处理人与工作、雇主与雇员、稳定与变革、求实与创新、所有权与经营权、经营权与管理权、集权与分权等关系；企业家公正地行使企业规章制度的"执法"权力，并且在识人、用人、激励人等方面学高为师、身正为范；企业家与员工保持良好的人际关系，关心、爱护员工及其家庭，并且在企业之外广交朋友，为企业争取必要的资源。在一定层面上，企业家的价值观代表了一个企业的价值观，"企业文化就是老板文化"的说法是有一定道理的。

（2）模范人物的行为

模范人物使企业的价值观人格化，他们是企业员工学习的榜样，他们的行为常常被企业员工作为仿效的行为规范。企业的模范行为可以分为企业模范个体的行为和企业模范群体的行为两类。企业模范个体的行为标准是，卓越地体现企业价值观和企业精神的某个方面；一个企业中所有的模范人物的集合体构成企业的模范群体，卓越的模范群体必须是完整的企业精神的化身，是企业价值观的综合体现。企业模范群体的行为是企业模范个体典型行为的提升，具有全面性，因此在各方面都应当成为企业所有员工的行为规范。

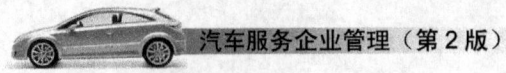

（3）员工群体行为

员工的群体行为决定了企业整体的精神风貌和企业文明的程度，员工群体行为的塑造是企业文化建设的重要组成部分。要通过各种开发和激励措施，使员工提高知识素质、能力素质、道德素质、勤奋素质、心理素质和身体素质，将员工个人目标与企业目标结合起来，形成合力。

### 3．制度层文化

企业制度是在生产经营实践活动中所形成的，对人的行为带有强制性，并能保障一定权利的各种规定。从企业文化的层次结构看，企业制度属中间层次，是精神文化的表现形式，是物质文化实现的保证。企业制度作为职工行为规范的模式，使个人的活动得以合理进行、内外人际关系得以协调、员工的共同利益受到保护，从而使企业有序地组织起来为实现企业目标而努力。

企业制度层文化主要包括领导体制、组织机构和管理制度三个方面。

（1）领导体制

企业领导体制是企业领导方式、领导结构、领导制度的总称，其中主要是领导制度。企业的领导制度，受生产力和文化的双重制约，生产力水平的提高和文化的进步，就会产生与之相适应的领导体制。不同历史时期的企业领导体制，反映着不同的企业文化。在企业制度文化中，领导体制影响着企业组织结构的设置，制约着企业管理的各个方面。所以，企业领导体制是企业制度文化的核心内容。卓越的企业家就应当善于建立统一、协调的企业制度文化，特别是统一、协调的企业领导体制。

（2）组织机构

如果把企业视为一个生物有机体，那么组织机构就是这个有机体的骨骼。因此，组织机构是否适应企业生产经营管理的要求，对企业生存和发展有很大的影响。不同的企业文化，有着不同的组织机构。影响企业组织机构的不仅是企业制度文化中的领导体制，而且企业文化中的企业环境、企业目标、企业生产技术及企业员工的思想文化素质等也是重要的影响因素。组织机构形式的选择，必须有利于企业目标的实现。

（3）管理制度

企业管理制度是实现企业目标的有力措施和手段。它作为职工行为规范的模式，能使职工个人的活动得以合理进行，同时又成为维护职工共同利益的一种强制手段。因此，企业各项管理制度，是企业进行正常的生产经营管理所必需的，是一种强有力的保证。优秀企业文化的管理制度必然是科学、完善、实用的管理方式的体现。

### 4．精神文化

精神文化是指企业生产经营过程中，受一定的社会文化背景、意识形态影响而长期形成的一种精神成果和文化观念，包括企业精神、经营哲学、企业道德、企业价值观念、企业风貌等内容，是企业意识形态的总和。

（1）企业精神

企业精神是指企业基于自身特定的性质、任务、宗旨、时代要求和发展方向，并经过精心培养而形成的企业成员群体的精神风貌。企业精神要通过企业全体职工有意识的实践活动体现出来。因此，它又是企业职工观念意识和进取心理的外化。可以说，企业精神是企业的灵魂。

　　企业精神通常用一些既富于哲理，又简洁明快的语言予以表达，便于职工铭记在心，时刻用于激励自己；也便于对外宣传，容易在人们脑海里形成印象，从而在社会上形成个性鲜明的企业形象。"每天进步一点点"被确定为长城汽车企业文化的核心理念。

　　（2）经营哲学

　　经营哲学也称企业哲学，是一个企业特有的从事生产经营和管理活动的方法论原则。它是指导企业行为的基础。一个企业在激烈的市场竞争环境中，面临着各种矛盾和多种选择，要求企业有一个科学的方法论来指导，有一套逻辑思维的程序来决定自己的行为，这就是经营哲学。长城汽车以"精心对车、诚心待人"为服务宗旨，通过首问负责制、24 小时援助服务、一次性限时服务、完善的"三级回访"等服务理念，为用户创造放心、安心、舒心的用车感受，以获得更高的用户满意度，体现"长城人"的全心关怀，提升长城汽车品牌美誉度。

　　（3）企业道德

　　企业道德是指调整该企业与其他企业之间、企业与顾客之间、企业内部职工之间关系的行为规范的总和。它是从伦理关系的角度，以善与恶、公与私、荣与辱、诚实与虚伪等道德范畴为标准来评价和规范企业。

　　企业道德与法律规范和制度规范不同，不具有那样的强制性和约束力，但具有积极的示范效应和强烈的感染力，当被人们认可和接受后具有自我约束的力量。因此，它具有更广泛的适应性，是约束企业和职工行为的重要手段。

　　（4）企业价值观念

　　企业的价值观，是指企业职工对企业存在的意义、经营目的、经营宗旨的价值评价和为之追求的整体化、个异化的群体意识，是企业全体职工共同的价值准则。只有在共同的价值准则基础上才能产生企业正确的价值目标。有了正确的价值目标才会有奋力追求价值目标的行为，企业才有希望。因此，企业价值观决定着职工行为的取向，关系着企业的生死存亡。只顾企业自身经济效益的价值观，不仅会损害国家和人民的利益，还会影响企业形象。只顾眼前利益的价值观，会急功近利，搞短期行为，使企业失去后劲，导致灭亡。

　　（5）企业风貌

　　每一个人、每一个团队或组织，在人们心目中都会有一个感觉和印象，这就是风貌。企业风貌，能够彰显群体的个性和气质，是团队精神的外在表露。要想企业员工有一个良好的精神风貌，企业管理者首先要提高自己的修养和素质，有一个良好的精神风貌，这样才能带动全体员工，把优秀的企业文化展现出来。

 案例

## 庞大集团的企业文化

一、庞大集团企业精神

"勤实、严信、拼搏、高效。"

勤：本意是辛勤、勤快，这里指每一个庞大人在工作中要做到勤奋、勤劳、勤俭。

实：本意是诚实、真实、实在、扎实，不虚伪、不空虚，这里指每一个庞大人在工作中要做到求真务实、默默无闻、扎实肯干。

严：本意是严密、严谨、严格、严明，这里指每一个庞大人在工作中要做到令行禁止、严格落实执行力。

信：本意是诚信、信用、信心、信奉，这里指每一个庞大人在工作中要做到诚实守信、坚守信念、追求卓越、永不言败。

拼搏：本意是勇敢顽强地在竞赛中争取胜利。这里指每一个庞大人要在工作和事业中努力奋斗，克服一切困难，不达目标决不放弃。

高效：这里指每一个庞大人在工作中，要把每一项工作做到最好，达到高效率、高效益；也包括在使用企业资产、资金时要利用得最好，同样要达到高效率、高效益。

二、庞大集团经营宗旨

诚信经营，顾客至上。一切为了客户，为了客户一切，精心打造"庞大"品牌。

三、庞大集团服务理念

"三服务（3S）"即微笑服务、站立服务、跑步服务。微笑是体现爱心、真诚、友善的表情语言；站立是体现恭敬、正直、诚实的姿态语言；跑步是体现快捷、灵活、高效的行为语言。"3S"理念从三个方面高度体现了庞大人高尚的道德情操和朴实的行为品质，是指导公司员工的行为准则。"3S"服务标准是：赢得顾客永久的信赖。

四、庞大集团广告语

"要买称心如意车，请到庞大来选择。"

"一握庞大手，永远是朋友。"

# 奇瑞文化

**核心理念**

自主创新，世界一流，造福人类；

用户第一，品质至上，效益优先；

目标管理，规范流程，持续改进；

以人为本，诚信合作，勤俭廉洁。

**质量方针**

"顾客满意"是公司永恒的宗旨，向顾客提供"零缺陷"产品和周到的服务是公司每个员工始终不渝的奋斗目标。

**奇瑞人品质**

钢铁般的意志；大海般的胸怀；冰山般的冷静；初恋般的激情。

**企业文化方针**

创新、敬业、诚信、勤俭、廉洁、和谐

**奇瑞创业精神**

谋于陋室，成于荒滩。

"小草房精神"，曾经的艰辛，我们永远铭记！

壮志饥餐凉盒饭，笑谈渴饮白开水！向奇瑞的开拓者们致意！

披星戴月天上的星星多么美丽，因为有了你，我们才会创造奇迹。

烈日当空，工地日当午，汗滴桩下土。

**奇瑞文化理念**

真挚诚信，激情永驻；

用户第一，品质至上；

永远创业，追求卓越；

马上行动，日清日高；

以人为本，鼓励竞争；

组织优化，团队互动；

超越梦想，挑战极限。

## 10.1.5　企业文化的功能

企业文化反映一个企业的精神风貌，决定着企业内在凝聚力的大小。在现代企业管理中，文化力的作用已越来越为人们所认识。

海尔集团总裁张瑞敏指出，一个企业要在国际上站住脚，就必须做大。然而，这种"大"是要建立在"强"的基础上的，只有"强"才能保证企业在"大"的过程中不出问题。而使企业强大的一个核心问题是企业文化。这是一种价值观正确、全体员工都认同的"粘合剂"，是企业进行管理的一种内在基础。日本政府在总结明治维新时期经济能得到迅速发展的经验时发表过一份白皮书，其中有这样一段话：日本的经济发展有三个要素，第一是精神，第二是法规，第三是资本。这三个要素的比重是，精神占 50%，法规占 40%，资本占 10%。这说明，资本不是最关键的因素，文化要素才是最重要的。

### 1．企业文化具有导向功能

播种一种观念，培育一种行为，从而收获一种结果。企业文化的导向功能主要表现在企业价值观对企业主体行为，即企业领导者和广大职工行为的引导上。由于企业价值观是企业多数人的"共识"，因此，这种导向功能对多数人来讲是建立在自觉的基础之上的。对少数未取得"共识"的人来讲，这种导向功能就带有某种强迫性质。企业的目标、规章制度、传统、风气等迫使他们按照企业整体价值取向行事。

### 2．企业文化具有约束功能

企业文化的约束功能主要通过完善管理制度和道德规范来实现，主要体现在两个方面。

有效约束的企业制度是企业文化的内容之一，企业制度是企业内部的法规，企业领导者和企业职工必须遵守和执行，从而形成约束力。

道德规范的约束：道德规范是从伦理关系的角度来约束企业领导者和职工行为的。它虽然不是明文规定的硬性要求，但以潜移默化的方式，形成一种群体道德规范和行为准则（非正式规则体系）以后，某种违背企业文化的言行一经出现，就会受到群体舆论和感情压力的无形约束，同时使职工产生自控意识，达到内在的自我约束。

### 3．企业文化具有凝聚功能

企业文化以人为本，尊重人的感情，从而在企业中营造一种团结友爱、互相信任的和睦气氛，强化了团体意识，使企业职工形成强大的凝聚力和向心力。共同的价值观念形成了共同的目标和理想，职工把企业看成是一个命运共同体，把本职工作看成是实现目标的重要组

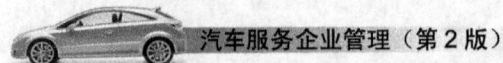

成部分，使企业步调一致，形成统一的整体。这时，"企业兴我兴"成为职工发自内心的真挚感情，"爱公司如家"就会变成他们的实际行动。

### 4. 企业文化的激励功能

管理的核心是人，管理的目的是要把蕴藏在人肌体内的聪明才智充分挖掘出来。积极的企业文化强调尊重每个人，相信每个人，凡事都以职工的共同价值观念为尺度，共同的价值观念使每个职工都感到自己存在和行为的价值，自我价值的实现是人的最高精神需求的一种满足，这种满足必将形成强大的激励。在以人为本的企业文化氛围中，领导与职工、职工与职工之间互相关心、互相支持。特别是企业文化建设取得成功，在社会上产生影响，企业职工会产生强烈的荣誉感和自豪感，他们会加倍努力，用自己的实际行动去维护企业的荣誉和形象。

### 5. 企业文化具有协调作用

企业文化的形成使得职工有了共同的价值观念，对众多问题的认识趋于一致，增加了相互间的共同语言和信任，使大家在较好的文化氛围中相互交流和沟通，减少各种不必要的摩擦和矛盾，使企业上下左右的关系较为密切、和谐，各种活动更加协调，个人工作也比较心情舒畅。企业文化充当着企业"协调者"的角色。

### 6. 企业文化具有辐射功能

企业文化关系到企业的公众形象、公众态度、公众舆论和品牌美誉度。企业文化不仅在企业内部发挥作用，对企业员工产生影响，也能通过传播媒体、公共关系活动等各种渠道对社会产生影响，向社会辐射。企业文化的传播对树立企业在公众中的形象有很大帮助，优秀的企业文化对社会文化的发展有很大的影响。

 **案例**

## 海尔文化激活"休克鱼"

20世纪90年代中期，中国出现了企业兼并重组的强大潮流。这对每一个中国企业来说，都既是严峻的挑战又是巨大的机遇：可能被兼并而使自己消失，也可能被兼并而使自己新生；可能兼并别人而发展壮大自己，也可能兼并别人就使自己背上沉重的包袱而永远爬不起来。

在这股强大的兼并重组潮流面前，海尔人做出了自己特有的冷静分析，提出了自己特有的"休克鱼"概念。海尔总裁张瑞敏分析道："从国际上看，企业兼并可以分成三个阶段：先是'大鱼吃小鱼'，这发生在资本经营的初级阶段，企业的资本存量、经营规模起决定作用，兼并的主要形式是大企业'吃'掉小企业；然后是'快鱼吃慢鱼'，这时技术含量上升为竞争胜负的决定性因素，谁的技术含量高，谁发展得快，谁就能赢。这个阶段主要表现为资本向技术靠拢，高技术企业兼并传统企业。到了20世纪90年代，则是'鲨鱼吃鲨鱼'的阶段，这时已不存在谁'吃'谁的问题，而是一种'强强联合'，也可以说是目前企业兼并重组中的最高级形式，波音和麦道的合并就是这种强强联合的结果。"

"我认为，从实际情况看，这些兼并的形式在中国目前都还做不到。大鱼吃不了小鱼，因

为小鱼不觉其小；快鱼吃不掉慢鱼，因为慢鱼并不感到自己慢，各有所倚，各得其所。只要银行有贷款注入，产权不可以交易，政府干预较多，就不会让你吃掉。"

"活鱼不让吃，死鱼吃了要坏肚子，弄不好自己要生病，所以海尔就选择了吃'休克鱼'。所谓'休克鱼'，就是指一些硬件比较好而软件不行的企业。就像一个人身体非常强壮，但是脑子不行，思想观念有问题，处在'休克'状态。"

张瑞敏的"休克鱼"概念，既是一个很形象、很好记的鲜活比喻，也是符合我国当代企业文化发展不平衡这种实际的生动概括。一方面，我国有些公司形成了卓越的企业文化，有一套和市场经济相适应的企业价值观念体系，并取得了显著的经营业绩，积累了用文化的力量来发展经济的经验；它们是充满活力的"清醒鱼"、"快鱼"、"大鱼"，像海尔就是这样的企业。另一方面，我国也有不少企业的价值观念落后，没有进行自觉的企业文化建设，或者只是做表面文章，从其他企业那里抄袭了一些口语和箴言，根本不知道怎样结合本企业的实际来塑造自己的企业文化。这类企业还可细分为两种，一种是硬件也不行，设备老化，工艺陈旧，厂房破败，是张瑞敏说的"死鱼"；还有一种是硬件不错，甚至有刚刚引进的全套先进生产线，即张瑞敏说的"休克鱼"。

海尔按照专吃"休克鱼"的思路，截至 1998 年 6 月底，连续兼并了 15 家企业。这些企业被兼并时的亏损总额是 5.5 亿，兼并以后都已经扭亏为盈，而且盘活了近 15 亿的资产。这不仅使得作为兼并者的海尔得到了发展壮大，同时也使得被它兼并的企业获得了真正的新生。海尔兼并了那么多的厂，没有一个是一去就给添置设备的，都是用原有的设备，在原有的厂房里，生产原有的产品，但都比较快地改变了面貌，靠的是什么呢？靠的就是海尔的企业文化。

"海尔文化激活'休克鱼'"的事实，引起了世界的关注。美国哈佛大学把它写成案例，编入 MBA 班"企业文化与企业发展"这门课的教材。1998 年 3 月 25 日，这部分内容第一次进入课堂与 MBA 二年级学生见面时，张瑞敏也应邀出席。按照哈佛大学教授的安排，张瑞敏当场讲解了案例中的有关情况，并回答了研究生们的提问。有人认为：这件事所显示的意义，绝不亚于"中国企业进入世界 500 强"这个目标的实现。

## 10.2 汽车服务企业文化建设

所有的企业都存在企业文化，而企业文化的建设过程，实际上是一个将原有的企业文化剥荸存良的过程，通过对企业各种元素的深层次挖掘，使文化由隐性向显性转变，然后将阻碍企业发展的部分剥离，将有利于企业、促进企业发展的部分进行系统整合，形成文化，发挥效应。企业文化建设的本质意义是为企业打造一整套完善有效的运作体系，体系可以随着企业的成长而成长，具有较长时期内的普遍适用性。完善的企业文化建设可以使企业适应自身和市场的需求，从而得到健康有序的发展。

### 10.2.1 企业文化建设的原则

#### 1. 以人为本

企业文化模式必须以人为中心，充分反映人的思想文化意识，通过企业全体人员的积极参与，发挥首创精神，企业才能有生命力，企业文化才能健康发展。

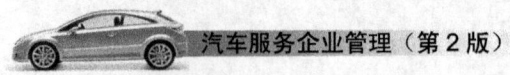 

**2．讲求实效**

进行企业文化建设，要切合企业实际，符合企业定位，一切从实际出发，不搞形式主义，必须制定切实可行的企业文化建设方案，借助必要的载体和抓手，建立规范的内部管控体系和相应的激励约束机制，逐步建立起完善的企业文化体系。

**3．全员参与**

员工是企业文化的创造者，也是企业文化的实践者和丰富者。企业文化建设应坚持企业核心价值，凝聚和激励员工为实现企业的愿景而奋斗，实现企业与员工的共同发展。企业文化建设是一项具有战略意义的、长期的系统工程，是管理文化、全员文化，而不是企业文化建设部门的文化。企业文化建设没有旁观者，必须坚持管理者率先垂范与员工广泛参与，依靠广大员工主观能动作用的充分调动和发挥，形成企业文化建设广泛的群众基础，促使企业执行层理念转化为员工的自觉行动。

**4．突出特色**

搞好企业文化建设关键在于突出企业的鲜明个性，追求与众不同的特色、优势和差别性，培育出适应知识经济时代要求的，能够促进企业整体素质提高、健康发展，具有自身鲜明特色的企业文化。

**5．循序渐进**

企业文化建设是一项长期的渐进的系统工程，具有实践性和渐进性，只有经过长期的努力才能实现，在建设中必须突出重点，分步实施。同时企业文化也是一个动态发展的过程。要在继承长期生产经营过程中形成的优秀企业价值理念和管理思想的同时，不断学习，积极借鉴和吸收国内外优秀企业文化的成功经验，并在新形势下不断探索和建立包括理念创新、经营创新、管理创新、体制创新在内的全面创新体系。

## 10.2.2 企业文化建设的方法

建设企业文化的方式与方法是多种多样的，与企业经营管理活动相伴随、相互渗透、相互推动。但从相对独立的角度讲，建设企业文化的方式与方法主要有以下几个方面。

**1．创立企业文化礼仪**

企业文化礼仪是指企业在长期的文化活动中所形成的交往行为模式、交往规范性礼节和固定的仪式。它规定了在特定文化场合企业成员所必须遵守的行为规范、语言规范、着装规范，若有悖礼节，便被视为"无教养"行为。企业文化礼仪根据不同的文化活动内容具体规定了活动的规格、规模、场合、程序和气氛。这种礼仪往往有固定的周期性，不同企业的礼仪体现了不同企业文化的个性及传统。

企业文化礼仪在企业文化建设中的作用主要表现在：使企业理性上的价值转化为对其成员行为的约束力量；企业文化礼仪是企业文化传播最现实的形式；企业文化礼仪是企业成员的情感体验和人格体验的最佳形式。

### 2．开展企业文化活动

开展唱歌、跳舞、体育比赛、国庆晚会、元旦晚会等活动，可以把企业文化的价值观贯穿进行。比如，唱歌内容可以是歌颂公司的先进人、事的敬业精神，晚会中的小品可以围绕着成本观念如何重要来组织，体育比赛则体现了一种奋斗向上的竞争精神，舞会的主题是团结协作多么重要。如果是国庆晚会或元旦晚会，还要穿插表扬先进或请典型人物做报告等。

用文化活动来建设企业文化要生动有趣，富有艺术性。企业文化的内容应巧妙而不是生硬地穿插其中，让员工在欣赏节目时不知不觉地接受企业文化的理念。

### 3．营造企业文化氛围

所谓氛围，一般是指特定环境中的气氛和情调，能够形成氛围，必定使人产生一种强烈的感觉，这种感觉来自特定环境中所体现的精神。企业文化氛围是指笼罩在企业整体环境中，体现企业所推崇的特定传统、习惯及行为方式的精神格调。企业文化氛围是无形的，以其潜在的运动形态使企业全体成员受到感染，体验到企业的整体精神追求，因而产生思想升华和自觉意愿。因此，企业文化氛围对于企业成员的精神境界、气质风格的形成都具有十分重要的作用。

企业文化氛围由物质氛围、制度氛围、感情氛围等三部分构成。

（1）物质氛围

物质氛围主要是从企业物质要素及其组合中所反映出的企业主体的情趣、格调。良好的物质氛围表现为企业环境（厂区、车间、办公室、生活区等）洁净、井然有序。

（2）制度氛围

制度氛围主要是企业成员对企业各项政策、制度及规定的态度、情绪等。良好的制度氛围表现为制度与企业成员行为的一体化。企业成员形成了自觉维护、遵守企业各项政策、制度及规定的习惯和气氛。

（3）感情氛围

感情氛围主要是企业成员在相互交往及工作中所表现出来的气氛和态度。良好的感情氛围，表现为企业成员之间相互尊重与信任，工作配合默契，心情舒畅，相互之间的摩擦、冲突和矛盾现象较为少见，员工对企业有强烈的归属意识。工作中追求成就，追求创新，人人不言落后。

上述企业文化氛围结构的诸要素中，感情氛围是核心，是企业文化最直接的表观。物质氛围和制度氛围的好坏从根本上讲取决于感情氛围。因此，创造企业文化氛围的重点是创造企业文化的感情氛围。

 **案例**

## 三种典型的企业文化建设

### 完全委托

甲公司准备开展企业文化建设的消息发出后，多家咨询公司参与了项目争夺，甲公司的企业文化部在经过了形式上的竞标后，聘请了老板知名度较高的一家咨询公司，该公司项目建议书中开列了包括该老板在内的多名知名专家和一名据介绍有十年咨询经验的知名学府的MBA（以下称为A君），但在这些名单后包含了一个甲公司没有注意的"等"字。

甲公司付出首付款后，项目组一行七人浩浩荡荡进驻了甲公司，七人中包括了名单中的老板、一名专家和那名 A 君，余下四人都是年轻人：项目组进驻当天咨询公司的老板、专家、A 君和两名助手对甲公司董事长、总经理分别进行了各 90 分钟的访谈，次日，按计划，召开了"甲公司企业文化项目启动誓师会"，由专家进行了两个小时的专题报告，咨询公司老板进行了"企业文化建设"的讲座，据甲公司企业文化部部长讲，两位的报告内容已经在不同场合听过多次。午餐过后，因有其他要务，专家和老板启程奔赴机场，A 君和其他四个年轻人继续访谈。

接下来，企业文化部不断得到对咨询人员水平的质疑，部长开始坐不住了，经过旁敲侧击，私下交流，很快得知，留下的五人中 A 君是 32 岁，大学本科毕业设计参与了一个小公司的人力资源管理软件实施，工作五年后考取 MBA，毕业后进入咨询行业，主要从事人力资源咨询，所谓十年咨询经验是从毕业设计开始计算的；其他四人，两人是新的 MBA 毕业生，一人是人力资源专业在读研究生（那位专家的研究生），另一人是新闻专业本科毕业生。

部长开始着急了，频繁和咨询公司老板联系，希望调整咨询人员，但被老板告知，一线人员只是收集资料，初步分析，结论还是专家和他自己把关，让部长安心，配合好项目组工作。

一个月后，诊断报告出来了，公司的问题点说得很清楚，得到董事长肯定，部长开始有些欣慰，特意请咨询组去当地的名胜旅游了两天。

又一个月过去了，项目组提交了一份企业文化体系报告，部长拿到这份报告后又开始头痛，看着这份文字华丽、引论古今中外的企业文化体系，感觉怎么也和自己的企业联系不上。体系在讨论、修改、提交、再讨论、再修改、再提交中反复了多次，部长感觉项目组的每一次修改其实只是按照意见在动文字，对于一个新的价值观能够在企业中带来什么反映，和企业的生产实际是否联系的上似乎没有考虑，部长开始催问项目组："老板和专家什么时间来？"A 君一再表示，每一次的修改稿都是经过老板和专家肯定的，并开始暗指甲公司不懂企业文化。部长也和咨询公司老板通了电话，老板感觉了部长的不满，委婉表示：最近公司业务很忙，许多知名公司都主动找他们做项目，自己对甲公司项目的关心不够，但专家一直在关心，希望甲公司能够相信专家的意见。部长又和专家沟通，专家讲：我在开会，学生在项目组，请部长将意见通过学生转达。此时，部长开始明白，所谓每次修改都有老板和专家审定是 A 君的谎言。

项目开始三个月后，企业文化理念体系还没有确定，甲公司董事长在和 A 君进行了一次交流后决定终止项目。

## 独立自主

乙公司在决定开展企业文化建设后，成立了由公司党群工作部、宣传部、市场部组成的企业文化建设小组，开始独立自主的企业文化建设。

企业文化建设小组首先在全公司开展了大规模的企业文化问卷调查，并派出了多批人员参加各类企业文化培训和论坛。在经过了半年的工作后，小组向公司高层提交了企业文化体系草案，公司高层很认真地研究了草案，书记、总经理等八位公司班子成员提出了非常具体的修改建议。拿到这些建议，党群工作部部长开始头痛了，意见都提得很具体，特别是书记

和总经理在一些关键理念上理解还不一致，很难统一。第一次修改历经了三个月，修改稿提交后，有五位班子成员向党群工作部要自己上次的修改意见来对照。总经理还专门找党群工作部部长谈了一次，最后汇集的意见不但没有减少，反而矛盾更加尖锐。部长向书记建议，是否班子开会时研究一下，书记当即表示："意见没有统一，怎么研究？"

时间一天天过去，第三稿还是没有出来，企业文化小组已经不再开会了。

内外结合

丙公司是一个长期注重企业精神文明建设的企业，公司发展的历史留下了很厚重的精神文化积淀。公司改制后，董事会决定进行系统的企业新文化建设，成立了由公司多个部门和基层单位，老、中、青年三代中层，基层干部参加的企业文化建设小组，董事长（书记）任组长，总经理任副组长，一个副总经理负责具体工作，企业聘请了一位对行业比较了解的企业文化业内专家担任小组顾问。

首先顾问对企业进行了全面调研，和主要领导、主要部门单独进行了交流访谈，协助小组制定了企业文化建设工作计划。企业文化建设小组实行分散工作、集中封闭讨论的工作方式，由顾问主持先后两次集中，制定完成了企业文化体系初稿。小组成员根据初稿在公司各二级单位分别召开座谈会，征询意见。顾问主持了公司高层的座谈会，三稿便确定了有广泛群众基础的企业文化理念体系。

小组成员作为企业文化宣讲员，对所有二级单位进行了企业文化培训，新文化得到了员工的一致认同。

# 10.3  汽车服务企业形象管理

## 10.3.1  企业形象的概念

企业形象是指人们通过企业的各种标志（如产品特点、行销策略、人员风格等）而建立起来的对企业的总体印象。企业形象是企业精神文化的一种外在表现形式，是社会公众与企业接触交往过程中所感受到的总体印象，这种印象是通过人体的感官传递获得的。企业形象能否真实反映企业的精神文化，以及能否被社会各界和公众舆论所理解和接受，在很大程度上取决于企业自身的主观努力。

企业形象策划（Corporate Identity，CI）的历史最早可追溯至 20 世纪初。1908 年，德国著名建筑设计师彼得·贝伦斯（Peter Behrens）为德国的 AEG 公司设计了简明的字母化的标志，并将其应用到公司的系列性产品及便条纸、信封、建筑、店面之中，贝伦斯的这些设计实践被公认为是企业形象策划的雏形。自 CI 产生以来，欧美和日本的知名企业导入的成功使其以破竹之势在业中建立声誉。企业形象策划并非包治百病的灵丹妙药，但其合理和科学的内涵是企业走向成功的关键。企业形象策划也可以称为企业形象管理（Corporate Image Management），即从形象的角度对公司和企业进行理念（Mind）、行为（Behavior）、和视觉（Visual）方面的规划和管理，有目的、有计划地规范企业的价值观、目标、公关策略、服务营销、品牌标志、广告等，将企业的内部文化和外部表现结合起来，内外兼修，构成形象的合力，从而冲击市场，赢得消费者的信任与支持。

## 10.3.2　企业形象的功能

企业形象对企业日常运作和企业经营发展有极其重要的功能和作用。良好健康的企业形象是企业的一笔宝贵的无形资产。企业形象的功能主要体现在以下几个方面。

### 1. 留住人才、吸引人才

对于内部职工而言，良好的企业形象可以增加其骄傲自豪感，有助于增强员工对公司的忠诚度和自信心，因此工作更加努力，绩效更加显著，人员稳定性高，有利于吸收更多优秀人才。

### 2. 创造消费信心

对于客户来说，良好的企业形象，能够增加客户对产品质量的信心，增加对企业的信赖，有利于留住老客户和吸引新客户，创造直接经济效益。对于大众来说，良好的企业形象会口口相传，形成企业的免费活广告。

### 3. 获得更多资源

良好的企业形象就像一个吸尘器，能够吸引各种社会资源，有利于得到更多的支持。良好的企业形象可以获得更多政府部门的支持，吸引更多投资和资金。对于供应商来说，良好的企业形象能够吸引最佳供应商、获取更好的采购价格和付款方式等，有利于降低企业采购成本，提高价格竞争力。还可以获得其他资源的支持，如媒体。微软、苹果每一次发布会，不用花钱，全世界媒体都替它们宣传开了。

## 10.3.3　企业形象的构成

在现代的市场经济中，企业形象是一种无形的资产和宝贵的财富，可以和人、财、物这三种资源并列，其价值还可以超过有形的资产。在当今国际市场竞争越来越激烈，企业之间的竞争已经不仅仅是产品、质量、技术等方面的竞争。现在的市场竞争，首先是形象的竞争。推行企业形象设计，实施企业形象战略，已成为现代企业的基本战略。

企业形象设计识别系统（Corporate Identity System，CIS），指将企业经营理念与精神文化传达给企业内部与社会大众，并使其对企业产生一致的认同感或价值观，从而达到形成良好的企业形象和促销产品的设计系统。CIS 企业形象设计系统是 20 世纪 60 年代由美国首先提出，20 世纪 70 年代在日本得以广泛推广和应用，

CIS 系统是由理念识别（Mind Identity，MI）、行为识别（Behaviour Identity，BI）和视觉识别（Visual Identity，VI）三方面所构成。

### 1. 理念识别

CIS 企业形象设计理念识别确立企业独具特色的经营理念，是企业生产经营过程中设计、科研、生产、营销、服务、管理等经营理念的识别系统，是企业对当前和未来一个时期的经营目标、经营思想、营销方式和营销形态所做的总体规划和界定，主要包括企业精神、企业价值观、企业信条、经营宗旨、经营方针、市场定位、产业构成、组织体制、社会责任和发展规划等，属于企业的意识形态范畴。

### 2．行为识别

CIS 企业形象设计行为识别是企业实践经营理念与创造企业文化的准则，对企业运作方式所做的统一规划而形成的动态识别系统。它是以经营理念为基本出发点，对内是建立完善的组织制度、管理规范、职员教育、行为规范和福利制度；对外则是开展市场调查、进行产品开发，通过社会公益文化活动、公共关系、营销活动等方式来传达企业理念，以获得社会公众对企业识别认同的形式。

### 3．视觉识别

CIS 企业形象设计视觉识别是以企业标志、标准字体、标准色彩为核心展开的完整、系统的视觉传达体系，是将企业理念、文化特质、服务内容、企业规范等抽象语意转化成具体符号的概念，塑造出独特的企业形象。视觉识别系统分为基本要素系统和应用要素系统两方面。基本要素系统主要包括企业名称、企业标志、标准字、标准色、象征图案、宣传口语、市场行销报告书等。应用系统主要包括办公用品、生产设备、建筑环境、产品包装、广告媒体、交通工具、衣着制服、旗帜、招牌、标志牌、橱窗、陈列展示等。视觉识别在 CIS 企业形象设计系统中最具有传播力和感染力，最容易被社会大众接受，具有主导地位。

## 10.3.4 汽车 4S 店形象管理

汽车制造厂家对品牌 4S 店的硬件与内部管理都有明确的规定，必须严格遵守。

### 1．汽车 4S 店外部管理

**（1）外墙及灯光管理**

确保建筑整体完好、整洁、干净，定期清洁维护。如遇雨雪等恶劣天气，应及时安排人员清洁维护；确保建筑外部各类设施整体完好、整洁、干净，标牌字体清晰、色泽良好、照明正常。建筑外部设施每天检查一次，如有缺失、损毁应立即修复或更换。

展厅正门入口处显著位置悬挂营业时间牌、销售公告和服务热线。

每日检视展厅灯光亮度，营业时间内维持明亮的照明。保证各类徽标、塔标、看板、品牌背景墙、重点展示台、设备等在 17：30 到翌日 6：30 通宵照明。

**（2）玻璃幕墙管理**

玻璃幕墙应保持洁净，每月清洁一次。如遇雨雪等恶劣天气应在天气好转后及时清洁；玻璃幕墙内外不得悬挂非厂家认可的宣传海报或喷绘广告；展厅玻璃幕墙内外 3 米以下严禁摆放、悬挂装饰物和广告，装饰物和广告面积不得超过玻璃幕墙面积的 15%。

**（3）外部标志管理**

4S 店外部标志是留给到店客户和路过客户的第一印象、直观印象。专营店外部标志包括标识牌、指示牌、各类广告招贴、立柱等。客户到店后，要让客户感受到视觉清晰、统一，进店便捷和指向明确。

专营店外部设置的名称标识，包括图画、文字、尺寸、色调等，制造厂家都有明确规定。应确保字迹清晰、明亮、整洁，整体无破损、锈蚀，干净整洁，视觉形象良好。如果有褪色或损坏，需要及时更换。

一般厂家规定，各种标识牌和广告应设立在通往专营店途中客户视线容易触及的地方，能够向来店客户明确指引到店方向和店内布局。要求每个月清洁两次，并有专人负责执行。

（4）4S店外部区域划分

对专营店外部区域划分，要方便客户及专营店内部车辆停放；出入口及通道标识清晰；行车方向指示箭头、进出通道隔离黄线、车位格标识清楚；地标线不清晰应及时补漆；停车功能区标识牌清晰。

停车区域随时保持整洁，每天检查一次。停车时车头朝向通道，倒进车位，方便驶出。客户车辆和试驾车辆安排在展厅正面停放。

## 2. 汽车4S店入口及内部标志管理

展厅入口处铺设印有厂家标志的地毯，应保持清洁，每早清洗一次；电动门工作状态良好，每日上、下午各清洁一次；展厅入口处一侧放置雨伞架和印有厂家标志的备用雨伞。

汽车4S店内部标志在客户到店后要能够帮助客户依据自身需求迅速、准确地找到相应的职能部门，同时向客户提供更多有关产品的信息，实现总体视觉清晰、统一，导向明确。

专营店内部标志包括导向看板、职能部门指示牌等。要确保内部所有标志字迹清晰、明亮、整洁，整体无破损、锈蚀，视觉形象良好。如果有褪色或损坏，需要及时更换。导向看板应该设立在店内客户容易看到的地方，能够向客户明确指引各服务方向和布局；职能部门指示牌应固定在规定的位置，不得有任何遮盖、污损。内部标志每日清洁一次，并有专人负责执行。

## 3. 汽车4S店展厅管理

（1）展厅整体

① 展厅内、外墙面、玻璃墙等保持干净整洁，应定期（1次/半年）进行清洁。

② 相关标识的使用应符合各品牌汽车公司有关VS的要求。

③ 按各品牌汽车公司的要求悬挂标准的销售服务店营业时间示意牌。

④ 展厅的地面、墙面、展台、灯具、空调器、视听设备等保持干净整洁，墙面无乱贴的广告海报等。

⑤ 展厅内摆设有斜立展示牌，斜立展示牌上整齐放满与展示车辆相对应的各种车型目录。

⑥ 展厅内保持适宜、舒适的温度，依照标准保持在25℃左右。

⑦ 展厅内的照明要求明亮、令客户感觉舒适，依照标准照度在800Lux左右。

⑧ 展厅内须有隐蔽式音响系统，在营业期间播放舒缓、优雅的轻音乐。

⑨ 展厅内所有布置物应使用各品牌汽车公司提供的标准布置物或按各品牌汽车公司标准做的布置物。

（2）车辆展示区

① 每辆展车附近的规定位置（位于展车驾驶位的右前方）设有汽车车型说明架，汽车车型说明上摆有与该展车型一致的汽车说明书。

② 展车之间相对的空间位置和距离、展示面积等参照《展示布置规范示意图》执行。

③ 其他项目参照《展车规范要求》及《各品牌汽车公司销售服务店设计准则》中的《展示布置规范示意图》执行。

（3）业务洽谈区

① 业务洽谈区沙发、茶几等摆放整齐并保持清洁。

② 业务洽谈区桌面上备有烟灰缸，烟灰缸内若有 3 个以上（含 3 个）烟蒂，应立即清理；每次在客人走后应立即把用过的烟灰缸清理干净。

③ 业务洽谈区设有杂志架，摆设相关车型的宣传资料。

④ 业务洽谈区需摆放绿色植物盆栽，以保持生机盎然的氛围。

⑤ 业务洽谈区配备有大屏幕彩色电视机、影碟机等视听设备，在营业时间内可播放各品牌汽车公司广告宣传片或专题片。

（4）顾客接待台

① 顾客接待台保持干净整洁，台面上不可放任何杂物，各种文件、名片、资料等整齐有序地摆放在台面下，不许放置与工作无关的报纸、杂志等杂物。

② 顾客接待台处的电话、电脑等设备保持良好的可使用状态。

（5）卫生间

① 卫生间应有明确、标准的标识牌指引，男、女标识易于明确区分。客人和员工分离，由专人负责卫生打扫与清洁，并由专人负责检查与记录。

② 卫生间的地面、墙面、洗手台、设备用具等各部分保持清洁，台面、地面不许积水，大、小便池不许有黄垢等不干净的物品。

③ 卫生间内无异味，应采用自动喷洒香水的喷洒器来消除异味。

④ 卫生间内相应位置应随时备有充足的卫生纸，各隔间内设有衣帽钩，小便池所在的墙面上应悬挂有赏心悦目的图画。

⑤ 适度布置一些绿色植物或鲜花予以点缀。

⑥ 卫生间洗手处须有洗手液、烘干机、擦手纸、绿色的盆栽等，洗手台上不可有积水或其他杂物。

⑦ 在营业期间播放舒缓、优雅的背景音乐。

（6）儿童游乐区

① 儿童游乐区有专人负责儿童活动时的看护工作（建议为女性），不宜离楼梯、展车、电视、斜立展示牌、汽车车型说明架等距离太近，但能使展厅内的顾客看到儿童的活动情况。

② 儿童游乐区要能够保证儿童的安全，所用的儿童玩具应符合国家有关的安全标准要求，应由相对柔软的材料制作而成，不许采用坚硬锐利的物品作为儿童玩具。

③ 儿童游乐区的玩具具有一定的新意，色调丰富，保证玩具对儿童有一定的吸引力。

**4．展车规范要求**

（1）车身和车外部分

① 展车车身经过清洗、打蜡处理，保持清洁，挡风玻璃和车窗玻璃保持明亮。

② 展车四个轮胎下方放置标准的车轮垫板，位置正确，图标正立。

③ 轮胎经过清洗、上光；展厅内的展示车辆轮辋盖上的品牌标志保持水平，各轮胎内侧护板要刷洗干净，没污渍。

④ 车前方与后方安装牌照处须配备标准的车铭牌。

⑤ 除特殊要求外，展车的车门要保持不被上锁的状态，可供客户随时进入车内。

⑥ 展车左右对应车窗玻璃升降的高度保持一致。

⑦ 车身上不许摆放价格板、车型说明、宣传资料等其他非装饰性物品。

（2）车内部分

① 汽车发动机室可见部分、可触及部位等经过清洗，擦拭干净，挡风玻璃与其下沿塑料件结合部位应无灰尘。

② 后备箱应保持干燥洁净，工具、使用手册等物品摆放整齐，无其他杂物。

③ 汽车油箱内备有一定的汽油（不少于五升），确保汽车可随时发动。

④ 车厢内部保持清洁，应去除座椅、遮阳板、方向盘、天窗、门把手（包括后车灯）等部件上的塑料保护套。

⑤ 中央扶手箱、副驾驶位的手套箱、车门内侧杂物箱、前座椅靠背后的物品袋内均不能存放任何杂物。

⑥ 前排座椅在前后方向上移至适当的位置（保证普通驾乘者较方便驾驶），并且两座椅靠背向后的倾角保持一致。

⑦ 车内后视镜和左右后视镜配合驾驶位相应地调至合适的位置，并擦拭干净，不留手印等污迹。

⑧ 各座椅上的安全带摆放整齐一致。

⑨ 车内 CD 机的机盒中应装有 CD 试音碟或 DVD，可供随时播放，收音机预设有已调谐完好的收音频道（调至调频立体声音乐台或当地交通台）。

⑩ 车内的时钟调至准确的时间。

⑪ 车内要进行异味处理，并可以在车内放置香水或其他装饰物，营造气氛。

⑫ 车内地板上铺有脚踏垫，并保持干净整齐。

⑬ 车厢内不许有价格板、CD 碟片、车型说明、报纸杂志等其他物品。

⑭ 所有电器开关应置于关（OFF）的位置。

 ## 本章小结

企业文化是企业在长期的实践活动中所形成的并且为企业成员普遍认可和遵循的具有本企业特色的价值观念、团体意识、行为规范和思维模式的总和。企业文化有广义和狭义之分，广义的企业文化是指企业物质文化、行为文化、制度文化、精神文化的总和；狭义的企业文化仅指以企业价值观为核心的企业意识形态。

企业文化的内容主要包括物质层、行为层、制度层和精神层等四个层次的文化。

企业文化具有导向功能、约束功能、凝聚功能、协调作用、辐射功能等。

完善的企业文化建设可以使企业适应自身和市场的需求，从而得到健康有序的发展。

企业形象设计识别系统，指将企业经营理念与精神文化，传达给企业内部与社会大众，并使其对企业产生一致的认同感或价值观，从而达到形成良好的企业形象和促销产品的设计系统。

汽车制造厂家对品牌 4S 店的硬件与内部管理都有明确的规定，必须严格遵守。对汽车 4S 店外部、入口及内部标志、展厅、展车等都有明文的规范要求。

# 第 11 章  管 理 创 新

**学习目标**

1. 理解创新的概念；
2. 理解企业管理创新的主要内容及意义；
3. 掌握如何开展企业管理创新的方法。

增强自主创新能力，建设创新型国家，是事关社会主义现代化建设全局的重大战略决策，必将对我国综合国力的提升产生积极而深远的影响。建设创新型国家是一项系统工程，涉及社会的方方面面，企业管理创新是其中的重要内容。大力推进企业管理创新，努力形成具有中国特色的企业管理科学，是增强我国自主创新能力、建设创新型国家的现实需要和重要保证。企业管理创新是推进科技进步和创新的重要环节。企业是科技成果转化为现实生产力的中介环节，推进企业管理创新对于推进科技进步和创新、不断提高我国生产力发展水平具有重要意义。

## 11.1  企业管理创新

### 11.1.1  管理创新

随着知识经济时代的来临，越来越多的企业发现，仅有良好的生产效率、足够高的质量，甚至灵活性已不足以保持市场竞争优势。管理创新正日益成为企业生存与发展的不竭源泉和动力。环境的动荡、竞争的激烈和顾客需求的变化都需要企业进行全方位的竞争，比竞争对手以更快的速度响应顾客全方位的需求。这就不仅要求企业要技术创新，而且必须以此为中心进行全面、系统、持续的创新。

国外的许多创新型企业，如微软、惠普、3M、三星等，以及我国少数领先企业，如海尔、宝钢等，都已开始了转向创新管理新范式的实践探索。例如，韩国三星近年来实施 TPI/TPM（全员劳动生产率创新/管理），使得自身有了脱胎换骨的变化；宝钢近年来开展了"全员创新"的实践，取得了良好效果。

#### 1. 创新的概念

创新一词原本是经济学家熊彼特在 1912 年写的《经济发展理论》一书中首先提出的。按照他的观点，所谓的"创新"就是建立一种新的生产函数，也就是说，把一种从来没有过的关于生产要素和生产条件的"新组合"引入生产体系，包括以下五种情况：①引进新产品；②引进新技术，即新的生产方法；③开辟新市场；④控制原材料的新供应来源；⑤实现企业的新组织。也就是说创新是新产品的开发、新市场的开拓、新生产要素的发现、新生产经营方式的引进及新企业组织形式的实施。《管理是金》一书中把创新定义为"形成创造性思想并将其转换为有用的产品、服务或作业方法的过程，即富有创新力的组织能够不断地将创造性思想转变为某种有用的结果"。

**2．管理创新的概念**

管理创新就是管理者用系统理论、创新思维、创新技术、创新方法、创新组织等创造出一种新的更有效的资源整合方式，以促进企业管理系统综合效率和效益的不断提高，达到以尽可能少的投入获得尽可能多的产出。也可以说管理创新是在创造和掌握新的管理知识的基础上，主动适应外部环境，提高组织整体效能，推动生产要素在质和量上发生新的变化和新的组合的过程。

**3．管理创新的重要意义**

**（1）创新是企业管理的灵魂**

管理是企业永恒的主题，这是因为管理决定着企业的兴衰、决定着企业的存亡。管理不是目的。管理只是应对市场、把握竞争的一种手段。管理的目的是为了提高企业竞争力，是为了优化企业经营，促进企业发展。随着时代的发展和社会的进步，企业管理也必须与时代发展相适应，必须根据市场变化而变化，管理只有不断变革，不断创新，才能在企业经营发展中真正发挥实效，为企业创造实实在在的效益。在市场经济条件下，企业要想在竞争中取胜，就必须按照市场竞争的要求，不断变革和创新管理，并使其成为驾驭市场、把握竞争的核心能力。因此，我们说管理的灵魂在于创新，企业的活力也在于创新。

**（2）管理创新是经济发展的动力**

回顾世界经济发展的历史，许多商业上的成功并不是技术的力量，而是管理上的成功。比尔·盖茨就是买了苹果公司发明的个人电脑操作系统软件，加以开发推广，最终占领市场取得成功的。戴尔公司尽管没有核心技术，但其核心能力无人能比。戴尔的网络直销方式使之成为最具竞争力的企业。福特汽车公司创造了大规模流水作业生产方式，推进了世界工业化的进程。通用电器公司（GE）创造了事业部制的组织结构，大大提高了世界跨国公司的经营效率。还有丰田公司创造的准时制生产方式、摩托罗拉公司创造的6σ管理都曾引起世界工业生产的革命，并为企业和社会创造了巨大的经济效益。世界管理大师彼得·德鲁克曾说：管理对时代的影响，比任何"科学上的突破"毫不逊色，或许更重要。没有企业管理的创新，社会生产力的提高绝不会如此迅速。

**（3）管理创新是企业活力的源泉**

管理创新是培育企业核心竞争力的根本途径，也是企业竞争制胜的有力武器。但是管理创新是一个不断进步、不断发展的过程，不能一劳永逸。因为除了市场竞争环境在不断变化外，还有很多创新的管理方法。因此一种新的管理方法只能在一定时期内有效，只有不断变革管理，才能使企业牢牢掌握市场竞争的主动权。

总而言之，每一个成功的企业，都有自己与众不同的经营管理的谋略和方法，这些谋略和方法，就是以变应变，不断变革和创新。而每一个挫败的企业，尽管失败的原因各不相同，但归纳起来，往往是墨守成规、不思进取，用以前惯用的老套路来应对新环境、新问题。

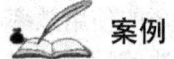案例

## 东风风神汽车 4S 店的麦当劳式管理模式

跨界营销思想的借入，是东风风神汽车（以下简称东风风神）的一个突破。快餐业竞争激烈程度肯定高于汽车，所以，"风神"在上市第一阶段，通过引进麦当劳式的管理思维模式，极大提高了人气与团队战斗力。

这一体系，包含下列模式。

第一，突出品牌标志，淡化销售店空间与规模，降低经销商费用，提高经销商利润，增加经销商生存能力。

东风风神已经认识到，经销商所处的经济大环境和行业环境已经发生太大的变化，那个有车就能卖的火红年代已经被微利时代所替代。因此，经销商的观点是，专营店初期投入不要过大，建店规模要合理，投资回收期要较短，不要资源浪费。东风风神在此基础上，最终与经销商建立了一种精确精益、持续共赢的关系，而专营店也要在这一基础上进行设计和建造。

为此，一反过去传统 4S 店建店的规则，统一的外观、统一的形象，甚至统一的材质，动辄几百万元乃至上千万元的投入，东风风神决定移植麦当劳的方式重新打造一个汽车专营店的新规则——将视觉形象符号化，尽可能地减少经销商的建店成本。

按照这样的方式，东风风神的品牌文化及诉求的精华都浓缩在屋顶及色彩的符号里并得以保留和传递，而拒绝统一的建筑形态更大的意义在于把经销商从巨额的建店成本压力中解放出来。

按照这样的思路，东风风神最终选择屋顶的符号，强化屋顶符号的视觉效果，开启了一轮汽车专卖店设计建造的新标准。

第二，鼓励经销商改造旧有建筑。

为争取经销店数量，获得经销店的实利，东风风神品牌建设思路提出两条标准：一是新建店所需的好的地理位置越来越少；二是由于追求视觉符号的一致，而不强求建筑风格的统一，因此改造可以将成本大幅地拉低，把经销商从巨大的经济压力中解放出来，也是一次对传统厂商关系的解构和重建。

点评：无论如何，面对 4S 店的成本压力，创新变得非常迫切，而东风风神在这一领域的探索，无疑是有重大价值的。千里之行，始于足下，在中国汽车经销商模式的创新方面，东风风神迈出了坚实的一步。

### 4．管理创新的主要内容

无论哪一个方面或哪一类的管理创新，其目的都是为了增强企业适应市场、赢得竞争的能力。因此管理创新必须紧紧跟随经营环境的变化，紧紧把握管理理论的发展，紧紧扣住企业发展战略，不断培育企业的核心能力。企业管理创新作为一项系统工程至少应包括以下 8 个方面的内容。

（1）管理理念创新

为实现理念的创新必须要做以下转变：管理绩效的评价标准要从是否遵循长官意志转变为综合效益的完成量；管理的内容要从管理方式是否需要强化、是否需要更加严格转向岗位

职责、工作流程、规章制度的科学性和有效性，以及对于资金、人才、时间、物质的使用效率的实质性控制；管理方式要从家长专断型的随意管理转向基于广泛咨询的、遵循决策程序的科学管理，从事无巨细的越级干预转到注重决策和预算的权责明确的层级管理；管理的机制要从对企业员工的形式化约束转向建立互动式自我教育与激励型的行为规范；管理的目的要从单纯完成企业利润目标转向对内维持和谐稳定的一致性，对外增强持续不断的适应性；管理的心态也要从追求一劳永逸转向动态和持续创新。管理理念的创新重在用新的策划、新的技巧、新的形式打破陈旧平衡，敢于标新立异，贵在围绕社会效益、眼前利益和长远利益，形成管理特色。

（2）战略创新

经营战略是对企业长远发展的全局性谋划。针对国有企业的经营战略，大体可把它分为三个层次：总体战略、经营单位战略和职能部门战略。国有企业的管理者应树立"战略随着环境走，能力跟着战略行"的观念，采取战略分析、战略制定、战略选择、战略实施等步骤，通过采用 SWOT 法对企业经营收益、风险、利润相关者的反应、市场前景等做出评价，并领导、组织、管理好经营战略创新的过程。

（3）管理组织创新

企业组织形式不是一成不变的，必须根据企业发展和市场竞争的需要进行调整和创新。尤其在国有企业管理创新过程中必须重视增加组织的柔性，探讨更高效、更灵活的组织结构方式，如建立跨职能机动团队。此外，还要认识到直线职能制、事业部制、控股公司结构、矩阵结构、集团组织结构等都是具体组织结构形式，均各有所长，要根据企业发展战略、发展阶段、公司形态和规模变化加以选择。

（4）制度创新

有了良好的组织结构，还需要有科学的规章、严密的程序做保障。在建立现代企业制度的过程中，既需要对基础管理进行补课，又需要根据经营战略，对管理规范和业务流程进行调整和动态更新，使企业在采购、研发、生产、销售、财务及后勤保障等各个环节都建立起合理的规范和工作流程，把创新渗透于各个环节，作为经常性的主要管理职责，以适应市场竞争的要求。要积极借鉴国外企业现代管理规范，探索和形成一整套有中国特色的现代企业科学管理制度。

（5）管理技术与方法创新

要重视和广泛采用现代管理技术、方法和手段来加强管理，把在建设国有企业的长期实践中创造的行之有效的企业管理方法与国外企业的先进管理方法结合起来，逐渐扬弃并改变以前的管理方法，从市场预测、成本分析、产品设计、生产准备、库存物流、加工制造、产品销售到售后服务的全过程探索新的管理方式方法。工业发达国家已经进入了以广泛应用计算机辅助管理和精益生产为代表的现代管理阶段，而我国大多数国有企业尚处于经验管理阶段，所以当务之急是应用计算机技术进行管理，实现企业管理的信息化。

（6）企业文化创新

经济竞争的最高层次是文化竞争。而文化具有传承性，由旧文化转型为新文化，一方面必须重新整合赋予旧的企业文化以新的内涵；另一方面，必须紧紧盯住世界企业文化创新的趋势。对我国国有企业来说，企业文化创新的关键是把东方儒家文化的精华与西方现代管理科学有机地融合起来，创立符合国有企业实际的具有中国特色的新型企业文化。我们需注意以下三点：①企业文化应该是有个性的，不仅不同行业的国有企业文化应该各具特色，而且同一行业的企业文化也应有所不同；②时代要求中国国有企业职工要自觉进行企业文化意识培养，实现自身文化革命，成为企业文明的代表；③对于日趋人道化社会和人性化的产品发展方向，企业必须寻找更高形态的企业理念和企业文化模式。就这个意义上讲，企业必须拥有最高尚的人格理想、最高级的社会理想和最高道德的行为理想，企业应该成为新文化的开拓者。

（7）管理模式创新

管理模式是管理内容、管理方法、管理手段和形式的有机统一。在市场经济下，企业管理创新的模式有两种，一是以改进产品和服务为主的市场适应模式，一种是以创造产品和服务为主的市场创造模式。发达国家常采用市场创造模式，而我国的企业应采用市场适应模式。这主要是因为，我国的企业仍处在一个经济转轨变型的时期，企业的经营仍在向市场经营型转变，企业的技术开发和创新能力还较差。所以，我国企业的管理模式创新应围绕如何适应市场来调整管理内容、管理方法、管理手段和形式，并使它们有机地结合起来。

（8）人力资源管理创新

人力资源是企业中唯一不断增值的资源，必须加强开发和管理。目前的人力资源管理往往侧重于人员招聘、员工合同管理、考勤与绩效评估、薪酬与培训等与公司内部有关的事项，忽略了人自身价值的实现和对市场与顾客的关注。人力资源管理创新应做好以下工作：应该使其成为企业最核心的部门；企业应设立人力资源总监；组建一个学习型组织；使员工得到公平合理的报酬；使员工得到自我发展的机会和自愿献身的职业。

## 11.1.2　如何开展企业管理创新

关于如何开展企业管理的创新，国内外理论界有着长期的研究，企业界也进行了不懈的探索，这方面的论著非常多。主要集中在三个方面：一是创新的思维方式；二是创新的理念和方法；三是职能管理的创新导向。企业推进管理创新重点要把握好以下几个方面。

### 1. 要对企业充满信心，对事业充满激情

（1）创新是人的创造性劳动

推进企业管理创新首先是要规划和展示企业未来，在全体员工中建立企业共同的愿景，使员工对企业的发展充满信心。如果没有对企业愿景的认同，员工大不了卖好产品，做好本职工作，根本不会积极地发现和捕捉市场机会，为企业的发展进行开拓和创新。

（2）要消除对管理创新的神秘感

实际上，企业管理既是科学又是艺术，企业管理的变革与创新向来就是"仁者见仁，智者见智"，并没有什么一定之规，只要能够找准制约企业经营发展的关键环节，就找到了管理创新的着力点。无论企业处于什么样的经营环境，遇到什么样的管理问题，都不要畏惧创新，都不要对创新有神秘感，而要有敢于创新的意识，要有超越"巨人"的信心，坚信创新的基点就在脚下，创新的平台就在身边。

管理创新就是围绕提高竞争力这个核心，针对企业经营发展中的突出问题，用新的管理思想、新的管理理念、新的管理手段、新的管理方法，改革旧的管理方式，创造出适应企业竞争和发展要求的新方法。

（3）把管理创新作为自己工作的一部分

要使员工对自己充满信心，把管理创新作为自己工作的一部分，从本职工作入手，改善方法，提高效能。很多需要创新的管理工作就在职工的身边，只要有心就能做好。

### 2．要求真务实，脚踏实地，不赶时髦，不追时尚

管理创新不是目的，而是一种竞争手段，是为提高企业经济效益和竞争力服务的。因此，赶时髦、搞花架子是没有任何意义的。我们可能看到过许多企业的经营方针、管理理念和核心价值观，其内容体系不能说不全，体系也不能说不系统，但深入企业可以发现，有些企业这些东西往往只是坚持在纸上、泛滥于嘴上，就是落实不到行动上，因而也就不能真正在企业发展中发挥有效的作用。

### 3．要准确把握企业管理的发展趋势

管理创新不仅有一般性的改进，更有整体的、全面的大变革。管理的大变革必须要符合世界管理发展的潮流。在当今的知识化、信息化的时代，要注重运用信息技术来实现管理创新，从提高整体效能出发，对流程进行优化重组。否则，与管理发展的趋势相悖，无论如何改进和创新，也不会对提高企业的竞争力起多大的作用。

管理创新的实践表明，为了应对全球范围市场竞争的压力，无论是世界一流的企业，还是许多不为人知的企业都展开了企业的变革运动，以求强化其竞争力。尽管每个企业的变革有其自身特点，但许多企业的变革还是呈现出一些明显的共同趋势。这些趋势可以从企业的经营理念、工作方式和经营方式的变化上体现出来。

### 4．要注重组织学习能力的提高

组织的学习能力是管理创新的基础与保证，无论管理如何变革与创新，都离不开理论的指导，没有理论指导创新很可能会误入歧途。因此，提高组织学习能力，是增强组织创新力的保证。

一是要学习和理解现代经营管理新理念。

二是要研究和掌握科学管理的理论。

三是要学习掌握管理信息化技术。

四是要正确掌握创新的思维方法和相关技术。

五是要把握好科学的创新程序。

六是要注重学习和研究当今企业各种管理创新的实践经验。

### 5．注重运用现代科学技术手段

管理创新绝不能就管理抓管理，随着时代的发展，许多管理问题如果不用现代科学技术是不可能解决的。因此一定要注重运用科学技术手段实现管理的变革与创新。例如，在设备维修管理上，要打破传统的周期检修的传统方法，采用状态维修的新方法，就必须解决设备运行状态的监测问题，在许多行业往往需要用新的技术才能解决。

### 6．要培育和开发创新的思维

创新要有创新的思维方式，因此要不断加强员工的创造性思维的训练。对于传统管理的方法产生的问题，可以通过重新思考、重新组合、重新定序、重新定位、重新定量、重新指派、重新装备，找出新的解决方案，并加以实施。千万不能对理论生搬硬套，照葫芦画瓢。

大家都知道，企业管理中有一个"木桶理论"。意思是木桶的容量取决于最短的一块木板。要想提高木桶的容量，必须设法加高最低的木板高度。然而，彼德·德鲁克曾提出这样一个观点："精力、资源应该用于使一个能干的人变成一个出众的明星，而不应该把注意力集中于

使无能的做事者变成成绩平平的做事者。"我们不妨把它叫做"长板理论"。实际上这两种理论都是正确的，只是因为考察的系统不同而已。在实践中必须具体问题具体分析。

### 7．要在实践中实现创新的效益

有了创新的思想观念和方式方法，只能说有了好的开端、好的基础，创新的过程远没有结束。每一项管理创新要想取得实效，就必须把创新的思想观念运用于管理实践，特别是一些全面的、整体的大变革、大创新，必须有强大的创新执行力做保证，才能在实践中取得成功。很多好的管理创新方案没有取得好的成效，往往败在执行上，败在用落后的执行程序和方式去落实和推进管理的创新。

## 11.2　企业管理创新的案例

### 11.2.1　上海通用汽车的柔性化生产

在上海通用汽车（以下简称上海通用）三年的发展历程中，柔性化管理也已经成为上海通用的一道亮丽风景。目前，中国几乎所有的汽车工厂都是采用一个车型、一个平台、一条流水线、一个厂房的制造方式。唯有上海通用是另类，上海通用最多可以一条线上共线生产四种不同平台的车型。这种生产方式就是"柔性化"生产方式，在国内汽车企业里是绝无仅有的。柔性化生产能为厂家和消费者最直接带来的就是时间和金钱。上海通用的别克 GS、别克赛欧就是很好的证明。

上海通用，以柔性化生产线为基础，严格而规范的采购系统、科学而严密的物流配送系统、以市场为导向高度柔性化的精益生产系统及以客户为中心的客户关系管理系统共同构成了其柔性化生产管理的支撑体系，使上海通用汽车成为 GM（通用公司）全球范围内柔性最强的生产厂家，形成了企业柔性化管理的经典范例。

上海通用的柔性生产管理绝不仅仅是生产线上柔性的制造技术，而是一个以客户为中心的，从采购、物流、工程、制造、质量到销售、服务的一个大概念的柔性与精益的理念。多年来，已经成为上海通用的核心价值观，并深入企业经营管理的每一个环节，具体表现如下。

### 1．以市场变化为导向

市场竞争激烈，需求日趋多样，每个消费者有自己对产品的嗜好，上海通用在激烈的市场竞争中，面对着千差万别的客户订单，"大规模、单一化"的生产模式受到越来越大的挑战，"多品种、小批量"的定制生产方式开始走俏。面对加入世界贸易组织之后更为激烈的制造业竞争，上海通用利用先进的信息技术，进行管理系统和生产流程的变革，推行柔性化生产管理，满足了不同用户多样化的需求。

### 2．精确无误的信息系统

"定制时代"，离不开充分的客户信息网络所传送的大量的市场信息。上海通用以客户关系管理系统为核心，全面打造全国信息采集和反馈系统，将单一的产品销售模式，改造成"物流、生产、销售、维修、配件、信息反馈"为一体的模式，完善产品客户和潜在用户信息收集渠道，并推行网上订购，为企业的柔性化生产管理打下了坚实的市场基础，并为将来的"定制生产"铺设了"菜单传送渠道"。

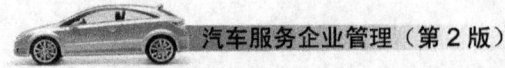

### 3. 一体化的流程再造

生产模式的变革，是对企业管理体系和理念的全面提升。从过去的"生产什么就销售什么"逐步走向"按顾客的订单生产"，客户不仅是经营链的终端，更成为起点。上海通用按照柔性化生产管理的流程，对信息、物料、生产、销售、财务及技术等模块重新组合，以控制产品质量和缩短交货时间为目标，构筑新的经营管理体系，并加大对管理、生产、销售等部门的重整力度，让"以用户为中心"理念真正深入人心，为步入"定制时代"打造了坚实的基石。

## 11.2.2 苹果公司的创新

苹果电脑公司由史蒂夫·乔布斯、史蒂夫·盖瑞·沃兹尼亚克和朗纳德·杰拉尔德·韦恩在 1976 年 4 月 1 日创立。从成立之初起，苹果电脑公司就一直是一个致力于运用最新科技，制造优异产品的公司。史蒂夫·乔布斯、史蒂夫·盖瑞·沃兹尼亚克坚持以研发为重心，帮助苹果电脑公司与其竞争对手之间形成了差异化。苹果电脑公司的产品获得了终端用户的广泛认可，这不仅是因为其吸引人的设计，也是因为其在教育、多媒体、和娱乐产业的强大的应用。这个成就的一大部分应归功于史蒂夫·乔布斯，他一直把自己视为一个产品设计师，而不是一个商人。2007 年 1 月 9 日，史蒂夫·乔布斯在苹果电脑公司麦金塔世界大会和博览会上做报告。他在报告中宣布，苹果电脑公司将改名为苹果公司，在其名称中去掉了"电脑"二字。在这次会议上也宣布推出 iPhone，这是该公司出品的首款手机。在 2010 年 1 月 27 日，苹果公司推出了 iPad——一款平板电脑。此后在 2011 年 3 月又推出了 iPad 2，这是 iPad 的改进版。在 2011 年 8 月 24 日，史蒂夫·乔布斯以健康为由辞去了苹果公司首席执行官职务。公司的首席运营官蒂姆库克被任命为新的首席执行官。2011 年 11 月，蒂姆库克揭示了新的 iPhone 4S——这是 iPhone 的高级版本。

### 1. 产品创新

通过创造最顶尖的产品，苹果公司成为了世界领先的技术公司。公司不断创新其业务模式，以回应市场的需要和挑战，并提供高质量的产品和服务。有专家说，这个技术巨兽将新技术与简约结合，得出了又酷又简单的产品。

在设计新产品的时候，苹果公司采用 10：3：1 的方法。根据这种方法，苹果公司的设计师们先弄出新产品的 10 个不同像素的完美模拟。然后数目被缩减到 3 个，工程师们针对选中的设计再工作几个月，然后得出最终的设计。有时候，史蒂夫·乔布斯会在最后的关头放弃完成的概念。在苹果公司，一个称为顶尖 100 的小组成员每年聚会一次，在史蒂夫·乔布斯的领导下，在一个不公开的地点举行一个为期三天的紧张的战略会议。与会者不允许自己开车，而是从苹果公司的总部乘公交车前往。他们不许谈论所参与的会议。在会场，要对房间进行电子窃听装置检查，以防泄漏。

2011 年 6 月结束的第三季，苹果公司售出了 2034 万台 iPhone，比前一年的同期增长了 142%。2010 年 1 月推出的 iPad 再次界定了平板电脑业。苹果公司在 2010 年的 9 个月中便售出超过 1500 万台 iPad，获得了超过 95 亿美元的收入。在 2011 年 6 月结束的第三季，苹果公司售出了 925 万台 iPad，比前一季销售量提高了 183%。

## 2．顾客体验的创新

苹果的创新战略是以顾客为中心的。该公司围绕着用户的需要而不是技术的要求来设计新产品。它得出了既能为公司创造价值，也能为顾客创造价值的产品。苹果公司产品的特征是：顾客从来没意识到他们需要那样东西，直到这些产品在市场中推出。这些产品通过其高质量的用户体验使顾客获得了力量。根据产业观察者的看法，苹果公司产品受到市场的渴求，因为顾客们急于等待新产品的推出。他们甚至愿意支付高价来获得该产品。

苹果公司相信要引导顾客而不是追随顾客。苹果公司采用了顾客为中心的创新。在其中，公司从顾客那里获得的反馈用于新产品设计。偶尔，这家一般都是保密的公司会向市场透露一点新产品的点子，以观察该产品会引发何种反应。通过把顾客体验作为顾客的最高选项，苹果公司创造的产品不仅使用方便，而且提供了强大的视觉和情感吸引。西博尔德论坛（Seybold Seminars）的发起者乔纳森·西博尔德（Jonathan W. Seybold）说："苹果公司如此成功是因为它的产品观念与开发，不是大家所推崇的顾客驱动。苹果公司的推动力是能够看到技术会朝何方向发展的神秘能力，并形成一个什么是有可能的愿景，并且不懈地去实现这个愿景。这一直包括推动技术前进一两步，而且以快于任何人认为可能的速度。这还包括史蒂夫·乔布斯要求一个产品是完成的、完美的且精细的，这种方式任何其他公司都无法做到。"

为了培养与顾客的情感联系，苹果公司在 2008 年推出了苹果商店。这是一个连锁商店，出售苹果公司产品。专家们称其为一个创新的零售体验。因为它向苹果公司的顾客提供了互动的产品、服务及支持信息。2011 年 9 月，苹果公司连续第 8 年位于个人电脑业美国消费者满意度调查之首。苹果公司凭借 87 分维持了其在个人电脑业顾客满意度的统治地位。美国消费者满意度指数的创始人克拉依斯·福尼尔（Claes Fornell）指出："在苹果公司引领个人电脑业的 8 年间，其股价上升了 2300%。苹果公司获胜的创新与产品多元化的组合——包括向全新的方向推出新技术——使得该公司一直保持在领先的位置。"

## 3．创新领导

史蒂夫·乔布斯是苹果公司的首席创新者。自从他 1996 年回到苹果公司后，一直把重点放在创新上。他在产品开发过程中扮演了重要的角色。他确保新的点子与公司的愿景保持一致。他以最具有创新的商业领导人之一出现在世界上。谈到苹果公司在创立初始年份时的创新奋斗史，史蒂夫·乔布斯说："即使在一家技术公司内，你需要一个非常具有产品导向的文化。很多的公司有许许多多的大工程师和聪明的人，但是最终需要有一些引力把他们拉到一起，否则你只能得到大块的技术在宇宙中漂浮，但是它不能合起来成为一体。这正是苹果公司在某段时期内所缺乏的。有许多有趣的东西在四处漂浮，但没有地球引力。"

史蒂夫·乔布斯通常花时间与产品开发团队分享新的点子，他密切关注产品开发流程的每个方面，从形成概念到实施，不接受来自员工的任何不完善的东西。根据资深技术员斯哥特乔丹的看法："大多数传奇般的企业家都满足于创造或革命一个产业，很少有人的影响能超过一个产业，只有爱迪生是这样。也许一代人中只有一个这样的人，多次把握着历史的方向盘，发明了灯泡、发电、唱机和电影。史蒂夫·乔布斯是这样的人之一。和爱迪生一样，史蒂夫·乔布斯的许多创新利用了别人的工作。和爱迪生一样，史蒂夫·乔布斯用直觉去跨界，将不同的要素聚合到一起。"

## 本章小结

　　管理型创新是创造一种新的更有效的方法来整合企业内外资源，以实现既定管理目标的活动。这个概念不仅强调了管理创新的创造性，要求管理创新要在观念和技术创新的基础上创造出一套资源整合方式，而且又强调了管理系统的新颖性和有效性。本章详细介绍了何为创新与创造力，以及创新对于企业整合资源的重要性等内容，并配以大量生动的实际案例，具有一定的理论指导性和可操作性。

# 实　践　篇

实践篇作为理论篇的扩展和提升，着重考察学生的理论运用能力和实际动手能力，全篇共分为 11 个模块，分别从汽车服务企业的设立、经营管理、人力资源管理、业务流程管理、信息管理、财务管理、战略管理等方面对学生进行实践任务考察。实训开展的流程分为三个环节：实训前教师需要对相关知识体系进行梳理，学生根据知识链接的内容开展前期准备（详见表 1）；实训过程中，教师需要对学生进行过程考核，尤其偏重对学生学习态度及团队协作意识的培养（考核标准详见表 2），严格按照实训流程进行操作；实训完成后，学生可以以小组讨论、撰写实训报告等形式对实训过程进行回顾与总结。在此基础上，教师根据学生的完成情况，进行指导总结，从而加深学生对理论知识的理解，缩短理论和实践的距离，为学生下一阶段的实训实习奠定良好的基础。

要求教师按照实训步骤组织学生完成每个实训模块的实训任务。考核标准请参照表 2。

**表 1　完成任务所需要的知识点和技能点**

| 知识点 | 1. |
| --- | --- |
| | 2. |
| | 3. |
| | 4. |
| 技能点 | 1. |
| | 2. |
| | 3. |
| | 4. |

**表 2　实训过程结果考核表**

| 考核项目 | | 考核内容及方法 | 评分比例% |
| --- | --- | --- | --- |
| 过程考核 | 学习态度 | 根据学生实训期间勤问、勤练、勤思考的表现及团队协作情况等，由教师和学生推荐的民主评议小组评议 | 10 |
| | 组织纪律 | 根据学生实训期间出勤情况由教师考核 | 10 |
| | 任务实施 | 根据学生完成实训任务的数量，由教师和学生推荐的民主评议小组评议 | 30 |
| 结果考核 | 项目评价 | 根据学生完成实训项目的质量由教师考核；评价标准由教师制定 | 10 |
| | 实训报告 | 根据学生完成实训报告的质量由教师考核；评价标准由教师制定 | 40 |
| 合　计 | | | 100 |

# 模块一　汽车服务企业设立实训

## 一、实训目的

利用所学知识掌握有限责任公司设立的实际操作流程，能够合理设计汽车服务企业组织结构，明确划分职能部门。

## 二、实训任务

（1）模拟有限公司设立登记的流程，并描述所创办的汽车服务企业的类型、名称、住所及经营范围。

（2）设计企业的组织结构，并明确职能部门的分工及岗位职责。

## 三、实训步骤

（1）根据工作任务全班学生按 7～8 人组成一个小组，以小组为单位完成实训任务，每个小组推选一名组长，负责整个活动的策划和组织实施。

（2）确定工作任务，并进行合理分工。

（3）模拟有限责任公司设立的流程。

（4）以组为单位撰写实训报告，并以 PPT 形式汇报。

（5）每位小组成员完成实训心得。

（6）教师和民主评议小组根据考核标准共同对每位成员进行考核。

## 四、实训课时

4 课时。

## 五、实训考核

学生按照实训步骤完成实训任务，并认真填写表 1-1、表 1-2。

表 1-1　完成该任务所需要的知识点和技能点

| | |
|---|---|
| 知识点 | 1. |
| | 2. |
| | 3. |
| | 4. |
| 技能点 | 1. |
| | 2. |
| | 3. |
| | 4. |

表 1-2　学生实践记录表

| 实践项目 | | 实践时间 | |
|---|---|---|---|
| 姓名 | | 班级 | |
| 学号 | | 实践地点 | |
| 小组分工 | | | |
| 实践流程 | | | |
| 结果分析 | | | |
| 自我评价 | | | |
| 教师评价 | | | |

## 六、知识链接

### 1．企业的设立与登记

企业的设立要按照《中华人民共和国公司法》、《中华人民共和国合伙企业法》、《中华人民共和国个人独资企业法》等法律法规及国家工商行政管理局颁布的《关于划分企业登记注册类型的规定》进行登记，个人独资企业和合伙企业只能领取《企业营业执照》，而不能领取《企业法人营业执照》。下面是公司制企业的设立与登记。

（1）公司名称具有唯一性（即一个公司只能有一个名称）和排他性（即在一定范围内只有一个公司能使用指定的、已经注册的名称）。

按照法律规定，公司的名称构成有四要素"行政区划+字号+行业+组织形式"，缺一不可。具体来讲，一是公司注册机关的行政级别和行政管理范围；二是字号，是公司名称的核心要素，应由两个以上汉字或少数民族文字组成；三是公司的行业经营特点，即公司的名称应显示出公司的主要业务和行业性质；四是公司的法律性质，即凡依法设立的公司，必须在公司名称中标明"有限责任公司"或"股份有限公司"字样。

（2）公司的住所。公司以其主要办事机构所在地为住所，主要办事机构在公司登记时确定。申请公司的住所，必须提交能够证明其拥有使用权的文件，如房屋的产权证或房屋的租赁合同等（必须有 2 年以上的租赁期限）。

确定公司住所有两方面的含义。一是确定诉讼管辖地。按照法律规定，如果出现合同纠纷、侵权行为等，一般由被告所在地的人民法院管辖。二是确定公司送达文件的法定地址。

（3）公司的经营范围。任何一个公司成立前都必须明确经营范围。为了维护股东、债权人的权益和维护经济秩序，《中华人民共和国公司法》对公司的经营范围做出以下规定：

① 公司的经营范围由章程做出规定；

② 公司的经营范围要依法登记；

③ 经营范围中属于法律法规规定的项目，必须经过有关部门批准；

④ 公司超范围经营，由登记机关责令改正，并要处以 1 万元以上至 10 万元以下的罚款；

⑤ 公司修改章程，并经过登记机关办理变更登记，可以变更经营范围。

### 2．企业注册常用步骤

（1）到市工商局（或当地区、县工商局）企业登记窗口咨询，领取注册登记相关表格、资料。本教材选取北京市工商行政管理局企业设立登记表格中的几张表格供参考，如表 1-3、表 1-4、表 1-5 所示。

（2）办理名称预先核准、取得《名称预先核准通知书》。

（3）以核准的名称到银行开设临时账户，股东将入股资金划入临时账户。

（4）到有资格的会计师事务所办理验资证明。

（5）将备齐的注册登记资料交工商局登记窗口受理、初审。

（6）按约定时间到工商局领取营业执照，缴纳注册登记费。

（7）到报纸上发布公告。

### 表 1-3　企业设立登记申请表

| 企业名称 | | | | |
|---|---|---|---|---|
| 住所（经营场所） | 北京市 | 区（县） | | （门牌号） |
| | □中关村科技园区<br>□金融街<br>□北京商务中心区<br>□北京经济技术开发区<br>□奥林匹克中心区<br>□顺义临空经济区 | | | |
| 联系方式 | 固定电话 | | 邮政编码 | |
| | 传真电话 | | 企业秘书（联系人）<br>移动电话 | |
| | 电子邮件地址 | | | |
| 法定代表人姓名（负责人、投资人、执行合伙企业事务的合伙人） | 注册资本（注册资金、出资额、资金数额） | | | 万元 |
| | 实收资本（金） | | | 万元 |
| 经营范围 | | | | |
| 营业期限 | 年 | 副本数 | | 份 |
| 从业人员 | 本市人数：　　外地人数：　　安置下岗失业人数： | | | |
| 隶属企业名称 | | | | |

### 表 1-4　出资认缴表

| 名称<br>（或姓名） | 认缴情况 | | 设立时实际缴付情况 | | 分期缴付情况 | | |
|---|---|---|---|---|---|---|---|
| | 出资额<br>（万元） | 出资方式 | 出资额<br>（万元） | 出资方式 | 出资额<br>（万元） | 出资时间<br>（年月日） | 出资方式 |
| | | | | | | | |
| | | | | | | | |
| | | | | | | | |
| 合计 | 其中货币出资 | | | | | | |

### 表 1-5　企业住所（经营场所）证明

| 拟设立企业名称 | | | | |
|---|---|---|---|---|
| 住所（经营场所） | 北京市 | 区（县） | | （门牌号） |
| 产权人证明 | 同意将位于上述地址_____m²（建筑面积）的房屋提供给该企业使用。<br><br>　　　　　　　产权单位签章：<br>产权为个人的，由本人签字：<br>年　月　日 | | | |
| 需要证明情况 | 证明单位公章：<br>年　月　日 | | | |
| | 房产证复印件粘贴处 | | | |

# 模块二 汽车服务企业模拟经营管理实训

## 一、实训目的

创业者在了解了企业设立的基本知识后,接下来面临着经营策略的选择,而行业内部的企业数量众多,竞争很激烈,如何凸显自己的竞争优势,在竞争中处于不败之地,是每个创业者必须思考的问题。实训的目的在于从宏观上分析企业面临的环境,对市场进行分析,以此确定在市场上的位置,并制定相应的营销策略。

## 二、实训任务

(1)以小组为单位在校园范围内做一次调研,调研内容自拟(如食堂、学习、课外活动等方面),根据调研目标合理选择调研方法,并撰写调研报告。

(2)对拟进入的汽车服务行业进行市场细分、选择目标市场,并进行市场定位。

(3)为某汽车服务企业从 6P 角度制定营销组合策略。

## 三、实训步骤

(1)根据工作任务全班学生按 7~8 人组成一个小组,以小组为单位完成实训任务,每个小组推选一名组长,负责整个活动的策划和组织实施。

(2)确定调研目标,拟订调研计划,实施调研,以小组为单位撰写调研报告。

(3)对汽车服务市场(如汽车维保、汽车租赁、汽车美容等)进行市场细分、选择目标市场,并进行市场定位。

(4)对创办的汽车服务企业制定相应的营销组合策略。

(5)以组为单位撰写实训报告,并以 PPT 形式汇报。

(6)每位小组成员完成实训心得。

(7)教师和民主评议小组根据考核标准共同对每位成员进行考核。

## 四、实训课时

2 课时。

## 五、实训考核

学生按照实训步骤完成实训任务,并认真填写表 2-1、表 2-2。

表 2-1 完成该任务所需要的知识点和技能点

| 知识点 | 1. |
|---|---|
| | 2. |
| | 3. |
| | 4. |
| 技能点 | 1. |
| | 2. |
| | 3. |
| | 4. |

表 2-2　学生实践记录表

| 实践项目 | | 实践时间 | |
|---|---|---|---|
| 姓名 | | 班级 | |
| 学号 | | 实践地点 | |
| 小组分工 | | | |
| 实践流程 | | | |
| 结果分析 | | | |
| 自我评价 | | | |
| 教师评价 | | | |

## 六、知识链接

（1）按资料来源，汽车市场调研的方法分为文案调查法和实地调查法。文案调查法是利用企业内部和外部现有的各种信息、情报，对调查内容进行分析研究的一种调查方法。实地调查法是应用客观的态度和科学的方法，对某种社会现象，在确定的范围内进行实地考察，并搜集大量资料以统计分析，从而探讨社会现象。实地调查法又分为观察法、询问法和实验法。

市场问卷调查法能够突破空间限制，在相当广泛的区域内进行，在众多的被调查者中同时展开调查，节省费用、时间和人力且具有匿名性优点，因此被广泛采用。调查问卷的形式主要有开放式、封闭式、半开放式等三种形式。

（2）市场细分是企业通过市场调查研究，根据消费者需求的差异性，把某一产品的整体市场划分为若干个在需求上具有某种相似特征的消费者群，从而形成各种不同细分市场的过程。市场细分的客观依据主要有地理变量、人口变量、心理变量和行为变量 4 类。

（3）目标市场是指在市场细分的基础上，企业要进入的最佳细分市场。目标市场的策略：无差异市场营销策略、差异性市场营销策略、集中性市场营销策略。差异性市场营销策略的基本形式有：①产品差别化；②服务差别化；③人员差别化；④形象差异化。

（4）市场定位也称作"营销定位"，是市场营销工作者用以在目标市场的心目中塑造产品、品牌或组织的形象或个性的营销技术。

（5）制定营销组合策略主要依据 6P：产品（Product）、价格（Price）、渠道（Place）、促销（Promotion）、政治力量（Political Power）与公共关系（Public Relations）。

# 模块三　汽车服务企业模拟招聘实训

## 一、实训目的

根据所学员工招聘方法、员工招聘程序、选拔测试手段及员工录用过程等内容模拟汽车服务企业员工的招聘选拔及录用过程，制定招聘方案，选择测试手段，以及制定选拔方案。

## 二、实训任务

（1）以小组为单位模拟组建汽车服务企业，根据人才的供求状况确定招聘人数。

（2）针对岗位设计招聘广告。

（3）明确招聘渠道、员工选拔方法、制定招聘方案。

## 三、实训步骤

（1）根据工作任务全班学生按 7～8 人组成一个小组，以小组为单位完成实训任务，每个小组推选一名组长，负责整个活动的策划和组织实施。

（2）以小组为单位模拟组建汽车服务企业，明确招聘岗位。

（3）针对拟招聘岗位设计招聘广告。

（4）明确招聘渠道及员工选拔测试方法，制定招聘方案。

（5）按照招聘方案中时间、地点、内容模拟招聘。

（6）以组为单位撰写实训报告，并以 PPT 形式汇报。

（7）每位小组成员完成实训心得。

（8）教师和民主评议小组根据考核标准共同对每位成员进行考核。

## 四、实训课时

2 课时。

## 五、实训考核

学生按照实训步骤完成实训任务，并认真填写表 3-1、表 3-2。

表 3-1　完成该任务所需要的知识点和技能点

| | | |
|---|---|---|
| 知识点 | 1. | |
| | 2. | |
| | 3. | |
| | 4. | |
| 技能点 | 1. | |
| | 2. | |
| | 3. | |
| | 4. | |

表 3-2　学生实践记录表

| 实践项目 | | 实践时间 | |
|---|---|---|---|
| 姓名 | | 班级 | |
| 学号 | | 实践地点 | |
| 小组分工 | | | |
| 实践流程 | | | |
| 结果分析 | | | |
| 自我评价 | | | |
| 教师评价 | | | |

# 六、知识链接

## 1．招聘渠道

（1）内部招聘方法。查阅人事档案资料；发布工作公告，内容包括空缺岗位名称、工作说明、工作时间、支付待遇、所需任职人员的资格条件等；执行晋升规划。

（2）外部招聘方法。① 刊登广告。渠道有报纸上的就业版、校园的广告栏、专门的人才招聘网站等。② 就业服务机构。就业服务机构服务的优点是能提供经过筛选的现成人才给企业，从而减少企业的招募和甄选的时间。③ 猎头公司。特别擅长接触那些正在工作而且还没有流动意向的人才，为用人单位节约不少广告征求和筛选大批应征者所花费的费用和时间。但存在猎头公司所收费用昂贵、猎头公司开展完整的搜寻工作的能力有限、猎头公司的工作人员能力有限等相关问题。④ 校园招聘，属于现场招聘的一种。校园招聘是面向未来、以人才储备为目的的招聘渠道。⑤ 推荐和自荐，可以节约招募人才的广告费和就业服务机构的费用，而且还可以获得较高水平的应征者。⑥ 网络招聘。网络招聘是一种低成本、高效率的招聘方法，可以将信息以最快的速度传播出去，吸引众多求职者的关注。

## 2．人员甄选的方法和程序

（1）人员甄选的方法：①心理测验；②知识考试；③情景模拟考试；④面试；⑤背景检验法；⑥笔迹学法；⑦申请表信息分析法。

（2）人员甄选的程序：接见应聘者→填写岗位申请表→初步面谈（面试）→测验→深入面谈（面试）→审查背景和资格→有关主管决定录用→体检安置→试用和正式录用。

完成本次实训任务需要表 3-3、表 3-4。

表 3-3　应聘人员登记审批表

申请工作岗位：　　　　　　　　　　　岗位所在部门：　　　　　　　　　　　　填表日期：

| 姓名 | | 曾用名 | | 性别 | | 民族 | |
|---|---|---|---|---|---|---|---|
| 出生年月 | | 婚否 | | 学历 | | 职称 | |
| 户口所在地 | | | | 身份证号码 | | | |
| 现家庭住址 | | | | 邮编 | | 手机 | |
| 现工作地址 | | | | 邮编 | | 电话 | |
| 政治面貌 | | 组织关系所在地 | | | | | |
| 从何处了解我公司 | | □网站 □报刊 □业务接触 □朋友 □ | | | | | |
| 是否曾在我公司面试过 | | □是 □否 | | 是否有亲属在我公司工作 | | □是 □否 | |
| 身高 | | 体重 | | 血型 | | 健康状况 | |
| 外语水平 | | □六级以上 □六级 □四级 □四级以下 | | 计算机水平 | | □精通 □熟练 □了解 | |

工作经历：

| 公司名称 | 起止时间 | 部门 | 职位 | 证明人及电话 |
|---|---|---|---|---|
|  |  |  |  |  |
|  |  |  |  |  |
|  |  |  |  |  |

教育经历（从大学开始）：

| 学校名称 | 起止时间 | 专业 | 所获学历、学位 |
|---|---|---|---|
|  |  |  |  |
|  |  |  |  |

家庭主要情况：

| 亲属关系 | 姓名 | 工作单位/职务 | 联系电话 |
|---|---|---|---|
|  |  |  |  |
|  |  |  |  |
|  |  |  |  |

本人承诺：以上所填写的内容全部属实，并愿为内容的真实性负责。

签名：

录用审批意见：

| 财务人事部意见： | 用人部门意见： |
|---|---|
| 主管副总意见： | 总经理意见： |

### 表 3-4　面试测评问题表

| 序号 | 测评要素 | 观察内容 | 提问问题 | 评价要点 |
|---|---|---|---|---|
| 1 | 礼仪风度 | 1. 仪容、衣着<br>2. 行为、举止<br>3. 敲门、走路、坐姿、站立等的仪态<br>4. 口语 |  | 1. 穿着整齐、得体<br>2. 沉着、稳重、大方<br>3. 走路、敲门、坐姿符合礼节<br>4. 口语文雅、礼貌 |
| 2 | 求职动机与职业规划 |  | 1. 你选择本公司的原因是什么<br>2. 你选择本公司最重视什么<br>3. 你希望公司如何安排你的工作待遇<br>4. 如果你被录用，由于工作需要，我们提供给你的是别人不愿做而又瞧不起的工作，这时你怎么办<br>5. 你认为这一职位涉及哪些方面的工作<br>6. 你为什么想做这份工作<br>7. 你为什么认为你能胜任这方面的工作<br>8. 你怎么知道我们公司的<br>9. 您在选择职业时最重视的因素是什么<br>10. 近五年的职业发展有何规划<br>11. 你愿意出差吗<br>12. 你最大限度的出差时间可以保证多少<br>13. 你能加班吗<br>14. 你周末可以上班吗 | 1. 是否以企业发展为目标兼顾个人利益<br>2. 回答完整、全面、适当<br>3. 说服力 |
| 3 | 表现力、语言表达能力 | 1. 将自己表达的内容有条理地、准确地传达给对方<br>2. 引用实例、遣词准确<br>3. 语气、发言合乎要求<br>4. 谈话时的姿态表情合适 | 1. 请谈谈你自己<br>2. 谈谈你的优缺点<br>3. 谈谈你的兴趣爱好<br>4. 据你自我分析，最适合你的工作是什么 | 1. 谈话前后连续性<br>2. 主题、语言简洁明了<br>3. 逻辑清楚<br>4. 说服力<br>5. 遣词准确 |

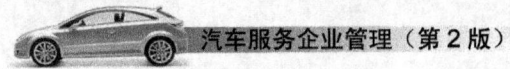
续表

| 序号 | 测评要素 | 观察内容 | 提问问题 | 评价要点 |
|---|---|---|---|---|
| 4 | 社交能力和人际关系 | | 1. 请您介绍你的家庭<br>2. 你的朋友如何看待你<br>3. 你希望在什么样的领导下工作<br>4. 你交朋友最注重什么<br>5. 你选择朋友所考虑的最重要因素是什么 | 1. 自我认识<br>2. 交往能力 |
| 5 | 判断力、情绪稳定性 | 1. 准确判断面临情况<br>2. 处理突发事件<br>3. 迅速回答对方问题<br>4. 处理难堪问题的反应 | 1. 假如A公司与B公司同时录用了你，你将如何选择<br>2. 公司工作非常艰苦，你将如何对待<br>3. 你怎么连这种问题都听不懂<br>4. 你好像不太适合本公司的工作 | 1. 理解问题的准确性、迅速性<br>2. 自我判断能力<br>3. 是逻辑判断还是感情判断<br>4. 有自己的独到见解 |
| 6 | 行动与协调能力、 | 1. 对自己认定的能够坚持进行<br>2. 工作节奏紧张、有序<br>3. 集团工作的适用性<br>4. 组织领导能力<br>5. 能够更多地从他人的角度解释问题 | | 1. 表现力<br>2. 考虑对方处境和理解力<br>3. 实践能力<br>4. 交往能力 |
| 7 | 责任心、纪律性 | 1. 负责到底的精神<br>2. 对工作的坚持<br>3. 令人信服地完成工作<br>4. 考虑问题全面<br>5. 对本职务的要求 | 1. 你对委任的任务完成不了时如何处理<br>2. 对公司的规章制度的看法是什么 | 1. 自信力<br>2. 纪律力<br>3. 意志力 |
| 8 | 个人性格品质 | 1. 有无不良的性格（过分狂妄和过分自卑）<br>2. 有无偏激的观点<br>3. 回答问题的认真、诚实<br>4. 掩饰性 | 1. 你认为现在社会中一个人最重要的是什么性格<br>2. 你能否"受人之托忠人之事" | 1. 诚实真诚<br>2. 人生观<br>3. 信用 |
| 9 | 教育背景 | | 1. 我们已经十分了解你的工作经历。现在，让我们看一下你的教育背景。先简单地从中学开始，然后依次类推，最后谈谈你受过何种培训。你对哪些专业比较感兴趣、成绩如何、课外活动有哪些，还有其他你认为重要的事情吗<br>2. 你的中学时代是如何度过的<br>3. 你认为你所受的哪些教育或培训将帮助你胜任你申请的工作<br>4. 对你受过的所有正规教育进行说明 | |
| 10 | 工作经历 | | 1. 好的工作环境对你今后的工作影响很大吗<br>2. 请你描述一下你的工作及职能；你喜欢哪些工作，不喜欢哪些；你认为在工作中有何收获<br>3. 我们先简要地回顾一下你最初的工作经历，只是一些在校期间或假期的兼职工作。然后，我们再详细了解一下你近来的工作情况<br>4. 你对最初的工作还有多少印象<br>5. 目前或最后一个工作的职务（名称）是什么<br>6. 你的工作任务是什么<br>7. 在该公司工作期间你一直是从事同一种工作吗？是或不是<br>8. 如果不是，请说明你曾从事过哪些不同的工作，时间多久及各自的主要任务<br>9. 你最初的薪水是多少？现在的薪水是多少<br>10. 你为什么要辞去那份工作<br>11. 你从事过何种勤工俭学工作<br>12. 你参加过何种组织活动<br>13. 你对某问题有过何种研究<br>14. 请谈谈你的论文写作过程 | |

| 序号 | 测评要素 | 观察内容 | 提问问题 | 评价要点 |
|------|----------|----------|----------|----------|
| 11 | 爱好、兴趣 | | 1. 现在，我想了解一下你工作之余的兴趣爱好。平时，你会参加哪些活动、团体活动或者协会交流<br>2. 你工作以外做些什么 | |
| 12 | 自我评价 | | 1. 让我们总结一下，你认为自己的优点是什么，品格和业务方面都可以吗<br>2. 你已经向我们提供了许多个人的情况，但每个人都有所不足，你希望今后对哪些方面进行完善<br>3. 你认为你最大优点是什么<br>4. 你认为你最大的缺点是什么 | |

# 模块四　汽车服务企业薪酬体系设计模拟实训

## 一、实训目的

企业薪酬体系决定人力资源的合理配置和使用，直接影响企业的劳动生产效率，所以企业一定要科学慎重地设计薪酬体系，而岗位分析是企业设计薪酬体系的基础。本次实训的目的在于撰写职位分析说明书，并设计本岗位的薪酬制度。

## 二、实训的任务

（1）编写职位分析说明书。
（2）设计薪酬体系。

## 三、实训步骤

（1）根据工作任务全班学生按 7～8 人组成一个小组，以小组为单位完成实训任务，每个小组推选一名组长，负责整个活动的策划和组织实施。
（2）以小组为单位分析汽车服务企业某岗位并且编写岗位说明书。
（3）公平合理地评价岗位的相对价值。
（4）对所选取岗位进行薪酬市场调查。
（5）拟定该岗位的薪酬方案。
（6）以组为单位撰写实训报告，并以 PPT 形式汇报。
（7）每位小组成员完成实训心得。
（8）教师和民主评议小组根据考核标准共同对每位成员进行考核。

## 四、实训课时

2 课时。

## 五、实训考核

学生按照实训步骤完成实训任务，并认真填写表 4-1、表 4-2。

表 4-1　完成该任务所需要的知识点和技能点

| 知识点 | 1. |
| :---: | :--- |
| | 2. |
| | 3. |
| | 4. |
| 技能点 | 1. |
| | 2. |
| | 3. |
| | 4. |

表 4-2　学生实践记录表

| 实践项目 | | 实践时间 | |
|---|---|---|---|
| 姓名 | | 班级 | |
| 学号 | | 实践地点 | |
| 小组分工 | | | |
| 实践流程 | | | |
| 结果分析 | | | |
| 自我评价 | | | |
| 教师评价 | | | |

## 六、知识链接

（1）工作说明书是进行工作岗位分析的最后工作成果，是对企业各类岗位在工作性质、任务、责任、权限、工作内容和方法及本岗位人员的任职资格条件等方面所做的统一要求。包括工作描述和任职资格描述。

工作描述，是指具体说明从事某职务工作的物理特点和环境特点，包括：① 职务名称；② 工作活动和程序，包括要完成的工作任务、工作责任、使用的原材料和机器设备、工作流程、与其他人的正式工作关系、接受监督和进行监督的性质和任务；③ 工作环境；④ 聘用条件；⑤ 职务联系。

任职资格描述，是指说明从事某项工作的人员必须具备的生理要求和心理要求，具体包括以下内容：① 一般要求，如年龄、性别、学历、工作经验等；② 生理要求，如健康状况、力量与体力、运动的灵活性、感觉器官的灵敏度等；③ 心理要求，包括观察力、记忆力、理解力、学习能力、解决问题的能力、领导能力、创造力、数学计算能力、语言表达能力、决策能力、性格气质、兴趣爱好、上进心、合作精神等。

（2）在企业中，员工的薪酬一般由三个部分组成：一是基本薪酬；二是激励薪酬；三是间接薪酬。

基本薪酬指企业根据员工所承担的工作或所具备的技能而支付给他们的较为稳定的经济收入。激励薪酬则是指企业根据员工、团队或企业自身的绩效而支付给他们的具有变动性质的经济收入，这两个部分和起来就相当于货币报酬中的直接报酬部分，这也构成了薪酬的主体。间接薪酬就是给员工提供的各种福利。

本次实训任务需要参考下列调查问卷。

## 工作分析调查问卷

亲爱的同事：

您好！

感谢您在紧张而繁忙的工作中填写本调查问卷，这份问卷是为了更加明确你目前职位的有关信息而设计的，其目的不是衡量你的业绩和任务完成率，只是分析和描述你工作的一个工具，您填写的完整性和真实性对帮助您明确自身工作的发展方向，完善公司的人力资源制度非常重要。请留意每个项目后的说明示例，并可将内容较多的部分附页说明。请您认真分析您所在岗位的工作，并真实地、客观地、完整地填写以下内容。谢谢！

# 工作分析调查问卷

## 一、基本信息

您的姓名：_____ 岗位名称：_____ 所属部门：_____

入职时间：_____ 从事本岗位工作时间：_____

您的直接上级岗位：_____

您的直接下属岗位：_____

## 二、工作情况

1. 简洁描述一下您目前的主要工作内容和职责。

2. 请列举您有建议权、审核权、决策权的工作项目（人事、业务、财务等方面）。您认为除了这些权限之外，您还需要别的权限来支持您的工作吗？

3. 简述一下您直属下级的人数及其主要工作内容。

4. 除您的上级和下级之外，您和公司内部哪些部门和岗位会有工作联系和沟通？

5. 按照公司规定，您正常的工作时间应该怎样的？您会加班吗？如果加班，通常是在什么时段，因为什么原因？这种情况多不多？您对此有什么看法？

## 三、岗位要求

1. 你认为需要什么样的专业技能才能胜任这份工作？

2. 您觉得新加入公司的员工如果要较好地胜任工作需要岗前培训吗？如果需要的话，您觉得培训多长时间比较合适？为什么？

3. 您觉得什么样性格和品质的人能够更好地胜任本岗位工作？

## 四、其他信息

1. 您觉得公司有给您提供的职业发展的通道吗？您对自己在公司的职业发展是怎么规划的？如果晋升的话，您觉得自己会晋升至什么岗位？

2. 您对您所在部门的工作分配及职责划分有何建议？您对您自己这个岗位的工作安排有何建议？

3. 对于本问卷调查未提及的问题，您觉得有必要提及的，请写出来：

填写人：

年　　　月　　　日

# 模块五　汽车服务企业物流配送与仓储实训

## 一、实训目的

通过本次实训，使学生加深对汽车零配件出入库程序的理解，掌握汽车零配件入库和出库程序、库存管理等内容。

## 二、实训任务

（1）练习商品盘点方法。

（2）能正确填写商品期初记账表。

（3）能正确堆存货物。

（4）能够进行商品的入出库。

（5）能够了解配送流程。

## 三、实训步骤

（1）根据工作任务全班学生按 7～8 人组成一个小组，以小组为单位完成实训任务，每个小组推选一名组长，负责整个活动的策划和组织实施。

（2）根据人员分工完成实训任务。

（3）以组为单位撰写实训报告，并以 PPT 形式汇报。

（4）每位小组成员完成实训心得。

（5）教师和民主评议小组根据考核标准共同对每位成员进行考核。

## 四、实训课时

2 课时。

## 五、实训考核

学生按照实训步骤完成实训任务，并认真填写表 5-1、表 5-2。

表 5-1　完成该任务所需要的知识点和技能点

| | | |
|---|---|---|
| 知识点 | 1. | |
| | 2. | |
| | 3. | |
| | 4. | |
| 技能点 | 1. | |
| | 2. | |
| | 3. | |
| | 4. | |

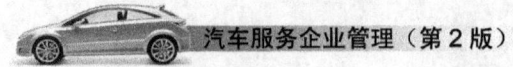

表 5-2　学生实践记录表

| 实践项目 | | 实践时间 | |
|---|---|---|---|
| 姓名 | | 班级 | |
| 学号 | | 实践地点 | |
| 小组分工 | | | |
| 实践流程 | | | |
| 结果分析 | | | |
| 自我评价 | | | |
| 教师评价 | | | |

# 六、知识链接

## 1．期初记账方法

（1）内部编码：要求内部编码能表示出商品类别（三位数字）、供应商（三位数字）及所供应的商品（两位数字）等信息。这里，我们要求饮料的类别以 YL 表示，乳制品的类别以 RZP 表示；供应商是指生产商或经销商，其编号自 001 开始；供应商所供应的商品的编号自 01 开始，由小组自定义。

（2）商品条码：EAN-13 码，即以 69 开头的 13 位数字，如 6902083884178。抄写数字时需仔细，另外注意观察条码所贴的位置。

（3）商品名称及规格。如蒙牛高钙低脂牛奶 250 毫升，娃哈哈纯真年代 596 毫升。

（4）保质期：以月或天为单位，如 12 个月、45 天等。

（5）数量：以个或箱为单位，如 18 个、6 箱等。

（6）存放货位：采取四号定位法依次是区、排、列、层。对于区，立体货架为 01 区，流利货架为 02 区，隔板货架为 03 区。对于排，主要是立体货架，靠近出口的为 01 排，流利货架和隔板货架只有 01 排。对于列，面对货架，从左数起，分别为 01、02、03……对于层，从下至上，分别为 01、02、03……如娃哈哈纯真年代 596 毫升，存放货位为 03010302。

（7）责任人：直接责任人签名。复核人是第一责任人，其次是记账人，再次是责任人，最后是制表人。

（8）备注：特殊情况。

## 2．商品入库

每位同学按照商品条码、商品名称及规格、保质期、数量等款式制作一张入库单（可手写），连同商品（即商品外包装），做入库操作。要求至少做两种商品。入库单示例如表 5-3 所示。

表 5-3　入库单

| 序号 | 商品条码 | 商品名称及规格 | 保质期 | 数量 | 送达时间 |
|---|---|---|---|---|---|
| 1 | | | | | |
| 2 | | | | | |
| 3 | | | | | |
| 4 | | | | | |

送货人：　　　收货员：　　　检验员：　　　入库员：

### 3．商品出库

每位同学按照商品条码、商品名称及规格、数量等制作一张出库单，做出库操作。出库单示例如表 5-4 所示。

表 5-4　出库单

| 序号 | 商品条码 | 商品名称及规格 | 数量 | 出库时间 |
|------|----------|----------------|------|----------|
| 1 | | | | |
| 2 | | | | |
| 3 | | | | |
| 4 | | | | |

客户（领用部门）：　　　拣货员：　　　检验员：　　　出库员：

### 4．商品配送

根据订单利用无线射频（RF）终端系统等验货，利用手动液压托盘车、出入货台等物流设备装载货物。利用软件平台和 GPS/GIS 系统进行发车确认及到货确认。

# 模块六　汽车服务企业财务管理模拟实训

## 一、实训目的

目的一：掌握支票的填写方法。

目的二：固定资产是企业资产的核心，是保证企业生产正常运行的物质基础，固定资产在使用过程中，其价值是逐渐转化到企业的产品成本中去的，所以其使用寿命的长短，直接影响企业的产品成本，进而影响企业的经济效益。本次实训的目的在于使学生掌握固定资产的管理方法。

## 二、实训任务

任务一：

（1）能够分辨现金支票和转账支票；

（2）能够正确填写现金支票和转账支票。

任务二：

（1）学会查阅固定资产卡片和固定资产台账；

（2）选择一种或数种固定资产与固定资产卡片、台账进行对照；

（3）掌握固定资产卡片、台账的填制方法及其对固定资产管理的意义。

## 三、实训步骤

（1）根据工作任务全班学生按 7~8 人组成一个小组，以小组为单位完成实训任务，每个小组推选一名组长，负责整个活动的策划和组织实施。

（2）根据人员分工完成实训任务。

（3）以组为单位撰写实训报告，并以 PPT 形式汇报。

（4）每位小组成员完成实训心得。

（5）教师和民主评议小组根据考核标准共同对每位成员进行考核。

## 四、实训课时

2 课时。

## 五、实训考核

学生按照实训步骤完成实训任务，并认真填写表 6-1、表 6-2。

表 6-1　完成该任务所需要的知识点和技能点

| 知识点 | 1. |
| | 2. |
| | 3. |
| | 4. |
| 技能点 | 1. |
| | 2. |
| | 3. |
| | 4. |

表 6-2　学生实践记录表

| 实践项目 | | 实践时间 | |
| --- | --- | --- | --- |
| 姓名 | | 班级 | |
| 学号 | | 实践地点 | |
| 小组分工 | | | |
| 实践流程 | | | |
| 结果分析 | | | |
| 自我评价 | | | |
| 教师评价 | | | |

## 六、知识链接

**任务一：**

常见支票分为现金支票、转账支票。在支票正面上方有明确标注。现金支票只能用于支取现金（限同城内）；转账支票只能用于转账（限同城内）。

### 1. 支票的填写

（1）出票日期（大写）。数字必须大写，大写数字写法：零、壹、贰、叁、肆、伍、陆、柒、捌、玖、拾。例如，2005 年 8 月 5 日应写为贰零零伍年捌月零伍日。

在填写月、日时，月为"壹"、"贰"和"壹拾"的，日为"壹"至"玖"和"壹拾"、"贰拾"和"叁拾"的，应在其前加"零"；日为"拾壹"至"拾玖"的，应在其前面加"壹"。如 2 月 12 日，应写成零贰月壹拾贰日；10 月 20 日，应写成零壹拾月零贰拾日。

（2）收款人。

① 现金支票收款人可写为本单位名称，此时现金支票背面"被背书人"栏内加盖本单位的财务专用章和法人章，之后收款人可凭现金支票直接到开户银行提取现金。由于有的银行各营业点联网，所以也可到联网营业点取款，具体要视联网覆盖范围而定。

② 现金支票收款人可写为收款人个人姓名，此时现金支票背面不盖任何章，收款人在现金支票背面填上身份证号码和发证机关名称，凭身份证和现金支票签字领款。

③ 转账支票收款人应填写为对方单位名称。转账支票背面本单位不盖章。收款单位取得转账支票后，在支票背面被背书栏内加盖收款单位财务专用章和法人章，填写好银行进账单后连同该支票交给收款单位的开户银行委托银行收款。

（3）付款行名称、出票人账号。即为本单位开户银行名称及银行账号，账号小写。

（4）人民币（大写）。数字大写写法：零、壹、贰、叁、肆、伍、陆、柒、捌、玖、拾、佰、仟、万、亿。支票填写样式和格式。

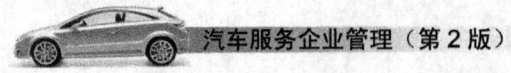

举例：

① 289 546.52 写为贰拾捌万玖仟伍佰肆拾陆元伍角贰分。

② 7 560.31 写为柒仟伍佰陆拾元零叁角壹分。

此时"陆拾元零叁角壹分"中"零"字可写可不写。

③ 532.00 写为伍佰叁拾贰元正。

"正"写为"整"字也可以。不能写为"零角零分"。

④ 425.03 写为肆佰贰拾伍元零叁分。

⑤ 325.20 写为叁佰贰拾伍元贰角。

角字后面可加"正"字，但不能写"零分"，比较特殊。

（5）人民币小写。最高金额的前一位空白格用"￥"字头打掉，数字填写要求完整清楚。

（6）用途。

① 现金支票有一定限制，一般填写"备用金"、"差旅费"、"工资"、"劳务费"等。

② 转账支票没有具体规定，可填写如"货款"、"代理费"等。

（7）盖章。

支票正面盖财务专用章和法人章，缺一不可，印泥为红色，印章必须清晰，印章模糊只能将本张支票作废，换一张重新填写、重新盖章。反面盖章与否见本节"（2）收款人"中的介绍。

（8）常识。

① 支票正面不能有涂改痕迹，否则本支票作废。

② 受票人如果发现支票填写不全，可以补记，但不能涂改。

③ 支票的有效期为 10 天，日期首尾算一天。节假日顺延。

④ 支票见票即付，不记名。（丢了支票尤其是现金支票可能就是票面金额数目的钱丢了，银行不承担责任。现金支票一般要素填写齐全，假如支票未被冒领，在开户银行挂失。转账支票假如支票要素填写齐全，在开户银行挂失，假如要素填写不齐，到票据交换中心挂失。）

⑤ 出票单位现金支票背面有印章盖模糊了，可把模糊印章打叉，重新再盖一次，但不能超过三个印章。

⑥ 收款单位转账支票背面印章盖模糊了（此时法律规定是不能以重新盖章方法来补救的），收款单位可带转账支票及银行进账单到出票单位的开户银行去办理收款手续（不用付手续费），俗称"倒打"，这样就用不着到出票单位重新开支票了。

⑦ 在支票左上角划两道斜线可以防止支票丢失后被人取现，即只能通过银行转账。

**2. 现金支票**

出票人开户行接到收款人持现金支票（附式十五）支取现金时，应认真审查：

（1）支票是否是统一规定印制的凭证，支票是否真实，提示付款期限是否超过；

（2）支票填明的收款人名称是否为该收款人，收款人是否在支票背面"收款人签章"处签章，其签章是否与收款人名称一致；

（3）出票人的签章是否符合规定，并折角核对其签章与预留银行签章是否相符，使用支付密码的，其密码是否正确；

（4）支票的大小写金额是否一致；

（5）支票必须记载的事项是否齐全，出票金额、出票日期、收款人名称是否更改，其他记载事项的更改是否由原记载人签章证明；

（6）出票人账户是否有足够支付的款项。

**任务二：**

### 1．固定资产的概念

我国企业会计制度规定，固定资产是指使用期限超过一年的房屋、建筑物、机器、机械、运输工具以及其他与生产经营有关的设备、器具、工具等。不属于生产经营主要设备的物品，单位价值在 2000 元以上，并且使用年限超过两年的，也应作为固定资产进行管理。

### 2．固定资产的分类

为了加强固定资产管理，必须对固定资产进行科学的分类。固定资产可以按照不同的标志进行分类。根据我国现行的财务制度，对企业固定资产分为七类：①生产用固定资产；②非生产用固定资产；③租出固定资产；④未使用固定资产；⑤不需用固定资产；⑥融资租入固定资产；⑦土地。

### 3．固定资产的核算内容

概括地讲，固定资产核算管理有下列三个任务。

（1）严格管理固定资产卡片，包括卡片的增加、删除、查询、打印、按月汇总、分类汇总等。

（2）正确、全面、及时地记录固定资产的增加、减少、使用等情况，保护生产资料的安全完整。企业增加固定资产可以通过购置、建造等方式进行；可以通过出售、报废等途径减少固定资产。为了真实地反映和监督固定资产的增减变动和实际情况，必须建立健全固定资产账簿体系。由于固定资产本身的特性，应对固定资产进行总分类及明细核算，在固定资产核算的账簿体系中，"固定资产登记簿"总账按原值反映固定资产的增减变动；"累计折旧"账户反映固定资产在使用过程中的磨损价值；"固定资产登记卡"对其进行明细分类核算。

（3）正确计算固定资产的折和修理费用，并进行固定资产折旧和修理的核算，保证固定资产简单再生产的实现。

计算折旧的方法有多种，如"平均年限法"、"工作量法"、"双倍余额递减法"、"年数总和法"等。在实际工作中，对固定资产折旧的计算，是通过编制"固定资产折旧计算表"来进行的，是进行固定资产折旧总分类核算的依据。

固定资产核算管理系统具有三个明显的特点，即数据存储量大、日常数据输入量少、输出内容多。

固定资产管理系统投入运行后，日常需要输入的数据一般仅限于固定资产的购入、清理、出售及内部调动等涉及企业固定资产变动的情况，一般来说，企业日常发生这类业务不是太多，而且发生频度也是很分散的，除此以外，需要输入的数据很少。这个特点对于计算机来说，是个非常有利的条件。因为输入的数据少，出错的机会也少。一件固定资产的有关原始数据一旦正确输入后，直到它报废或出售为止，可以在很长的一段时间里使用。

固定资产管理系统的日常输出量较大。这是由于使用目的的不同，往往同一项固定资产的数据项指标要求反映在不同的输出账表上。在手工管理方式下，编制这种输出账表的工作量不仅很大，而且受手工条件的限制，容易出现数据不一致的差错。采用计算机进行处理后，生产账表的速度提高了，也可以避免数据的不一致现象。

完成本次实训任务需要填写下列票样。

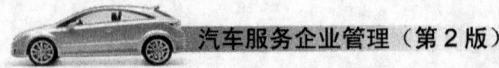

## 转账支票（正面）

中国工商银行
转账支票存根 (陕)
陕02 08425368

附加信息

出票日期　年　月　日
收款人：
金　额：
用　途：
单位主管　　会计

本支票付款期限十天

中国工商银行　转账支票 (陕)　陕西 02 08425368

出票日期（大写）　　年　　月　　日　　付款存名称：
收款人：　　　　　　　　　　　　　出票人账号：
人民币
（大写）　　　　　　　　　　　　　亿千百十万千百十元角分

用途：
上列款项请从
我账户内支付
出票人签章　　　　　　　　　　复核　　记账

"003700"010207"023909 2000098 16"

## 转账支票（背面）

附加信息　　　　　　　被背书人

背书人签章
年　月　日

（此粘单处）

## 现金支票（正面）

中国工商银行
现金支票存根 (陕)
02 09488518

附加信息

出票日期　年　月　日
收款人：
金　额：
用　途：
单位主管　　合计

本支票付款期限十天

中国工商银行　现金支票 (陕)　陕西 02 09488518

出票日期（大写）　　年　　月　　日　　付款行名称：
收款人：　　　　　　　　　　　　　出票人账号：
人民币
（大写）　　　　　　　　　　　　　亿千百十万千百十元角分

用途：
上列款项请从
我账户内支付
出票人签章　　　　　　　　　　复核　　记账

## 现金支票（背面）

附加信息

收款人签章
年　月　日

（此粘单处）

身份证件名称：　　发证机关：
号码

# 模块七　顾客投诉的处理实训

## 一、实训目的

利用所学知识处理顾客异议及投诉，提高顾客满意度。

## 二、实训任务

根据拟定情景，采取正确措施，处理顾客投诉。

情景一：某品牌汽车特约服务站在顾客满意度调查中发现，顾客不满意项中有53%是反映服务站不允许顾客进车间，顾客对维修情况缺乏了解，从而产生不信任感。甚至有些顾客不听业务接待员的解释，发生口角。

要求：从企业管理角度及业务接待员的角度出发，提出处理此类顾客投诉的办法。

情景二：崔先生在某车行购买了一辆轿车，买车时双方约定好，车行赠送全车车膜并负责在7天内为崔先生办理挂牌手续。但是一个月过去了，车行既没给崔先生贴膜也没办理挂牌手续，而临时牌照也过期了，崔先生被交警处罚。崔先生带着一些人气势汹汹地到车行去讨说法，要求车行应按照约定尽快办理挂牌，赠送全车贴膜，并赔偿交警的罚款损失。

要求：从企业管理角度及销售顾问的角度出发，提出处理此类顾客投诉的办法。

情景三：李女士于2014年初在某车行交纳定金，预订了某品牌汽车，双方约定好3个月内提新车，但是半年过去了李女士仍未等到她盼望的新车。于是李女士多次找车行协商，原来接待她的销售顾问突然辞职了，导致交接工作没做好。最后车行同意赠送李女士全车贴膜和5次免费保养。但是等到新车来了以后，车行只承认赠送5次保养，对于车膜则拒绝赠送。李女士很气愤，认为车行不讲信用，天天打电话给车行要求赠送车膜，并威胁说不赠送就去消费者协会投诉。

要求：从企业管理角度及销售顾问的角度出发，提出处理此类顾客投诉的办法。

## 三、实训步骤

（1）根据工作任务全班学生按7～8人组成一个小组，以小组为单位完成实训任务，每个小组推选一名组长，负责整个活动的策划和组织实施。

（2）以小组为单位，任选某一情景进行讨论。

（3）小组成员分角色扮演销售/售后经理、销售顾问/业务接待、顾客等角色进行模拟演练，并填写客户投诉处理表。

（4）以组为单位撰写实训报告，并以PPT形式汇报。

（5）每位小组成员完成实训心得。

（6）教师和民主评议小组根据考核标准共同对每位成员进行考核。

## 四、实训课时

2 课时。

## 五、实训考核

学生按照实训步骤完成实训任务，并认真填写表 7-1、表 7-2。

表 7-1　完成该任务所需要的知识点和技能点

| | |
|---|---|
| 知识点 | 1. |
| | 2. |
| | 3. |
| | 4. |
| 技能点 | 1. |
| | 2. |
| | 3. |
| | 4. |

表 7-2　学生实践记录表

| 实践项目 | | 实践时间 | |
|---|---|---|---|
| 姓名 | | 班级 | |
| 学号 | | 实践地点 | |
| 小组分工 | | | |
| 实践流程 | | | |
| 结果分析 | | | |
| 自我评价 | | | |
| 教师评价 | | | |

## 六、知识链接

　　面对顾客投诉，我们应争取顾客信任，赢得顾客的认同，展现品牌的积极形象。投诉是顾客的基本权利，应尊重、面对它。对待顾客投诉应具备同理心，赢得顾客的认同与信任。

　　处理顾客投诉的程序如下。

　　第一步，有效地倾听客户的各种抱怨。在倾听顾客的抱怨时，要善用肢体语言，良好的肢体语言会直接影响顾客的情绪。

　　第二步，充分道歉并表示关心重视。

　　第三步，收集事故信息，充分了解当时的实际情况。

　　第四步，提出解决办法。

　　第五步，询问顾客的意见。

　　第六步，跟踪服务。在处理完投诉问题后，客服人员仍需对该客户进行跟进服务，对问题的解决结果负责。

本次实训任务需要填写表 7-3。

### 表 7-3 客户投诉处理表

| 客户名称 | | 投诉人 | | 电话 | |
|---|---|---|---|---|---|
| 投诉事件记录： | | | | | |
| 投诉人要求 | | | | | |
| 记录人/日期： | | | | | |
| 调查结果： | | | | | |
| 调查人/日期： | | | | | |
| 处理结果： | | | | | |
| 处理人/日期： | | | | | |
| 客户反馈 | 处理结果 满意□ 基本满意□ 不满意□<br>处理速度 满意□ 基本满意□ 不满意□ | | | 客户签字 | |

# 模块八　汽车售后服务流程实训

## 一、实训目的

流程管理是企业从粗放型管理过渡到规范化管理直至精细化管理的重要手段。规范科学的流程可以明确人员分工、岗位职责，促进团队合作；可以改善工作质量，提高企业内部工作效率；可以为用户提供快速、可靠、方便、一致、高效的服务。通过模拟汽车售后服务流程，让学生认识到流程在管理中的重要性，以及熟悉汽车的售后服务流程。

## 二、实训任务

（1）模拟汽车销售业务流程。

（2）模拟汽车售后维修接待流程。

## 三、实训步骤

（1）根据工作任务全班学生按 7～8 人组成一个小组，以小组为单位完成实训任务，每个小组推选一名组长，负责整个活动的策划和组织实施。

（2）组长根据实训任务及小组成员各自特长进行合理分工，以小组为单位模拟汽车销售业务流程、汽车售后维修接待流程等。

（3）以组为单位撰写实训报告，并以 PPT 形式汇报。

（4）每位小组成员完成实训心得。

（5）教师和民主评议小组根据考核标准共同对每位成员进行考核。

## 四、实训课时

2 课时。

## 五、实训考核

学生按照实训步骤完成实训任务，并认真填写表 8-1、表 8-2。

表 8-1　完成该任务所需要的知识点和技能点

| 知识点 | 1. |
| --- | --- |
| | 2. |
| | 3. |
| | 4. |
| 技能点 | 1. |
| | 2. |
| | 3. |
| | 4. |

表 8-2　学生实践记录表

| 实践项目 | | 实践时间 | |
|---|---|---|---|
| 姓名 | | 班级 | |
| 学号 | | 实践地点 | |
| 小组分工 | | | |
| 实践流程 | | | |
| 结果分析 | | | |
| 自我评价 | | | |
| 教师评价 | | | |

# 六、知识链接

## 1．汽车销售业务流程

接待→需求分析→产品介绍→试乘试驾→促成交易→签订合同→交车→售后跟踪。

## 2．汽车售后维修业务接待流程

预约及准备工作→接待顾客→环车检查→制单→派工→维修进度跟踪→质检→交车→结账交车→跟踪回访。

## 3．汽车客户级别划分

H 级：7 天内有订车可能。

A 级：15 天内有订车可能。

B 级：30 内有订车可能。

C 级：2～3 个月内有订车可能。

N 级：新接触客户。

O 级：已签合同、未提车；或订单客户。

D 级：已提车客户。

T 级：订单退订客户。

本次实训任务需要参考表 8-3、表 8-4、表 8-5。

表 8-3　客户信息卡

| 客户信息卡 | | | | | 创建日期： | | | |
|---|---|---|---|---|---|---|---|---|
| 接待客户信息 | | | | 成交客户信息 | | | | |
| 购车人： | | 联系人： | | 车主： | | | 身份证： | |
| 大概住址 | | 家庭人口： | | 使用人（回访人）： | | | 生日： | |
| 职业： | | 购车方式： | | | | | | |
| 兴趣车型 | | 来店（电）方式： | | 通信地址（邮编）： | | | | |
| 备注： | | | | 电子通信方式： | | | | |
| | | | | 兴趣爱好： | | | | |
| 购车分析 | | | | 备注： | | | | |
| 新车主要使用人： | 1．男士 | 2．女士 | 3．男女共用 | | | | | |
| 新车主要用途： | 1．家用代步 | 2．偶尔商用 | 3．政府、机关 | 4．经常出差 | 成交车辆信息 | | | |

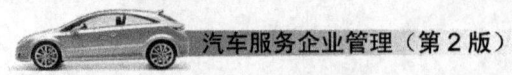

续表

| 客户信息卡 | | | | | 创建日期： | | | |
|---|---|---|---|---|---|---|---|---|
| 新车购买着重点： | 1. 经济省油 | 2. 时尚外观 | 3. 安全舒适 | 4. 动力强劲 | 车牌号： | | 开票价格： | |
| | 5. 科技感强 | 6. 品牌卓越 | | | 车架号： | | 发动机号： | |
| 用车习惯： | 1. 极速飞车 | 2. 偶尔小快 | 3. 平稳驾驶 | | 交车日期： | | 保险生效期： | |
| 主要用车路程： | 1. 市区较堵 | 2. 郊区平顺 | 3. 红灯较多 | 4. 高速公路 | 保险公司： | | | |
| 新车店面选择： | 1. 服务设施完善 | 2. 离家近 | 3. 服务质量 | 4. 售后维修 | 保险项目： | 1. 交强险 | 2. 第三者责任险 万 | |
| | 5. 价格最优 | 6. 店面口碑 | | | | 3. 盗抢险 | 4. 车损险 | 5. 玻璃单独破碎险 |
| 购车预算： | | 牌照归所 | 1. 北京 | 2. 外地 | | 6. 划痕险 元 | 7. 附加不计免赔 | |
| 用车时间： | | 客户性质 | 1. 个人 | 2. 公户 | 服务卡级别： | 1. A卡 | 2. A+卡 | 3. A++卡 |
| 备注： | | | | | 备注： | | | |
| 回访记忆： | | | | | 回访记忆： | | | |
| 日期： | | | | | 日期： | | | |
| 日期： | | | | | 日期： | | | |
| 日期： | | | | | 日期： | | | |
| 日期： | | | | | 日期： | | | |
| 日期： | | | | | 日期： | | | |

表 8-4 维修保养预约单

服务接待姓名： 　　　　时间： 　　　　编号：

| 客户基本情况 | | | | |
|---|---|---|---|---|
| 客户姓名 | | 联系电话 | | |
| 车型 | | 公里数 | | |
| 车牌号码 | | 上次进站日期 | | |
| 预约情况 | | | | |
| 预约进站时间 | | | | |
| 是否更改预约时间 | | | | |
| 所需配件 | | | | |
| 维修费用估价 | | | | |
| 服务接待 | | 库管员 | | 车间主管 |

表 8-5 4S 店客户回访记录表

| ××4S 店客服回访表 | | | | | | |
|---|---|---|---|---|---|---|
| 姓名： | 联系方式： | | 回访日期： | | 评价标准 | |
| 回访员： | 车型： | | 车牌号： | 9～10 分 | 7～8 分 | 6 分以下 |
| 您好！我是××4S 店的客服回访专员，想耽误您 2 分钟的时间对您前几天进店维护进行一个满意度调查，评分是以 10 分制为标准，请您用非常满意（9～10 分）、满意（7～8）、不满意（6 分以下）来评价我们的服务 | | | | | | |
| 客户评价 | | | | 非常满意 | 满意 | 不满意 |

续表

| ××4S 店客服回访表 | | | |
|---|---|---|---|
| 回顾您最近一次去维修站的体验，您对我们 4S 店所提供服务的总体满意度如何 | | | |
| 在维修保养工作开始之前，维修站工作人员应对即将开展的工作进行解释，您对他们的解释工作满意程度如何 | | | |
| 接车过程是否迅速（您等待被招呼的时间、和服务顾问沟通的时间、钥匙交接和填写书面文件的时间） | | | |
| 维修站正确、彻底地完成了维修保养工作 | | | |
| 对已完成的维修保养工作项目或结算清单的解释 | | | |
| 提车过程迅速（等待被接待的时间，填写书面文件和提车） | | | |
| 从送车到取车，这次服务总共花费的时间长短 | | | |
| 服务人员积极倾听您的要求和期望并给予响应 | | | |
| 有人协助提车（如协助找到车辆、付款等） | | | |
| 维修/保养后的车辆干净并车况良好（无损坏，车内设置无变化） | | | |
| 维修站顾客休息舒适程度（包括座椅、娱乐、饮料点心） | | | |
| 请您再次回顾一下您最近一次去维修站的体验，请用 1～10 分为这家维修站所提供的服务的总体满意度进行打分。1 分表示无法接受，5 分表示一般，10 分表示非常好。 | | | |
| 非常感谢您对我们工作的支持，如果您在使用过程中有任何需求，您可以拨打我们的售后服务热线：×××××××，我们随时为您服务，再次感谢您对我们工作的配合，祝您行车愉快！我是客服专员×××。谢谢您，再见（等待客户挂电话，如遇节假日或周末要说"祝您××节日快乐或周末愉快"） | | | |
| 意见和建议： | | | |

# 模块九　汽车服务企业战略管理模拟实训

## 一、实训目的

汽车服务企业要在激烈市场竞争中获得长远的发展，必须正确预测汽车市场中长期的发展变化，制定与汽车市场走势和汽车服务企业能力相适应的经营战略，这是企业成功经营的基础。实训的目的在于通过实训能够掌握企业战略管理的整个过程，形成一个完整可行的企业战略策划方案。

## 二、实训任务

（1）能够通过各种途径分析企业的外在宏观环境。
（2）能够运用 SWOT 分析方法对企业进行分析。
（3）能够对企业的发展及竞争战略做出简要构想。

## 三、实训步骤

（1）根据工作任务全班学生按 7～8 人组成一个小组，以小组为单位完成实训任务，每个小组推选一名组长，负责整个活动的策划和组织实施。
（2）组长根据实训任务及小组成员各自特长进行合理分工，以小组为单位完成实训任务。
（3）以组为单位撰写实训报告，并以 PPT 形式汇报。
（4）每位小组成员完成实训心得。
（5）教师和民主评议小组根据考核标准共同对每位成员进行考核。

## 四、实训课时

2 课时。

## 五、实训考核

学生按照实训步骤完成实训任务，并认真填写表 9-1、表 9-2。

表 9-1　完成该任务所需要的知识点和技能点

| | |
|---|---|
| 知识点 | 1. |
| | 2. |
| | 3. |
| | 4. |
| 技能点 | 1. |
| | 2. |
| | 3. |
| | 4. |

表 9-2　学生实践记录表

| 实践项目 | | 实践时间 | |
|---|---|---|---|
| 姓名 | | 班级 | |
| 学号 | | 实践地点 | |
| 小组分工 | | | |
| 实践流程 | | | |
| 结果分析 | | | |
| 自我评价 | | | |
| 教师评价 | | | |

## 六、知识链接

（1）企业宏观、微观环境分析（政治法律环境分析、经济环境分析、社会文化环境分析、自然环境与汽车使用环境分析、企业内部环境分析、企业核心能力分析）

（2）五力模型（行业内部竞争、顾客议价能力、供货商议价能力、潜在竞争对手的威胁、替代品的压力）。

（3）SWOT 分析法（企业优势、劣势、机会和威胁）。

# 模块十　汽车服务企业形象设计实训

## 一、实训目的

良好的企业形象可以获得消费大众的信赖，为改善经营环境提供契机；同时良好的企业形象可以使全体职工有一种归属感、优越感和自豪感；可以提高士气，建立统一意识、最大限度调动员工积极性。实训的目的在于使学生掌握企业形象设计的方法和内容。

## 二、实训任务

以小组为单位为某汽车服务企业设计企业名称、LOGO、价值观念、企业精神、人员形象、环境形象等，并进行公关策划。

## 三、实训步骤

（1）根据工作任务全班学生按 7~8 人组成一个小组，以小组为单位完成实训任务，每个小组推选一名组长，负责整个活动的策划和组织实施。

（2）组长根据任务及小组成员各自特长进行合理分工。

（3）小组成员完成各自任务，组长负责汇总。

（4）以组为单位撰写实训报告，并以 PPT 形式汇报。

（5）每位小组成员完成实训心得。

（6）教师和民主评议小组根据考核标准共同对每位成员进行考核。

## 四、实训课时

2 课时。

## 五、实训考核

学生按照实训步骤完成实训任务，并认真填写表 10-1、表 10-2。

表 10-1　完成该任务所需要的知识点和技能点

| 知识点 | 1. |
|---|---|
| | 2. |
| | 3. |
| | 4. |
| 技能点 | 1. |
| | 2. |
| | 3. |
| | 4. |

表 10-2　学生实践记录表

| 实践项目 | | 实践时间 | |
|---|---|---|---|
| 姓名 | | 班级 | |
| 学号 | | 实践地点 | |
| 小组分工 | | | |
| 实践流程 | | | |
| 结果分析 | | | |
| 自我评价 | | | |
| 教师评价 | | | |

## 六、知识链接

企业形象设计识别系统（CIS），指将企业经营理念与精神文化，传达给企业内部与社会大众，并使其对企业产生一致的认同感或价值观，从而达到形成良好的企业形象和促销产品的设计系统。CIS 系统由理念识别（MI）、行为识别（BI）和视觉识别（VI）三方面所构成。

### 1．理念识别

CIS 企业形象设计理念识别确立企业独具特色的经营理念，是企业生产经营过程中设计、科研、生产、营销、服务、管理等经营理念的识别系统，是企业对当前和未来一个时期的经营目标、经营思想、营销方式和营销形态所做的总体规划和界定，主要包括企业精神、企业价值观、企业信条、经营宗旨、经营方针、市场定位、产业构成、组织体制、社会责任和发展规划等，属于企业的意识形态范畴。

### 2．行为识别

CIS 企业形象设计行为识别是企业实践经营理念与创造企业文化的准则，对企业运作方式所做的统一规划而形成的动态识别系统。它是以经营理念为基本出发点，对内是建立完善的组织制度、管理规范、职员教育、行为规范和福利制度；对外则是开展市场调查，进行产品开发，通过社会公益文化活动、公共关系、营销活动等方式来传达企业理念，以获得社会公众对企业识别认同的形式。

### 3．视觉识别

基本要素系统主要包括企业名称、企业标志、标准字、标准色、象征图案、宣传口语、市场行销报告书等。应用系统主要包括办公用品、生产设备、建筑环境、产品包装、广告媒体、交通工具、衣着制服、旗帜、招牌、标志牌、橱窗、陈列展示等。视觉识别在 CIS 企业形象设计系统中最具有传播力和感染力，最容易被社会大众所接受，具有主导的地位。

# 模块十一　汽车服务企业信息化管理实训

## 一、实训目的

掌握汽车服务企业营销的流程，使学生熟练操作运华 AW822 汽车营销情景仿真实训教学系统。

## 二、实训任务

以个人为单位上机操作运华 AW822 汽车营销情景仿真实训教学系统。

## 三、实训步骤

（1）教师先对所需操作的教学系统模块操作要点进行讲解。

（2）教师对考试时间和场景进行设置。

（3）学生在规定的时间内完成操作。

（4）教师根据学生的操作情况进行点评。

## 四、实训课时

2 课时。

## 五、实训考核

学生按照实训步骤完成实训任务，并认真填写表 11-1、表 11-2。

表 11-1　完成该任务所需要的知识点和技能点

| 知识点 | 1. |
| --- | --- |
| | 2. |
| | 3. |
| | 4. |
| 技能点 | 1. |
| | 2. |
| | 3. |
| | 4. |

表 11-2　学生实践记录表

| 实践项目 | | 实践时间 | |
| --- | --- | --- | --- |
| 姓名 | | 班级 | |
| 学号 | | 实践地点 | |
| 小组分工 | | | |
| 实践流程 | | | |
| 结果分析 | | | |
| 自我评价 | | | |
| 教师评价 | | | |

## 六、知识链接

　　管理软件作为管理体系的一个重要组成部分，其数据的准确是一项基本要求。一种商品，可能涉及多次进货、销售、采购退货、销售退货、内部调拨、库存盘点、价格调整等很多方面的事务，甚至还有多次的或跨批次的销售、退货、调拨等，而且成本价格、销售价格、退货价格都可能在频繁变动，还涉及税率等很复杂的问题。下面是运华软件的模块功能。

- 进货管理：入库单、订货询价单、采购退货单。
- 销售管理：销售单、销售报价单、销售退货单。
- 库存管理：库存商品查询、补货单、盘点、内部调拨、货位维护、出入库汇总表、拆分组合单、库存期初录入。
- 财务管理（往来账管理）：应收账款查询、应收账款发生、应收账款收回、应付账款查询、应付账款发生、应付账款支付、应收款明细查询、呆账处理、多业务收款、费用管理。
- 客户服务：会员管理、会员积分、短信功能、客户生日查询。
- 系统维护：系统登录、账套管理、系统设置、单位基本信息、数据备份、数据恢复、经营期末结转、数据交换、操作员管理、系统升级、数据导入。

# 参 考 文 献

[1]  朱军，弋国鹏. 汽车服务企业管理. 北京：北京出版社，2014.

[2]  栾琪文. 现代汽车维修企业管理实务（第2版）. 北京：机械工业出版社，2013.

[3]  陈永革. 汽车维修接待实务. 北京：北京出版社，2014.

[4]  姚凤莉，关昕，冯华亚. 汽车4S店经营管理. 北京：北京理工大学出版社，2014.

[5]  王栓军. 企业管理模拟指导教程. 北京：北京邮电大学出版社，2014.

[6]  陈亮. 现代企业管理. 成都：西南财经大学出版社，2013.

[7]  彼得.德鲁克. 管理的实践. 北京：机械工业出版社，2013.

[8]  程工. 现代企业管理. 西安：西北农林科技大学出版社，2009.

[9]  刘树伟. 汽车服务企业管理. 北京：清华大学出版社，2012.

[10]  朱刚，王海林. 汽车服务企业管理. 北京：北京理工大学出版社，2013.

[11]  许兆棠. 汽车服务企业管理. 北京：机械工业出版社，2015.

[12]  句华. 人力资源管理实践案例分析. 北京：北京大学出版社，2012.

[13]  [美] 加里·德斯勒. 人力资源管理（第12版）. 刘昕，译. 北京：中国人民大学出版社，2012.

[14]  晋东海，翟云茂. 汽车维修企业经营与管理. 北京：机械工业出版社，2013.

[15]  卢燕，阎岩. 汽车服务企业管理. 北京：机械工业出版社，2011.

[16]  马天山. 现代汽车运输企业管理. 北京：人民交通出版社，2009.

[17]  刘军. 汽车4S店管理全程指导. 北京：化学工业出版社，2011.

[18]  沈立鹏. 浅析企业管理创新之路[J]. 当代经济，2008.

[19]  吴心东. 浅谈企业管理创新[J]. 经济师，2005.

[20]  余兴国. 企业管理创新[J]. 长沙铁道学院学报，2005.

# 反侵权盗版声明

电子工业出版社依法对本作品享有专有出版权。任何未经权利人书面许可，复制、销售或通过信息网络传播本作品的行为；歪曲、篡改、剽窃本作品的行为，均违反《中华人民共和国著作权法》，其行为人应承担相应的民事责任和行政责任，构成犯罪的，将被依法追究刑事责任。

为了维护市场秩序，保护权利人的合法权益，我社将依法查处和打击侵权盗版的单位和个人。欢迎社会各界人士积极举报侵权盗版行为，本社将奖励举报有功人员，并保证举报人的信息不被泄露。

举报电话：（010）88254396；（010）88258888

传　　真：（010）88254397

E-mail：　dbqq@phei.com.cn

通信地址：北京市海淀区万寿路 173 信箱

　　　　　电子工业出版社总编办公室

邮　　编：100036